政治批評、哲學與文化
墨子刻先生中文論文集

黃克武 主編

編者序

　　本文集主要收集了墨子刻先生從 1980 年到 1990 年代末期之間所發表的二十多篇文章編輯而成，其中有些是墨先生以中文撰寫，有些是訪問稿、演講紀錄，有些則是翻譯。各文均維持原始的風貌，編輯過程中筆者僅核對引文、註釋、統一譯名，並製作索引。我依照先生所定的標題，將文章分為政治批評、哲學、文化等三個部分。這三部分的文章彼此相關、相互呼應。哲學主張是政治、文化評論的基礎，而政治、文化的評論不但源自其哲學立場，也植根於深厚的歷史認識。

　　第一部分有關政治批評的文章發表於 1981 至 1991 年間，主要刊登於《中國時報》、《中央日報》、《聯合報》與《當代》雜誌等。這些文章有一些是墨先生對臺灣戒嚴前後政治發展的觀察，另一部分則幾乎都是與臺灣學者打筆戰打出來的。他的對手包括許多傾向自由派、推動民主化的知識分子，如林毓生（筆名康勤）、廖仁義、張忠棟、何懷碩、傅偉勳、勞思光、陳其南等人。墨先生以中文和他們打筆戰之時常被批評為「御用文人」或現代的「古德諾」（Frank Goodnow, 1859-1939），但他不以為忤，仍表現出大無畏的勇氣，就事論事、平和說理。姑且不論其「保守」主張是否合理，這種政治批評的風格與熱情，以及他對中華民國同情的瞭解，並建議美國政府確實執行《臺灣關係法》以保護臺灣模式等，是非常令人感動的。當時有一些人也贊同他的觀點，如邵玉銘先生就認為墨先生的觀點是「一針見血」之論。[1] 臺灣解嚴之後大步邁向民主化，迄今已漸趨成熟。然而這些筆戰所觸及的議題，例如民主是什麼、如何

---

[1] 邵玉銘，〈二十世紀中國知識份子對國家功過的檢討〉，收入邵玉銘編，《海內外智識份子國事討論集》（臺北：邵玉銘發行，1983），頁 640。

推動民主轉型、何謂市民社會、市民性、如何避免烏托邦式的政治評論（即政治可行性的問題）等，仍然值得吾人三思。

墨先生的立場很鮮明，他從西方保守主義政治哲學出發（亦即從亞里斯多德〔Aristotle〕到柏克〔Edmund Burke〕的傳統，強調「審慎」，請讀者特別注意本書中〈「保守」與「保守主義」是不同的〉一文——兼答張忠棟教授），評估當代臺灣的政治發展，而提出幾個觀察。第一，國民黨政府於戒嚴時期在經濟與政治方面的表現值得肯定；而《戒嚴法》施行並不像某些評論所述，全然負面，它在特定時空，尤其是中共武力犯臺下有其必要。第二、臺灣應透過外交方面的努力，使國際友人正確地瞭解臺灣的情況，來保護臺灣模式，以證明中國文化現代轉型的另一種可能。第三，知識分子在從事政治評論時應同時注意正負兩面：墨先生指出當代臺灣知識分子缺乏西方保守主義的政治傳統，又受到源自傳統的烏托邦精神之影響，往往樹立很高的標準，而只談負面不談正面（這一現象在墨先生的新書稿「無道的政府及其志於道的批評家：再論儒家文化的現代意義與中美關係」有詳細的剖析）。這不但使他們無法正確評估政治發展，也誤導國人與國際友人對臺灣的觀感。在這方面「知識分子應痛定思痛做一番虛心的檢討」（邵玉銘語）。

第二部分討論哲學，這個部分的文章一部分源於墨先生的家庭背景。他的父親 Arnold Metzger（1892-1974）是哲學教授，而墨先生在耳濡目染下對西方近代懷疑主義思潮對當代社會的影響有深刻的體認。[2] 他又受海耶克（Friedrich August von Hayek）、麥金泰爾（Alasdair MacIntyre）、貝拉（Robert N. Bellah）、拉許（Christopher Lasch）等人有關歐美當代文化危機的辯論之影響，提出「西方認識論大革命」的觀點。他再以比較思想史的角度指出西方悲

---

[2] 有關墨先生的父親對他的影響，請見拙作〈墨子刻的儒學觀〉，收入李明輝、林維杰編，《當代儒學與西方文化：會通與轉化》（臺北：中央研究院中國文哲研究所，2007），頁127-129。

觀主義認識論與中國樂觀主義認識論的對照,而兩者各有千秋,可相互啟蒙。同時,墨先生指出近代西方哲學主流與二十世紀中國哲學主流對「形上智慧如何可能」也有截然不同的看法。這一部分的文章涉及自 1990 年代中期之後墨先生與大陸哲學界如華東師範大學哲學系從馮契開始的學術傳統,如高瑞泉、楊國榮、郁振華等;北京的鄭家棟、胡軍;香港理工大學的阮新邦等教授的論學、對話。其中〈道統的世界化:論牟宗三、鄭家棟與追求批判意識的歷程〉是一篇近五萬字的長文,清晰地表露了墨先生的觀點。此文「從鄭家棟的《牟宗三》一書談起,反省有關中國現代哲學史的一些根本問題」。他從追求批判意識的角度剖析近代中西方哲學在本體論與認識論的彼此回應,以及回應之中雙方可能的盲點。墨先生在該文的結論指出本文的核心關懷:

> 哲學的責任不在於「救中國、救世界」而在於避免幻想與災難。哲學家誤會他們的責任之所在,就是引起災難的一個原因。救世界當然是最重要的目標,可是追尋這個目標的第一步,是把主體所依賴的思想規矩變成有待批判的對象。從這個立場來說,西方認識論很成功地把哲學的焦點從本體論與形上學轉移到認識論,可是抹殺了具體性錯置危險的當代中國哲學,不願意承認西方這方面的成就。另一方面,西方認識論革命也帶來一種幻想或迷信,即它誇大思辨和知性的不可靠,這樣破壞實踐在知識方面的基礎,並歪曲教育的內容。

對墨先生來說「認識論對政治發展」有十分重要的影響。西方悲觀主義的認識論(懷疑主義與實證主義)與主張「三個市場」的自由主義模型有關,也影響到今日的教育與法律;而中國的樂觀主義認識論則與中國知識分子對西方模型的取捨,以及對未來理想社會的構想有密切的關係。這樣一來,上述哲學部分文章的觀點與文化部分的文章相互呼應。

第三部分有關文化議題的文章數量最多,其中最重要的主題是對中國古今歷史、文化議題的探討。墨先生從先秦思想「固有的預設」、孔子思想中的烏托邦精神、中國歷代社會、經濟的演變,一直討論到近代中國知識分子思想中

的連續性與非連續性，以及美國漢學界的得失。此外，他也替我所寫的梁啟超與嚴復的書，以及朱浤源兄有關同盟會的書撰寫了三篇序言。在這一部分我想提醒讀者注意，墨先生多次採用 Toennies 有關「社區社會」（*Gemeinschaft*）與「結社社會」（*Gesellschaft*）的對照，看到中國歷史知識分子對「感情很厚、道德很明顯而以農業為本的」社區社會的依戀，以及對都市化之後「問舍求田、道德含混、思想紛紜、人情淡薄、交通混亂、組織複雜的市民生活」（即結社社會）的排斥，而難以肯定政治、經濟與思想的「三種多元主義」。其次，墨先生強調西方民主傳統之中「盧梭－黑格爾－馬克思傳統」與「洛克－聯邦黨人－彌爾傳統」的區別，近代中國知識分子傾向於前者而排拒後者。這兩方面的選擇和近代中國歷史的走向有密切的關係（亦請參考拙作《自由的所以然》）。

墨先生對歷史的討論與他對現實的關懷聯繫在一起。他有關胡國亨的文章，以及對於中國文化與全球化、二十一世紀中國之路向等文，討論如何透過中國傳統「內在價值」的培養來處理全球化的挑戰。在這方面墨先生不但肯定唐君毅、牟宗三等新儒家的貢獻，也指出梁啟超思想的重要意義：

> 我個人覺得，在針對如何避免烏托邦主義，並結合人文精神與「三個市場」的課題上，最重要的貢獻還是梁啟超的思想。……在肯定人文主義與中國傳統的儒釋道三教的精神價值方面，梁氏和後來的新儒家很類似。但是與新儒家不同之處在於，梁氏避免烏托邦主義與「體系主義」，而十分關注中國的實然條件與實際政策的需要。這樣一來，梁氏不但比新儒家更能夠將義理之學與經世之學結合在一起，而且他也超越了西方實證主義者對現代化的思考。他的思想真是跟著「極高明而道中庸」的路。我相信如果人們依照梁氏的思路，正用他們的自由以修改中國文化，他們應該有辦法針對二十一世紀兩個必然的趨向，為三個市場劃下合理的、符合人文精神的範圍。

墨先生的文章博大精深、含意深邃，我希望以上簡單的概述可以幫助讀者走進墨先生的思想世界。我和墨老師結緣是在 1982-1983、1984-1985 年他到臺

灣師大歷史系客座之時。那時我剛進入碩士班就讀，上了墨先生所開的「先秦政治思想史」與「明清社會經濟史」的課，並開始在墨先生指導下撰寫有關《皇朝經世文編》的碩士論文。其後我又在他的支持下去牛津大學讀書，再去史丹佛大學攻讀博士學位，1994 年返回中央研究院工作。在長達三十多年間，我的學術研究深受墨先生的啟發。他可以說是耐心地牽著我的手，從一字一句的文本解讀、文章撰寫，帶我進入歷史研究的浩瀚世界。2005 年我開始在師大碩博士班任教，教授中國思想史與近代中國思想史的課程。這二個課程之中墨先生的文章都是我指定學生閱讀的教材。本書所收錄的各篇文章我都曾與我的學生深入討論，而開拓了我們的學術視野。

　　大約十年前我開始系統地搜索墨先生的中文著作，並裝訂成一冊，希望有一天能夠出版。我的動機很單純，這些作品都是我曾反覆閱讀而獲益良多的著作，它們不但是時代的見證，反映了解嚴前後臺灣思想界的狀況，也表現出墨先生深厚的學術積累與深刻的生活之體驗。更重要的是墨先生和我對中國思想史的研究都抱持 Reinhard Bendix 所提出的一個看法，認為歷史的動力不在經濟或階級的變遷，而在所謂的「思想方面的動員」（intellectual mobilization），亦即一個社會的價值取向，是慢慢被原來有無力感的知識分子所改變的。這一些理念源於知識分子在小圈子中的討論，觀念「涓滴」散播而最終得到實現。本書所宣揚的理念或許不僅在於「亞里斯多德式」的調適思想，而是「審慎」、自覺與批判意識，以及希望人們能在具有更豐厚的歷史感與中外比較的視野下來思索未來的路向。筆者由衷地感謝趙席夐、鄭巧君、魏綵瑩幫助編務，以及華藝數位股份有限公司學術出版部的張慧銖、吳若昕、張大業等在出版過程中的多方協助。

　　墨先生的序寫於 2019 年暑期，當時新型冠狀病毒肺炎的疫情尚未出現，2020 年初疫情傳播變得十分嚴重，此時中美之間的衝突也愈演愈烈。新型冠狀病毒肺炎之後墨先生觀點並未改變，他依然認為在中國大陸崛起，提出深具

野心的外交政策，以及中美衝突之下，中美關係的發展應依照季辛吉（Henry Alfred Kissinger）在《論中國》（*On China*, 2011）一書中的建議：亦即一方面美國應堅定地追求國家利益；另一方面，中美應逐漸地基於互信互重與追求共同利益的原則，形成友好的「太平洋社區」。墨先生在他的新書稿「無道的政府及其志於道的批評家：再論儒家文化的現代意義與中美關係」一書中有進一步的闡述，我衷心地希望這一本書能很快地與讀者見面，使大家可以更為瞭解墨先生的觀點。

黃克武寫於 2020.6.29

墨子刻序

　　本論文集各篇，主要作於 1980 與 1990 年代，這些文章帶我回到我人生中非常值得珍惜而具有啟發性的一段時光，在 1982–1983 與 1984–1985 兩個學年中，作為國立臺灣師範大學的客座教授，我有機會針對中國歷史的各種問題，與最卓越而著名的權威學者以及許多極具才氣又訓練有素的本科生與研究生進行討論。這些學生之中沒有比黃克武與劉紀曜更優秀者，現在正是這兩位讓我有幸從他們傑出的職業生涯中借取些許時間，以完成論文集的出版事宜，我深深感謝他們。

　　本論文集的內容，主要集中在政治批評的問題上，這種批評活動可以由「臺灣奇蹟」正持續開展的那些年中所進行的有關民主與獨裁的爭論作為明顯的例子。然而，政治批評也可以被視為東西方政治發展與現代化過程中最重要的結構性面向之一，是一種其重要性能與經濟發展和政治領導這種因果性變項相較，也是韋伯學派社會學家 Reinhard Bendix 在 1978 年的著作《國王或人民》（*Kings or People: Power and the Mandate to Rule*）中所分析的「思想動員」。

　　Bendix 強而有力地論辯，認為促成現代人民主權信念的擴散，由書報與會談所組成的思潮因素，其分量不一定少於社會經濟發展等因素。知識分子批評政府時，常常自視為聰明的旁觀者，看著政客們的無理性行為而無力糾正。這種無力感是誤導性的。的確，在短時間內知識分子對政治可能少有影響。然而，從長期看來，原本在象牙塔中深奧而經常被嘲笑的思想研究，也可以漸漸地轉變成為一個思潮，從而逐漸影響教育界、新聞業、公共輿論、司法審判、政治，最終影響到整體人民基本的文化信念與所謂常識，在歷史上有很多這種例子。

Bendix之外，我們還可以引證某些西方知識分子，尤其是西蒙娜・波娃（Simone de Beauvoir）在 1949 年的著作《第二性》（*Le Deuxième Sexe*）中，努力創造一種信念，認為性別平等的實現，不只需要法律與制度上的改革，如婦女投票權或取得最佳大學的入學許可，還需要一種基本文化取向的轉變，去改造性別不平等的《聖經》前提與偏見。西蒙娜・波娃雖然被許多人當作講蠢話者而加以排斥，但在五十年之內，她男女平等的概念已變成新聞與立法的普通真理與常識。

同樣地，在這半個世紀中，一種重要的西方哲學趨勢改變了承繼自約翰彌爾（John Stuart Mill, 1806-1873）《論自由》（*On Liberty*）中對自由與平等的理解，北京大學哲學教授胡軍稱這個趨勢為「認識論轉向」，我則稱其為「現代西方認識論大革命」。卡爾・波普（Karl Popper）1945 年所論述的「開放社會」概念，與海耶克（Friedrich August von Hayek）的自由主義，都還是以彌爾對自由與平等的理解為基礎，將自由與平等作為人性在道德上所必需的目標之一部分，並與促進自然科學、經濟效率、國家安全、國際和平以及海耶克所謂「道德性風俗」與「文明」等絕對需求相整合，而所謂「道德性風俗」與「文明」，對彌爾學派而言，是指啟蒙運動詮釋下以希臘－猶太－基督教的核心價值取向為文化基礎。然而，「現代西方認識論大革命」鼓吹一種對人性在道德上必要而普遍的目標作出狹窄得多的定義，將這些目標減少到只剩平等與自由，而將其他所有目標就只當作個人的獨斷意見或偏好。

在「現代西方認識論大革命」中扮演主要角色的是邏輯實證論，由艾耶爾（A. J. Ayer）編輯而於 1959 年出版的《邏輯實證論》（*Logical Positivism*）一書有相當好的討論。艾耶爾贊同維根斯坦（Ludwig Wittgenstein）認為假如要在哲學上說某一語句「有意義」的話，唯一的方法是重複地講述「自然科學的種種命題」（the propositions of natural science）。[1] 的確，這種觀點暗示連彌爾

---

[1] A. J. Ayer, *Logical Positivism* (New York: Free Press, 1959), p. 23.

所謂「須要尊敬人這種有思惟能力的存在者」之信念也是無意義的。因此，邏輯實證論不可能有無限的影響。雖然如此，邏輯實證論還是對彌爾學派比較寬廣的自由觀，投下諸多懷疑。

如 David Held 在《民主種種模式》（*Models of Democracy*, 1987）一書中，即將「個人自主原則」轉為「民主」的核心目標，而羅爾斯（John Rawls）在《政治自由主義》（*Political Liberalism*, 1993）一書中，則將希臘－猶太－基督教關於道德必要性的種種教導，轉為不過在文化上各種不同的「整合性學說」（comprehensive doctrines）之一，讓自由而平等的個人在其中獨斷地作出偏好或拒絕的選擇。所以到 2000 年，作出以下的預言就相當容易：「大多數美國人並不支持同性婚姻」，可是要求同性婚姻合法化的思想趨勢「很可能會成功」。因為美國知識分子已經愈來愈認為「個人自主與人人在法律上平等的理想以及物質進步是唯一的絕對價值，而決定所有政治爭論的唯一標準是可量化或完全客觀的證據」，因此對傳統或宗教規範的權威性投以懷疑的眼光。[2] 的確，2014年美國最高法院在 Obergefell versus Hodges 一案中從美國憲法推論：「否認同性伴侶結婚的權利，就是使他（她）們的自由承受重負，而同時限定了平等這種核心原則。」一位史丹佛大學法學院教授評論道：「在西元 2000 年，同性關係還可以被視為罪行。……本案的判決在憲法歷史上是個非常快的轉變。」[3] 的確，這個轉變是個從啟蒙運動的古典自由主義轉變到一種由學院創發的唯自由主義（libertarianism）的過程。雖然與大眾文化不合，卻逐漸被現代社會所依賴的專業技術階層以及大眾媒體所接受。

就是因為這種經驗性資料不少，所以當我們思考歷史演變之因果關係時，就不能忽略思想動員理論。我認為臺灣在 1980 與 1990 年代的民主化、毛澤東激進主義的興起及其後在 Ezra Vogel 所謂的「鄧小平時代，1978–1989」之沒落，

---

[2] 見墨子刻，〈胡國亨思想的價值〉，《寧夏黨校學報》，卷2期6（銀川，2000），頁50。
[3] Sue Dremann, "Analysis: Supreme Court Ruling Likely to Affect Equal-Rights Laws," *Palo Alto Weekly*, July 3, 2015, p. 8.

都至少有一部分是由思想動員所引起的。的確，假如我們同意思想動員是中西歷史很重要的因果性變項之一，我們甚至能提出以下的結論：當習近平主席在《習近平談治國理政》一書中說，「堅信」中國的民主化在 2049 年「一定能實現」，[4] 他是指出一種真實的可能性。以一種與國民黨在臺灣獨裁時代相當類似的方式，中國今日的政治結構完全忠於一種現代化計畫，所以完全依賴高度專業化的政治、管理與經濟精英和次級精英，這數百萬人的精英過著都市生活，又沉浸於一種國際化的經濟與思想交流，並與一種本土思想主流交織在一起，而這思想主流幾乎一致認為當今專制在思想上與道德上都是有缺陷的，不管是從中國自由主義、新左派、現代儒家人文主義或是蕭功秦的新威權主義的觀點來看，都是如此。當中國在未來數十年內，更密切地朝向習近平所謂「小康社會」的目標前進，這些生活在都市圈的精英們的意見潮流，在某種程度上將會改變，而無論這個改變偏向何方，政府決策也不得不受其影響。

　　的確，假如我們認為實現「小康社會」的經濟發展，將會影響公眾輿論，這就再度展示韋伯社會學所一直強調的，思想動員只是作為多元因果性的歷史過程中的一部分。雖然如此，假如我們同意，思想動員是歷史多元因果發展模式很重要的一部分，如何批判政治批評就必須作為每一個意圖去影響未來思想動員方向的知識分子的主要關懷與道德義務。因此，每一個具有這種義務感的知識分子，為了讓自己的批評儘可能地開明，就不得不深入分析極端複雜而在邏輯上相互關聯的歷史學、社會學、方法學、哲學、內政與外交等科際整合性問題。這些問題到現在仍然爭論不休，我以前的著作，以及即將出版的一本小書，就是嘗試討論這些問題。本序論只能提綱挈領地提出一些建議與問題。

　　首先，談到科際整合性研究，在一個東西方學術界都對經濟與其他具體事實最感興趣的時代，是很容易忽略哲學的重要性，也就是忽略所有政治批評最基本的觀念，即人性問題，或人類的普遍本質。因為這個本質在感官上無法察

---

[4] 習近平，《習近平談治國理政》（北京：外文出版社，2014），頁 36。

覺，所以是形而上的，也就是按照邏輯實證論的觀點視為無意義的題目。雖然如此，就我所知，東西方所有重要的政治評論或學派，都不缺這種形而上的堅強信念。這種信念是對所有人類——不僅只是我的家族或國家——追問何者是客觀上的真實與道德上的必要，以及如何論辯尚未被回答的問題（即認識論）所表達的一種立場。這種對普遍的客觀真實、道德必要性與認識論的哲學信念或立場，明顯地表現在宗教、政治意識型態、黑格爾（Georg W. F. Hegel）與馬克思（Karl Marx）的哲學，或牟宗三的形而上思想。牟宗三說：「孔子講道理也不是單對著山東人講，乃是對著全人類講的。」[5] 然而，拒絕形而上學者亦不例外，如 Richard Rorty 2004 年在上海解釋何謂「哲學的終結」時，他不是說這個終結只發生在上海而沒有發生在紐約。[6] 同樣的，當維根斯坦說形而上的言詞是無意義的，其所言並非只適用於紐約或維也納而不適用於上海。其實，維根斯坦所謂形而上的陳述都是無意義的，不但是個非科學的陳述，即一種無法被實驗所證偽的命題，也是一個帶著大量政治與社會意涵的形而上言詞，因為這種陳述將整個人類分成兩部分，像維根斯坦這種作出有意義的陳述之開明人士與說出無意義蠢話的凡夫俗子。

然則，針對客觀真實、道德必要性與認識論，作出形而上陳述最有見地的方式為何？在某種程度上，中國與西方之間的文化差異，應被視為在如何回答這個問題上的分歧。本序前已提及哲學性的分歧，即關於道德必要性是要以彌爾學派的寬廣方式來界定，即不只要求平等與自由，也要求經濟效率、國家安全、「道德性風俗」與「文明」，還是要以 David Held 或 John Rawls 比較狹窄的方式來界定，即只集中在個人平等與自由。除了針對道德必要性是要以狹窄或寬廣的概念加以衡量的哲學爭論之外，也還有觸及之前提到的關於現代西方認識論大革命中的悲觀主義認識論與樂觀主義認識論之哲學分歧。如今在中國與美國這兩個主要世界強權之間的對抗，這一種多元因果的歷程，其中包含這

---

[5] 牟宗三，《時代與感受》（臺北：鵝湖月刊社，1995），頁 329-330。
[6] 《文匯讀書週報》，2004 年 7 月 27 日，頁 13。

種哲學上的分歧，即綜合悲觀主義認識論與道德必要性的狹窄定義而成的西方主導趨勢，與綜合樂觀主義認識論與道德必要性的寬廣概念的中國主導趨勢之間的競爭。

固然，這個哲學爭論並不全然限於這種中國與西方主導趨勢間的不一致，這些哲學爭論中也有像 Thomas Kuhn 與諾貝爾物理學家 Steven Weinberg，在後者所著《望上看：科學及其文化對手》（*Facing Up: Science and Its Cultural Adversaries*, 2001）一書中完全理論性的分歧。然而，當針對的不是物理學的認識論基礎而是 *Lebenswelt*（人類日常生活，包含歷史、文化、政治、倫理等等）這種題材時，要如何將現象概念化，在東西方之間就有嚴重的分歧。談論 *Lebenswelt* 時，我們就發現前述關於認識論與道德必要性的分歧：代表綜合現代西方認識論大革命的悲觀主義認識論與狹窄的道德必要性定義之當代西方哲學主流，就是波普非常重要的「開放社會」之觀念。雖然有如前所述的曖昧性，波普就跟維根斯坦一樣，將「客觀知識」化約為科學命題，而與 Daniel Bell「意識型態的終結」之立場相當一致，因此排除了由擁有「智慧」的「先知先覺」設計的，不只直接決定社會的工具性關係，也決定社會道德性格的「一套完整的思想體系」所建立的整體社會組織。相反的，無論是臺灣或中國大陸的現代化歷史，都表現了一種拒絕悲觀主義認識論的強烈傾向，而且建立了一種更寬廣更傳統性的倫理定義，即一種與彌爾學派傳統古典自由主義並無太大不同的倫理。

東西方這兩種主導性的哲學模式之對比，產生許多問題，在此無法加以討論。例如，東西文化交流更繁盛之時，這個對比會不會變淡甚或消失？這種哲學對比是否造成在政治－社會－經濟行為上的類似對比模式？比如強調「縱向」上下關係與強調「橫向」平等關係的對比，這不是黑白的對比，而是偏向前者或偏向後者的對比，如西方的政治－經濟行為模式，比較偏向強調在法律上平等的個人自由橫向的互動，而東方的行為模式則比較偏向強調縱向的上下關係。假如這種哲學上的對比，與政治－經濟行為模式之對比之間具有因果關聯性，

那麼在當今中國與美國這兩大世界強權的政治－經濟競爭中，這個對比會帶給哪一方優勢？不論何者在這場競爭中享有優勢，這兩大世界強權能否聯合起來共同努力去追求季辛吉（Henry Alfred Kissinger）在《論中國》（*On China*, 2011）一書中所謂的「太平洋社區」之理想，促進國際和平與繁榮？無論中國或美國的政治－經濟－哲學模式能否肯定這樣一種國際合作，我們還是要問，他們的思想與行為模式是否立基於古老文化傳承的界定客觀真實、道德必要性與認識論的前提之上？如若其中的一些前提是以古老經典為基礎，無論儒家思想或西方的啟蒙運動，我們現在是否應該將其視為哲學批判而可能應加以修正的對象？

當東西方學者追問這些問題時，大多數人都會同意，儘可能尊重邏輯與經驗性資料，是最開明的政治批評模式。而我一直認為這種最開明的政治批評模式，應該是「調適性」的。因為歷史是「神魔混雜」（牟宗三語），所以進步只能以一點一滴、漸進漸增而在道德上不完美的方式來進行，牟宗三稱這種方式為「曲通」，而應避免牟氏稱之為「直通」的一種「轉化性」或「烏托邦」方式，也就是企圖直接實現完全的「大公無私」與物質福利的方式。換言之，調適性批評以「亞里斯多德學派」自居，權衡時下的「得」與「失」，而不像「柏拉圖學派」，忽視時下的進步而只會不斷強調政府在實現大公無私政治理想與解決所有社會矛盾上的失敗以對政府施壓。因此，本論文集各篇表達了對「柏拉圖式」政治批評的反對，同時展現一種接近上海政治思想家蕭功秦自1980年代以來所採取的批評方式。

然而近十年來，我進一步思考柏拉圖式與亞里斯多德式的政治批評之時，更注意到這個問題跨學科的複雜性。這種複雜性無法在此作簡短的說明，希望在我即將出版的一本小書中再作討論，這是繞著如何理解儒家文化及其對中國現代性的影響這個很有爭論性的問題而作的。

（劉紀曜譯）

目次

編者序 i

墨子刻序（劉紀曜譯）.. vii

第一部分：政治批評

從約翰彌爾民主理論看臺灣政治言論：
民主是什麼——一個待研究的問題 3

道德與民主的辯證 30

關於中華民國戒嚴法及政治發展的報告 36

責任倫理與民主文化面 48

中國知識分子與當代中國政治之發展 53

有關「政治發展與知識分子的角色」之辯論 58

　（1）政治發展與知識分子的角色 58

　（2）「保守」與「保守主義」是不同的——兼答張忠棟教授 61

　（3）再論政治批評的風格：答張忠棟、康勤、廖仁義諸先生 66

為什麼美國對中華民國有偏見？ 84

三民主義、中華民國的現代化與中國的知識分子
——對傅偉勳教授說幾句話 90

中華民國正負兩面評價與知識分子的自覺問題：回應陳其南教授 95

第二部分：哲學

形上思維與歷史性的思想規矩：論郁振華教授的《形上的智慧如何可能？
——中國現代哲學的沉思》 119

道統的世界化：論牟宗三、鄭家棟與追求批判意識的歷程 144
中國的哲學一直活著！——訪墨子刻（Thomas A. Metzger）談中國的新儒家 210
關於話域概念及其他 216
當代自由主義的困境——論海耶克、約翰・鄧恩、羅爾斯和羅蒂 221

第三部分：文化

烏托邦主義與孔子思想的精神價值 239
孔子思想的國際性意義 250
中國歷史脈絡中的西方公民社會概念 254
二十世紀中國知識分子的自覺問題 285
胡國亨思想的價值：《胡國亨文集》序 329
二十一世紀中國的路向——必然的趨向與自由的範圍 336
中國文化與全球化所帶來的問題 350
中國近代思想史研究方法上的一些問題：一個休謨後的看法 358
《一個被放棄的選擇》序 377
《自由的所以然》序 380
《同盟會的革命理論》序 388
漢學的陰影：美國現代中國研究近況 392

專有名詞索引 437
人名索引 456

第一部分

政治批評

從約翰彌爾民主理論看臺灣政治言論：
民主是什麼——一個待研究的問題[*]

一、前言

在蔣氏二代領導之下，中華民國不但經濟上有驚人發展，而且政治上決心實行民主化。尤其顯著的例子是國會改選問題，已經變成人人企望而莫之能禦的潮流。一旦改選之後，中華民國的政治自由，相信會愈來愈像美國。

1949 年國府遷臺，知識分子包括中國、歐美，對國民黨前途多半持悲觀態度，但是到了 1980 年代，特別是高雄事件前後，國民黨的方向就比較清楚了。1983 年的一本書中，曾引用我與馬若孟討論時的意見：「在能看到的將來，立法院與國民大會的國會代表，完全由臺灣的老百姓選舉出來的……所以臺灣現在的選舉，沒有人能說只不過是個虛偽的形式……其實，支持國民黨的人已經很擔心，因為黨外人士雖能激動投票者，但不一定對統一中國這個目標有很大的興趣……我們現在能預料，不出兩年，讚美國民黨的政治發展跟讚美經濟政策一樣，將變成一個時髦的傾向。」[1]

關於中華民國的民主化有好幾個可以談的問題，例如說：（一）這個過程是怎麼發生的？（二）民主化與統一中國的問題有什麼關係？（三）民主是什麼樣的政治系統？（四）民主化中，實行改革的過程應該很謹慎？還是比較大膽？這裡我要特別談第三個問題，尤其是因為第三個與第四個有密切的關係。

---

[*] 本文原載於《當代》，期24（臺北，1988.4），頁78-95。
[1] Amy Auerbacher Wilson, Sidney Leonard Greenblatt, and Richard W. Wilson, eds., *Methodological Issues in Chinese Studies* (New York: Praeger Publishers, 1983), pp. 48-49.

當然很多人士覺得民主的本質太明顯，不需要討論，所以中國學者一旦辯論民主與中國固有的文化能不能貫通時，他們會花很多工夫詳細羅列、分析中國文化與民主能直通、或曲通、還是完全通不過。但是他們的討論卻不超過最簡單的定義，當然張灝教授的〈幽暗意識與民主傳統〉，是深入討論民主問題的文章，可是他的貢獻很例外。民主本質的複雜，討論起來絕不下於中國文化，而要論辯兩者之間的關聯，如果只瞭解其一，而不瞭解另一方，那怎麼能瞭解這兩者有沒有可能配合的問題？

還沒開始談民主的本質以前，我很簡要地先談第二個問題。按照一些民進黨人士的看法，徹底民主化之所以必要，是因為一些外省人可能會把統一中國這個目標，置放在臺灣人民的福祉之上，就是因為有這樣的焦慮，所以很容易產生過激的民主化態度。這樣一來，臺灣人士民主化的態度，應當激烈還是謹慎，存有一個與政治構造原來沒有直接關係的因素。我個人覺得在這個問題上，激烈的態度相當危險，所以希望有辦法減少本地人士的焦慮，問題是：一些外省朋友真的不夠關心臺灣的利害關係，這是因為他們的精神完全環繞「中國全民族之利益和需要」，而不要「根據此處一千多萬人的利益之理由」來決定政策。[2] 胡先生這個精神我又佩服又同意，可是假如要救大陸苦海中的老百姓，最重要是先保護臺灣已有的範式，而要保護臺灣範式，最重要的是避免遭受中共的侵擾；要救一個病人，自己健康很重要，假如中華民國現在就對大陸完全地開放，臺灣的社會會馬上受到大陸的和融，那麼臺灣要救大陸的希望會像一個病人要幫助另外一個病人的幻想。像胡秋原這樣的外省人士，他們不夠欣賞臺灣範式，不夠瞭解保護這個範式的必要。要知道這個必要，跟統一的必要，是互相配合的目標，何況臺灣範式正足以證明，中國可以與日本一樣有現代化的能力，萬一因中共的影響而破壞了，那麼中國文化的這個能力，就不容易證明了。所以保護臺灣範式是保護中國文化的一個條件。

---

[2] 胡秋原，《一百三十年來中國思想史綱》（臺北：學術出版社，1980），頁199。

這樣一來，我個人希望執政黨能廓清這個問題，一旦熱愛臺灣的人的這種焦慮能完全袪除，那麼在民主化過程中培養出更溫和的風氣應該容易一點。當然李登輝先生繼任總統這個事實，已經在這方面大有助益。

二、民主是不是人民自己來做自己的主人？

談溫和的風氣不但牽涉到統一中國的問題，而且跟瞭解民主的本質很有關係。民主本質涉及好幾個方面議題，一個就是在民主構造中政治核心與老百姓的關係？改變而提高老百姓的政治角色，當然是民主化的核心，用社會科學家 Reinhard Bendix 的話，這個變化是用「人民的權威」（authority in the name of the people）來代替「國王的權威」。[3] 人人都知道民主的根源在希臘與羅馬時代，而最重要的突破在十七世紀、十八世紀的英國、美國與法國。

至於這個變化的動力，社會科學家多半不強調什麼思潮，可是按照 Bendix 的看法，這個動力卻不在經濟或階級的變遷，而在所謂的「思想方面的動員」（intellectual mobilization）。他的意思是歐美社會的價值取向，是慢慢被原來有無力感的知識分子所改變。[4] 按照這個看法，民主化最基本的動力，不一定在中產階級或小市民或無產階級的要求，而在少數知識分子的說服能力。這些少數的知識分子，不見得有辦法馬上影響政治核心，可是經過一個醞釀過程之後，政治核心不得不受到他們的影響。這個說法也多多少少地印證中華民國的變化，「思想方面的動員」最好的例子，就是中華民國與香港的一些雜誌、報紙所辦的座談會，像《中國人》在 1979 年邀請了陶百川、王作榮、李亦園、胡佛、楊國樞與張忠棟「聚在一起談談三十年來臺灣的發展以及目前所存在的問題」。[5]

---

[3] Reinhard Bendix, *Kings or People: Power and the Mandate to Rule* (Berkeley: University of California Press, 1978), p. 5.

[4] Reinhard Bendix, *Kings or People: Power and the Mandate to Rule,* pp. 265-272.

[5] 陶百川，《臺灣還能更好麼？》（臺北：經世書局，1980），頁3。

在那個時候,這些人士一定相當有無力感,可是他們那一天的共識,就是今天政治核心的主流。認為這種不勝枚舉的座談會,對政治發展沒有立即的影響,是對的;至於認為在醞釀的過程中,沒有影響到政治核心的價值觀,則是沒有道理的。其實民國也好,帝國也好,中國的政治溝通通常有這樣的橫向架構來配合上下關係。

除了盧梭(Jean-Jacques Rousseau)、黑格爾(Georg W. F. Hegel)與馬克思(Karl Marx)的傳統以外,歐美民主思潮最有代表性的著作,就是約翰彌爾(John Stuart Mill)的《論自由》(*On Liberty*),「近代自由主義的民主思想的方向多半為約翰彌爾(1806-1873)所決定」。[6] 一般言之,彌爾式的政治模型的第一個特徵是強調國家與「民間社會」的分別,我這樣的把赫爾德(David Held)的 "civil society" 翻譯成「民間社會」是暫借南方朔先生的用法。「民間社會」是指在國家直接的干涉以外的自動自發而有社會性的活動。[7] 強調國家與民間社會的分別化(differentiation),不但是尊敬個人在法律上的權利(包括私人財產的權利在內),而且是把提升社會道德、智慧水準的責任,從國家轉移到民間社會上去。換句話說,這是取消「君仁則莫不仁」(《孟子》)的意識型態,這個意識型態在中華民國還是很流行的,例如去年4月丁邦新與何懷碩兩先生雖然在筆戰中,但彼此都同意改正國民自私、愛討便宜、愚昧等等的「國病」,是牽涉到國家領袖的訓教或影響;唯一的不同就是丁先生覺得國民黨有改善民間社會的能力,而何先生則覺得國民黨有引致這樣國病的罪;雖然何先生也比較強調民間社會的角色。這兩位學者都跟彌爾模型不同,彌爾模型也認為需要減少國家干涉社會的範圍,可是彌爾還是肯定一些福利教育等等方面的干涉。除了把國家與民間社會分別化以外,彌爾模型第二個特徵,是把精英階層的經濟等等基礎放在民間社會裡,而強調一個十五世紀以後興起的觀念:

---

[6] David Held, *Models of Democracy* (Stanford: Stanford University Press, 1987), p. 85.
[7] David Held, *Models of Democracy*, p. 281.

最好的憲法就是民主」（rule by the ruled）。[8] 彌爾模型的第三個特徵是，為了實行民主觀念，必須通過一些程序，尤其是選舉性的無限比賽，出版的自由，三權分立，以及文官與政治的分別化（彌爾自己是不是強調三權分立是另外一個問題）。

談到這裡我們好像能說民主的本質就涵蓋在彌爾模型這三個特徵裡。問題是這些特徵是不是等於所謂的「人民自己來做他們自己的主人」？而且在這個意義之下，民主是不是就代表老百姓的判斷一定會以理性道德為基礎？老百姓有理性而有控制政府能力是韋伯（Max Weber, 1864-1920）與熊彼得（Joseph Alois Schumpeter, 1883-1946）以前的民主理論。林肯（Abraham Lincoln）與孫中山一樣，以為民主就是民有民治民享的制度，而西洋文化的「老百姓的看法是上帝的看法」（*vox populi, vox dei*）也相當於古代中國的「天視自我民視，天聽自我民聽」。

然而現代化是需要非常專門性的知識，而且要增加官僚制度的角色，同時政策是「一日二日萬機」，而投票只是每幾年一次，結果老百姓不得不依靠精英分子的力量，所以民主就是一種「選舉出來的專制」。[9] 除了強調上述的因素以外，韋伯與熊彼得都很懷疑老百姓的判斷能力或道德。[10]

這樣一來，說民主是「老百姓自己來做自己的主人」，不如說民主是「受民間社會控制的政治核心」（a subordinated political center）；說從民間社會發展出來的政治要求一定會合理，不如討論怎麼建立一些標準以評估所有的政治要求。這樣一來，彌爾模型所依靠的是民主這個理想，而在制度方面，不但是把國家與民間社會分別化，而且讓政治核心服從民間社會，這些特點形同一個「被民間社會控制的政治核心」。

---

[8] 關於這個觀念的興起，請看 Quentin Skinner, *The Foundations of Modern Political Thoughts* (New York: Cambridge University Press, 1978), 2 vols.
[9] 這是赫爾德引用韋伯的話，David Held, *Models of Democracy*, p. 159.
[10] David Held, *Models of Democracy*, pp. 158, 166.

三、彌爾模型與道德共識

二十世紀以後彌爾模型的演變，多半在兩方面表現出來：一個是環繞著怎樣增加老百姓的自由與平等上，例如按照赫爾德的研究，羅斯福時代之後，美國的自由派很樂觀地強調政治核心在彌爾模型範圍內，調整民間社會的能力；最近，美國所謂的「新左派」（New Left）注意到民間社會中出現的各種不平等的趨勢，像資本主義與各種的偏見等等，因而更強調政治核心調整民間社會的責任；同時所謂的「新右派」（New Right）則強調政治干涉社會對平等與自由所形成的危險。

除了平等自由問題以外，彌爾模型的演變還環繞著自由與道德共識的關係之上。社會到底有沒有避免眾說紛紜、思想混亂、道德相對主義、價值混亂與虛無主義等危險，而保持道德共識的需要？這個需要與道德有沒有矛盾？關於這兩個問題，肯定彌爾模型的學者有四種看法，分列於下：（一）有這個需要而沒有矛盾；（二）有這個需要而矛盾不嚴重；（三）有這個需要而矛盾很嚴重；（四）矛盾很嚴重而社會多半沒有這個需要。從彌爾模型的這種演變，也可以看出中西文化的不同。

西洋文化中，這四個看法都很重要。十八世紀啟蒙運動時代，很多思想家覺得自由理性與固有的美德不會有什麼矛盾，休謨（David Hume, 1711-1776）的懷疑主義即牽涉到這個矛盾；可是休謨自己並沒有絲毫懷疑當代所肯定的道德價值。[11] 建立美國憲法者也有自由與道德、理性能配合的看法。[12] 在二十世紀的中國，自由與道德理性可以配合的信仰還繼續不斷有人提出，可是歐美文化則不同。彌爾自己還有這個信仰，而很肯定歐洲文明最根本的價值，如希臘哲

---

[11] 他懷疑的毋寧是能不能用理性來證明這些價值。請看 Barry Stroud, *Hume* (London: Routledge and Keegan Paul, 1977).

[12] 請看 Robert N. Bellah et al., *Habits of the Heart: Individualism and Commitment in American Life* (Berkeley: University of California Press, 1985).

學與基督教的理想。可是彌爾模型同時非常地強調凡人都有犯錯的危險,而這樣的看法便引起對這些理想的懷疑。二十世紀的歐美,這個懷疑主義愈來愈流行,而知識分子愈來愈覺得我們沒辦法用理性來證明什麼客觀的常道,所以很多歐美知識分子以為自由與道德共識有矛盾,而他們對這個矛盾的看法不同,像 Robert N. Bellah 與 Alasdair MacIntyre 等學者都覺得社會需要道德共識,而道德共識與自由之間所產生的矛盾是很有危險的。然而很多新右派與新左派的美國知識分子,不強調道德共識的需要,他們覺得社會唯一的目標是儘可能地增加個人的自由與平等,赫爾德自己的看法就是個例子。[13] 這樣一來,除了一些最起碼的觀念以外,社會不需要什麼道德共識,而道德共識與自由的矛盾並沒有什麼危險。這是彌爾模型在美國最流行的版本。

然而彌爾模型的演變,在中國的今天完全不同,要瞭解民主是什麼,非瞭解這個不同不可,無論是三民主義、自由主義或人文主義者,中國知識分子多半同意:社會很需要道德共識,而道德共識與自由沒有矛盾。楊國樞教授的思想是個很有代表性的例子。我們所謂的彌爾模型的興起就是他所謂的多元的開放社會的形成,雖然開放社會「不免會使人互相競爭」,[14] 一個多元社會各種成員會「坦承的合作,合理的競爭」,[15] 而他們這樣會保持一個避免價值混亂的「共識」。換句話說,自由與道德共識不會有矛盾,為什麼?楊教授提到好幾個因素。第一,多元社會還有一個比意見分歧「更基本主流文化」;[16] 第二,「在開放的社會裡,個人的社會身分與地位,是靠你自己的能力,努力及成就」,[17] 這樣一來,「在個別的利益之上,有共同的整體利益」;[18] 第三,因為「在重要的事項上……大家還會自發認為有個共同的規範……道德的相對觀也是不成立

---

[13] David Held, *Models of Democracy*, pp. 268-274.
[14] 楊國樞,《開放的多元社會》(臺北:東大圖書有限公司,1982),頁22。
[15] 楊國樞,《開放的多元社會》,頁28。
[16] 楊國樞,《開放的多元社會》,頁28。
[17] 楊國樞,《開放的多元社會》,頁3。
[18] 楊國樞,《開放的多元社會》,頁28。

的」;[19] 第四,「三民主義已經不是劃屬國民黨的了,而是共屬於中華民國的全體國民」,何況三民主義與多元社會的精神沒有衝突;[20] 第五,「多元社會則主要是靠詳盡的法律」,而「法律規定與道德規範自然會將顯然不對、不好、不善的事物,排出多元價值的範圍以外」;[21] 第六,「多元社會的民眾比較理性,較能同時瞭解共同的事理,易於有『人同此心,心同此理』的表現,從而形成公是公非的共識」;[22] 第七,雖然以前「少數幾個知識分子傳播馬列主義」,楊教授對知識分子的判斷能力很樂觀;第八,這樣一來,知識分子也好,老百姓也好,「只要在特定時空對某些人是有用的道德,自然會受到保留,不合時宜或不再有用的道德也就自然淘汰」;[23] 第九,這樣一來,不會「有人主張或贊成開放到容許左傾思想」。[24] 總而言之,在開放情況之下,共識是依靠上述的九個因素而千萬不能依靠「政治性的手段力量,來對學術思想有所左右」。[25]

所以楊教授覺得自由與道德共識沒有矛盾,可是他的理論依靠好幾個在美國會引起辯論的預設。第一,懷疑主義者不會同意有「公是公非」;[26] 第二,像 John R. Lucas 這類研究法律哲學的學者,不會同意理性可以解決所有根本的爭執;[27] 第三,幾乎所有歐美知識分子會認為一個只強調三民主義,而不「容許左傾思想的社會」,是已經封閉的;第四,楊教授要用法律來排出「不善的事」,而不要用「政治性的手段」。可是美國學者會覺得這樣超越政治的法律是不可能的;假如可能的話,今天美國最高法院保守派與自由派的爭執,怎麼會發生

---

[19] 楊國樞,《開放的多元社會》,頁 18。
[20] 楊國樞,《開放的多元社會》,頁 27。
[21] 楊國樞,《開放的多元社會》,頁 19、27。
[22] 楊國樞,《開放的多元社會》,頁 28。
[23] 楊國樞,《開放的多元社會》,頁 18。
[24] 楊國樞,《開放的多元社會》,頁 25。
[25] 楊國樞,《開放的多元社會》,頁 7。
[26] 請看 Alasdair MacIntyre, *After Virtue: A Study in Moral Theory* (Notre Dame: University of Notre Dame Press, 1981).
[27] Robert S. Summers, *Essays in Legal Philosophy* (Berkeley: University of California Press, 1972), pp. 177-179.

的?第五,楊教授覺得在多元情況之下,人的社會身分等等會完全靠個人的能力。可是在多元的美國,知識分子也常常批評社會的不平等趨向。這樣一來,人也不會那麼容易強調「共同的整體利益」。

楊教授的看法不一定不對,可是最重要的是他這個看法不但與歐美自由主義不同;而且在中國很有代表性。這大概是因為當代中國政治思想還是受固有文化的影響。[28] 總而言之,我個人以為要瞭解民主的本質,是需要瞭解彌爾模型與它的演變而同時弄清楚彌爾模型與另一些政治核心的異同。

四、政治核心的種類

「政治核心」是席爾思(Edward Shils)與艾森斯塔(Shmuel N. Eisenstadt)這兩位有名的社會科學家的觀念。席爾思教授覺得這個觀念的價值,不在於清清楚楚地指陳什麼,而在幫助我們瞭解政治活動的結構。無論怎麼定義,「政治核心」起碼是指一個國家最重要的領袖們或向心的精英分子(centripetal elites),這樣一來,我們能用這些政治核心與民間社會的關係,將政治活動作一分類。如果這個關係多半偏向到民間社會的政治架構,就是「被民間社會控制的政治核心」,即是彌爾模型;假如這個關係多半偏到國家最重要的領袖身上,這就是個「無限制的政治核心」(an uninhibited political center);如果民間社會與國家領袖平分秋色的架構,就是「有限制的政治核心」(inhibited political center)。當然這三個觀念很像大家習用的「民主」、「極權主義」與「權威主義的政府」(authoritarian regime)這三個名詞。然而這三個流行的說法對瞭解民間社會的範圍,幫助不大,而我們不能不知道這個範圍在政治活動中是什麼。例如,政治科學家多半會同意上面引用的韋伯與熊彼得的說法:即民主的特徵不在投票者自己控制政策,而在國家領袖最後須要服從透過精英分子而

---

[28] 請看拙作〈中國近代思想史研究方法上的一些問題——一個休謨後的看法〉,《近代中國史研究通訊》,期2(臺北,1986),頁44-47。

來的民間社會的政治要求；同樣地，在所謂的權威主義的架構中，領袖們不必服從這些政治要求，可是他們也不得不給民間社會很大的空間，甚至於包括有限的選舉在內。這樣一來「權威主義」是指領袖們發號施令的能力，但這並不能幫助我們瞭解他們在命令以外自發自動的活動。

「有限制的政治核心」是指很多現代化以前的帝國，放棄帝制以後，還有一個有限制的政治核心，換句話說，在蔣氏二代的中華民國中，民間社會的空間很大，在經濟、社會、文化方面的活動都比較自由，而選舉還是很重要。可是領袖們能依靠資深委員制度等等限制，而不必常常服從民間社會的政治要求，西洋文化有限制的政治核心也很多，例如，孟德斯鳩（Montesquieu）多半是肯定這樣的政治核心，他強調自由與法律，可是他並沒把老百姓變成選舉領袖的投票者。反而強調貴族與國王的力量及重要性，我們不要忘記「從希臘一直到今天為止，大多數的政治思想家都很批評民主的理論與民主國家的做法」。[29]

五、略論保守主義

瞭解政治核心的種類與民間社會所控制的政治核心之演變之後，我們可以談一談西洋近代史上的保守主義。保守主義這個詞沒有固定的定義，可是有四個比較重要的看法：第一，民間社會所控制的政治核心興起之時，要保持有限制的政治核心，可以算保守主義；第二種是接受被民間社會控制的政治核心而跟第一種一樣，很怕老百姓的智慧不夠，而要保守一些貴族性、傳統性的秩序。這樣的思想最有名的代表是柏克（Edmund Burke, 1729-1797），可是即使在二十世紀的美國也很流行。[30] 彌爾很怕老百姓的智慧不夠，而反對一人一票的原則；第二種與第三種一樣地強調道德共識，可是第三種比較肯定自由平等而

---

[29] David Held, *Models of Democracy,* pp. 1, 57-60.
[30] 請看 Digby Baltzell, *The Protestant Establishment: Aristocracy and Caste in America* (New York: Vintage Books, 1966).

特別針對懷疑主義的危險；[31] 第四種就是上面提到的新右派，他們針對新左派而以自由平等來強調既得利益者在自由市場的利害關係，這個看法跟懷疑主義很容易配合，而流行於今天的共和黨。可是也有人在某種程度上將第四種與第二種配合。最後三種跟反共精神也有各種各樣的關係。無論如何，保守主義與彌爾模型有密切的關係，彌爾模型是完全依賴民間社會的辯論，而這個辯論不管偏向激烈或偏向謹慎，都必須加以容忍並合法化。

很有意思的問題是：中國文化有沒有跟這四種保守主義類似的思想？假如沒有，那麼應該嗎？可是還沒有談這些問題之前，我應當更清楚地分疏今天中華民國持比較保守的看法，也就是說，在民主化過程中強調審慎態度。我個人覺得審慎其實是更逼近民主的本質。

六、九個關於民主本質的問題

我個人覺得上面的討論已經證明民主的本質是個待研究的課題，可是我們能更徹底地分析這個課題。分析之後，我們會扼要地看到彌爾模型在中國思想與英美思想中的異同，而且我們可以發現中國固有的價值取向，對中國的彌爾模型之影響。這樣我們更能瞭解到彌爾模型在中國的特點，也更容易地考慮到在中國實行這個模型的課題。

一般言之，無論是英美的，還是中國的政治思想，談論民主可以針對好幾個問題。要知道他們怎麼瞭解民主的本質，端看他們對這些問題的看法。這些問題我們上面已經討論過，現在我要更系統地再分疏這九個問題。

（一）第一個特徵

關於第一個問題或特徵，中外學者會同意民主的本質包括國家與「民間社

---

[31] 像 Robert N. Bellah、Alasdair MacIntyre 與 Leszek Kolakowski。請看 Leszek Kolakowski, "Politics & the Devil," *Encounter* (December 1987), pp. 59-67.

會」的分別化,可是分別化到什麼程度,就有辯論的餘地(請見上面的討論)。大家同意國家應該尊重個人在法律上的權利,可是西洋文化中彌爾模型強調,國家法律是等同君子小人的裁判員(impersonal umpire),雖然民間社會到某種程度會利用國家力量以提高道德教育文化等方面的水準,但提高這個水準最根本的責任,屬於民間社會而不屬於國家;中國自由主義者的看法與此不太一樣,在當代中國政治思想中,在這一方面連自由主義者也強調政治核心的作用,所以丁邦新與何懷碩可以有相當程度的「共識」(見本文第二部分)。

因為彌爾模型是以民間社會為主,政治核心為僕,既然稱僕,又怎可能有提高主的道德水準之責任?換句話說,干涉到民間文化活動的政治核心,能不能跟彌爾模型配合?無論如何,當代中國的自由派那麼看重政治核心的看法,大概跟固有的文化有關係。余英時教授說得很對,中國固有的文化,一方面強調「價值之源內在於一己之心而外通於他人及天地萬物」;而另一方面又強調「王或皇帝自然是人倫秩序的中心點。因此,任何政治方面的改善都必須從這個中心點的價值自覺開始」。[32]

就此而言,個人在民間社會中的道德角色有莫大的重要性,可是政治核心在「價值自覺」的方面也有莫大的作用。

(二)第二、三、四個特徵

民主的第二個特徵是強調最理想的政治形態是被統治者統治自己(rule by the ruled)。第三個特徵是為了實現上述理想而採行的一些程序,像選舉等制度。可是這個特徵會引起爭論,中國知識分子多半覺得這些程序等於是人民統治自己的方法,而西洋政治科學家則多半接受韋伯與熊彼得的看法,也就是所謂的民主只是「被民間社會控制的政治核心」而已。例如,Charles E. Lindblom

---

[32] 余英時,《從價值系統看中國文化的現代意義:中國文化與現代生活總論》(臺北:時報文化出版事業有限公司,1984),頁80-81、87。

覺得講民主者很多「把希望與事實混為一談」，而民主能不能讓老百姓真的控制政府是「有問題的」。[33]

第四個特徵是關於政策在民間社會裡的範圍之辯論。上面已經說過，保守主義與自由主義的區別在某程度上是環繞著這個辯論。

（三）第五個特徵：再論道德共識

學者關於第五個特徵會有歧見，民主的結果可不可能造成道德共識的危機，英美保守派與自由派的區別也牽涉到這個問題。保守主義的某些學派以為民主很可能會有這個危機，為了克服這個危機而提出的建議，見本文第三部分所論。從他們的看法來講，美國今天的共識危機，不但在家庭、教育以及倫理的衰微，而且在人民不夠團結以反應共產主義與俄國的挑戰，[34] 然而美國新左派則會引用其他的情況，來證明美國有道德共識的危機，像窮人所受的不公待遇，或太怕共產主義的右派傾向，所以 Alasdair MacIntyre 的 *After Virtue* 一書就引用這些爭執，證明美國道德共識的不夠。

對很多英美知識分子來講，這樣的爭執是不可避免的，這正足以證明人類常常沒有「人同此心，心同此理」的可能。按照 MacIntyre 說法，一方面人類原來應有這個可能，而另一方面當代英美思想的主流是不能瞭解這個可能。而按照 John R. Lucas 的看法，因為一些根本的爭執是不可避免的，所以民主的共識不在生活的道理或道德規範，而在一些非個人性的程序（impersonal procedures），像選舉與法庭的程序，即所謂「決議的程序」（decision procedure），[35] 換句話說，右派與左派不能同意美國在中美洲應該反共，可是

---

[33] Charles E. Lindblom, *Politics and Markets: The World's Political-Economic Systems* (New York: Basic Books, Inc., 1977), pp. 131-132.
[34] 要瞭解美國教育方面的困境，可以參考 *Time*, vol. 131, no. 5 (February 1, 1988).
[35] Robert S. Summers, *Essays in Legal Philosophy* (Berkeley: University of California Press, 1968), p. 179.

彼此同意反不反共得看投票者怎麼決定。這樣一來，共識與團結的範圍只限於狹窄的一些形式的程序。我們不能把這麼範圍狹窄的共識和中國知識分子所強調的以思想會通以及社會團結為基礎的道德共識同日而語。

然而很多知識分子以為這樣的共識是很可能的，因為在民主制度之下，道德共識自然而然地形成；我上面所提到的「老百姓的聲音就是上帝的聲音」的看法，就是一個例子。按照這個古典的看法，投票的大多數一定會有道德與智慧的共識，同樣地彌爾自己覺得在自由討論情況之下，「沒有辯論餘地的真理」（uncontested truths）會愈來愈明顯，而愈明顯愈被人民肯定。彌爾覺得這些以「理性」為基礎的「真理」，不但包括科學，而且包括道德與政治方面的價值，因為「真理」愈來愈明顯，所以人類歷史有向前進步的可能。

可是 John R. Lucas 說得很對，彌爾對自由討論的樂觀看法，有一個關於人性的預設，即是人愛真理，甚至於不會因為成見或自私而違背真理。「除非沒有這一種人性的自私，否則彌爾敦（John Milton）與彌爾強調自由討論的主張無法立足」。[36] 總而言之，彌爾覺得自由與道德共識大概不會有衝突，可是他的信仰奠基於一個有辯論餘地的預設。

當然上面提到的看法與楊國樞教授的思想有類似的信仰，可是這個信仰在中西文化中有不同的角色。在英美文化中，彌爾式的思想家，愈來愈忘記彌爾自己的旨趣，愈來愈覺得自由的價值就僅在自由而已，而不一定在提高社會道德文化方面的水準，赫爾德自己的看法是很有代表性的例子。[37] 然而楊教授強調自由與道德共識的配合，卻在今天中國思想界有其代表性。

徐復觀教授與殷海光教授的思想也是個例子。在 1950、1960 年代，他們是卓異的、很有影響力的自由主義者，他們對民主本質的看法大同小異。殷教授特別讚美徐教授在民國 42 年（1953）發表的〈中國的治道〉，覺得「在結論中

---

[36] Robert S. Summers, *Essays in Legal Philosophy*, p. 174.
[37] David Held, *Models of Democracy*, pp. 270-271.

所指出的中國政治問題底根本解決原則,至少在讀者(指殷氏)看來,是鐵證如山的原則」,而在〈中國的治道〉中,徐教授就是講民主與道德貫通的必要:民主一定是個「德治」制度,因為「在民主政治之下……一個政治領袖人物,儘可以不是聖人,但不能不做聖人之事……所以中國歷史中的政治矛盾,由此矛盾所形成的歷史悲劇,只有落在民主政治上才能得到自然而然的解決。由中國的政治思想以接上民主政治,只是把對於政治之『德』客觀化出來」。[38] 這裡的「德之客觀化」與楊教授的「排出……不善的事物」一樣地指出,民主不會有道德共識的危機。奇怪的是中國的自由主義者多半覺得當代中國的老百姓還具有既封建性又非科學性的價值取向,何況道德水準不夠,這樣一來,這些無知的群眾自由地投票,而直接地選總統之後,中華民國怎麼避免因封建性的大多數而選出封建性的總統之悲劇?

彌爾自己很怕群眾不夠聰明,而認為只有「才能成熟的人」才應該有自由。[39] 他也覺得「落後」的社會不應該有民主,[40] 而在文明社會中「比較有智慧和天才的成年人的票,應該多於無知而比較不能幹的人」,[41] 可是中國的自由主義者很少這樣地建議。他們為什麼強調民主運作而卻不關心老百姓無知的問題?我個人覺得他們的思想中有一個不知不覺的預設,如果沒有這個預設,他們就無法證明民主化不會帶來道德共識的危機,這個預設就是「君子之德風,小人之德草」的看法,即是在社會完全自由的情況之下,開明的知識分子會「形成公是公非的共識」,而以這個共識徹底改正老百姓的落後思想,要不然大多數的投票者怎麼會「排出……不善的事物」?換句話說,知識分子現在還沒有超越意見分歧的困境。老百姓現在還不夠開明,並不是人類本性的問題,而是

---

[38] 徐復觀,《學術與政治之間》(臺北:臺灣學生書局,1980),頁 125-127。
[39] Edwin A. Burtt, *The English Philosophers from Bacon to Mill* (New York: The Modern Library, 1939), p. 956.
[40] Edwin A. Burtt, *The English Philosophers from Bacon to Mill*, p. 956.
[41] 這是 David Held, *Models of Democracy*, p. 94 所引的彌爾的看法。

政治環境不合理的問題；這樣把世界的「惡」外在化，其實是很有問題的看法。

總而言之，民主會不會有道德共識危機是一個有待研究的問題，而與第六個特徵有密切的關係。

（四）第六個特徵：民主的目標

民主的目標只放在尊重自由與民主程序而已？還是必須實行一個民族主義、民權主義、民生主義的國家？假如是後者，這個目標是不是需要思想的會通以及社會的團結？假如要達成這個目標，是不是需要老百姓道德化？即老百姓不但守法而且必須達到何懷碩與丁邦新兩位先生同時指出的一個不愛討便宜，無私甚至完全誠意的國民？換句話說，民主的目標是在國民的內在道德或外在的程序與行為？假如一個國民「愛討便宜」，可是還是奉公守法，那麼民主化的政治核心有沒有達到根本改善的目標？

當然，英美自由主義者還會強調道德，而中國知識分子也很瞭解「兼內外」的重要性。而對中國知識分子而言，國民的內在道德跟政治核心的「價值自覺」一樣重要，這個看法與英美主流觀點不同。以英美今天關於道德性的共識來講，問題出在大家不能得到共同遵循的公是公非的標準，何況政治人物非常容易假公濟私，所以社會能否健全發展，不在個人道德，而在民主發展的程序是否中立。當然這個看法對不對，則屬另一個問題。

民主的目標又牽涉到國家安全問題，那麼，達成國家安全的目標之能力應否視為民主特徵之一，這裡也有英美與中國自由主義者的分歧。當代英美知識分子講民主的時候，多半不會談到這個特徵，例如赫爾德提出很多關於民主的思想，可是很少談到外交政策問題，對他來說，最重要的是怎樣增加國內的自由與平等，而不是怎樣克服國際性的危機。中國的自由主義則不同，清末民初以來，中國知識分子深感危機日盛，而把目標集中於「富強」上，他們以為中國不可能居於「遜於人」的國際地位，甚至以為中國不可能遜於今天世界的兩

個超級強國,所以中國自由主義者的根本主張就是認為民主可以實現富強,而且認為民主化就是團結的最好方法。這樣一來,團結與自由沒有矛盾,而變成中國政治思想的一個課題。

英美學者討論民主本質,卻不那麼強調與國家安全的關係,這自有其歷史背景。彌爾主張一個國家沒有危機四伏的困境,是自由的條件,而他以為當代的歐美國家就沒有這個危機,按照他那種十九世紀的樂觀主義看法,只有古代的「小」國才可能出現危機四伏的困境,而一旦有這樣的困境,國家就不一定應該考慮人民隱私生活的自由與權利。[42]

二十世紀極權主義出現之後,英國、美國再度遭遇最嚴重的國際性危機,可是彌爾談自由,而不談國家安全的習慣繼續存在,以故民主特徵中,有沒有克服危機四伏情況的能力還是個有待討論的問題。假如彌爾認為民主不一定有這種能力的看法是正確的,那麼很多知識分子是不會同意的。

(五)第七、八、九個特徵

第七,有很多學者覺得民主不但是最高的目標,而且是不會造成道德共識危機的全能政府。我們可以拿楊國樞和徐復觀教授的思想為例。楊氏覺得一旦是多元社會,「個人的社會身分與地位,是靠你自己的能力」,[43]而徐氏則以為中國一旦民主化,「中國歷史中的政治矛盾」,就會「自然而然」地淘汰。因為這個樂觀主義在中國那麼流行,我們需要問:在實行、運作上的萬能,是不是民主的一個特徵?

第八,民主國家的規範有什麼來源?是普遍性的理性與世界歷史的潮流?還是每一個民族各自的文化傳統?換句話說,一個民族實行民主之時,是不是就肯定一些理所當然的認知,如所謂的常道、道德、理想、真理、道理、客觀

---

[42] Edwin A. Burtt, *The English Philosophers from Bacon to Mill*, pp. 958-959.
[43] 楊國樞,《開放的多元社會》,頁3。

的實理與理性？還是在實行民主的過程也包括一些文化傳統中不具普遍性的人生觀或價值觀？或像「君子之德風」那樣地跟蘇格拉底精神完全相反的樂觀主義？[44]

這個問題也牽涉到另外問題，政治制度到底是什麼？只是一些法律或形式的程序？還是把一些思想與行為的傾向合在一起的歷史過程？假如屬於後者的話，那麼文化傳統當然很重要。很多人士會同意文化中理性面的重要性，可是西洋知識分子也好，中國知識分子也好，注意到文化成分的學者很少，甚至多數中國知識分子以為民主是一種普遍性的東西，這個問題在下文還要再談（請見第八部分）。

第九，民主是個絕對的目標還是相對的目標或方法？例如對許多人來說，堂堂正正做一個人，是個絕對的目標，這方面他們絕不妥協，可是提高自己的生活水準或許是個相對的方法。當然，人們也可能把經濟性的目標絕對化。我在這裡不擬決定什麼是絕對的，什麼是相對的，我只是要指出這個區別而已。對很多人來說，民主是個以理性為基礎而讓人民自主的制度，所以民主跟堂堂正正做一個人一樣是個絕對性的目標，而人們為了實行這個目標應該大膽放手去做。可是如前文所述，這個說法的預設有問題。也就是說，民主不一定是一個絕對的目標。可是用這個說法證明它的絕對性是有問題的。

另外一個問題，是把範圍較廣的觀念，像社會跟各人的福利或建立最完善的社會等觀念作為絕對的目標，而強調實行這個目標要依靠很多因素的聯合運作，像合理的政治程序、國家安全、經濟發展、倫理的培養等等。就這個角度而言，那一個因素最重要是依天時地利人和而異。除了最高的目標以外，所有的目標是相對的，而一個目標的重要程度要看它是不是實行一個多方面的理想的最好作法。Charles E. Lindblom 的 *Politics and Markets* 一書就是用這個看法來

---

[44] 請參考拙作〈中國近代思想史研究方法上的一些問題──一個休謨後的看法〉，頁38-52。

比較世界不同的經濟架構對民主的利弊。[45]

總而言之，民主的本質不是明顯易見的，為了瞭解民主的特徵，我們至少可以提到九個問題：1. 民主是不是把國家與民間社會分別化？假如分別化，分到那種程度？民主是不是強調以被統治者來統治自己是最好的政治架構？2. 民主有沒有一些為了實行這個理想的程序？[46] 3. 這些程序是不是讓人民做他們自己的主人？4. 民主是不是包括一個像保守派與自由派之間的緊張（tension）或辯論，假如這個辯論和民主本身一樣地合理合法（legitimized），那麼這個辯論和民主化的過程應該有什麼關係？5. 民主會不會帶來道德共識的危機（a crisis in the formation of a moral-political consensus）？6. 民主有什麼目標？這些根本的目標之中，有沒有包括國家安全？7. 在實行這些目標時，民主有沒有根本的弱點？民主是不是一個全能政府？8. 民主規範的來源是理性？是文化傳統？還是這兩個因素聯合在一起的一個歷史過程？9. 民主是一個絕對的目標還是相對的目標？

七、關於九個問題的分歧

今天，民主亦即彌爾模型的政府，已經在歐美各國實行了，而中華民國則正在實行的過程中，可是中國知識分子與領袖對彌爾模型的看法跟主流的西洋知識分子不太一樣，這也就是說他們對民主這九個特徵的看法十分不同。關於第一個與第二個特徵，差異不太大，可是關於其他的特徵，英美與中國的主流思想有很根本的分歧。

分歧的焦點在於中國知識分子把彌爾模型樂觀化。一般言之，中華民國的

---

[45] Charles E. Lindblom, *Politics and Markets: The World's Political-Economic Systems,* pp. 132, 247-248, 346.
[46] Charles E. Lindblom, *Politics and Markets: The World's Political-Economic Systems,* p. 133 提到九個這樣的程序。

自由主義者覺得民主是個絕對的目標，按照這個目標，民間社會與政治核心到某程度會分別化，民間社會與政治核心的道德水準會愈來愈高；國民會自己統治自己，而中國會完全實現富強，這個目標的來源是理性與世界歷史的潮流，而誠意地實行這個目標的政治核心會有完全的能力而不會引起道德共識或思想紛紜的危機。然而在主流的英美自由主義之中，找不到那麼樂觀的看法，張灝教授說得很對：幽暗意識是關鍵性的問題。

關於上述的樂觀主義，我們可以提出好幾個問題。我們必須問這個樂觀主義是實際的？還是烏托邦式的？它能不能作為政治行為的指南？這個問題的答案依每一個人的判斷而不同，我個人覺得這個樂觀主義不完全實際而會導致政治不穩定的危險。所以我認為需要修改這個過度樂觀主義的彌爾模型。當然這只是我個人的判斷。

另外一個問題比較與歷史的事實有關而不那麼屬於個人的判斷：當代中國知識分子的樂觀主義與他們的文化傳統有沒有關係？西洋知識分子比較悲觀主義的彌爾模型與他們的文化傳統有沒有關係？

在我們還沒有回答這個問題之前，必須先把上述的第八個特徵談清楚，我們需要瞭解當代中國知識分子對民主規範的來源有什麼看法。他們以為這個來源是普遍性的常識或理性？還是文化傳統？假如他們不強調文化傳統，而他們自己的樂觀主義卻又是從文化傳統而來，那麼，他們對本身民主思想的自覺是否足夠？為了瞭解這一點，我們需要先證明他們不夠注意他們自己的思想與文化傳統的關係，然後再證明他們樂觀主義的來源就是他們的文化傳統。

八、文化、民主以及普遍性的理性

我們怎麼說當代中國的民主思想不夠注意文化傳統的影響？為了證明這一點，我們談一些比較有代表性的看法。一個例子是胡適對民主的看法。大家都知道胡適對中國民主思想的影響十分深遠，而最近張忠棟教授的大作把胡適的

民主思想分析得很清楚。[47] 張教授特別注意到胡適在 1930 與 1940 年代的政治思想,那時胡適多半覺得民主是世界性的模型與潮流,按照張氏的文章,胡適在 1947 年左右覺得「世界文化的共同趨向有三,一是用科學的成績解除人類的痛苦;二是用社會化的經濟制度來提高人類的生活;三是用民主的政治制度來解放人類思想,發展人類的才能,造成自由的獨立的人格」。[48] 胡適談到民主的內容包括「人味的文明社會」、「容忍異己的文明社會」,以及「法院以外機關無捕人權,……政府之反對黨有組織、言論、出版之自由」等等特點。[49]

在這裡我們的問題是關於這些民主特點的來源或基礎為何。例如,按照胡適的看法,容忍異己這個規範有什麼來源?我們怎麼證明這規範的價值?胡適可能會說中國文化到某程度也有這個規範,可是對他而言,這個規範是世界性的,是整個世界所有的人應該有辦法瞭解而肯定的規範:「我們中國人在今日必須認清世界文化的大趨勢。」[50] 從這個看法來講,普遍性的價值或理性是最重要的,而文化傳統意義就在肯定或不肯定這個普遍性的價值,亦即這個「世界文化的大趨勢」。然而文化傳統的角色只是在肯定或不肯定一個普遍性的道理或模型嗎?還是也在於改變這個模型的意義?

上面(第三部分)所引楊國樞教授的自由主義思想在這一方面與胡適思想很類似。在強調「多元的開放社會」時,楊教授提到這種社會與「單元的封閉社會」的對照,像在開放社會,「個人的社會身分與地位,是靠你自己的能力」等等。很明顯地,對他來說,這樣決定身分或地位的方法是人人都應該肯定的一個規範,而不僅是限於中國文化或西洋文化的價值。

當然「多元化要靠社會的自然發展」而不能在這樣的發展之前實行,可是,

---

[47] 張忠棟,〈在動亂中堅持民主的胡適〉,《中央研究院近代史研究所集刊》,期 15 下(臺北,1986),頁 109-162。
[48] 張忠棟,〈在動亂中堅持民主的胡適〉,頁 153-154。
[49] 張忠棟,〈在動亂中堅持民主的胡適〉,頁 155、160。
[50] 張忠棟,〈在動亂中堅持民主的胡適〉,頁 155。

這樣的「自然發展」不是文化傳統的一個特點。無論是英美文化或中國文化，一旦有這樣的「自然發展」，人人就應該肯定多元化。跟胡氏的民主思想一樣，楊氏的多元化模型是以普遍性的價值為基礎。

勞思光教授比楊教授還要注意到固有的文化，可是他更清楚地把普遍性的理性作為他政治思想的基礎。他以「理性化原則」為評估中國傳統的標準，而覺得「我們應該從傳統文化理想中提煉出那些具有普遍意義的成分（即『開放成分』），使它們重新與現代中國結合，而將『封閉成分』交給過去的歷史」。[51]

胡秋原的角度和勞思光的亦不相同，可是胡氏也覺得他的「立國之道」是以普遍性的理性為基礎。跟勞氏一樣，他提到中國文化，可是他的焦點只是在以普遍性的理性為政治行為的指南；「由於人性相同，故人類文化並無東西之根本差別。價值與理性，道德與知性，是一切文化之根核」。[52] 這個看法跟其他的看法一樣，是以中國民主模型的基礎為普遍性的價值或「創造力」。

有些中國學者特別強調中國文化與民主的關係，可是他們對文化的看法和西洋人類學者對文化的看法是毫釐之差，千里之謬。這是因為他們把文化這個觀念歸於普遍性的價值。換言之，他們在談中國文化的時候，主要在探討中國文化有沒有肯定一些普遍性或人人都肯定的價值。可是價值或規範與中國文化的關係不一定限於肯定或不肯定的問題，例如上面第七部分曾提到樂觀主義的問題。中國固有的文化有沒有肯定像容忍異己等民主之特點是一個問題，可是中國文化有沒有把這些特點樂觀化則完全是另外一個問題。

牟宗三教授的政治思想也是把中國文化的問題歸屬於普遍性的理性。他的傑作《政道與治道》環繞著「中國文化」這個觀念，而強調「中國文化的核心內容是以儒家為主流所決定的一個文化方向」。他也強調「儒家的義理與智慧具有『常道』的性格……中國人常說『常道』，它有兩層意義：一是恆常不變，

---

[51] 勞思光，《中國之路向》（香港：尚智出版社，1981），頁71-72。
[52] 胡秋原，《一百三十年來中國思想史綱》，頁217。

這是縱貫地講它的不變性；一是普遍於每一個人都能夠適應的，這是橫地……普遍於全人類的」，所謂普遍於全人類的常道是什麼？最重要的理想是「內聖外王」，而實現民主科學等目標即是完全實現「外王」的理想。[53] 換言之，民主是一個普遍性的價值而中國文化的發展即是傾向這個價值的歷史過程。

余英時教授似乎強調人類學者在研究文化上的貢獻，可是他在分析中國文化之時，卻借用新儒家的看法，他借用唐君毅教授所謂的「人之有其內在而復超越的心之本體或道德自我」。唐君毅教授覺得這個「心之內在的超越性、主宰性」是個「理性活動」，而中國文化之價值就在肯定這種理性活動。[54] 而且唐氏顯然覺得民主觀念是屬於這個理性活動。余氏則以為中國文化是傾向「內在超越」，而西洋文化則傾向「外在超越」，「中西文化的不同可以由此見其大概」。也就是說，「中國思想有非常濃厚的重實際的傾向」，可是「沒有切斷人間價值的超越性的源頭……」這個源頭是「天」，但是中國文化的「天」比西洋文化的「上帝」還更在人性之內。換句話說，中西文化都針對「價值的來源的問題，以及價值世界和實際世界之間的關係問題，這兩個問題是一事的兩面，但最後一問題更為吃緊。這是討論中西文化異同所必須涉及的總關鍵」。

那麼中國文化怎麼面對這個「總關鍵」性的問題？面對的方法就是強調「內在超越」的「價值系統」，而這個系統在許多方面是配合「現代生活」的需要。[55] 這樣一來，研究文化時，余氏雖然不強調價值的普遍性，可是他的焦點還是在於中國文化與二十世紀中國人所肯定的價值之間的關係。換句話說，今天的中國人肯定現代化，而余氏研究中國文化的旨趣就在「發掘自己已有的精神資源」來證明這個精神與當代中國人所肯定的價值是相配合的。[56]

---

[53] 牟宗三，〈新版序〉，《政道與治道》（臺北：臺灣學生書局，1980），頁1-17。
[54] 唐君毅，〈自序〉，《中國文化之精神價值》（臺北：正中書局，1972），頁2。
[55] 余英時，《從價值系統看中國文化的現代意義：中國文化與現代生活總論》，頁5-6、16-17、19、27。
[56] 余英時，《從價值系統看中國文化的現代意義：中國文化與現代生活總論》，頁116。

九、中國民主思想的樂觀主義與文化傳統的關係

上述的例子有其代表性，今日中國知識分子都針對上面第六部分所提到的第八個問題，即是民主的規範有什麼來源？是普遍性的理性與世界歷史的潮流？是文化傳統？還是這兩者的聯合？針對這個問題無論是自由主義者還是人文主義者都強調普遍性的價值，而認為文化傳統的角色只限於肯定或不肯定這些價值。

他們如此地將民主視為一個普遍性的價值和他們思想中的樂觀主義有密切的關係。就是因為民主具有普遍而客觀的道理，所以肯定民主的人民愈來愈能「形成公是公非的共識」，避免道德共識的危機，共同團結，提高社會道德水準，改正現在那種愛討便宜的社會風氣，最後實現人民自己做主人的理想，而解決經濟與國家安全的問題。

然而根據上面的討論，我們知道這種客觀主義不是世界的潮流。很多英美知識分子反而覺得找不到公是公非的標準，民主國家無法避免很多道德上的爭議，道德共識必然有限，愛討便宜等的風氣不可能完全消失，人民也沒辦法做自己的主人，民主的政府當然不是萬能，甚至在多元的開放社會中，不平等的情況也必然存在。

因此中國民主思想的樂觀主義不是一個世界性的普遍特點。很多中國知識分子覺得他們可以很簡單地肯定一個普遍的理想模範，可是實際上他們的「彌爾模範」卻是和一種樂觀主義的看法交織在一起，而這個樂觀主義不是世界上普遍的傾向。所以我們不得不問，這個傾向是不是從文化傳統而來？

針對這個問題我們可以比較民主與現代化兩個觀念。余英時教授說得很對：「普遍性的『現代生活』和普遍性的『文化』一樣，都是一個抽象的觀念，在現實世界中是找不到的，現實世界中只有一個具體的現代生活，如中國的、美

國的、蘇俄的、或日本的。」[57] 然而假如沒有「普遍性的現代生活」，那麼有普遍性的民主嗎？

我們不得不承認：民主也是個具體的過程。這樣一來，一個民族實行民主的時候，他們所肯定的規範一定會受到文化傳統的影響。所以他們雖然能說他們規範的來源只是一些普遍性的價值，可是這樣的說法很有問題。

那麼中國當代彌爾模型的樂觀主義和文化傳統有什麼樣的關係？我這裡只能略述一些鄙見。[58]

從春秋時代以後，中國主流的政治思想就有偏到樂觀主義的傾向，而這個傾向和西洋古代以後的思想主流完全不同。第一，按照儒家的入世精神，人們能使現實的政府徹底地道德化。儒家不但有內聖外王的理想，而且覺得三代已經實現了這個理想，而現在的人們也同樣地有能力達到這個理想。換句話說，他們覺得當代的政府應該有能力客觀地評估每一個人的優缺點，而讓他得到他應該得到的權力、財產與聲望，反之亦然，此即是荀子所謂的「凡爵列官職賞慶刑罰皆報也，以類相從者也；一物失稱，亂之端也」（〈正論篇〉）。這樣的看法很類似楊國樞教授為「開放社會」所下的定義，「個人的社會身分與地位是靠你自己的能力……不管你的祖先是幹什麼的……你只要有某種程度的表現，便可以獲得某種程度的社會地位」。[59]

可是從希臘時代開始，西洋政治思想的主流覺得現實的政府不可能實行那麼完美的德治，而他們愈來愈覺得一直到人去世之後才能在上帝之處得到完美的評估與賞罰。這種對現實世界的悲觀看法也是西洋文化中彌爾模型的一個特

---

[57] 余英時，《從價值系統看中國文化的現代意義：中國文化與現代生活總論》，頁8-9。
[58] 請參考拙作"Some Ancient Roots of Modern Chinese Thought: This-Worldliness, Epistemological Optimism, Doctrinality, and the Emergence of Reflexivity in the Eastern Chou," *Early China,* vol. 11-12 (1985-1987), pp. 61-117; "Developmental Criteria and Indigenously Conceptualized Options," *Issue and Studies*, vol. 23, no. 2 (February 1987), pp. 19-81 與上引拙作〈中國近代思想史研究方法上的一些問題——一個休謨後的看法〉，頁38-52。
[59] 楊國樞，《開放的多元社會》，頁3。

點。

　　第二，中國古代以後的政治思想不僅主張實現德治，也涉及其他很流行的一些預設。例如國君能客觀地評估國民是因為人有「知道」的能力，亦即擁有瞭解客觀道德標準的能力，而且因為人沒有原罪，他能夠超越所有的成見。同時，「君子之德風」而「君仁則莫不仁」，也就是說道德是個很有效的東西，只要君子在位，整個社會就會很快地改善。

　　然而，西洋文化卻偏向另外一面，他們常常覺得人們很難找到客觀的常道，人有原罪而不一定能超越偏見，而有德的君子在政治活動中，大概沒有希望實現他們的理想（這是蘇格拉底的看法）。

　　當然西洋文化也有樂觀主義的一面，即是盧梭、黑格爾與馬克思的思潮。上面引的 Charles E. Lindblom 的 *Politics and Markets* 即強調這種樂觀主義與西洋的「無限制的政治核心」（uninhibited political centers）的興起有密切的關係。[60] 而這個西洋文化的樂觀主義很容易與中國固有的樂觀主義結合在一起，而導致毛澤東的極權主義，何況清末民初以後中國政治思想轉向特別樂觀的路，[61] 也促使了他這一方面的發展。

　　奇怪的是，西洋的彌爾模型還是依靠西洋政治思想中固有的悲觀主義，到了中國之後，彌爾模型卻與中國固有的樂觀主義結合在一起。

十、結論

　　有人認為儒家樂觀主義不是什麼文化的特點，而只是一個有其道理的看法：「孔子所言的大抵都是可行的，而且是從一般行為總結出來的。」[62]

---

[60] 請見上述第四部分「政治核心的種類」。
[61] 請參考王爾敏，《中國近代思想史論》（臺北：華世出版社，1977）。
[62] 余英時，《從價值系統看中國文化的現代意義：中國文化與現代生活總論》，頁 16。

然而孔子雖然強調聖人的理想，而自己卻覺得他沒有看到一個聖人，更沒有看到一個聖君。我們必須注意到日用事件與政治活動的區別。儒家思想認為我們應該把日用事件的仁「推」到政治活動之中，可是仁政是個「一物不失稱」的政府，這個觀念不一定能說是「從一般行為中總結出來的」。反而這個觀念是個理想目標，而在很多西洋政治思想之中認為具體的政治活動並無法實現這個目標。

換言之，人類最高的理想與政治活動中的關係是個關鍵性的問題，而中西文化對這個問題的看法並不相同。我們沒有辦法馬上決定一個看法太樂觀還是太悲觀，可是我們不得不承認這兩個文化對這個問題的看法並不一致，並注意到兩者之對照與彌爾模型之間的關係。

總而言之，民主的本質是個待研究的問題。因為當我們分析民主本質的時候，我們需要談到好幾個還有辯論餘地的問題，例如上述的九個問題。在這九個問題中，特別重要的是：民主活動是個抽象性的、普遍性的東西，還是一個具體的歷史的過程？這個過程的規範是從世界的潮流來的，是從傳統文化來的，還是從這兩個因素聯合在一起而來的？按照這些規範，民主是不是一個讓人民來做他們自己的主人之過程？這個過程的價值是絕對的，還是針對一些絕對的目標而決定的？

我個人覺得人們對於中華民國最根本目標之看法沒有太大的分歧。沒有人不主張追求社會的富強與文明，以及個人的自由與平等。可是使社會儘可能地民主化是不是實行這些目標的最佳方法？要解決這個問題的時候我們必須好好地瞭解民主是什麼，我認為這個問題就是今天中華民國保守派與自由派所應該討論的重要課題。

道德與民主的辯證[*]

臺灣近年來的民主化與改革,逐漸受到部分西方學界的重視。他們可以藉機觀察一個威權政體如何轉化為民主政體,也可以透過臺灣對民主的踐履,去檢討民主理論在不同文化地域的適用性。作為一個思想史的研究者,我的興趣較偏向於後者。

在中華民國,致力推動民主化是一項沒有爭議性的議題。幾乎所有知識分子都同意:改變且提高人民的政治角色是民主化的核心,然而,一旦此種改變涉及既存建制(尤其是政治的)的幅度與速度時,就不免受制於知識分子對民主化目標的不同認知。我發現臺灣知識分子對「民主化」的認知,大多有相當程度的歧異性;甚至因此而被迫區別出所謂自由派與保守派。當然,在這裡絕不能用西方學界「自由」與「保守」的區別來加以類比;以此種方式去理解當代中華民國的種種政治思潮是相當危險的。

要討論臺灣民主化,有許多問題可以討論。當代中國學者經常辯論民主與中國固有文化能不能貫通的問題,他們會花很多工夫詳細羅列、分析中國文化與民主能否直通?曲通?還是完全通不過?有趣的是,他們對「民主」的討論卻不會超過最簡單的定義。民主本質的複雜,討論起來絕不下於中國文化,而要辯論兩者間的關聯,如果只瞭解其一,而不瞭解另一方,又如何深入理解兩

---

[*] 本文是墨子刻口述、倪炎元記錄整理。編者在文章之前說明:墨子刻(Thomas A. Metzger)先生是美國加州大學歷史系教授,著有《擺脫困境》(*Escape From Predicament: Neo-Confucianism and China's Evolving Political Culture*)一書,目前的主要研究重點是當代中國——尤其是臺灣的政治思潮。他在這篇文章中,對儒家道德的實踐與民主思潮的分合,以及中國傳統知識分子對道德的特殊認知是否會影響對民主內涵的掌握,提出了頗多反省與解析。他的論點容或有高度爭議性,但對此時此地的我們,確有值得參考之處。本文原載於《中國時報》,1988年8月2、3日,第63、59版。分上下篇刊出。

者之間有無可能配合的問題呢？所以稍後我想先從民主的本質討論起。

除了盧梭（Jean-Jacques Rousseau）、黑格爾（Georg W. F. Hegel）與馬克思（Karl Marx）的傳統，歐美民主思想最具代表性的著作，就是約翰彌爾（John Stuart Mill）的《論自由》（On Liberty）；政治學者赫爾德（David Held）曾在他的《民主種種模式》（Models of Democracy）中直接指陳「近代自由主義的民主思想方向多半為約翰彌爾所決定」。彌爾詮釋的民主政治，至少包含如下幾個特徵：一、強調國家與民間社會（civic society）的分別。民間社會指的是在國在國家直接的干涉外，自動自發的社會性活動，其與國家的分別，不僅是尊重個人在法律上的權利，而且將提升社會道德、智慧水準的責任，從國家轉移到自主的民間社會。換言之，即減少國家干涉社會的範圍；包括取消「君仁則莫不仁」的意識型態等。二、將精英階層的經濟、教育……等基礎置於民間社會，並強調一個十五世紀以後興起的觀念：最好的憲法就是民主。三、為了實行民主觀念，必須通過一些程序，尤其是選舉的競賽、出版的自由、三權分立，以及文官的中立等。

然而，這幾個特徵的整合並不意味民主即等於「人民自己來做他們的主人」；也不意味「人民的判斷一定會以理性道德為基礎」。當然，這命題較屬於古典民主理論：林肯（Abraham Lincoln）與孫中山，也都服膺此一命題，以為民主就是民有、民治、民享的制度。準此而觀，西方文化的「老百姓的看法是上帝的看法」（vox populi, vox dei）與中國古代的「天視自我民視，天聽自我民聽」是相通的。不過，自韋伯（Max Weber）與熊彼得（John Alois Schumpeter）之後，這種古典的看法已有相當程度的修正。

現代化畢竟需要非常專門的知識，同時也要加重專業官僚的角色才能有效的規劃與執行。而投票選舉民代，不過是幾年一次。這使人民不得不依靠精英分子的力量。因此，說民主是「老百姓自己來做自己的主人」，不如說民主是「受民間社會控制的政治中心」（a subordinated political center），它所追求的是公

平合理政治競賽規則的建立。

如果將民主視為一種遊戲規則，孫中山先生的三民主義的確提示了一種遊戲規則，他對政權與治權的規劃，標明民主政治是一種可能實現的完美制度，而此制度與程序糅合了中國傳統的政治道德，從此基點著手，孫先生樂觀地認為中國必然會達到他的政治理想。以道德作為政治運作的標準，就已預設了所謂基本政治共識的存在。例如孫先生肯定政黨競爭，但他又指出只有良性的政黨才能競爭，至於何謂「良性政黨」，孫先生有他自己的定義，而這些定義又包含了相當大的道德成分。道德寓含於共識的預設，使得選擇孫先生的遊戲規則，將有轉變為專制的可能危險。

至於以彌爾模式為主流的美國式民主，則強調在充分的自由後，必能以理性造成社會的進步，但若要求這種自由無限制的擴大，又很難避免社會的紛亂。臺灣目前若採取此種模式，恐怕不免於出現各類激進的主張，有可能造成臺灣內部的分崩離析。

因此，臺灣在民主化的過程中，勢必會面臨前述兩種選擇，無論如何，任何選擇所導致的危險都是臺灣朝野所必須加以正視且加以預防的。

儘管我提出以道德作為政治共識的可能弊害，但我絕對無意壓低道德的重要性。事實上，道德精神是政治規範的重要內容，在此有必要釐清一下若干複雜的問題。假若民主化企圖建立的是制度化的競賽規則，則道德在這期間究竟扮演何種角色？事實上，將道德作為規範、品評現實政治的預設存在，最可能的弊害是造成道德宗教化，道德可以在政治遊戲規則中發揮其高度影響力。這個問題涉及如何去認知道德的性質。從知識論來看，西方與中國人看待道德的性質並不相同。西方早期如柏拉圖（Plato）、培根（Francis Bacon）強調道德是客觀的知識，但後來受到懷疑主義的影響，西方知識分子的主流遂認為道德是主觀的；既然如此，道德就得做相對的辯論，也就無所謂共識的預存。然而，在中國現代化的過程中，則較少受到懷疑主義的影響，至今我仍未碰到一個中

國的知識分子說道德是「主觀的相對存在」。

中國人多半認為道德是客觀的，並將這種道德觀念蘊涵於政治活動中，形成共識，這與傳統的內聖外王的最高政治理念有關係。《大學》中要求將反躬自省的個人道德放大到國家的層面，因而要求仁政、德治。但是又由於道德有客觀的基礎，於是就容易出現二分法的危險，也容易以過高的標準來批判、期待現實政治的運作。

在西方的傳統中，如柏拉圖與亞里斯多德（Aristotle）都相信有最高的道德，但他們認為崇高的道德宗旨與政治規範是兩回事，最高的道德或可實現，但卻不容許以此作為評斷政治的無限上綱。柏拉圖在《共和國》（*Republic*）中提完美的政府，但在稍後的《法律篇》（*Laws*）中又表示這種完美的政府可能無法實行。亞里斯多德的說法更直接，他指出有六種優劣的政體，人只能實行中間型態的政體，即使實行最壞的政體，也要遵守憲法。至今，西方的自由派與保守派關於這點都有共識，不以最高道德的標準期待政府的作為，政府不要管太多，只要政府提供根本的法律，起碼的和平與小康即可，只要政府施政的成績不惡，還是可以慢慢地改善。

民主化要建立制度性的競賽規則殆無疑義，中國人把道德糅入政治活動當然也是一種有價值的看法，但應注意用道德論斷政治會造成不切實際的危險。內聖外王的道德觀和民主的精神制度，其實是無法相互演繹的邏輯；但是我相信在民主化的過程中，仍然可以透過間接的曲道來糅合這兩種內涵。

政治宗教其實就是堅持某些政治理念的信仰；社會總需要某些信仰來穩定它的運行，可是信仰也很難避免烏托邦式的預設。分析當代若干自由派知識分子信仰的理念可以瞭解，他們一方面相信知識分子有批判政府的使命，另一方面他們又心懷儒家傳統內聖外王的最高理想，以最高的道德來論斷、期待政府；然而他們心目中的理想政府早在三代即已確立好標準。這種心態的糾結早就使得自古以來的中國知識分子對他們當代的政府總是不滿意，只要政府有一點點

小毛病就猛烈抨擊，所有過去的成就更是一筆勾銷，用宗教的說法便是：「只要沒有得到上帝的肯定，一切作為都是廢物。」

中國文化傳統中一直都存在著這種慣性的緊張，即使今天臺灣一些自由派的知識分子也難以袪除，透過濃厚烏托邦性格的道德標準來批評政府，非但造成對政府過當的批評，其中更存在著多管事政府與高自主社會兩者的矛盾期待。用道德作為政治合法性的基礎，甚至使若干知識分子將國民黨政府批評得與中共沒什麼兩樣，只是「五十步笑百步」，這種批評難免有失公允。甚至當我有時肯定中華民國政府某些成就時，就可能會被一些自由派的知識分子視為御用文人或保守派，就這點來看，他們的主張無異是另一種「政治宗教」。

此外，臺灣一些自由派知識分子即使承認急速開放可能導致某些危險，但他們仍執意民主化要儘可能地快；儘管在這過程中間混亂在所不免，他們卻認為這是過渡到另一個幸福社會所不可避免的現象。這種樂觀的想法彌爾有，馬克思有，孫中山先生也有。十八世紀的中國人即使不滿當時的政治，但他們仍相信可以根據聖人的想法慢慢改善生活，但鴉片戰爭以後，中國人變得特別樂觀。那時的知識分子認為「世界」已面臨一個轉捩點，他們只要利用外國人經濟發展的程序就可以馬上解決社會最根本的問題，經過過渡期的犧牲或陣痛就可以達到一個理想的政治境界。過去康有為就這樣認為，只要卅年就可實現大同。在西方就沒有所謂過渡時期的說法。過度樂觀的預期正是張灝教授所說的——缺乏幽暗意識。

今天臺灣當然有很多人意識到這種樂觀的想法的危險，但觀察一些自由派知識分子對政治的批評還是可以發現這種想法。例如最近發生的五二〇事件，社會性的不公平在美國也有，此種相對剝奪感很容易在現代化過程中產生，但何以這種弱勢團體的運動會變成政府道義性的責任，乃至變成「可以諒解的暴力」？頗值得思考。

總之，民主的本質仍是個待研究的問題。畢竟沒有人不主張追求社會的富

裕與文明，以及個人的自由與平等。可是使社會儘可能地民主化是不是實行這些目標的最佳方法？要解決此一問題就必須好好地瞭解民主是什麼，我認為這個問題是今天中華民國包括保守派與自由派都應討論的重要課題。

關於中華民國戒嚴法及政治發展的報告[*]

編按： 美國著名的中國問題專家，加州大學聖地牙哥分校教授墨子刻向眾議院外交委員會亞太小組提出中華民國戒嚴法及政治發展報告。全文由該小組上週發表。

今天來討論中華民國所實施的戒嚴法，我們常常發現有下列六點爭論：

一、中華民國的戒嚴法嚴厲、範圍又廣。在臺灣的大多數人民感到壓迫，正如波蘭人民感到被他們國內的戒嚴法所壓迫一樣。

二、中華民國並未面臨足以威脅其生存的內憂或外患，所以沒有理由長期實施戒嚴法。

三、中華民國的戒嚴法是壓迫政治制度的一部分，這種制度未歷經有意義的民主，也未對臺灣的人民的福祉有重大貢獻。自從中華民國政府 1945 年收復臺灣以來，臺灣最大的進步只能歸功於人民的勤勞和創造力，不能歸功於中華民國政府制訂的政策。

四、縱然實施了一點民主，而民主的步伐也緩慢得不合理。

五、如果中華民國民主的步伐能夠加快，解決若干國際問題就容易得多。中華民國愈民主，就愈可能和中共達成滿意的解決。

六、除非中華民國的民主步伐加快，美國應該進一步減低對其安全的承諾。

---

[*] 本文原載於墨子刻原著、《聯合報》編譯組譯，《聯合報》，1983 年 1 月 5 日，第 2、4 版。英文版見：Thomas A. Metzger, "Report on Martial Law and Political Development in the Republic of China in Taiwan," hearing before the Subcommittee on Asian and Pacific Affairs of the Committee on Foreign Affairs, House of Representatives, *Martial Law on Taiwan and United States Foreign Policy Interests* (Washington: U.S. Government Publishing Office, 1982), pp. 146-172.

然而這些爭論統統站不住腳！我們美國人覺得難以評斷中華民國的政治發展，理由很多。其中之一就是我們的政治學家並未提供我們簡易的觀念，讓我們對中華民國政府的本質有個概括的瞭解。正如臺南市長蘇南成在 1978 年接受無黨籍人士所辦的刊物訪問時說：「如果你想用當前的政治理論來理解我們的政治結構，我保證你什麼也不能理解。」中華民國政府今天被歸類成「集權」政府，但是卻和一般這一類中大部分其他政府大異其趣。而且，1949 年中華民國政府退守臺灣以來，許多美國的「中國通」對之評價很低，並且發展出一種看法，認為美國只應重視中共。中華民國政府深信中國必須擺脫共產主義。但對許多美國知識分子而言，反共就牽涉到不忠於國家，而對中共的同情已趨普遍在這種意見氣候下，許多美國人忽視了中國大陸眾多違反人權的事件，而中華民國當局對政治不滿者有所限制時，他們就大聲抗議。如此一來，我們西方人對中國人的政治文化就很難理解。而這種政治文化對他們的政治發展，卻有極深遠的影響。現在來討論上述六點爭論的第一點。

第一，我有證據相信，中華民國的戒嚴法只用於極少部分的刑事案件，對於絕大多數的人民沒有嚴重影響。1976 年，中華民國的刑事案件只有 0.29% 引用戒嚴法處理。儘管 1979 年 12 月 10 日發生「高雄事件」後曾一度引起緊張，中華民國這幾年的政治和知識分子生活卻愈來愈開放和多元化。我個人認識許多來自臺灣的人士，包括許多臺灣籍人士。我發現只有極少數激進而反對政府的人士覺得受到戒嚴法的困擾。許多人都認為，要對抗共產黨的威脅，就有必要實施戒嚴法。立法院目前有許多「黨外」立委，立法院可以要求總統中止戒嚴法，卻未曾有重大行動作此要求。不用說，像波蘭團結工會一樣要求中止戒嚴法的民眾運動，在中華民國是絕對沒有的。

第二，中華民國正面臨嚴重威脅，其安全與生存的內憂和外患。我們不能說臺灣目前沒受到軍事侵犯的威脅，我們只能說在最近的幾個月中這種侵犯不可能發生。中共已經將「收復臺灣」列為 1980 年代的三大目標之一，而且一再

重申：不惜動用武力，達成這項目標。

最近「外交關係協會」召集了一群中國專家分析中國的情勢，分析項目包括中共對中華民國的軍事威脅。其中一位專家索羅門（Richard H. Solomon）做出下述結論：中華民國「短期」安全不致遭受威脅。可是，任何國家都要為長期安全打算。一位特別客觀的觀察家施樂伯（Robert Anthony Scalapino）說，在目前的情況之下，便用武力「解放」臺灣是完全行不通的，如果有人問，中共最後是否會訴諸武力？施樂伯說：「現在不可能有答案。中共不必發動全面戰爭，就有各種方法威脅中華民國的安全，特別是威脅中華民國經濟和政治的安定。譬如說，中共只要對中華民國的商船實施封鎖或發動攻擊，對於中華民國人民的士氣和政治安定就會產生極嚴重的影響。」

除了中共侵犯的威脅造成緊張之外，中華民國國內還有一種複雜的意見足以影響政府的穩定。最重要的是，中華民國政府正面對一小批「革命者」，他們對政府的敵意，就如同巴解對以色列一般。他們的美國朋友卻天真地視他們為勇敢而有能力的公民，能夠為民主大聲疾呼。雖然在這批人當中有些認為臺灣已到了可以進行流血革命的時候，可是在臺灣的人民絕大多數卻痛恨暴力革命，而希望進行和平與合法的改革。

例如，無黨籍的極端派政治人物所辦的《美麗島》雜誌於 1979 年遭查禁後，他們在美國的同路人再度發行了四期《美麗島》雜誌，其序言說：「三十多年前，『二二八革命』遭到鎮壓，但是鬥爭的火炬未曾中斷，透過合法及非法的奮鬥，火炬從未熄滅。」在美國及臺灣發生的炸彈事件便是「鬥爭的非法形態」。1976 年 11 月 28 日出版的《臺獨》月刊說，炸傷當時省主席謝東閔左手之事件，即為這些「革命者」所幹的。1981 年加州刑事情報局在〈1980 年加州組織化犯罪調查〉報告中指出：「一群居住於美國的臺灣極端分子（通常指臺獨運動者）企圖剷除中華民國政府在臺灣的控制力量。我們在 1979 年的評估中，預測該類活動將更形激烈。1980 年，南加州至少有五宗炸彈案件疑是臺灣極端分子所為。

其目標包括一處私人住宅及一家航空公司，造成一人死亡。」

因 1979 年 12 月 10 日「高雄事件」而遭逮捕者，在審訊時的陳述亦明白顯示極端的革命意圖，雖然被告否認叛亂，而且此一意圖的表現相當曖昧。在此我引用在公開調查庭的陳述，而不引用公開審訊前的自白，因為這些自白引起爭議。1980 年 3 月 21 日，被告姚嘉文承認在形成暴力活動的「五原則」中，採用「暴力邊緣」的理論。他解釋：「我們不願使用暴力，但有人侵害我們權益時，必須使用暴力來保護，不惜以暴力來對抗。」

要瞭解此一聲明，我們必須記取姚嘉文的「權利」包括舉行公開示威的權利，而該權利為政府法令所不容。沒有人否認《美麗島》是因不滿者一再拒絕遵守政府命令在《美麗島》雜誌辦事處前舉行集會而發生。就以下的審理問答中，亦透露了姚嘉文加以合理化的暴力原則。

問：伊朗政變對你們刺激很大？
答：刺激很大。
問：你的意思是可用群眾來推翻政府？
答：沒有。只說伊朗軍隊壓不住群眾。

施明德亦在公開審訊中明白表示出極端分子對政府的憎恨，且拒絕接受：無論中華民國的政治制度有何缺點，總優於共產主義極權的看法。施明德甚至說，共產黨若接管臺灣，也只是「以暴易暴」。

此外，在評估臺灣的政治穩定的內在威脅時，我們應瞭解，雖然溫和的不滿者與極端分子劃清界線，然而許多知識分子拒絕承認中華民國政府的缺點與共產極權之間有巨大差異。他們不是指出政府的成敗，實事求是地批評政府，卻以高不可攀的烏托邦式觀點看政治，認為中華民國與中共只在程度上有差異，1980 年 12 月選舉期間，我訪問了康寧祥的競選總部，發現路邊的看板上有一幅漫畫，描繪在中國大陸及臺灣被監禁的不滿者，暗示兩個地方的不滿者受到同

樣待遇。康寧祥派人士並不瞭解，單從他們能以公開方式作此表達這件事上，就駁斥了他們自己的說法。

從更基本上說，如果你閱讀1950年代兩位著名政論家徐復觀及殷海光的文章，會發現其中充滿了對中華民國政府的輕視，沒有任何贊同其政策的字眼。然而這些年來，中華民國政府所採行的經濟及政治策略卻結出如此驚人的成果。

這種單方面進行政治批評的傾向根深柢固。中國知識分子一向有一種自我形象，對政府的濫權「進諫」而自別於歌頌政府的「鄉愿」。不管其根源為何，片面誇大對政府的批評，對政治安定的理想毫無助益。慶幸的是，最近臺灣的政治批評已更為審慎而精闢，諸如《中國論壇》等雜誌的政論即其例證。

至於上述的第三個論點，即堅稱中華民國政府在基本上為一鎮壓制度，未能成功地實施有意義的民主，不應以臺灣近幾十年的多項成就而居功的這一看法，我認為是錯誤的。

今日的臺灣為一集權與民主的綜合體，民主的傾向確實存在。首先，中華民國政府的意識型態以民主化為依歸。此一對民主的承諾，奠基於孫中山先生的「三民主義」，而新聞媒介、教育制度亦日復一日將此承諾烙於人民的心中，成為一項重要的政治因素。

第二，此一承諾是與知識分子生活的多元化密不可分，除了兩個禁忌外，幾乎任何觀點均可談論及出版。禁忌之一為主張實施共產主義，禁忌之二為主張建立臺灣為一「獨立國家」。臺灣各種雜誌幾乎包含了所有的學術取向，有實用主義、弗洛伊德派、法蘭克福學派、孔孟哲學及美國社會科學都有。

罵政府的出版品可公開銷售。不錯，有些書刊，例如張富忠與林正杰合寫的《選舉萬歲》（描述1977年的「中壢事件」），因為太過火了，而被查禁，但是，人們可以在市面上買到徐復觀所寫的《學術與政治之間》（1980年由臺灣學生書局出版），這本書可說是現代中國最著名學者之一的作品，該書對國民黨提出很激烈的批評，書中的第259頁甚至對政府是否合於憲法，提出質疑。

徐復觀另一政論選集《儒家政治思想與民主自由人權》的編者指出，徐復觀曾經對「想要減少人民痛苦」的中共領導人，如周恩來，「寄予過希望」（見該書第 23 頁，1979 年八十年代出版社出版）。雖然這本書與官方稱中共為「共匪」的看法相抵觸，此書也可以公開銷售。我所寫的一本書《擺脫困境》（*Escape from Predicament: Neo-Confucianism and China's Evolving Political Culture*），其中有偏向毛澤東領導的看法，也在臺北有翻印版，而且公開銷售，直到我把最後十本全部買光。

在此應該說明，禁書時常也在流傳，禁書的作者照樣有前途，林正杰今日已當選為臺北市議員，他是臺北市議會非國民黨籍的議員，但是，張富忠則因 1979 年的「高雄事件」被判刑。他們二人命運不同，正顯示出政府對不滿的情緒有很寬的考慮因素，對違反情節較輕者，從寬處分；對威脅到社會安定的行動，則以刑法處置。從定義上看，逐漸民主化的國家，是尚未完全民主的國家。因此，對反對意見所加的限制多於美國。但是，在臺灣，這些限制很寬，而且許多人（即使不是太多）認為可以容忍。

民主化的第三點是對於法律極為尊重。即使無黨籍政治人士也對此點提供證言。律師姚嘉文在因涉及「高雄事件」被捕前一年，即 1978 年在接受一名無黨籍人士訪問時，這名人士形容他藉著提供法律上的保護，在協助無黨籍政治人士從事政治行動方面頗為成功。姚嘉文強調，他協助無黨籍政治人士候選人參加競選，並未損害到他興旺的律師業務，也未明顯地受到政府為難。在十年前，美國南部的民權律師是否能夠同樣不受騷擾？

法律上的平等正義的確在臺灣尚未完美地予以實現。姚嘉文在接受上述訪問時表示，無黨籍人士最輕微的犯法行為都會遭到追訴，國民黨人士犯了輕罪不受懲罰。即使這種說法屬實，也顯示政府尊重法律到不會對付守法的無黨籍政治人士的地步。這種守法程度在美國可視為當然之事，但在一個逐漸民主化的社會中，這是一項進步象徵。

民主化的第四點是發展選舉制度。的確，最重要的兩個權力機構——國民大會和立法院的大部分席次仍未由臺灣地區選出的代表來充任。但在 1980 年 12 月 6 日選舉中，由臺灣地區選民選出了國民大會 12% 的席次及立法院 35% 的席次，因而促使上述兩個機構充分民主化的先例已經確立。

有些候選人激烈批評國民黨籍人士競選公職總是獲勝。在 1980 年 12 月 6 日中央公職人員選舉中，大約有 26 名無黨籍政治人士競選，其中 10 人當選，包括「高雄事件」被告姚嘉文的妻子周清玉，以及溫和派的無黨籍政治人士康寧祥。

重要的省級和地方公職職位差不多都是經由民主方式選舉產生。所有候選人的競選活動均受法律限制，但開票工作至少從 1977 年以來大致上頗為公正，而且無黨籍人士一再獲得 30% 至 35% 的選票。1980 年的選舉明白顯示，國民黨首次不利用教育系統來散布有利該黨候選人的宣傳。教育系統保持中立性在美國被視為當然之事，但在一個逐漸民主化的社會中，文化組織與政治組織分離是一項重大的制度變革。

民主化的第五點是臺灣籍人士在臺灣擔任重要的角色，他們控制了繁榮的經濟，而且在國民黨黨員占了 60% 以上。他們不論是國民黨或無黨籍人士，都競選並且當選大部分經由選舉產生的公職職位，他們也影響到軍事政策，因為至少低階層軍人絕大多數是由他們充任的，他們擔任重要職位愈來愈多，例如執行戒嚴的警備總司令陳守山、臺灣省主席李登輝、副總統謝東閔。

總而言之，儘管一些集權的作法仍然存在，這五種傾向仍然構成中華民國民主政治過程中重要的一章。可是，大家更為熟知的是國民黨對中華民國傑出的經濟發展的貢獻，這種經濟成就絕不能只歸功於當地人民的勤奮聰明。以研究經濟成長榮獲諾貝爾獎的顧志耐（Simon Kuznets），就曾對中華民國的經濟發展感到驚異，並認為這種成就一部分應歸功於政府、其他決策機構、社會和經濟團體共同構成的政策和政策性行動。

只要大略描述中華民國經濟成就的性質，以及導致此種成就的因素，就可以明白政府在這中間扮演的重要角色。中華民國的經濟成就不僅在於使國民生產毛額迅速成長，而且能遏制經濟成長帶來的弊病，包括通貨膨脹、經濟不穩定、失業、生態上遭受的損害以及貧富差距擴大，1950年至1980年間，中華民國的國民生產毛額的平均成長率為9.2%，而中共只有4.8%。失業現象在1960年代即已消除。從1950年代以後至1980年，除了1974年和1979年的石油危機期間外，中華民國的通貨膨脹率均維持在3%左右。最令人注意的是，財富的分配相當公平，這在開發中國家是相當難得的。

很顯然，中華民國能辦到這點，是因為中華民國領袖既未放棄資本主義而改採社會主義的財富再分配政策和集體經濟模式，也未採納傅利曼（Milton Friedman）所主張的自由競爭政策，開放市場。相反地，他們一面實施資本主義，一面由政府採取措施調節經濟。

中華民國的經濟成功，主要是由九項政策和其他因素造成。第一，典型落後國家所擁有的缺點和優點（廉價勞工），中華民國也都具備。第二，1963年以前，美援對於資本形成極為重要，1963年以後才由國內儲蓄取代。第三，1963年以後人口政策使出生率降低。第四，1949年到1953年的土地改革消除了地主，提高了農業生產力。第五，政府建立龐大的公營企業，同時仍注重私人企業。第六，政府一直細心扶植私人企業。1953年起，政府展開一系列的經濟計畫。1961年以前，進口替代是經濟鐵則，謀求出口成長是主要目標。政府與工商業領袖合作，一再轉換重要出口項目，1960年代末期由洋菇罐頭改為紡織品，1970年代改為電器產品，然後又改為石化產品。政府可藉財經措施鼓勵工商界進行這些改變，並長期平衡預算、遏制通貨膨脹、鼓勵儲蓄。第七，政府起始即以大筆經費投入教育，訓練出擁有技術的勞動力，這些人可由一個工作改任另一個需要學習新技術的工作，使中華民國能站在世界市場趨勢的前端，不致於可憐地依賴生產農作物或礦產品。第八，中華民國的思想氣候自由，加

強了教育的內容和品質，當局盡量消除禁忌，允許學生接觸傳統和現代的教材，而中共卻把這些通路幾乎全部切斷。第九，邁向民主化的傾向也有助於資料的流通和才幹之士的就業。同時，政府提供了安定的政治環境，而安定的政治對於經濟發展非常重要。此外，蔣介石總統和蔣經國總統也提供了卓越的領導階層。

首先，正如大家所知道的，歷史上任何民主化的程序都是漫長、困難的過程。即使是美國歷史都屢為專制、不公、腐敗的傾向所污染。正如偉大的法學家龐德（Nathan Roscoe Pound）在1940年所說的：「期待中國的社會公正能百分之百完美，乃是極不合理的。美國的社會公正也離完美程度很遠，雖然美國在殖民時期和獨立後有三百年的時間發展社會公正……」

第二，在非西方世界，多數地區進行民主化運動都非常困難。葛瑞格（A. James Gregor）教授的證詞可以顯示，在這個架構比較之下，中華民國的紀錄良好。

第三，為了因應國內外對於安全的各種威脅，中華民國還須動員人民，這種情勢對於進行民主化所造成的困擾，也應計入。

第四，我們必須慮及中國傳統政治文化對民主化的妨礙。中國大陸轉為獨裁主義，以及臺灣只是緩緩邁向民主，不能僅僅歸咎於中國領袖。多數專家大致都同意一點，即傳統文化或知識型態妨礙了民主化的進行。根據香港學者勞思光最近的一本著作，中國大陸的共產主義災難是因不合理的烏托邦思想而產生，而烏托邦思想又是因為早期中國的現代化運動者遭到挫折而出現，這些早期的現代化運動者因受傳統文化影響，不能以實際態度處理他們那個時代的實際問題。我們也可在這些傳統文化發展中發現與我們美國人視為民主的事物不相容的東西，如家族制度中的家長權威等。

因此，在臺灣的中國人追求他們的民主理想時，一定會建立一個與我們視為正常的制度多少有點不同的制度。如果我們要批評他們，我們不但要記住，

在非西方世界，推行民主一定是緩慢的過程，還要記住，中國人政治多元論的目標與我們的不同。想瞭解中國這個複雜的情況本就很難，若不假思索即支持無黨籍政治人士的說法，認為中國無法立即施行徹底的民主全是由於中國領袖專制之故，那會使情況更糟。

現在我準備探討 1982 年 5 月 20 日的聽證會向證人提出的問題，同時討論上面所列出的第五和第六點。

「如果中華民國解除戒嚴，會發生什麼情況？如果中華民國出現民主化的過程，類似伊朗國王遭遇的情況，是否比較不可能在當地出現？」我認為，中華民國現代化的成就，顯示它是個與伊朗全然不同的國家。而且，中華民國早就在實施民主政治，目前的問題主要是民主化的速度。戒嚴法是限制這種速度的主要因素之一。只要加速民主化的過程不致危及國家安全，就應該儘早解除戒嚴。可是要判斷這種進展，卻不是我們美國人所能作的。

「如果中華民國有更民主的政權，是否會更具信心，而且能對中共通郵、通商、通航等等建議作更積極的反應？」提出這個問題的人假定中華民國應該接受這些建議。但是，中華民國奉行三民主義，決心不讓共黨勢力入侵，他們擔心一旦中國大陸與臺灣展開交流，許多民眾會受到共黨勢力入侵，他們擔心一旦中國大陸與臺灣展開交流，許多民眾會受到共黨宣傳的毒害，而無法瞭解何以需要反共，使共黨能趁虛而入。造成這種想法的原因是，比起美國來，中國人在政治上比較講求意識型態，而不著重實際，中共也是如此。

「中共是否會認為中華民國的民主過程威脅其重要利益？」我認為中共會這樣想。如果中華民國在現有體制下繼續實施民主政治，這只是規範現代化的另一個成就。事實上，僅只這一點就已經令中共感到難堪。

「中華民國的民主過程，對於亞洲、整個中國和世界其他地方，會產生有益的影響嗎？」許多中國人已經把中華民國的民主過程，視為中國的主要希望。本文所述香港思想家勞思光的分析，或許是一種典型的想法。他認為，只有讓

中華民國和海外華僑的新思潮傳入中國大陸，大陸上的情勢才能改善。不論這種想法是否正確，就中國的整體化利益而言，有一個地區（臺灣）能達成現代化，總比沒有任何地方實現現代化好得多。而且，為了要與中華民國競爭，中共也可能不得不改革其推拖僵化的官僚制度。

美國對中華民國有何「外交政策利益」？有些人認為中華民國政府與伊朗國王巴勒維（Mohammad Reza Pahlavi, 1919-1980）的政權類似，因此美國不應與中華民國過於接近，以免支持失去民心而且隨時可能被推翻的政府，而重蹈在伊朗的覆轍。然而，就如前面所述，中華民國政府與巴勒維政權並不相同，雖然它也受到若干國內的壓力，但已開始實施民主，獲得廣大民眾支持。因此，除非中共發動侵略而美國又減少對中華民國的支持，這個國家絕對不會覆滅。

中華民國與巴勒維政權不同，與波蘭這個警察國家也沒有類似之處。我已經說過，這個國家不屬於目前的任何政治類別。要瞭解中華民國，必須瞭解其複雜的情況，因為它現在統治著中國的一部分地區，而且當地正進行經濟和政治現代化，成效也日漸顯著。

所以，在道義上，美國應該盡一切可能協助中華民國維護安全。美國與中華民國加強關係，也可以促使中華民國更為趨向民主，因為當地的許多中堅分子都贊同民主政治，而且把美國政治發展的模式作為一種典範。此外，美國在中華民國還有重要的經濟利益。

另一方面，除了道義和經濟之外，美國對臺灣也有外交和戰略上的考慮。正如「外交關係協會」最近出版的由索羅門（Richard H. Solomon）編輯的著作《中國因素》（*The China Factor: Sino-American Relations and the Global Scene*）所顯示，目前有許多美國專家主張採取一種戰略和外交政策，把中共和美國的關係視為優先，甚至不惜犧牲美國對中華民國的安全承諾。雷根（Ronald Reagan）總統的中國政策就是據此擬定，而且正削弱美國對中華民國的承諾，最後可能會迫使這個國家向共黨勢力屈服。

我們必須防止這種悲劇。除了「中國因素」中提出的戰略展望之外，還有另一種全球戰略學派。馬若孟（Ramon H. Myers）編輯的《美國在亞洲的外交政策》（*A U.S. Foreign Policy for Asia: The 1980s and Beyond*）一書中，把這種學派闡釋得很清楚。我希望國會小心調查我們對中華民國的政策，探討有關的各種道義、戰略和經濟問題，並且迅速擬定正確的做法，以免為時過遲。

我認為要確實執行《臺灣關係法》，必須採取下列四個步驟：售予中華民國防衛性武器；售予中華民國對抗中共軍力在數量上所居優勢所需要的精良防衛性武器；把《臺灣關係法》當成美國本身的法律來執行，決不受外力干預；對於統一中國的問題，不要傾向中共的立場。雷根政府現在只決定採取第一個步驟，甚至考慮停止對中華民國的一切軍售。然而，我認為只要小心的檢討各種道義、戰略和經濟因素，就會顯示雷根政府的政策錯誤，也顯示美國必須積極地確實執行《臺灣關係法》。

責任倫理與民主文化面[*]

一、任何改革均須周詳研究

過去的卅年,中華民國不論在經濟、文化甚或政治都有很大的進步,誠如金耀基教授所說:「70年代之後,臺灣早已逾越了馬克思情景的階段,這在根本上使臺灣跳越過『極權主義』的陷阱⋯⋯政治權力之外,已另有其他獨立之權力,權力的多元性已漸形成。」

但是,今天有一些頗有影響力的人士(包括不少知識分子)要求民主化的腳步還要加快,希望有一個基本上無限制的政治競爭體系(制度),尤其能像美國一樣地擁有兩黨政治制度。

今天我們不擬直接討論這個問題,前述的看法可能是對的,所有的政府都需要改革,但如何做到合理的改革卻有兩種看法:一為主張採用緩和的手段,即希望逐漸地和小部分地改變;另一個是激進而比較大膽的看法,認為應儘速做根本的改革。當然,這兩種看法都有他們的理性基礎,而一個成功的政府,也一定要對建議快速且根本改革的方案,十分謹慎。因為任何改革皆必須經過仔細的討論與周詳的研究。可惜,在臺灣主張加速和全部民主化的人士對這些問題似乎沒有作過完整的考慮。

在此,我們願意指出兩點:首先,主張加速和全部民主化的人士,並未深刻瞭解到民主化的障礙,有時甚至誇張了民主化的好處,尤其他們很少討論在政治發展上,民主化這個目標與其他目標的相互關係。其次,他們也未謹慎地對民主的性質加以界定。

---

* 本文原載於《聯合報》,1983年2月8日,第2版。

二、民主化有四個主要障礙

我們認為對民主化的主要障礙有四：既得利益者、國際情勢、大眾的政治文化面及輿論面；正是基於這樣的障礙，所以，世界上成功的民主化並不多見，而且，成功的民主化通常是由逐漸的進步所達成的。

目前認為可以加速和完全民主化的人士，可說有點天真，例如他們低估了戒嚴法取消後共黨顛覆活動的危險性；而且宣稱實行全部民主化的策略就會改變美國外交政策的想法，大概也是一個幻想。事實上，民主化與國際影響不一定有如此密切的關係，美國還是會持續與中共來往，即使中共維持他們的極權統治。

其次，要求加速和全然民主化的人們，當他們談到臺灣的政治文化時，尤其無法使人信服。因為一方面他們很樂觀地認為臺灣的政治文化已發展到民主化的階段，但在另一方面，他們又認為臺灣的政治文化尚未全然達到適合實行民主的境界。再就輿論面來說，我們要瞭解：對政府的無理性批評如果成為政治文化的重要面時，民主便不能有效地實行。但臺灣目前不夠理性的批評卻非常普遍。舉例來說，理性的一個基本考驗是要有能力來充分欣賞大陸和臺灣制度的基本不同，但是許多對政府的批評者忽略了這個不同，他們只認為這個不同不過是程度的差別而已，或者是五十步笑百步。這些謬見並不是偶然的，它源於中國政治文化的烏托邦思想，我們不討論這思想的起源，無論如何這個謬見對民主化是一個障礙，而不是解決民主問題的處方。

同樣地，持有此種謬見的人也很少權衡民主化與政治發展上其他目標的相互關係，這些目標包括經濟發展、國家安全和維持一個道德、文明的秩序，如果一個國家經濟落後，或其生存遭到帝國主義、共產主義的威脅，那麼，即使該國能夠民主化，國家又怎能為人民謀福祉呢？所以中國人都同意民主和富強同樣的重要。倘若我們確能充分瞭解，實行民主化與其他三個目標間有著平衡上的困難時，我們也就不會輕易地相信加速和完全民主化有著絕對的益處了。

接著，我們有必要就「民主」的意義作一番探討。當然民主的本質在一般性的用法是很容易明白的，但如果沒有一個完整和徹底的分析，對於臺灣應採儘速或漸進方式來民主化的問題，幾乎不可能提供解答。但很奇怪，過去中國的學者很少提出一套完整的分析，即使有所討論，他們最注意的是民主是否與儒家文化可相配合。然而民主的觀念卻是很複雜的。

三、民主的制度與中西文化

譬如，比較流行的看法認為民主是：（一）一個讓人民自己來做他們自己主人的制度，（二）一個儘可能減少自私衝動和實現共同利益的制度，甚至於一個能把儒家德治的理想實現的制度，這是已故的徐復觀先生所相信的民主，但這個定義是與近代西方的民主原理不甚契合的。學者熊彼得（Joseph Alois Schumpeter, 1883–1950）於《資本主義、社會主義與民主》（*Capitalism, Socialism and Democracy*）一書中便反對這種烏托邦的民主定義，他將之稱做「古典民主理論」。因為在一個複雜的社會，投票者不可能直接控制政策的形成，而且因為精英分子不可能消滅，權力不可能平均分配，所以社會不平等無法取消，只能減少。正如最近張灝所指出，西方的政治原理不把民主視為德治，而是在制限和疏導邪惡、自私衝動的方式。

另一個通常界定民主的方式，是羅列民主政治幾項必備的要素，如政黨政治、議會監督、健全輿論系統與獨立的司法審判等。然而民主並不只是一套形式結構，它也是一套在政治文化下所形成的正式與非正式行為。更具體地說，民主是與西方特殊的政治文化（或數套文化）交織演進而來的歷史歷程。我們要問的是：形式的民主制度是否可從西方的政治文化分離出來，而成功地移植到中國，並使它與中國文化連在一起？如果這些西方的民主制度只可在如同西方政治文化一樣的環境才可運作，那麼中國人要不要移植這個西方的政治文化，或者因它與自己的文化理想不能配合而排斥它呢？如果中國人不要西方的政治

文化，但要實行民主的制度，那麼中國人是否可把這個制度和自己的文化理想，作創發性的配合呢？換言之，西方的政治文化是否如已故殷海光教授所說的是不可能與中國傳統文化和諧連起來呢？或者如已故徐復觀教授所說很容易地連起來？或者如牟宗三教授所說的可以曲轉地連通？乃至只在更轉折地突變才可連起來？

要回答這個問題，我們不可以只從儒家文化來觀察，我們也需要瞭解過去幾世紀在英、美演進的政治文化。這一複雜的問題，我們不可能在這裡充分地討論，但下面我們必須指出兩個基本要點，這兩點都顯示出我們要把西方政治文化和流行的中國政治理想結合的困難。而這兩點都顯示出牟宗三教授所發警語的正確性，亦即要結合這兩種文化是依賴著「曲通」的過程才可成功，不幸目前主張要儘速和全然民主化的人士似乎並未瞭解牟教授所預見的知識和制度調適的複雜性。

我們在這裡要強調的是西方政治文化，尤其是英、美政治文化的兩個根本看法：（一）政治過程有部分是不道德和非道德的，亦即政治不能完全道德化，（二）個人主義乃至許多西方中民主的假設，很多是來自希臘的思想，而且也往往環繞著政治不能完全道德化的看法，這在基本上是與儒家理想的德治或王道相反的。

就第一點來說：我們可以分析為下列四個觀念：

1. 政治權威一部分是超道德的。
2. 政治乃是一個道德上歧雜不齊的過程。
3. 政治責任與純道德有所區分。政治的進步端賴一個「責任之倫理」（ethics of responsibility），而非依靠「終極目的之倫理」（ethics of ultimate ends），政治既不可能全然免於暴力之不道德和悲劇面，因而政治只是一種「追求可能性的藝術」（the art of the possible），而不是一條通往純淨的道德理想國的康莊大道。

4. 政治秩序的道德基礎是常理成規而非宇宙真理。這些觀念當然與西方保守的哲學傳統，尤其自亞里斯多德（Aristotle）到柏克（Edmund Burke）這個傳統很有關係，可是這些觀念也與西洋的民主思想連在一起。

就第二點個人主義來說，英美的民主政治文化是不可能與個人主義分開的。它與西方認識論的懷疑主義關聯著，由於有一個懷疑的看法，個人不僅可自由地向傳統的哲學挑戰，並且可向建立於理性基礎上絕對道德真理的思想挑戰，這個看法與民主主義所強調的無限制意見市場很有關係。個人主義也牽涉到一種浪漫性的情緒自由，強調隱私，私有財產，並且主張一個允許個人去維護其權利的民主制度。這雖然有部分是與近代中國民主思想相吻合。但若從孔子理想的觀點來看，個人主義似乎是顯得自私、不道德。

四、橫的移植並不切合實際

這些短評是我與中央研究院三民主義研究所研究員賴澤涵先生多番討論，仔細探究的結果，雖然很簡單，但可看出西方政治文化問題的複雜性。就此而論，民主制度已與這些態度交織著，尤其是個人主義和政治不能完全道德化的看法，這對中國文化而言是相當外來的。既然民主不只是形式的結構，也是文化的過程。因此，認為民主的形式面很容易與它的文化關係劃分開，並將其移植到中國的看法，乃是不切實際的看法，這樣的「外科手術」與張之洞輸入西方的「用」，但卻要與西方的「體」分開的意思有什麼不同？我們認為：希望中國走向民主理想的人們必須仔細地檢驗民主的文化面。

臺灣的政治文化也缺乏強有力的中庸和理性的精神，前述的所有問題並不是既得利益者所能捏造，而是在一個複雜的文化和歷史歷程中的部分，因此如未首先仔細考慮這些問題，就要求加速並立即民主化，乃是不智的！

中國知識分子與當代中國政治之發展 *

　　幾年以前,多半研究中國問題的美國學者還在讚揚中國大陸的經濟與政治發展,可是今天,很少人能否認,中華民國學者對中共長期以來所持的悲觀看法,遠比上述學者的見解來得正確。一方面,因為在中國大陸上,經濟的凋敝與政治的迫害的確是個主要問題;二方面,中共到目前還拿不出解決這些問題的方法,「四人幫」的審判並不表示政治的迫害已經停止。今天的中國大陸,事實上就是索忍尼辛(Aleksandr Solzhenitsyn)筆下的「古拉格群島」,所缺乏的只是一個中國的索忍尼辛。同樣的,鄧小平的「現代化」政策似乎並不成功,沉重的人口壓力,加上龐大的官僚體系,阻礙了資金的形成與有效之運用。中國大陸悲慘的現狀正與臺灣傑出的政、經發展形成強烈的對比,而且,這種對比一天比一天顯著。

一、知識分子忽略的因素

　　這種慘狀何以致之?中國知識分子有許多不同的答案,有人歸咎共產主義,有人歸咎帝國主義,也有人歸咎中國「威權主義」的傳統政治文化,毫無疑問,這些答案都有部分道理,不過我認為還有一個有時被中國知識分子忽略的因素,那就是他們思考的習慣(即他們自己的政治文化),尤其是他們評估中國政治發展的方式。知識分子並非沒有力量,至少,從長期看,他們能影響輿論,因而影響政治發展。

　　要由我這樣一個外國人來批評中國悠久而複雜的思想傳統是很放肆的,因

---

* 本文原載於《聯合報》,1981年2月14日,第2版。

為沒有一個外國人能真正融會貫通。不過,這些話是藏在我心中已有許多年的憂慮,實在不吐不快。我要先說明,我在此並非批評中國知識分子的道德人格,而是他們的思想方法。同時,雖然我的批評可以適用於很多中國知識分子,但並非人人均如此。批評中國知識分子並不就否定他們的偉大。像梁啟超、胡適、錢穆、唐君毅及徐復觀等思想家與學者,就其學養之深邃與識見之敏銳而論,較之同時期西方大思想家,絕不遜色。

二、評估標準不切實際

不論在中國或是西方的思想傳統中,都存有《荀子》〈解蔽篇〉所討論到的「蔽」。比如說,法國大學者雷蒙・艾弘(Raymond Aron)就曾在《知識分子的鴉片》(*The Opium of the Intellectuals*)一書中提出這樣一個問題:為什麼法國知識分子在二次大戰後,明知蘇聯共產主義將毀滅他們在法國享有的自由,卻依然崇仰它。類似的矛盾也在十八世紀以來許多西方知識分子的思想中出現,熊彼得(Joseph Alois Schumpeter)在他的經典之作《資本主義、社會主義與民主》(*Capitalism, Socialism and Democracy*, 1942)一書中曾提到此點。因此,我們探討中國知識分子曾否建設性地評估中國的政治發展,當是一個很有意義的嘗試。當然,這是一個籠統的問題,而且一定有人會說答案可能見仁見智。不過我以為有三點值得考量。第一,中國的知識分子在評估中國政治發展的時候,往往把政治發展的標準訂得漫不經心、簡單,而不完整。第二,在討論「民主化」(政治發展的標準之一)的時候,他們往往只從一個烏托邦的、不切實際的抽象觀念來談。第三,在評估政治實務時,他們又常常採取絕對道德的標準,而這些標準並不宜於用來衡量實際政治。這些思考方式使他們往往在論斷政治發展時,有不平衡與不公平的現象,以致使得學生或一般大眾無法對政治過程有持平的瞭解。我這些批評,適用於五四運動以來中國大陸的許多知識分子,但也適用於不少目前在臺灣或美國的知識分子。

三、勿與美經驗混為一談

首先讓我們看看，什麼是政治發展的標準？中國知識分子往往認為民主化是衡量政治發展最重要的一個標準。然後，又認為「民主化」就等於美式民主。

這種態度有兩大問題。第一，政治發展的標準不應與美國經驗混為一談，因為美國經驗不是放諸四海而皆準的世界模範。相反的，美國經驗大體上是一個悲劇。今天每一個人都應知道，在美國，迷幻藥的泛濫、社會犯罪的猖獗及教育水準的低落，在在都導致生產力與軍力的衰弱，乃至履行國際義務能力的衰弱。因此，用美國經驗來評估中國經驗，基本上是荒謬的。我們應該用自己的理性與創造力，來訂定政治發展的標準，然後再以這些標準來衡量當代的國家。像徐復觀教授說的，我們必須要能自作主宰，然後再以我們的理性能力來評估所有的傳統（不論中美），而不是盲目追隨任何傳統。

第二，不錯，「民主化」的確是政治發展的重要標準，但至少還有三項其他的標準，也同樣的重要。既然四者都是實現福國利民不可或缺的條件，我們怎麼可以只說其中一種是最重要的？事實上，如果一定要在民主與其他三項之中選擇其一的話，很多人或許會選擇其他三項中的一項。

在其他的三項標準中，有兩個就是「富強」這句著名的口號。「富」是指現代經濟成長，或者是指國民所得的成長，而把成長中的一些病態，如經濟不穩定、通貨膨脹、失業與貧富不均減到最低限度。這就是為什麼著名的經濟學家如顧志耐（Simon Kuznets，諾貝爾獎得主）與耶魯大學的費景漢都稱道臺灣的經濟，一方面能在成長方面獲得獨特的成就，一方面卻能把成長中的病態減到最少。「強」是指面臨強大敵國時的國家安全。這個問題可以用美國作例子。美國三十五年來對於蘇聯不斷擴張的威脅。既無真正瞭解，更遑論採取有效的策略來因應（1947年前後，邱吉爾〔Winston Churchill〕曾警告美國，應在蘇聯未取得原子彈前，就東歐等問題對蘇聯採取強硬的立場，可惜美國將此一警

告置諸腦後，現在我們也可以看出邱翁的看法是正確的）。所以即使一個社會能夠達到民主化，如果沒有經濟成長與適當的國家安全計畫，福國利民又如何能夠充分實現？

四、須加上傳統人文價值

除了這三項標準之外，我們還必須加上根植於傳統的人文價值，作為重要標準。許多東西方的思想家都認為，這也是福國利民所不可或缺的。因此，哲學家唐君毅就提出「人文精神」的重要性。所謂人文精神，近於中國人所說的「倫理」。「倫理」涉及一些傳統的價值，如勤儉、教育與涵養。

有人也許會說，倫理是道德問題，而民主是政治問題。但是「倫理」與政治團結和動員是密切相關的。以美國社會為例，我們可以發現倫理的淪喪足以造成國力的衰微。

所以在評估政治發展時，我們不能只注重民主化而忽視倫理的發展。我們應該統攝這四項標準作為評估政治發展的共同根據。

五、兼容並蓄思想可貴

總之，我必須指出二十世紀中國知識分子往往未能以建設性的態度來評估中國的政治發展。如果我們問：為什麼中國民主化的過程遭遇這麼多障礙？缺乏建設性態度是一個重要因素，我們不能只怪某些政治人物有「專制傾向」。事實上，目前在臺灣，韋伯（Max Weber）所說的「政治責任的道德」（ethics of political responsibility）已與儒家的倫理傳統逐漸結合發展，而形成一個複雜的文化型態。最值得注意是，在臺灣，政壇上對於愈來愈能以一種「和諧互諒」的精神相處。這種變化不只是因為經濟進展的結果，同時也由於教育程度的大幅提高與民眾政治認識的日趨成熟（因為他們能接觸各種各樣的政治觀點）。

這種轉變會很快的在大陸上出現嗎？我們實在難以樂觀。

　　任何一個政治文化都需要思想基礎，現在毛澤東思想已經不行了，那麼還有什麼思想系統可以用呢？恐怕除了孫中山先生的系統外，沒有什麼可以用的。這是因為孫中山先生的思想系統可以兼容並蓄，所以除了三民主義外，我想不出其他可能。

有關「政治發展與知識分子的角色」之辯論（1）
政治發展與知識分子的角色[*]

「政治發展」雖然很複雜，主要的四個目標卻相當明晰：國家安全、經濟發展、民主、倫理。所以評估一國的政治發展，也應該考慮到實現此四個目標有什麼障礙，假如有障礙，就要考慮實現的速度是否合理。那麼誰能很客觀地瞭解這些問題以評估一國的政治發展呢？很多人認為政府自己的評估不夠客觀，必須仰賴知識分子的判斷，因為知識分子的看法比較客觀。然而，知識分子對政治發展的評價就一定沒有問題嗎？

以前在中國，知識分子批評知識分子的事也不是沒有過，比如有人覺得清代知識分子太懾於滿清政府的政治壓力，使命感不夠強；可是最近出現另外一種批評，認為有時候知識分子的使命感太強了。本（3）月13日《人間》刊出康勤（按：為林毓生之筆名）的〈使命感、歷史意識與思想混淆〉（「前瞻集」）也談到這個問題。他說，中國知識分子的使命感有時太熱烈，犯了烏托邦主義的錯誤。

使命感太強或不夠強，真是個問題，換句話說，評估一國的政治發展，在實際與烏托邦之間，在保守與急進的看法之間，如何找到中庸之道，如何做到合理的評估，這不但是中國知識分子的問題，也是西方知識分子的問題。

熊彼得（Joseph Alois Schumpeter）在他寫的《資本主義、社會主義與民主》（*Capitalism, Socialism and Democracy*）一書中，批評西方知識分子的烏托邦主義。他強調在一個現代化的社會裡，財富、權力和聲望，因為不可能完全平均

---

* 本文原載於《中國時報》，1983年3月21日，第16版。後收入邵玉銘編，《海內外智識份子國事討論集》（臺北：邵玉銘發行，1983），頁595-597。

分配，有些百姓因此不滿，同時他們又無法瞭解現代化的複雜性，結果就加以簡單的歸納，認為只要公平地分配資源，就可以促進經濟發展；政治發展也很簡單，只要人民做了自己的主人就可以臻至。這兩個烏托邦主義的神話（myth）信徒頗眾，而且不少知識分子便藉此爭取一般百姓的支持。這樣看來，現代化國家的知識分子這種烏托邦傾向，是很危險的。

我個人覺得，熊彼得所談到的這種困境，中國不但有，而且可能還更嚴重。推究原因，似乎是因為中國的政治文化與西洋的不同。西洋的政治文化中有一個對烏托邦主義起制衡作用的哲學——保守主義的哲學體系。扼要言之，從亞里斯多德（Aristotle）到柏克（Edmund Burke）的此一哲學傳統中，有很多儒學思想裡找不到的根本觀念，比方說：一、政府的權威不能完全依靠道德。二、有的時候國民有尊重不合理法律（immoral, unreasonable laws）的義務。三、政治道德並不以普遍性的真理或道德為依歸，而可以依據一般的風俗與傳統（convention）。四、政治活動往往會造成道德性悲劇。五、歷史上並沒有像中國所謂「三代」這樣的烏托邦，整個歷史只不過是積弊。所以實行民主並不意味世界就可以道德化了，民主不過是個給壞人某種程度的限制的制度。

這個說法不一定中聽，保守思想也不一定最好，可是有它實際上的道理。在西方，這種看法與烏托邦的理想之間，常常產生創造性的張力（creative tension）。因此在評估一國政治發展時，西洋知識分子不但用烏托邦主義的看法，也會援引保守主義的觀念。

然而在中國完全不同。中國的知識分子一旦用保守主義的觀念來評估政府，就會被戴上「御用文人」的帽子。所以中國知識分子易於傾向烏托邦而不那麼考慮實際的問題。

我個人以為，中國知識分子的此一傾向是和儒家思想有關係的，因為儒家的德治思想缺乏上述保守主義的觀念。由於烏托邦主義的傾向，很多中國知識分子並不以客觀態度來評估政府，以殷海光為例，他強調「有什麼就說什麼」

的態度，政府有錯失他當然「說什麼」，但是對政府的進步卻不「說什麼」。

有人為此辯解說，之所以不能提政府的進步面，是因為要保有抗議精神，進而給政府壓力，如果沒有壓力，政府不會再進步。這麼說當然有道理，可是要求民主化也需要理性的輿論，如果知識分子的政治評估不客觀，如何可以得到理性的輿論呢？

總而言之，無論在西方還是在中國，知識分子常遇到一個問題，即是在烏托邦與實際之間，怎麼得到中庸之道，怎麼用客觀的態度評估政治發展。我個人相當同意康勤先生的看法，知識分子在處理這個問題時，必須深刻反省，而這個反省與研究政治文化是很有關係的。因為一個國家固有的政治文化不但會影響老百姓的態度，也會影響知識分子的角色與政治批評的風格。

有關「政治發展與知識分子的角色」之辯論（2）
「保守」與「保守主義」是不同的
——兼答張忠棟教授[*]

編按：中國知識分子如何面對歷史、面對社會、面對知識良心？所謂知識分子的風範應當如何？知識分子需不需要使命感？需不需要抗議精神？如果答案是肯定的，那麼使命感與抗議精神要落在怎樣的層次？同時使命感與抗議精神與實際政治與社會的運作，應當如何？本刊 3 月 13 日刊出康勤的〈使命感、歷史意識與思想混淆〉（「前瞻集」）後，引發了墨子刻（Thomas A. Metzger）的回應，墨文以保守主義的立場申論此一問題。接著張忠棟針對墨文，提出挑戰性的回應，這裡是墨子刻對張文挑戰的挑戰。

時報人間副刊 3 月 21 日刊出拙作〈政治發展與知識分子的角色〉一文，提到「西洋的政治文化中有一個對烏托邦主義起制衡作用的哲學——保守主義的哲學體系。」同年 3 月 28 日「人間」刊出張忠棟教授對我的批評：〈與墨子刻談中國知識分子〉，他說「墨子刻……似乎比許多中國知識分子更保守。」由於我 27 日返美參加亞洲學會，直到 4 月 5 日才回臺，未能做即刻反應。

張教授的看法公不公平我不知道，可是要注意的是，他所謂的「保守」跟我提到的「保守主義」並不一樣，我們不應該把這兩個觀點混為一談。

張教授所謂的「保守」，好像是指尊敬權威，因襲傳承下來的風俗習慣，保護既得利益者，對改革堅持「利不什不變法，害不什不易制」。這種不輕改

---

[*] 本文原載於《中國時報》，1983 年 4 月 16 日，第 39 版。

舊制的態度,當然不是西洋文化獨有的特點,而是古今中外社會都會有的傾向。

當然,給西洋保守主義思想下一個適合的定義並不容易,在 *The Limits of Change: Essays on Conservative Alternatives in Republican China*[1] 這本討論「保守主義」的專書中,多半的學者都同意保守主義是以現代化為前提的一個哲學。

我們研究從亞里斯多德(Aristotle)到柏克(Edmund Burke)等保守主義思想傳統,可以看到好幾個在現代化之前就已建立的根本前提或看法,比方說:

第一,「政治不能完全道德化」這個與儒家思想大相逕庭的觀念,可以推源希臘,尤其重要的是政府的合法權威(legitimate authority)並不以道德為依據。柏拉圖(Plato)在他的〈克里圖〉(Crito)中也強調此說,雖然雅典當局用不道德與不公道的方式使用他們的權威,處蘇格拉底(Socrates)以死刑,蘇格拉底卻仍服從這個權威。蘇格拉底的處決,無疑地是個大冤獄。但就蘇格拉底而言,政府權威的合法性,並不在於是否能避免使用不道德的手段,也不在於是否有實現「王道」這一絕對理想的能力;而在於人民對它「養育之恩」所孳生的感激之情;也在於人民自發的忠貞以及法亡則國亡的認同。正如對孔夫子而言,行孝道並不因為父母的道德;同樣對蘇格拉底而言,人民對國家之忠猶如子女對父母之孝,這兩者是可以相提並論的。不但如此,蘇格拉底還強調,因為父母的婚姻與孩子們的教育是以政府的法律為基礎,所以「(所有的)神與明理的人咸認:國家的神聖性與應該得到的尊敬和光榮,遠凌祖先及父母所應得的尊敬和光榮」,一個人無論受到國家怎麼樣的冤屈都應該接受。

我們當然覺得蘇格拉底的話太過分,不過這是另外的問題。值得注意是他把國家的權威與父母的權威相比配,是合乎希臘的主流精神而與儒家德治傳統完全相反。

第二,上面的看法和另一種視政治為一「是非(道德)揉雜近乎悲劇的過

---

[1] Charlotte Furth, ed., *The Limits of Change: Essays on Conservative Alternatives in Republican China* (Cambridge: Harvard University Press, 1976).

程」（morally mixed, partly tragic process）的觀點，是很有關聯的。舉例來說，美國哲學家勒佛覺葉（Arthur O. Lovejoy）在他的《人性識論》（*Reflections on Human Nature*）[2]中指出，十八世紀晚期，麥迪遜（James Madison）和其他美國憲法的制定人，都秉持一個假定：「以低劣的人類為材料，而想建造一個理想的政治社會，絕非不可能。」因為社會的良窳，並不靠其成員的動機良善與否，而是要依賴「制衡的方法，以惡制惡，這樣才能收到預期的效果」。[3] 然而對於傳統儒家或中國近代關於民主的討論，這種看法卻是扞格不入的。

同樣的，德國社會學家韋伯（Max Weber）在著名的〈以政治為職業〉（Politics as a Vocation）一文中就指出：政治的進步不能依靠——有如耶穌基督般之純淨道德精神——「終極目的之倫理」（an ethic of ultimate ends）。政治的進步實賴「責任之倫理」（an ethic of responsibility）——即認識到政治既不可能全然免於暴力之不道德和悲劇面。因而政治只是「追求可能性的藝術」（the art of the possible）而不是一條通往純淨的道德理想國的康莊大道。如果以韋伯的觀點來審視，儒家的王道、仁政等觀念不啻為一「終極目的之倫理」，與政治的「是非雜糅性」觀念，實不相容。粗看之下，儒家，尤其《荀子》一書中所指涉的霸道的觀念，似乎與韋伯「責任之倫理」很相似。然而在儒家眼中，霸道甚少被視為政治的常規。這些觀點張灝在去年《中國時報》刊載的大文〈幽暗意識與民主傳統〉也曾指出過。

尤有進者，視政治為一個「是非（道德）揉雜的過程」也與基督教徒對歷史的看法有關。以孔子的觀點而言，歷史有兩個階段：道德純淨時期的三代和三代以下積弊的時期；烏托邦式的中國改革者，都認為他們可以不理會歷史的積弊，而應追求絕對的真理，來「為天地立心，為生民立命，為往聖繼絕學，

---

[2] Arthur O. Lovejoy, *Reflections on Human Nature* (Baltimore: The Johns Hopkins University Press, 1961).

[3] Arthur O. Lovejoy, *Reflections on Human Nature*, pp. 38-39.

為萬世開太平」（張橫渠），就基督教的立場，所有的歷史都是積弊，因為所有創造歷史的人都有原罪，因此，任何建設性的政治發展，一定要把理想的種子，栽種在道德混合土壤的歷史裡。

第三，把政治行為，看作一個「是非（道德）揉雜的過程」，和把在野的一些道德上良莠不齊、利害攸關的集團，看成正常的政治集團，這兩種觀點是可以相輔相成的。英、美兩國視民主政治為道德上良莠不齊的各種集團的比賽，而且認定此乃係正常的政治活動，因為一個政黨本就是這樣良莠不齊的集團，所以對政黨的定義與中國大異其趣。

第四，遠自希臘開始，在西方習俗、成規與「人類智慧」或合情入理的一般見識（conventional wisdom），常常被看成是政治規範的哲學依據，儒家傳統卻不然，政治規範主要來自「道」──一個絕對的，放諸四海而皆準的宇宙的真理。在儒家的典籍中，從來找不到把習俗成規或輿情看成政治道德基準的文字，法家與道家也是如此，雖然實際上，尊風重俗是很普遍的，然而這種守舊的，對習俗之尊重在中國從未能躍身一變而成為哲學原則。

上面提到的四個觀念與所謂保守──就是不願輕改舊制的流行看法，並不一樣。這四個觀念早已不是為既得利益者找藉口，而是奠基於哲學性與宗教性的世界觀。在西洋政治文化裡，無論在保守主義方面或民主思想方面，都受到這個世界觀很大的影響。

這個影響好不好是另外一個問題，可是我們可能可以看到這個觀點在批評政治上所產生的優點：怎麼找到一個客觀的、溫和的，而有理性的精神來評估政治？正如我在〈政治發展與知識分子的角色〉一文中所說的：西洋文化中這個精神似乎是從一個在保守主義與烏托邦主義間的創造性張力（creative tension）來的。

「創造性張力」這個觀念現在比較流行，可是還需多做分疏。假如兩個人對同一問題不但不同甚至互相對立，可是對自己的看法又都存有懷疑，覺得對

方的看法可能包括真理的某一方面，那麼這兩個人不但不會互相否定，同時會互相影響，因而對此問題有更深刻的瞭解。這就是「創造性的張力」能夠產生的功效，可是假如一個人覺得對方就是御用文人，或像 Frank Goodnow 那樣的國敵，那麼創造性的張力大概不會產生。

殷海光與徐復觀的互相影響當然是「創造性張力」的一個範例。民國 56、57 年我常常有機會去拜訪殷教授，我發現他是個有蘇格拉底精神的老師。作學生的如能提出一個否定他看法的話，他一定非常高興，而且他的思想常在改變。假設我們現在有機會跟他討論政治批評，提出抗議精神諸問題與他對話，相信他會立刻從椅子上傾身向前很有興趣地問：「你的看法怎麼樣？」

有關「政治發展與知識分子的角色」之辯論（3）
再論政治批評的風格：
答張忠棟、康勤、廖仁義諸先生[*]

今年 3 月 21 日，在回應康勤先生 3 月 13 日的專欄文章中，我曾強調：知識分子往往不用理性、溫和而客觀的方式評估政治發展。為支持這個論點，我提到熊彼得（Joseph Alois Schumpeter）的經典著作《資本主義、社會主義與民主》（*Capitalism, Socialism and Democracy*）中，對某些西方知識分子趨向之分析，同時，為簡化起見，我將這些趨向視同烏托邦主義（utopianism）。接著我指出，此種烏托邦主義在中國的思想傳統裡是特別強烈，因為在中國，這種烏托邦主義一直沒有受到類似西方自亞里斯多德（Aristotle）經柏克（Edmund Burke）及其他近代思想家所發展出來的保守主義之哲學傳統的制衡。最後，我以殷海光為例，說明了近代中國知識分子走向不平衡的、烏托邦式的政治批評之趨勢。3 月 28 日，張忠棟先生為文批判我的觀點，我於 4 月 16 日提出答辯，同時對西方保守主義的哲學傳統之基本概念作詳細一點的敘述。然後，我再度受到批評：計有 4 月 21 日張忠棟先生之文；4 月 24 日康勤先生之長文；以及 4 月 26 日廖仁義先生寫得相當不錯的一篇長文。

一、我並不是一個保守的人

張先生與康先生的文章中，含有對我的人身攻擊。張先生暗示我是一個「御用文人」，他說：「外國人也可以做中國政治權威的『御用文人』」。然後，

---

[*] 本文原載於《中國時報》，1983 年 5 月 20-23 日，第 33、37、40、16 版。收入邵玉銘編，《海內外智識份子國事討論集》（臺北：邵玉銘發行，1983），頁 612-629。相關討論的各篇文章亦請參見此書。

張先生提起古德諾（Frank Goodnow）與袁世凱的一段往事。康先生則認為拙文是「捕風捉影的言論」；覺得我的看法可能是「一顆受了傷害的心靈的病態表現」，同時說我「到臺灣來則用比執政黨開明分子（甚至不太開明的分子）更為保守的立場說東論西」。

康先生如此罵人而大談什麼「使命感的光榮傳統」是很有勇氣的。這樣「爾我勝負」的話，正代表一種舊式的學術與政治批評的風格，也正是康先生所要逾越的「過去的惡性循環」之一面。

雖然這種非就事論事的罵人之語本不值得答辯，然而還有兩點須說明的是：第一，我並不是一個保守的人，我的政治理念與 1950 年代偉大的自由主義者史蒂文遜（Adlai Stevenson）相當接近。1972 年的總統選舉，我把票投給麥高文（George McGovern），1976 年則投給卡特（Jimmy Carter）。

就如許多中國知識分子一樣，我相信政治的全面性目標是：個人最大的自我實現（self-realization）與人權的完全實現。不論什麼樣的改革，只要是達到這個目標的最有效途徑，我就支持。而且，這個目標必須包含自由與民主。

而自由的本質卻是一個複雜問題，因為自由、道德與理性的相互關係是常久以來一直爭論不休的題目。唐君毅先生所著《人文精神之重建》一書，對此即有詳細的討論。[1] 此外，一個基於多數統治的政府之建立，也只是提升自我實現所需的複雜過程中的一部分，自我實現和自由亦有賴於文化價值的提升、經濟成長以及抵抗帝國主義或極權主義敵人以確保國家安全的軍事計畫。因此我贊同聯合國所發表的人權宣言中所顯示的兩面主張（twofold approach），亦即同時強調個人的合法權利與社會整體的共同福利。

---

[1] 唐君毅，《人文精神之重建》（臺北：臺灣學生書局，1984），頁 323-381。

二、我的觀點是相當客觀的

在比較中華民國與美國的情況的時候，我是一致地應用這些標準，我想我的觀點是相當客觀的。我對中華民國現代化的評價，在好的方面，與世界知名的政治學家杜意契（Karl W. Deutsch）博士在和魏鏞博士對談時所提的意見——見〈臺灣經驗與世界發展模式〉——是頗為類似的。[2] 我對美國社會目前的發展狀況之批評，與愈來愈多的研究如艾吉歐尼（Amitai Etzioni）近著《一個漫無節制的議題》（*An Immodest Agenda*）[3] 以及美國「促進教育國家委員會」（National Commission on Excellence in Education）的報告是一致的。所以我不同意廖先生的說法，他以為我對中國處境的觀點是源自對「60年代以來美國知識分子的烏托邦傾向」感到失望的主觀反應。誠如荀子所指出的，大多數的知識分子都有「是己」而不能「解蔽」的問題，然而就如大多數人一樣，我是盡力企求客觀。

就目前臺灣有關民主化的討論來看，我尚未充分瞭解，到底是緩慢的變遷或是快速的轉變才是最適當的。但是，我個人認為，在臺灣有不少期望快速變遷的知識分子，似乎缺乏一種政治發展的清晰理論；而且經常作出一些非理性的論述，比如將中華民國與中共之間的差異視為五十步與百步之差。所以我有點懷疑他們贊同快速變遷的議論。

三、儒家對中國近代思想的影響

除了反對將我視為保守人物之外，我也不能接受康先生對拙著《擺脫困境》

---

[2] 胡立台、張明貴、楊喜漢等記錄，〈臺灣經驗與世界發展模式——魏鏞博士與杜意契教授對談之三〉，《中國時報》，1983年4月17日，第2版。

[3] Amitai Etzioni, *An Immodest Agenda: Rebuilding America before the Twenty-First Century* (New York: McGraw-Hill, 1983).

（*Escape from Predicament*）[4] 一書的看法：「以張之洞式『中學為體，西學為用』的觀念說明毛澤東的革命（這個後來產生了慘絕人寰的『文化大革命』的革命）為『成功』的故事。」

首先，康先生混淆了政治發展的規範性問題與歷史發展的事實問題。張之洞所描述的是中國應該做的是什麼，而認為中國應該在「中學為體，西學為用」的基礎上求發展。拙著對中國應該如何發展則未置一詞，它所討論的是實際上已經產生的一些主要思想發展的歷史淵源。包括五四運動在內的近代中國思想，到底在何種程度上受到儒家思想的影響──不管是有意識的或無意識的──對這個問題學者們仍然有所爭論。拙著觀點是：儒家對近代中國思想的影響實際上要比許多學者所相信的大得多。在其他的論文中，我也曾強調此種論點，最近的一篇是關於韋伯（Max Weber）的論文，將刊於預定今年 6 月出版的國立臺灣師範大學《歷史學報》。[5] 學者們對拙著的批評討論，讀者可參考 1980 年 2 月《亞洲學報》（*Journal of Asian Studies*）中的 "Review Symposium: Thomas A. Metzger's *Escape from Predicament*"，[6] 是基於這些研究，我才在 3 月 21 日的短文中討論近代中國的烏托邦主義，而說：「我個人以為，中國知識分子的此一傾向和儒家思想有關係的。」

關於這點，廖先生說：「墨教授豈能不求充分的論證，就下如此片面的結論？」對此質問我只能說：在上述的拙作中我確實有「求充分的論證」。只是我仍然需要更多的論證，所以才在敘述我的觀點時冠以「我個人以為」等幾個字。

---

[4] Thomas A. Metzger, *Escape from Predicament: Neo-Confucianism and China's Evolving Political Culture* (New York: Columbia University Press, 1977).

[5] 此文為 "Max Weber's Analysis of the Confucian Tradition: A Critique"，《歷史學報》，期11（臺北，1983），頁 379-416。

[6] "Review Symposium: Thomas A. Metzger's *Escape from Predicament*," *Journal of Asian Studies*, vol. 39, no. 2 (1980), pp. 237-290.

四、錯誤，是因為資料不足

其次，說我認為毛澤東的革命是一個「成功的故事」是斷章取義的。我是遵循「是什麼就說什麼」的精神來討論毛澤東。談到毛澤東思想及其所導引的各種運動的龐大動員力量，想必現在的學者專家多半還會接受我的看法。不過，我也犯了一項錯誤，即認定這些動員活動導致令人印象深刻的經濟成長——並不因暴政措施而有所破壞。這個錯誤的形成，主要是因我在撰寫該書之時（1976年），有關這方面的問題必須依靠當時美國學者們的著作，因為我自己並不研究中共的經濟與政治發展。該書出版不久，美國學者們陸續提出一些新資料，1978年7月30日，我在 The San Diego Union 上發表一篇論文說到：「中共的『古拉格群島』與蘇聯唯一不同之處是缺少一位索忍尼辛將其情形向全世界宣告。」我說這話是在包德甫（Fox Butterfield）出版《苦海餘生》（China: Alive in the Bitter Sea）之前四年。我最大的遺憾是在1976年那個時候仍然受到美國學者專家們拒絕利用臺北「國際關係研究中心」對中共的分析之影響。假如當時我能依靠這些分析，則拙著將可避免此項錯誤。然而，也並非只有美國知識分子忽略「國際關係研究中心」所提供的資料。

五、政治批評的適當風格

更重要的問題是有關政治批評的適當風格，在3月21日的短文中，我曾說：「使命感太強或不夠強，真是個問題；換句話說，評估一國的政治發展，在實際與烏托邦之間，在保守與急進看法之間，如何找到中庸之道，如何做到合理的評估，這不但是中國知識分子的問題，也是西方知識分子的問題。」張先生對這個觀點的反應不太清楚，一方面他似乎不同意中國知識分子有一種烏托邦主義的強烈傾向；另一方面他卻說：「然而任何社會中的知識分子，他所扮演的重要角色之一，就是要站在時代的前面，不斷提出促進政治進步的方案，這

是不容知識分子逃避也不容他人否定的任務。」我無法確知張先生此段文字所要表達的觀點，假如他是贊同烏托邦式的批評，則我不敢苟同；假如不是，則他的說法與我的觀點是頗為一致的。當然，知識分子必須為促進進步而努力，問題是如何努力，我想知識分子在從事這項工作的時候應該在烏托邦主義與務實思想之間尋求一種平衡。張先生是否同意這種觀點，似乎並不清楚。

六、對烏托邦主義的商榷

康先生的反應則有所不同，他同意烏托邦主義是中國知識分子的一個嚴重問題，可是他說：「至於墨君所提到的，烏托邦與實際之間應該加以調和，以求得到中庸之道，這個意見我也覺得過分粗鬆。我覺得問題不應如此界定。理想應分為空想式──無法獲致的──與實際上可經由努力獲致的兩種。所以，嚴格地說，烏托邦與實際之間，無法調和。如果能夠調和，那麼那種烏托邦思想也不是真正的烏托邦思想。我們應該捨棄烏托邦思想，而以『責任倫理』的觀念與行為取代之。」

我的敘述誠然粗鬆，但是當我們討論到觀念的時候，要求更大的精確性有時候只不過導致更多的討論而非觀念的澄清。康先生所要反對的烏托邦主義到底是什麼呢？是超過現有能力而且現在無法決定以後能否實行的觀念？或是實際上沒有任何實現的可能性的觀念？康先生是只反對後者亦或兩者都反對？假如他只反對後者，那他怎麼知道一個理想是屬於後者或是前者？比如，在十八世紀的人，他們怎麼知道男女平等的理想是屬於前者還是後者。何況，研究縱然是不可實現的理想也常是有用的。難道康先生也要阻止柏拉圖在其《理想國》中描述他的烏托邦社會嗎？我用「烏托邦」主義一辭，是指人對超越現時情況的最高希望的想像力與能力。沒有這種最高希望怎麼會有進步呢？

七、「使命感」的六個觀念

　　康先生也完全弄反了我所謂使命感太強的意思。康先生以為我相信知識分子應該「減低使命感」。而批評這個觀念。其實，是我沒有好好選擇所用的措辭，但是我的意思和康先生是一樣的。分析「使命感」的問題，康先生的許多概念是很有用的。利用它們及其他幾個概念——有些是好聽的——我們可將「使命感」指涉下列六種觀念或態度：（一）說出真理的勇氣——包括討論得失的客觀性、「是什麼就說什麼」的精神與「好而知其惡，惡而知其美」（《大學》）的決心；（二）對自己的國家與世界福利的責任感；（三）責任倫理（an ethic of responsibility）、理性與對客觀環境的考慮；（四）自以為是的態度、自重的傲慢或自我陶醉（narcissism）；（五）不平衡的烏托邦主義（康先生相信所有烏托邦主義都是得不到的，但我不以為如此）；（六）處理政治異議的一種爾我勝負黑白分明的精神。

　　我想康先生與我都會同意，假如使命感就指一、二、三等三種觀念或態度，則它絕對是好的，而且不應予以減低；但是當使命感含有四、五、六或缺乏一、二、三等觀念或態度時，其結果將是不良的。只要這個意見很清楚，那麼我們說使命感太強或使命感膨脹或其他的用辭都沒有關係。當我提到使命感太強的危險時，我所指的使命感並非只是由一、二、三等三種觀念或態度組成的一種理想的感情（feeling），這種感情從不會太強。我所謂的使命感是指一個具體人物的感情，他不是聖人，此種感情也必然是不完美的，而且很容易溜向四、五、六等觀念或態度或者變成缺少一、二、三等觀念或態度。前者，我稱之為「使命感太強」；後者，我稱之為「使命感不夠強」。

八、中國知識分子急不急進

　　康先生又說：「持續至現在的傳統烏托邦主義的錯誤是『因』，使命感的

膨脹是『果』。墨君把我文中所談論的因果關係完全弄反了。」要回答這種論點，首先必須更謹慎地界定「使命感」，假如使命感就指上述一、二、三等三種態度，那麼膨脹有什麼不好？除了定義的問題之外，我們必須探究所有前述六種態度之間的複雜心理關係。否則，我們即無從建立清晰的因果模式。我是以一般性的詞語討論使命感與烏托邦主義的關係，在我心中這兩者並沒有一定的因果模式。

無論如何，我們的中心問題是將上述六種觀念以某種不良方式混合而成的態度模式在近代中國歷史上的分布範圍到底有多大。換句話說，在近代中國是否流傳著一種伴隨著使命感傳統而來的不良烏托邦式的政治批評？張忠棟先生則持否定態度：「中國不談清末的內憂外患，只從抗日戰爭算起，也度過了差不多五十年的艱困歲月，可是以中國地方之大，人口之多，墨先生可看到有幾個知識分子出來評估政治？又看到他們中間有幾個真的『急進』得不管實際的困難？」可是，當我們審查所有 1920、1930 與 1940 年代的政治運動及叛亂，我們會發現確有數以千計的知識分子「評估政治而急進得不管實際的困難」。所以勞思光教授在其所著《中國之路向》一書中，將共產黨的叛亂描述為一種「求仙」運動，亦即一種烏托邦運動。

九、康先生對使命感的意見

廖先生與康先生均認為這種烏托邦主義是廣泛存在的一個問題。然而，關於此點，廖先生似乎誤解了康先生的意思，廖先生說：「的確，在中國近代史上許多歷史的悲劇就是左右各路的使命感都太強而造成的，但恐怕墨教授並未讀懂康先生的文章，我認為康先生對使命感的功能與限制是針對某些特定的時代與現象而言的，未必是針對 80 年代正在邁向開放社會的臺灣而言的。」

誠然，康先生的某些論辯僅針對保釣運動，可是康先生還是討論了一種在中國知識分子之間廣泛存在的使命感的不良傾向。他將此種不良傾向和對三代

的烏托邦信仰連接起來，而說需要「逾越過去的惡性循環」。康先生也說：「近代極權主義（totalitarianism）之產生，原因甚多，其中與烏托邦思想之被人信服與利用，是有密切關係的。」很顯然地，康先生是意指一種廣泛而且植根於傳統的態度，並非僅指保釣運動。而且，康先生還說中國知識分子須要創造地轉化傳統的使命感，如此，康先生似乎意指伴隨使命感而來的許多問題直到今天都尚未解決。

十、殷海光不是以政治家呈現自己

然而奇怪的是，康先生似乎也相信這些問題殷海光在二、三十年前就已經解決了，所以他反對我對於殷海光的政治見解之批評，而說：「在他那個時代與環境中，殷先生的言行（尤其是政論方面），展現了高度的理性精神。」

可是，在今天仍然很重要的一些基本文化問題，大概不會在二十五年前就已經解決了。而且，康先生或張先生都沒有反駁我在 3 月 21 日文中對殷海光的評論：「以殷海光為例，他強調『有什麼就說什麼』的態度，政府有錯失他當然『說什麼』，但是對政府的進步卻不『說什麼』。」

我個人認識殷教授，且曾仔細的研讀過他的主要著作，如《中國文化的展望》與《殷海光選集》第一卷《社會政治言論》。它們差不多都是寫於 1950 年代與 1960 年代，也正是執政黨建立所有導致臺灣大成功的教育、經濟、社會及其他政策的時候，然而在這些主要著作裡面，卻沒有一個字提到建立這些基本政策的智慧。這不是有點過分嗎？我也不同意康先生所說的殷先生是扮演一個反對黨的角色：「反對黨的功能之一就是批評執政黨的措施，以達到制衡的功效。」扼要來看，殷先生並不是以一位政治家來呈現自己；而是以一位用「科學」方法分析政治的學者來呈現自己。

十一、不虛美不掩惡是月旦人物的準繩

殷先生確實是一位偉大的英雄人物。就如我 4 月 16 日之文所說，他具有一種蘇格拉底式的求知精神，因此他能夠超越他所處的歷史時代而思考。但是，他仍然受到傳統政治批評風格的影響，而不願遵循「惡而知其美」的準則，所以他並沒有為我們今天提供一個政治批評的模式（model）。康先生說我這種批評是「責備賢者」，但我想殷先生應該會讚許我這種「是什麼就說什麼」的意圖。殷海光曾說：「我最大的特質就是能否定自己。我覺得我以前所寫的東西，都沒有什麼內容，僅僅是我心路歷程中的一些紀錄。」[7] 這種謙虛與開放真是知識分子的模範。我們尊崇一個人物的最好方式就是說出他的真相。

十二、政治批評風格是政治文化的一面

縱然康先生反對我對殷海光教授的觀點，他似乎也覺得尋求一種適當的政治批評風格是一個重要的問題。我想康先生會同意：在實現前述一、二、三等三種態度的同時也要儘量減低四、五、六等三種態度是有困難的。更進一步的問題是：這個風格問題是否嚴重到變成進一步民主化的障礙？許多人持否定的看法，他們認為進一步民主化的唯一障礙是既得利益者和不合理的制度，例如廖先生就說：「在一個民主法治的，有健全言論孔道的社會裡，不怕知識分子太有使命感，那怕他們的使命感有烏托邦主義傾向，或者有保守主義傾向，因為合理的制度會使他們的不同傾向與不同的使命感產生創造性的張力。怕的是這個社會欠缺合理的言論制度做為各種使命感相安無事、並行不悖的孔道。」

但我們要問的是：政治生活主要受到政治制度和政策的影響嗎？抑或同時受到政治文化與心理取向的型塑？政治學家對這個問題沒有一致的看法，但我

---

[7] 徐復觀著、蕭欣義編，《儒家政治思想與民主自由人權》（臺北：八十年代出版社，1979），頁 328。

個人以為，政治文化是很重要的。而且，政治文化包含前述六種態度，所以政治批評的風格問題也是政治文化的一面。我個人認為，假如政治批評的風格太過偏向前述四、五、六等三種態度，則在不同的政治團體之間的不信任感將會增加；民主文化所需的溫和精神亦將很難實現；同時政治衝突的惡性循環亦將出現。所以，政治批評的風格本身，與一般民眾的政治文化、既得利益者以及國際情況一樣，都可能變成民主化的障礙。

何況，政治制度的改變並不一定能解決政治文化所引發的問題。假如一個政治文化對政治異議養成一種「爾我勝負」的態度，那麼就是最好的民主制度也可能要失敗。所以我認為民主化有賴於制度與文化的改變，而文化變遷包含知識分子傳統上用以評估政治發展的態度之改變。

再者，我們評估政治發展，就需對政治發展的理論有所瞭解。我不想在此討論這種理論所必須處理的各種問題，我只觸及與張先生、康先生和廖先生對拙文的批評有關的幾個問題。

十三、政治發展的目標

除了處理上述阻礙政治發展的各種障礙問題之外，一個政治發展的理論必須對政治發展的目標有所界定。在 3 月 21 日一文中，我曾說：「『政治發展』雖然很複雜，主要的四個目標卻相當明晰：國家安全、經濟發展、民主、倫理。」對此，康先生的回應是：「墨文中揭櫫政治發展的四個主要目標中，並無自由一項，這與我的意思也甚為不同。我認為自由是目的，民主只是手段；所以政治發展的最大目標之一是應該促進個人的自由。此一分歧，牽涉甚廣，不是此文所能論及得了。」

然而，自由在邏輯上是民主概念的一部分，除非康先生相信有一種無自由的民主。同時，我也不把穩定當作政治發展的一個目標，因為穩定已經預設於其他目標之內。

再者，就如亞里斯多德所指出的，當我們討論政治的時候，我們無法尋求像數學一樣的精確度。因此在目標與手段之間，往往無法作一清楚的區分。假如康先生相信自由是目標而民主是手段，則國家安全、經濟發展和倫理呢？它們也只是手段嗎？假如自由是唯一的目標，那麼康先生將如何界定唐君毅等人對其本質曾作過複雜論辯的「自由」呢？自由也並不是很清楚的就是我們唯一的終極目標，除非自由在邏輯上包含所有的生活價值，如愛、藝術、道德與知識等。所以我想我們應該遵循亞里斯多德的勸誡，在界定政治發展的目標之時，我們不應把時間浪費在尋求精確度之上，這種精確度根本就是我們的論題所無法達到的。為避免粗鬆的概念，康先生也只是將問題導向更多的討論而非更清晰明白。

十四、國家安全、經濟發展、民主、倫理孰輕孰重？孰先孰後？

關於民主，不管它是目標或是手段，張先生說：「今天在臺灣能夠看到一點民主自由的秧苗，這是中國不再以殺戮流血解決政治問題的一線希望，我們珍惜它，愛護它，決心要幫助它繼續健全的成長。」除了認為臺灣只有「一點民主自由的秧苗」稍嫌誇張之外，我大體同意張先生的觀點。假如中華民國不是一個正在民主化的社會，像我這樣的美國人勢將無法告訴其他美國人要他們崇敬中華民國的政治發展。然而，張先生是否意味其他三個政治發展的目標都比民主更不重要？關於這點我有點疑問，我想在臺灣的大部分人都會強調經濟發展、國家安全和倫理的重要性。

我相信，政治發展是一種多目標的發展，而不是一種單一目標的發展。在中國歷史上，這是第一次一般民眾有一個相當不錯的生活水準，我想他們也會珍惜它、愛護它。徐復觀雖然大大的強調民主，可是他也說：按照孔孟乃至先秦儒家的看法，「治人的政治上的標準，當然還是承認德性的標準；但這只是

居於第二的地位,而必以人民的自然生命的要求居於第一的地位。治人的政治上的價值,首先是安設在人民的自然生命的要求之上,其他價值必附麗於此一價值而始有其價值」。[8]

將此段文字作為目前的指導可能太過極端,但是我們也不能說:「政治上的四個目標,首先是安設在民主方面,其他的目標必附麗於此一目標而始有其價值。」其實政治發展的所有目標都是重要的。

十五、史華慈對「保守主義」的分析

一個政治發展的理論也必須處理界定「民主」──政治發展的目標或照康先生的說法是手段之一──的問題。然而,要替民主下個定義,就必須討論附隨著西方民主政治的興起而來的西方政治文化。我們可在這層關係中來考慮西方保守主義的哲學傳統這個問題。

在4月16日之文中,我說:「當然,給西洋保守主義思想下一個適合的定義並不容易,在 *The Limits of Change: Essays on Conservative Alternatives in Republican China* [9] 這本討論『保守主義』的專書中,多半的學者都同意保守主義是以現代化為前提的一個哲學。我們研究從亞里斯多德(Aristotle)到柏克(Edmund Burke)等保守主義思想傳統,可以看到好幾個在現代化之前就已建立的根本前提或看法。」廖先生認為這段敘述錯了,他說在該書中史華慈(Benjamin Schwartz)教授是用「四種」傾向來分析保守主義,並不都「以現代化為前提」,比如民族主義,而事實上「保守主義成為一種自覺的理論,是以保守主義/自由主義/激進主義三位一體的整體出現的」。

關於這個問題,第一,廖先生對史華慈教授之分析的敘述只是部分正確,

---

[8] 徐復觀,《學術與政治之間》(臺北:學生書局,1980),頁299。
[9] Charlotte Furth, ed, *The Limits of Change: Essays on Conservative Alternatives in Republican China* (Cambridge: Harvard University Press, 1976).

例如，史華慈實際上是以五個而非四個觀念為中心分析他所謂的「近代保守主義」，而且廖先生所列舉的四個傾向也只包含史華慈所舉的五個觀念中的兩個。[10] 這五個觀念是：「歷史主義（historicism）、整體論（holism）、社會學主義（sociologism）、有機成長的觀念與民族主義。」[11] 第二，將保守主義看作「保守主義／自由主義／激進主義」三者整體的思想結構之一部分，史華慈是將此結構視為在十八世紀與十九世紀初年出現的一種思想模式，[12] 這正是歐洲開始走上現代化之路的時代。因此，史華慈也稱保守主義為「近代保守主義」。[13] 當我說「以現代化為前提」，我所指的就是這保守主義與近代歐洲思想趨勢的關係，我並沒有狹義的指稱保守觀念是直接以現代化問題為焦點之意。第三，史華慈注意到有些保守主義者對現代化有敵意，但他主要是在強調讚許當時世界的「偉大結構」的柏克[14] 以及「知覺到工業化與國家力量之間的連結關係」的保守主義者俾斯麥（Otto Eduard Leopold von Bismarck）。[15] 該書所討論的中國「保守主義者」，如唐君毅，也大多贊成現代化。關於該書其他撰者的觀點，我相信我並沒有曲解，讀者可參考我發表在《中國季刊》（*China Quarterly*）1978年春季（3月）號上對該書的評論文章。

十六、對蘇格拉底的看法

而就如我4月16日文中所論，保守主義的完整定義應超過史華慈所論的五點，且應包含部分須追溯到希臘思想的一些觀念。康先生似乎也同意這「悲觀」

---

[10] Benjamin I. Schwartz, "Notes on Conservatism in General and in China in Particular," in Charlotte Furth, ed., *The Limits of Change: Essays on Conservative Alternatives in Republican China* (Cambridge: Harvard University Press), p. 9.

[11] Benjamin I. Schwartz, "Notes on Conservatism in General and in China in Particular," p. 9.

[12] Benjamin I. Schwartz, "Notes on Conservatism in General and in China in Particular," p. 4.

[13] Benjamin I. Schwartz, "Notes on Conservatism in General and in China in Particular," p. 9.

[14] Benjamin I. Schwartz, "Notes on Conservatism in General and in China in Particular," pp. 7, 14-15.

[15] Benjamin I. Schwartz, "Notes on Conservatism in General and in China in Particular," p. 14.

的觀念也影響到西方的自由主義。

這些觀念之一就是：合法的政治權威並非直接立基於政府的道德性。我說蘇格拉底在柏拉圖所寫的 Crito 之內表達了此種觀點，而張先生說我「遺漏了很多別的事情」。為補充我的遺漏，張先生提出蘇格拉底對政府的批評，並指出蘇格拉底是一位「求仁得仁」的人，最後結論道：「因此蘇格拉底究竟是服從權威呢？還是藐視權威？這是一個尚待解決的問題。」

張先生的論點都是不切題的，蘇格拉底當然是一位「求仁得仁」的人，他當然是藐視權威者，但是蘇格拉底也絕對尊重這些他所藐視的官員們所適用的法律。我們怎麼知道？因為蘇格拉底自己這樣說。張先生不肯相信蘇格拉底自己說的話，這也只不過表示蘇格拉底對法律的觀點與張先生是多麼的不同。

十七、尊重不合理的法律

張先生的困難亦可從下面的評論得到說明：「就算蘇格拉底是尊重權威，服從法律吧，然而像他那種方式的尊重服從，凡人有幾個能做得到呢？」的確，蘇格拉底是一位捨生取義者，而我們大都不是。然而蘇格拉底也表達了一種關於「義」的本質與觀點，他是說「義」經常要求我們服從不合理的法律。尤有進者，假如縱使需要在捨生取義的時候都必須服從法律，更何況在取義而不必捨生的時候？事實上，尊重不合理的法律通常是取義而不必捨生的事，所以這通常是每一個人都能夠做得到的。例如，我覺得許多美國法律尤其是有關刑事犯的權利之法律是不合理的，但我認為在它們更改之前我們都應服從這些法律。許多美國人認為美國的稅法是不合理的，但他們仍然尊重這些法律。在我的短文中，我是談到這種對不合理法律的尊重，而不是蘇格拉底式的捨生取義的精神。

十八、不同層次的兩種不合理法律

尤有進者，尊重一個基本上合理的政府所施行的不合理法律這個概念，與不管所有法律是如何的不合理甚或是暴政式的都無條件的尊重是不同的。張先生與廖先生似乎將這兩種觀念混淆了，他們暗指我是主張後者而且反對革命的權利，因此廖先生說：「比如說，中共以反革命罪名給魏京生判刑的法律，就是違反道德與人性的惡法，人民有不遵守的權利。職此，如果墨教授並不想為惡法做掩飾，以後應該謹慎使用這種『惡法亦法』的論點。」我很感謝廖先生的勸誡，但我文中所指的是中華民國政府所施行的可能不合理的法律，而非指中共所施行的暴政式的法律，這是很清楚的。當廖先生給我這個警告的時候，他是否瞭解到這兩個情況之不同？或者他是認為這兩者之間的差別也只不過是五十步笑百步？

張先生以為假如不合理的法律應該受到尊重，則破壞法律的無理性的民眾就不應受到懲罰，他說：「依據『保守主義』的思想，統治者不可能成聖成賢，我們要諒解政治的積弊，然而一般老百姓更難免有陷溺沉淪的時候，我們又為什麼希望他們都做蘇格拉底，都做孔子，而不能寬容他們的無知呢？分析問題是不能用雙重標準的，雙重標準一用，問題只有變得更加複雜，更加教人無法理解。」這是一種相當奇特的意見，我無法對它提出任何反應。我們看得出張先生不能接受尊重不合理法律的觀念，他的反應更加確證了我的想法：即這個西方民主政治基本的典型概念對許多中國人而言確實是陌生的。

十九、「保守主義」是否同於「保守」？

張先生同時也混淆了下列兩個問題：即什麼是西方保守主義的基本概念與這些概念是否是好的。因此他說：「『保守主義』是否同於『保守』，這問題一定要討論的話，不能只拘泥於它的幾點簡單定義，而是要看它的發展。假如

因為『保守主義』相信人性不完美，政治統治者不可能是聖王，因此像西方自由憲政的發展一樣，有一套民主制衡的制度演變出來，以防統治者濫用權力，這樣不僅不是『保守』，而且是進步。」這是不正確的，我所謂的「幾點簡單定義」是指西方思想傳統的幾個主要觀念，就如史華慈所強調的五個概念一樣。史華慈的五個概念與我的四點定義都和「不輕改舊制」的一般保守觀念不同，不管這些觀念的行為後果如何，這種觀念上的不同是很重要的。觀念產生什麼行為後果與這些行為後果的好壞是兩個不同的問題，而且除非我們先將這些觀念與其他觀念加以辨明、區分，否則我們怎麼探討，什麼樣的觀念有什麼樣的行為後果？

二十、中國有「保守主義」哲學傳統嗎？

傳統中國確曾產生類似亞里斯多德、柏克傳統（the Aristotelian-Burkean tradition）的保守主義哲學傳統嗎？這個問題頗值得我們研究，就我看來，中國並未產生如此的一組具有哲學連貫性的保守概念。張先生說有，為支持他的看法，張先生引用荀子的一段文字：「崇其美，揚其善，違其惡，隱其敗，言其所長，不稱其所短，以為成俗。」其實，此段文字與荀子認為應如何組織一個良好政府的主要觀點並無多大關係，且完整的句子是：「迫脅於亂時，窮居於暴國而無所避之，則崇其美、揚其善，違其惡、隱其敗，言其所長，不稱其所短，以為成俗。」荀子基本上是強調「從道不從君」（〈臣道〉篇）的精神，而此段文字是說明暴君應避免觸怒他，這個原則與韋伯的「責任倫理」（ethic of responsibility）、蘇格拉底尊重法律的觀念，或史華慈與我所列舉的保守思想的各種觀念都是絕不相同的。更不用說，西方保守主義的哲學傳統事實上是由多種不同觀念組合而成的，而非只是單獨的一個觀念。假如有一位中國哲學家強調了這些西方觀念中的一個，這也並不表示他已發展出一種類似這個西方的觀念組合之哲學。

二十一、如何制衡中國式烏托邦傾向？

　　至若西方的保守主義是否導致良好的行為後果，這個問題還有辯論的餘地。我的假設是：保守主義與烏托邦主義之間的創造性張力是建設性的。保守主義可讓我們嚴肅地考慮政府官員所面對的實際困難；而烏托邦主義則將我們的注意力從實際的困難轉向創造性的可能性之探求（the creative exploration of possibilities）。廖先生更認為此種有益的張力亦可在自由主義中發現，他說：「從西洋自由主義的傳統來看，西洋的政治文化中的烏托邦傾向之所以能得到制衡，並不盡然由於保守主義的功能，自由主義本身緣自新教倫理的『幽闇意識』自亦有其不容抹煞的地位。」或許廖先生是對的，縱使如此，我們還得問一問：中國式的自由主義有沒有類似的「幽暗意識」？如果沒有那麼中國式的烏托邦傾向，如何得到制衡？無論如何，廖先生、康先生和我都同意：沒有制衡的烏托邦主義不是一個評估政治發展的適當基礎。

為什麼美國對中華民國有偏見？*

一、三種似是而分的論調

　　自 1978 年，美國在中共的要求下不斷地讓步，而逐漸地縮減對中華民國的防禦承諾。美國這個政策是依靠三種說法為基礎的。第一，有人提出戰略上的觀念，認為美國必須與中共緊密地結合在一起。第二，一些美國歷史學家像費正清（John King Fairbank）等人發展一套中國現代史的新理論，認為中共代表著「歷史的新正統」，同時認定中共似乎有權統治臺灣。第三，很多美國人對中華民國的評價不高，所以相信美國不需費太大心機去協助中華民國免於中共的威脅。他們所鑑賞的只是臺灣經濟上的進步，而拒絕對中華民國在政治發展方面給予公平的評價。

　　有人認為前面的兩點重要，以至於雖沒有第三點的偏見，美國仍將繼續屈服於中共對臺灣的要求。我不同意這樣的看法，不少的美國歷史學者都在盤問費正清對中共革命的看法。並且從包德甫（Fox Butterfield）的《苦海餘生》（*China : Alive in the Bitter Sea*）等書已向美國人顯示出中共的黑暗面。此外，雖有不少美國人認為結合中共可以帶來戰略上的利益，但他們未必相信這些利益比臺灣的安全更重要，因而假如美國人能排除對中華民國的偏見，則美國對中華民國的政策大概會改善。然而想要消除這些偏見，我們必須知道它的來源。

　　我們不能責備這個偏見是源自中華民國新聞局的努力不夠，因為世界各國政府的言論通常都被視為政治性的，可信度較有限。主要的，這個偏見起源於中美知識分子間溝通上的偏頗。

---

* 本文原載於《中央日報》，1983 年 5 月 14 日，第 2 版。

二、知識分子溝通有偏頗

很多中國知識分子讚賞臺灣進步,但他們覺得要帶來更大的進步應該給予政府一點壓力,於是只談它的缺點,不談它進步的一面。然而許多美國學者不明瞭中國人這種心態,所以當他與這些知識分子談論之後,就下了簡單的結論,以為中華民國政府有嚴重的缺失,沒什麼進步。同時,除了經濟方面之外,用英文而很徹底地研究撰寫臺灣社會發展情形的專門刊物很少,這可能也是美國人對中華民國持有偏見的緣由之一。

美國對中華民國的偏見,也由於美國學者在歷史學方法和語言訓練的不足。但是在這裡我想討論偏見的其他兩個來源。第一,這個偏見淵源於美國知識分子還沒建立一套合適的政治發展理論,用以評價中華民國的政治發展。第二,偏見起源於美國學術史上根深蒂固的一套複雜態度。

三、政治發展與人權問題

我認為要發展一套適應政治動向的理論,我們必須處理三個問題:

(一) 我們必須避免只用現代化理論或只用人權理論所造成的偏頗觀點。這二種理論應該結合,因為政治發展不只牽涉經濟成長和政治的參與,而且包括正義和人權的道德問題。

(二) 我們需要對人權有個均衡的觀點。聯合國人權宣言同時有兩個主張,第一是個人的法律和政治的權利;第二為團體性的福利;因為個人的福祉是依靠整個社會、經濟、教育和文化的發展,也要看看社會能否抵禦外侮而定。我相信我們不僅應該從個人和團體兩方面探討人權,而且也要把人權理論和現代化理論結合起來。如果我們以為政治發展有四個目標即是:經濟成長、民主、國家的安全、文明的發展,那麼我們可以建立比較均衡的理論。

（三）政治發展理論應該把某一個國家在政治民主過程中，所遭遇到的障礙列入考慮，以便決定什麼是某一獨特國家合理的發展速度。這點有一悲劇性的含意，是我們必須面對的。在很多國家中，因為這樣的障礙，民主化只是漸進的。因此民主政治活動中有些法律限制不能立刻消除，然而在這樣的國家中，難免會有抱持烏托邦理想，對社會現狀持異議者，他們相信即刻的民主化，而違背法律變成所謂「政治犯」。因此，這樣的國家存在著「政治犯」，不一定表示政府反對人權。當然在這樣複雜的情況中，一定也會有人權問題，但這些問題不能避免，因為立刻的民主化不是任何地方都可施行。所以政治上異議者遭受「迫害」，跟人權問題是兩回事。

四、學術史上的複雜心態

為了使悲劇性的人權問題減至最低程度，我覺得在任何國家知識分子需要建立合理的政治發展理論，而且需要充分自由地討論所有關於政治發展的問題，同時加強與政府的溝通；政府也要支持學術自由，並以合理的速度朝向民主化。

我認為如果美國知識分子用一套合適的政治發展理論，那麼他們會認定中華民國大體上在面對著國內外的障礙時，還是用合理的速度追求政治發展的四個目標。但是很多美國知識分子缺乏這樣的體認，只強調個人權利和民主，把異議者的審判和人權問題混為一談。然後聲稱中華民國的政治發展乏善可陳。

美國對中華民國的偏見，不只由於不能發展清晰的政治理論，也部分根源於美國學術史上一套複雜的心態。他們至少有五種複雜的態度。第一，斯諾（Edgar Snow）的《紅星遍中國》（*Red Star over China*, 1938）和白修德（Theodore H. White）與賈安娜（Annalee Jacoby）合著的《中國之怒吼》（*Thunder out of China*, 1946）等書對美國人影響很大，就是把中共看成英雄起義者，而把國民黨當作腐敗的統治者，這是因為美國有一種同情起義的傳統。這二個形象長期

盤踞在美國人的心靈之中，所以他們的觀點大部分不受 1949 年以後歷史發展的影響。

五、對於儒家思想的無知

第二，很多美國人對儒家思想是無知的，或有疏離感，所以對以儒家為基礎的三民主義同樣地也會有疏離感。因此他們不但批評執政黨的領導不夠誠意，連對領導者的根本理想也不能瞭解。

費正清談到國民黨的儒家思想主張，他以為是混淆復古，而至今不能與現代化配合（見費氏著，《美國與中國》〔 The United States and China 〕）。[1] 不論中國或西洋文化，人民有沒有接觸固有文化的機會，是一個重要問題。假如西洋文化沒有提供這樣的管道，不能欣賞柏拉圖（Plato）、《聖經》、莫扎特（Wolfgang Amadeus Mozart）、康德（Immanuel Kant）等等，那麼西洋人會覺得生活沒有自由、沒有意義。在中國類似的管道也是需要的。可是中共把這條路截斷了，而中華民國設法擴充它。多半外國人的反應很奇怪，他們不覺得中共野蠻，也不特別讚賞國民黨的政策，這是因為他們疏離了儒家，所以覺得中華民國擴充對固有文化的管道並不那麼重要。

六、馬可波羅情結的魅力

第三，由於所謂的「馬可波羅情結」給予中國大陸統治者一種神秘的魅力，使得很多美國人認為中華民國所做的是微不足道。同樣地，與十億人口的統治者握手就幾乎像參加為了向英國女王致意的好萊塢晚宴般令人振奮。一些大資本家把名聲看得比金錢更重要，他們願與世界名流交往又希望能為世人所周知，

---

[1] John King Fairbank, *The United States and China* (4th ed., Cambridge: Harvard University Press, 1983), p. 255.

北京的統治者能提供這種令人沉湎和重要的感受。以至於許多西方的學者、政治圈人物、資本家都爭相前往。

七、忽略道德與道義主張

第四，美國部分學者注意到美國外交政策的問題。最有影響力的觀點是完全注意國家之間的利害關係，而忽略道德與道義的主張，這就是有名的學者喬治凱南（George F. Kennan）的看法。而這種看法與美國主流的實證主義很有關係。最近索羅門（Richard H. Solomon）所編寫的《美國外交政策中的中國因素》（*The China Factor: Sino-American Relations and the Global Scene*），一書就反映了這種觀點。難怪美國人完全沒有注意到索忍尼辛（Aleksandr Solzhenitsyn）1982年10月23日在臺北「給自由中國」的演講，這是因為他強調中華民國以道德為基礎的反共奮鬥範例，而研究美國外交政策主流的學者並不注意這種道德因素。

第五，在試圖解釋為什麼美國有那麼多知識分子傾向於同情中共時，我們必須討論在歐美知識分子中的烏托邦主義以及他們對資本主義的憎恨。以雷蒙‧艾弘（Raymond Aron）所著《知識分子的鴉片》（*The Opium of the Intellectuals*），與熊彼得（Joseph Alois Schumpeter）所著《資本主義、社會主義與民主》（*Capitalism, Socialism and Democracy*）兩本書為例。我們要問，為什麼住在自由、經濟繁榮和資本主義社會下的知識分子，居然攻擊資本主義，並想在極權社會中尋求烏托邦理想？

在1950年代的美國，那些自由派的知識分子和成千上萬認同美國資本主義和愛國主義的民眾之間存在著痛苦的衝突，參議員麥卡錫（Joseph McCarthy）用一種煽動的方式引起這些群眾共鳴以攻擊自由派知識分子，他自己也傾向中華民國。很多自由派的知識分子乃變得更加敵視中華民國。

八、政治均衡發展的理論

因此我們要克服美國人對中華民國的偏見，就需要瞭解到美國人對中華民國複雜的態度；強調一套均衡的政治發展理論；同時要跟美國大學更密切合作發展漢學家訓練計畫，使得美國能造就新一代更能幹的漢學家。抑有進者，我懇請中國知識分子和外國人討論時，能更公允評估中華民國的政治發展，並且出版更好的書本對當代中華民國各方面的發展給予充分客觀的描述。

假如我們能如此消除美國人對中華民國的偏見，我們也能消除本文開始所提到的美國政策傾向中共的三個理由之一。我相信這樣的作法將使美國對中國有更公平的政策。

三民主義、中華民國的現代化與中國的知識分子
——對傅偉勳教授說幾句話[*]

當今世界，中華民國的經濟奇蹟與政治突破是有目共睹的。然而，中國知識分子中還有一部分覺得臺灣的政治文化思想是滯礙的，甚至於視三民主義為中國文化之「敵」。傅偉勳教授在《當代》雜誌第54期（1990年10月號）中所發表的〈走出三民主義的樊籠〉一文（頁102-109）是最近的例子。傅教授的這種看法究竟是拯救中國的一個方法，還是中國困境的一面？傅教授的思想是超越還是局限於「樊籠」的思想？

傅教授的推理是首先強調一些社會或人類的理想或目標，然後說明歐美日已實現這些目標，而臺灣與大陸則沒有：「不但歐洲能，美國與日本也能，只是我們不能……我們為何不能？」（頁107-108）他覺得「答案卻是簡單」（頁108）：「近現代的世界文明史已充分證明了，我所強調的多元開放的啟蒙教育是文化創新的先決條件這個道理。」（頁105）換句話說，一個國家或民族愈用「這個道理」，愈有能力達到目標。相反地，它必須「走出」有「封閉性」的和「墨守成規」的思想樊籠。而三民主義正是這些樊籠之一。

問題在於傅教授是否把哲學性的心得與歷史性或政治發展性的問題混為一談？他是否恰當地解釋了人類的目標？他有沒有合理地把臺灣與其他社會比一比？他有沒有瞭解到歷史的因果？因為傅教授沒有專門地研究過政治經濟歷史，他好像覺得歷史因果的「道理」可以從哲學引申出來。可是即使在講哲學性的問題的時候，他也講得很籠統。

---

[*] 本文原載於《當代》，期57（臺北，1991.1），頁146-149。

比方說,「開放」有什麼定義?是對所有的思想開放?難道我們應該接受馬克思主義與希特勒的思想嗎?當然不應該。傅教授自己談到「共識」和「團結」的需要(頁102),可是我們怎麼能一方面肯定階級鬥爭,另一方面又強調社會的和諧;一方面肯定希特勒仇視猶太人,另一方面又要實現儒家仁愛的理想,從而形成「人同此心,心同此理」的社會共識呢?何況傅教授自己要把三民主義扔到他的共識之外,而強調日本的開放多元精神是以佛教為基礎(頁108)。

所以開放不是絕對的;而是牽涉到某種標準或限制。問題就是對這些限制在中國應該下什麼樣的定義。以佛教來決定嗎?還是儒家?希伯來耶教?傅教授沒說。他很強調「批判性」與「創造性」的精神,誰不同意?問題是新的東西都好嗎?批判,應該用什麼標準?大公無私的道德嗎?愛國主義嗎?理性嗎?肯定現代化嗎?這樣一來,傅教授的標準跟三民主義的哪裡不同?

其實二十世紀哲學與政治難題之一就是怎麼把開放精神與合理的標準聯合在一起。可是傅教授完全不針對這個難題,他說什麼「有心的(即真正關注中國文化繼往開來甚至突破創新的)知識分子」,而好像覺得「有心」的中國人與「無心」的中國人很容易分得出來。這樣一來,所有尊敬「墨守成規」的三民主義的人士,像牟宗三、錢穆、蕭公權、余英時等等,都不夠「有心」嗎?所有在國民黨裡推行經濟進步與民主化的人士都沒有創新的心嗎?

傅教授在這裡好像要說:「他們的『新』不是我的『新』,他們所創造的不是他們應該創造的。」所以他很蔑視臺灣的成就。雖然「在政治體制,社會結構,經濟生活,意識型態等等方面」都與大陸「迥然相異」,它的成就「掩飾不了政治動盪,社會不安以及文化危機」(頁102),而它當然還沒有「具有深厚草根性的穩固而鮮活的社會文化基礎」(頁104),不用說像歐美日「消除了大傳統與小傳統的分辨或割裂」,以及「在國際舞臺」上扮演「舉足輕重的領導角色」(頁106-108)、「它們能為何我們不能?」(頁108)。

然而，傅教授這樣評估臺灣的紀錄是很成問題的，一是評估的標準不合適，我的中文不能跟余英時的同日而語，可是我當然不應罵自己說：「余英時能，為何我不能？」傅教授不僅把臺灣的紀錄跟歐美的某一個國家比較，像瑞典或義大利，他甚至要臺灣比得上整個歐洲或日本、美國，另外的問題是把歐美日的生活完全理想化，把它們所「能」神話化，而這樣把它們變成一種二十世紀的「三代」。它們都有一個「穩固而鮮活的社會文化基礎」嗎？《當代》這個雜誌在自己登載關於歐美日三種文化的文章中，就已經反映了它們的文化危機。傅教授有沒有看到兩本很有名的書，Robert N. Bellah 等人的 *Habits of the Heart* 與 Alasdair MacIntyre 的 *After Virtue*？這兩書都很強調當代美國缺乏道德性的共識，而歐美日難道都沒有動盪的政治，都保證了社會的安定嗎？住在美國二十多年的傅教授太用功了，好像沒有一天跑到圖書館之外的地方。紐約沒有政治動盪、社會不安嗎？

其實，社會與社會的比較不那麼簡單，傅教授很強調教育，可是小學、中學、大學的教育都不一樣。除了美國最好的大學在自然科學方面的成就以外，臺灣的教育不一定趕不上美國的；反之，按照個人所看到和讀過的，美國很多的小學、中學都不能跟臺灣的同日而語。臺灣的問題在於怎樣提高學術標準或怎樣尋找培養記憶力與創造力之間的均衡，而美國很多小學、中學的問題卻在於怎麼維持起碼的紀律和把吃非法藥品的習慣減少一點。

傅教授的問題不但在於膚淺地把社會與社會作比較，而且在於他的人生觀太「由人」，而不夠「由己」。他的人比人氣死人的精神在中國很流行，可是難道那是從他那麼稱揚的佛教來的。傅教授很羨慕日本的「隨著經濟奇蹟推銷日本文化到歐美各地」（頁 108）。我覺得這個文化外銷成功也是傅教授另外的一個幻想，即使不是，那麼這樣俗氣的推銷有什麼了不起？假如一個人的生活目標都在證明他在所有的方面能比得上隔壁，他大概不會有辦法真正地做什麼，何況仰慕隔壁的一切而蔑視家人的成就？傅教授強調歐洲「驚人的成就」

而很虔誠地引用史家湯恩比（Arnold Joseph Toynbee）的一些話。可是湯恩比的成就不一定比得上錢穆的，洛克（John Locke）的思想不一定比唐君毅的深。

所有這些判斷不能依靠什麼時髦的思潮，難道中國人還以為所有的智慧都在歐美？

既然要把歷史變成一個國家性的出產天才的比賽，出產天才的秘密不容易找到。傅教授覺得馬克思主義的出現是證明開放多元文化的效果，因為沒有英國的自由，反對資本主義的馬克思怎麼能「從事於研究……而始終安然無事？」（頁106-107）可是假如開放多元的環境那麼理想，怎麼能出產那麼多有幻想而引起禍害的思想？母雞那麼了不起，怎麼下了壞蛋？

同樣地，傅教授能在臺灣發表攻擊國民黨與三民主義的文章，就是證明臺灣很開放而不是證明開放的思想環境一定會出產有價值的思想。

其實，對於思想應該有什麼方向這個問題，沒有什麼又簡單又萬能的公式，因為一個社會不但需要開放而且需要有規範性的團結，所以光談開放是空談。何況按照英國政治理論家鄧恩（John Dunn）的言論，多元主義很容易偏到道德相對主義或虛無主義，而且正如鄧恩、Alasdair MacIntyre，以及Robert N. Bellah等思想家所言，歐美的道德共識危機正跟這樣的道德相對主義有關係。

另一方面，一有規範性的團結就有墨守成規的危險。所以傅教授罵三民主義是墨守成規的話不無是處。問題是如要評估一個思想，則要提到兩個標準才行：即避免墨守成規的危險與道德共識的危機。三民主義當然不完美，可是一方面是培養以民主、科學、倫理為基礎的共識，另一方面是愈來愈接受經濟性的多元主義（即資本主義），思想性的多元主義（即三民主義、自由主義、人文主義等等思想在臺灣的比賽），以及政治性的多元主義（尤其是從民國75年以後的政治改革）。

在中國文化的前後關係中培養這三種多元主義不容易，可是這個困難不但因為既得利益者的反對自由，而且是因為這三種多元主義都與有價值的道德思

想有衝突。資本主義是引起社會不平等而經濟活動完全自私化的危險。思想的自由市場（free marketplace of ideas）是引起思想紛紜而沒有人同此心、心同此理，即沒有共識的文化危機。政黨的自由比賽引起政治活動陷入黨派衝突的危險。

那麼多中國人支持馬克思主義跟他們那麼怕三種危險是很有關係的，可是馬克思主義不但引起極權主義的危險而且破壞了中國大陸現代化的希望。三民主義也是怕這三種多元主義，可是也瞭解到這三種多元主義對中國現代化的價值。所以三民主義與這三種多元主義在臺灣能生根的過程是很有關係的。

這樣一來，傅教授所蔑視的三民主義對培養他所尊敬的多元主義有很大的貢獻。假如臺灣的思想文化還不夠「鮮明」的話，它就是在等像傅教授那麼瞭解繼往開來精神的學者來幫忙。

1950、1960年代，很多知識分子愛說因為國民黨在，所以臺灣的經濟現代化沒有希望；經濟現代化之後，他們改題而談什麼臺灣的民主化沒有希望。民主化開始之後，他們顧左右而言什麼文化不夠鮮明而還沒有出產像休謨（David Hume）或洛克那樣的天才！

其實文化不夠鮮明這個問題，不能跟政治經濟發展混為一談，而且現代化與文化危機大概是分不開的，何況文化危機不一定不好，這種危機感就證明知識分子所感覺到的挑戰與希望。這樣一來沒有文化危機的社會就是個意識型態滯礙的社會。文化危機感萬歲！

中華民國正負兩面評價與知識分子的自覺問題：
回應陳其南教授[*]

一、前言

　　按照傅偉勳教授在《當代》第 54 期（1990 年 10 月號）中所發表的〈走出三民主義的樊籠〉一文（頁 102-109）的看法，一個像今天臺灣這樣的社會，其目標應該很高，像政治穩定、社會安寧、經濟現代化、名副其實的民主自由、沒有危機的文化、「具有深厚草根性的穩固而鮮活的社會文化基礎」、「少數創造者」的出現、「大傳統與小傳統」的融合，以及在國際舞臺上扮演「舉足輕重的領導角色」。傅教授也覺得，歐美日都已經達到了這些目標，而臺灣卻沒有。為什麼它們成功了，而臺灣失敗了？按照傅教授的看法，原因是他們很久以前走出思想的「樊籠」而實行「多元開放的啟蒙教育」，可是臺灣還沒有「走出三民主義的樊籠」。

　　為了進一步討論這個問題，本人在《當代》第 57 期（1991 年 1 月號）中發表了〈三民主義、中華民國的現代化與中國的知識分子──對傅偉勳教授說幾句話〉一文（頁 146-149）。按照拙見，歐美日實際上沒有完全實行過上述那些那麼高明的目標，而且這些目標原來就是一些人類在歷史上不一定能完全實行的理想。臺灣跟其他的社會一樣，當然有很多的負面，可是臺灣的經濟奇蹟與政治突破已經證明了臺灣實行進步的動力與積極的方向。而且這個動力跟三民主義是很有關係的。

---

[*] 本文原載於《當代》，期 63（臺北，1991.7），頁 132-149。

這是因為現代化是需要三種多元主義：經濟性的多元主義——即資本主義；思想性的多元主義——即思想式的自由市場；以及政治性的多元主義——即政黨的比賽，所謂的政治市場。而三民主義之不同於馬克思主義，即在於能容忍甚至於培養這三種多元主義。總而言之，三民主義當然不算完整的體系，可是還是個很有貢獻的思想。

兩個月之後，陳其南教授在《當代》第59期（1991年3月號）中發表了〈知識分子，自由主義與「孫中山思想」〉一文（頁142-149）（以下簡稱〈自由文〉），把傅文與拙文一同討論。陳教授是相當有名的人類學家，而且是一位能講政治理論的學者，比方說，他在《當代》第54期（1990年10月號）中發表了〈公民國家的宗教信仰和社會理論——從盧梭的《社約論》談起〉（頁66-83）（以下簡稱〈盧梭文〉）。陳教授對拙文的看法很客氣，可是他好像覺得傅文比拙文中立客觀。這就是說，本人是「保守派的代表」，可是「傅文的立場距離……激進派相當遙遠」（〈自由文〉，頁144）。

陳教授說他稱我為「保守派」，沒有「貶損的用意」（〈自由文〉，頁144）。可是他所謂的「保守」定義安在？完全支持既得利益者的利害關係那種應該「貶損」的保守派？還是為了整個社會福利反對某種改變的那種保守派？陳教授沒說。其實，我屬於後者，不是前者。而且我不覺得我是屬於什麼派；跟陳教授一樣，我就要做到群而不黨。

陳教授也覺得我是把傅文的「本意」誤會了，而「做為知識分子也應有尊重和瞭解不同立場者的雅量。」（〈自由文〉，頁145）雖然傅文有「三民主義是多元啟蒙之敵」這些話，陳教授覺得傅文「顯然沒有像墨子刻所瞭解那樣完全對『三民主義』的內容本質有所批判，反而只是把『三民主義統一中國』的意識型態和口號當做是阻撓『多元開放的啟蒙教育』目標的最大力量」。換句話說，雖然傅文有「籠統和鬆懈之處」，傅教授的「本意」不在批評三民主義的本質，而在強調三民主義在國民黨之下沒有「跟著時代潮流與社會變遷有

所調整和修正」，而具有「教條化」的趨向（〈自由文〉，頁144）。然後陳教授不但同意傅教授這個「本意」，而且更發揮了「本意」。

這樣一來，陳教授對拙文有很根本的批評：「墨子刻雖然點出了三民主義在臺灣的多元包容性和發展性，可是對於因為教條化、意識型態化與政治化所帶來的負面影響卻吝於置辭，恐怕也是難免陷於片面之論。」（〈自由文〉，頁144）其實，三民主義在國民黨之下有沒有什麼調整或修正這個問題還有辯論餘地。讀者可以參考張灝的〈三民主義的蛻變：由政治宗教走向改良主義〉一文。[1]

何況三民主義統一中國這個理想有什麼不好？假如有辦法把這個理論落實的話，「天下之民」會不會「皆引領而望之矣」？雖然這個目標跟一些臺灣人士的理想有衝突，我們不能說，以三民主義統一中國這個希望沒有價值。

而且無論三民主義有沒有愈來愈教條化的趨向，要很客觀地描寫事實的人類學家不會說臺灣人民的思想一直在三民主義範圍之內。第一，政府宣傳三民主義的活動比較鬆懈，而三民主義觀念的範圍原來很廣，甚至於知識分子有不少愛批評，說三民主義太籠統，什麼都包括。第二，知識分子也好，老百姓也好，光復以後住在臺灣人士，他們的思想常常有三民主義以外的成分，像胡適的自由主義或徐復觀的人文主義。敏洪奎（筆名孤影）民國61年所出版的名著《一個小市民的心聲》不但沒有反映三民主義的影響，而且有拒絕三民主義的味道。難怪胡秋原在民國62年所出版的《一百三十年來中國思想史綱》中批評臺灣的思想界，說除了一些折中論的紛紜以外什麼都沒有。

其實，臺灣的思想界有沒有合理的方向也有辯論餘地。然而無論臺灣的思想界是多元性的還是分歧性的，它一定是超過三民主義的範圍，而這不只是解嚴以後的現象。

---

[1] 張灝，《幽暗意識與民主傳統》（臺北：聯經出版事業公司，1989），頁201-207。

雖然如此，陳教授說得不錯，拙文沒有強調臺灣的「負面」。問題是陳教授有沒有感覺到傅文關於中華民國的正面是「吝於置辭」，而這樣傅文也是「陷於片面之論」？既然如此，陳教授的批評是不是自己也「陷於片面之論」？

二、知識分子的自覺問題與人類學

其實陳教授與本人的爭執只是環繞在怎樣瞭解正面與負面這個問題。這個問題當然複雜。比方說，臺灣的負面現象有什麼淵源？陳教授好像要歸咎於三民主義教條化所帶來的「戒嚴心態」，可是他同時也歸咎於「百年來中國知識分子的典型經驗」，即是「思想兩極化」的「過去的循環」，而按照他的看法，這個循環是證明了「中國社會的知識分子受到傳統格局限制之深」（〈自由文〉，頁 146-147）。何況按照陳教授的看法，中國社會文化從古代以後的「帝國官僚行政體系和自上而下的指揮服從系統」原來跟歐洲從「希臘城邦」以後漸漸地培養出的「自由主義」與「城市文明」「有根本性的不同」，而「即使在所謂『民國』成立之後，我們仍然對現代國家社會理念相當陌生」（〈盧梭文〉，頁 77-78）。

既然如此，中國知識分子需要「走出」的「牢籠」到底是三民主義的「牢籠」，「戒嚴心態」的「牢籠」，還是中國文化的「牢籠」？

這樣一來，講當代政治活動的正負面不得不牽涉到一個人對歷史的看法。而且問題更複雜了。陳教授與很多知識分子一樣覺得在講正負方面之時，他就很「純粹」地「站在觀察分析者的角度」（〈自由文〉，頁 144），而很客觀地描寫事實。其實，講正負兩面不但是一種描寫事實的思考方式，而且是一種評估性的思考方式。同時，評估是一種比較性的思考方式，用比較性的方法講一個社會的正負面時，其結論得看用什麼標準來比較。三個標準特別重要：正常的意識或知識是什麼？社會的正常目標應該怎麼樣？世界歷史上其他的國家已經實行了這個目標嗎？建立這三種標準的知識分子很像一個看病的醫生。診

斷不對的話，醫生不但不能解決問題，而且會把自己的診斷變成問題的一部分（part of the problem, not part of the solution）。

那麼對政治目標、人類歷史，以及政治知識這三個問題，到底哪一個看法合理呢？這裡當然有辯論餘地。可是知識分子會同意，需要很自覺地把這些問題弄得儘可能地清楚，即可擴充他們的批判意識。然而自覺的定義是什麼？

當然，一個有自覺的人為了瞭解哪一種說法比較合理，在考慮問題之時會比較有關這個問題的各式各樣看法。然而他也需要儘可能地把他自己這種比較性的思考活動分析一下，看看自己思考的後面有沒有一些成見或預設？這些預設或信念合理不合理？這種自覺很重要，因為「一些你自己以為天經地義的真理，其實很可能僅僅是某種特殊文化時代的情緒反映」。[2]

換句話說，人類學告訴我們，每個社會的活動與思想都受到某種特殊文化的影響。可是知識分子「全面深入地反思」之時，常常會忘記自己也是屬於一個特殊文化。既然如此，自己的角度與推理方式有沒有不自覺地受到某種文化的影響？這個影響所帶來的心態或判斷標準是不是合理？

為了把這種文化性的影響儘可能地揭露並加以評估，一個知識分子很需要用人類學的角度。當然，為了瞭解某種外國人或農民的文化或宗族組織等問題，這個人類學的角度也很有用。然而我們講盧梭（Jean-Jacques Rousseau）或其他的政治理論性問題之時，我們也需要用這種人類學的角度來把自己文化最根本的信念或預設挖出來。沒有挖出來以前，怎麼知道這些預設合理不合理，會不會阻撓自己追求目標的奮力？沒有這種人類學性的功夫，人類學家與以本地人文化的角度來講話的人（native informant）有什麼不一樣？

這樣一來，為了把自己的意識儘可能地自覺化，自己需要找到意識裡面的兩種東西而平心靜氣地加以評估：一種是在意識的後面，即是從固有文化來的

---

[2] 杜維明，《儒學第三期發展的前景問題》（臺北：聯經出版事業公司，1989），頁 21。

這些預設或信念；第二種是在意識的前面，即是我們所經常聽到或讀到的各式各樣的說法或理由。當然這些意識前面與後面的觀念都是互相影響的，而都是包括一些關於上述三個題目的觀念。

那麼陳教授有沒有很自覺地考量清楚政治目標、人類歷史，以及政治知識這三個關鍵性的題目？假如沒有的話，他對臺灣正負兩面的評估能不能立足？

因為陳教授的看法相當有代表性（比方說，其角度離傅文以及杜維明教授卻不太遠），把〈自由文〉與〈盧梭文〉詳細地分析一下是值得做的一種工作。

三、陳教授對政治目標的看法

按陳教授對政治目標的看法，盧梭的《社約論》（*Du Contrat Social*）是把社會應該有的特點，即社會的目標，講得很恰當。一個像盧梭所講的「現代國家社會的理念」是指以「自由主義本質」或「真正的自由主義」為基礎的社會（〈自由文〉，頁146）。這種社會能尊敬和保護人的「生而自由平等」的本性（〈盧梭文〉，頁74、78），而是一種「神聖化」的社會，即是一種有「超世俗的強制力」來面對「自私心的挑戰」的社會（〈盧梭文〉，頁79-80）。所以這種社會的「公民」會有「公民倫理道德」與真正的「社會意識」以及「契約精神」（〈盧梭文〉，頁74、77、80）。同時他們會有能力完全以他們的「公共意志」建立政治的基礎。

盧梭也覺得在這種完全反映公共意志的政治系統中，治人者與治於人者是相同的；換句話說，實行公共意志的老百姓需要直接地和繼續不斷地自己統治自己。所以老百姓所選舉出來的人只能作為一種「委員」，而不能「代表」「公共意志」。所以按照盧梭的看法，在當代依靠代議制度的英國，老百姓除了選舉日以外只是「奴隸」而已。[3] 換句話說，所有的代議制度並沒有民主的本質。

---

[3] Jean-Jacques Rousseau, "The Social Contract," in John Locke, David Hume, and Jean-Jacques

關於盧梭提到的這個主張,陳教授吝於置詞,可是陳教授很同意真正的「社會意識」與自私性的人欲有矛盾:「譬如說,如果這個『人』,一天到晚想到的只是他個人或黨派的私利私益,所做的事情只是以自私為出發點,而毫無『社會意識』和『共和國』的覺醒,那麼他是不能稱為『公民』的。」(〈盧梭文〉,頁74)所以按照陳教授的看法,盧梭很正確地認為一個社會的人民有辦法一齊實行這種大公無私的精神,形成以大公無私為道理而人同此心,心同此理的「公共意志」,而建立一個完全反映這個公共意志的國家。

為了更瞭解陳教授這個神聖化的共和國的目標,我要提到多元主義的問題。上面已經說過,今天的學者很多會同意現代化是需要三種多元主義,即經濟性的多元主義(即資本主義)、思想性的多元主義(即自由的觀念市場〔the free marketplace of ideas〕),以及政治性的市場(即政黨的比賽)。陳教授好像是肯定經濟性與思想性的多元主義,可是他的看法與政治性的市場不配合。

當然,所有這些多元主義都會牽涉到定義的問題。按照一個西洋文化的主流思潮,即彌爾式的思潮,政治性的多元主義最重要的特點就是強調「判斷手續」(像公民或公民代表或法庭官的投票手續〔decision procedures〕),而不強調判斷的內容是不是配合理性或道德。強調手續的緣故是因為手續比內容容易客觀化,而內容比手續容易陷入見仁見智之阱。比方說,政府應該不應該跟某國作戰或許有歧異的看法,可是比較容易同意這個決定是屬於選舉出來的領導人的責任。

同時,公民就需要尊敬這些手續與國家其他的法律,而國家的公共生活不太牽涉到公民的動機是君子的還是鄉愿的這種見仁見智的問題。[4] 這裡牟宗三先生的「直通」與「曲通」的區別很有用。按照盧梭與陳教授的看法,道德與法

Rousseau, *Social Contract: Essays by Locke, Hume and Rousseau* (London: Oxford University Press, 1952), pp. 372-373.
[4] 請參考 J. R. Lukas, "On Processes for Resolving Disputes," in Robert S. Summers, ed., *Essays in Legal Philosophy* (Berkeley: University of California Press, 1968), p. 180.

律的關係是很「直通」的，可是按照英美彌爾主義的主流思想，這種關係不得不「曲通」。當然，假如公民「一天到晚想到的只是他個人或黨派的私利私益」的話，這個國家就完了。可是這種「只」想到自己利益的人不太多。普通的是一種把公私混在一起的「中人」，而彌爾主義就是以這些中人為代表性的公民，黨員或政治家。[5]

然而，陳教授跟多半中國知識分子一樣地不要肯定這種「中人」的政治性市場。他的神聖化的共和國「不是一個被過分簡化的『選舉』或『投票』等政治手續所能涵蓋或完成的」（〈盧梭文〉，頁76-77），而他的神聖化的「契約精神」不是「實用性的世俗契約形成」（〈盧梭文〉，頁79）。所以按照他的神聖化的標準，「即使在我們今天的社會中，有絕大部分人，包括政治人物在內，仍然不夠資格稱之為『公民』，也許只能稱為『私民』」（〈盧梭文〉，頁74）。然而從約翰彌爾式的多元主義的標準來講，假如國民黨員或民進黨員的行為合法的話，他們當然算是公民。

總而言之，我個人很欣賞陳教授這個神聖化社會的主張。雖然他這個目標是反映儒家的「德治」而「上下一體」的理想，這個理想今天還有價值。所以像貝拉（Robert N. Bellah）等的美國思想家是很強調社會所需要「道德性語言」（moral language）。換句話說，按照不少深入考慮到現代化問題的思想家，中國傳統的「內」與「外」或「德」與「功」或「道」與「器」的區別還是很重要。「器」是指工具性的理性，即是現代化的家常便飯，可是現代化還是需要「道」，即是一種人文主義的社會基礎。這也是章太炎很早看到的：「故大約從光緒34（1908）年」之後，「章氏即進入『迴真向俗』的階段……認為只要『外能利物，內以遣憂』的學說，皆應予尊重，此可謂章氏思想之最後定論。」[6]

---

[5] 請參考 Arthur O. Lovejoy, "The Theory of Human Nature in the American Constitution and the Method of Counterpoise," in *Reflections on Human Nature* (Baltimore: The Johns Hopkins Press, 1961), pp. 37-65.

[6] 王汎森，《章太炎的思想》（臺北：時報文化出版公司，1985），頁17。

問題就在於「利物」過程與「遣憂」過程怎麼連在一起？而且因為「利物」問題是牽涉到三種多元主義的問題，我們需要瞭解到這三種多元主義與神聖性的價值怎麼連在一起。比方說，怎麼把資本主義或政治性的市場與神聖性的社會意識連在一起？再用牟宗三先生的說法來講，這個貫通的過程是「直通」的還是「曲通」的？哪一種貫通方式有可行性或實際性？假如一個知識分子要求社會神聖化而不要注意到這個可行性的問題，他能不能「迴真向俗」？假如他覺得他的義務就在立德或立言而立功只是小人之事，他能不能避免烏托邦主義之嫌而實行經世濟民的精神？

　　陳教授的目標在於一個又神聖化又現代化的國家，可是他抹殺了這個可行性的問題。他好像沒有問：一個人怎麼知道哪一個目標是可行的？這種知識是一種先天先驗性（a priori）的知識？還是一種後天或後驗性（a posteriori）的知識，即從政治歷史歸納出來的知識？因為約翰彌爾式的思潮是依靠後驗性的從歷史歸納出來的知識，所以具有張灝教授所謂的「幽暗意識」，而且承認實際性的政治活動不得不以上述的「中人」為主流。這樣一來，反映個人或政黨利害關係的政治市場是不能完全避免的，而所有的共和國沒有辦法完全避免精英分子或既得利益者的影響，知識分子的無力感或政治化，以及風俗習慣的庸俗化。這些流弊就是那些三種多元主義的代價。

　　當然，沒有人不肯定盧梭跟陳教授所頌揚的政治過程，即是以絕對的道德為基礎的「民心上的法律」形成社會輿論，而以這個道德性輿論形成公共意志（〈盧梭文〉，頁77）。然而，我們在歷史中看到的輿論，有多少是以這種道德為基礎的？何況某社會是否具有以道德為基礎的輿論，這個問題多半是見仁見智之事。

　　就是因為盧梭理論牽涉到這麼多問題，所以盧梭的理論在歐美引起了很多異議，當然不可能成為歐美唯一的政治思想主流。反而今天學者多半同意歐美民主思想有兩個最重要的傳統：一個是以盧梭、黑格爾（Georg W. F. Hegel）與

馬克思（Karl Marx）為代表；一個是以洛克（John Locke）、約翰彌爾（John Stuart Mill）以及《聯邦主義者》（*The Federalist*）那本書為代表。

從清末民初以後，中國政治思想有偏向前者的趨向。孫中山不例外。[7]陳教授也不例外。可惜的是，雖然陳教授反對崇拜孫中山思想，他自己卻崇拜盧梭理論，甚至於把批評盧梭的歐美思想家完全抹殺了。何況盧梭自己覺得在現代情況之下，他的共和國理想不是每一個社會所能或所應實行的。[8]最重要的，假如現代化與民主化是需要上述的三個多元主義，而陳教授的政治目標不能跟這三個配合起來的話，他這個目標對當代中國人有用嗎？

四、陳教授對世界歷史的看法

不錯，陳教授好像認為從歷史歸納出來的後驗性知識能證明盧梭的理論。然而這樣的說法很有問題。

第一，假如歷史明顯地證明了盧梭的理論，為什麼還有那麼多不能接受盧梭理論的西洋思想家？第二，陳教授能不能在歐美近代歷史中找到一個配合盧梭共和國這個標準的實際國家？當然不能。

不錯，按照陳教授的看法，既然沒有這種完美的例子，歐美的政治發展還是反映盧梭所強調的理想或價值取向。陳教授好像覺得因為歐美之所以發展得那麼成功，中國不但應該同樣地發展，而且有能力做到。然而，陳教授對世界歷史的看法合理嗎？

他把人類歷史很大的一部分再分成兩個部分，一個成功的，一個失敗的。歐美成功的淵源在於「希臘城邦，中古歐洲的自由市及資產階級」所培養出來

---

[7] 請參考朱浤源，《同盟會的革命理論：「民報」個案研究》（臺北：中央研究院近代史研究所，1985）。

[8] Paul Edwards, ed. *The Encyclopedia of Philosophy* (8 vols., New York: Macmillan Publishing Co., Inc. & The Free Press, 1967), 7: 223.

的「公民」理念以及一種韋伯（Max Weber）所分析的宗教性轉變（〈盧梭文〉，頁77-79）。這樣一來，「在西方現代社會中」來自宗教與希臘文明的一種信仰「多少已經內化成為習俗的一部分，繼續約束著人們的思想和行為，形成一個沒有上帝的神約關係」（〈盧梭文〉，頁80）。結果，「西方社會和學術界」多半沒有一種在當代臺灣很流行的「偏離智性和客觀中立原則的心態」（〈自由文〉，頁147）。換句話說，臺灣與西方最流行的心態是相反的。西方有「約束思想」，而臺灣有「思想牢籠」（〈自由文〉，頁145）。所以這個對照很簡單：西方的給思想的一些限制的方法是好的，而中國的給思想的一些限制的方法是不好的。

而且臺灣這些不好的限制已經滲透了臺灣的社會。這個「思想牢籠」跟「戒嚴時期」很有關係，而解嚴後還有「戒嚴心態」。這個心態有兩種。有的臺灣國民感覺到這個牢籠，而「一直耽溺在陰影魔咒下」；另外一種是「從來就沒有感到思想牢籠之存在」（〈自由文〉，頁145-146）。無論是怎麼樣的「牢籠」，當代臺灣的知識分子一碰到「有關政治問題」之時，「很少能夠在一個中立的、理性的學術的和客觀的立場來加以分析、研究或討論。尤其是一觸及當代的和正在進行發展中的政治課題，立刻受制於個人的政治立場和形態，不論是研究者或是讀者都不自覺地掉入政治分類的泥沼中，只剩立場的宣示和判斷。筆者曾經在一篇人類學式短文中大略地痛陳此種現象」（〈自由文〉，頁147）。

這樣一來，即使臺灣「成功地進行資本主義的發展」（〈盧梭文〉，頁80），因為臺灣知識分子意識型態政治化，所以多半不能瞭解盧梭式的「自由主義」。同時，臺灣多半的國民沒有「公民」的資格，而臺灣的民主「只是一種完全寄託於選擇『中央』公職人員的『民主集中制』之虛假形態」（〈盧梭文〉，頁74-76）。同時臺灣思想界有「分歧」性，沒有「多元」性。何況「這種分歧大部分上是由一元化變成兩極化」，而兩極化「仍是一元化心態的再拷貝」（〈自由文〉，頁146）。

難怪陳教授那麼強調臺灣的負面。雖然有正面，臺灣的進步還是沒有走進歐美已在歷史上達到的程度。只有歐美能把握民主與以理性為基礎的多元性思想，而臺灣仍是陷於歷史泥淖中。這真的是正常人與殘廢者之對照。

五、陳教授的認識論

陳教授這種歷史性的對照，是倚賴著一種認識論（epistemology）。假如「約束思想」是好的，而「思想牢籠」是不好的，又有什麼客觀的標準來把這種思想限制分別出來？假如沒有這種客觀標準的話，陳教授怎麼能把人類歷史那麼涇渭分明地分成兩個部分呢？

陳教授好像認為思想限制有的有道理，有的沒有道理；而且按照他的看法，道理的定義很明顯。其實，怎麼把有道理、沒有道理的話分別出來，就是認識論的難題。

不錯，在科學方面道理的標準比較清楚。然而科學能不能解決我們所有的問題？假如要解決的問題不但在「利物」方面而且也在「遣憂」方面，即是社會的「神聖化」方面，那麼區別有沒有道理，牽涉到很多問題。用韋伯的話來說，道理的問題很複雜，因為不但有工具性理性（*Zweckrationalität*），也有目的理性（*Wertrationalität*）。

換句話說，自然科學性的道理人人都肯定，可是實行人文的價值而建立有文明的社會這種問題，當代的思想界還沒有共識。比方說，關於文明生活的定義，歐洲的個人主義與儒家的人文主義有很多不同的價值取向，到目前止仍然無法會通。所以為「道理」下定義還有很多問題。

為了處理這種問題，我們須要注意樂觀性認識論與悲觀性認識論的區別。前者是今天英美認識論的主流，而後者是中國古今認識論的主流。[9] 按照悲觀性

---

[9] 請參考拙著 "Some Ancient Roots of Modern Chinese Thought," *Early China*, vol. 11-12 (1985-1987), pp. 61-117.

認識論,「理未易明」。因為受各式各樣的歷史性、文化性、社會階級性或心理性的影響,即使知識分子也不能完全擺脫他的不自覺的偏見,把握絕對的定論或真理,而客觀地判斷哪一些話有道理,哪一些話沒有道理。換句話說,關於有道理、沒有道理這種區別,悲觀性認識論認為最後只能找到一種相對性的知識或意見而已。當然,跟陳教授本人現在的辯論一樣,你提的理由可能會說服我,我提到的理由可能會說服你,可是我們兩個都一樣地沒有能力把握什麼完整的體系或定論。[10]

古代的荀子很瞭解不自覺的成見如何影響個人找尋真理的工夫。他覺得人多半有「是己」的偏執,即「私其所積,唯恐聞其惡也,倚其所私,以觀異術,唯恐聞其美。」所以一個人的「心術」因為受到各式各樣的影響而有所「蔽」,於是自己就「闇於大理」(〈解蔽篇〉)。雖然如此,荀子跟多半中國古今的知識分子一樣是個樂觀性認識論者,因為他覺得一個人最後還能「解蔽」而「明於大理」。

陳教授的認識論也是樂觀性的,所以他覺得像他這種人不但完全有能力超過所有「教條化」思想的影響、「個人的政治立場」、「個人的立場和意識型態」與「情緒性的反應」,而且有能力擺脫深植在固有文化中而不自覺的心態。

不錯,按照陳教授的看法,中國大多數的知識分子(何況老百姓)還沒有走出思想的「牢籠」。所以人性有根本的弱點,要不然不會常常陷入幻想中。雖然有這個弱點,人還是有能力完全從幻想境界進入理性境界。

陳教授怎麼知道人有這種「悟」的能力?因為按照他自己的看法,他跟很多歐美人已經進入了以「中立的、理性的、智性的、學術的和客觀的立場來」分析政治問題這種很高明的境界(〈自由文〉,頁 146-147)。他怎麼知道這個「悟」原來不是另外一個幻想?他這個「知道」就是反映一種很樂觀的直覺。

---

[10] 請參考 Richard J. Bernstein, *Beyond Objectivism and Relativism* (Philadelphia: University of Pennsylvania Press, 1983).

沒有這種樂觀性認識論的話,他不能把歷史那麼涇渭分明地割成兩個部分。

六、關於陳教授的歷史觀與認識論的一些問題

正如上述,陳教授講政治目標有陷入烏托邦主義之嫌。那麼他的世界歷史觀與認識論有沒有類似的問題?

雖然在中國很流行的樂觀性認識論與歐美從笛卡兒(René Descartes)、休謨(David Hume)、康德(Immanuel Kant)以後悲觀性認識論的主流不合轍,認識論的樂觀主義其實也有道理。這就是說,陳教授感覺到他已經進入了理性境界,而且不再懷疑這個感覺是另外一種幻想。這個想法當然反映了一種很樂觀的直覺。然而,這種樂觀性的直覺不一定有什麼不好,因為連在悲觀性認識論的後面,也有一種起碼的樂觀主義,要不然一個人會完全沒有辦法把合理與不合理的意見分別出來。

問題在於樂觀主義的程度。在樂觀性與悲觀性認識論之間,有沒有妥協的可能?為了考慮這個問題,我要把三種認識論跟三種討論構造或情況作一些比喻。

第一種就是很多人在一起討論問題,而沒有一個人能說服另外的人。大家的意見互相矛盾,可是又覺得因為公有公的理,婆有婆的理,所以所有的意見有相同的價值。這種討論構造跟文化相對主義(cultural relativism)的道理一樣,而是一種悲觀性認識論。

第二種討論構造跟一個舊式的學校一樣。學生問問題或提意見,可是老師的話是最後的定論。換句話說,無論有什麼樣的問題,討論這個問題的人一定有能力找到一個完全客觀的真理來判斷哪一個意見正確。這種討論構造跟Richard J. Bernstein的「客觀主義」(objectivism)一樣。這不但是陳教授的也是中國古今樂觀性認識論主流的看法(歐美也有)。

第三種討論構造像一種會議。會議中一方面沒有一個一定能把握真理的老師，而另一方面沒有什麼公有公的理，婆有婆的理的氣氛。在這種會議中，每個人不亢不卑地提到他所想到的理由，有時說服他人，有時被他人說服。這種討論構造是像 Richard J. Bernstein 的「詮釋論」（hermeneutic）角度，是偏向悲觀性認識論。

那麼，試想我們當代中外知識分子各式各樣的辯論中，哪一種討論構造最合理呢？換句話說，我們應該用什麼認識論來評估我們遇到的立場、說法或預設？

相對主義沒有辦法立足，因為除了白癡以外，每一個人都需要把有道理與沒道理的話分別出來，連懷疑主義者也不例外。所以我們的選擇好像就在客觀主義與上述的詮釋論之間。

那麼在中國文化與西洋文化的對話中，到底有沒有一些完全把握真理的老師，像盧梭與盧梭的學徒陳教授？「明於大理」那麼容易嗎？當然，不那麼簡單。香港也好，加州也好，完全超過自己的利害關係與成見的知識分子，大概沒有了，何況超過所有來自文化而自己也不自覺的心態。陳教授覺得他自己是「純粹地」「站在觀察分析的角度」，而本人則是「保守派的代表」。（〈自由文〉，頁144）陳教授的意思是本人偏向假公濟私的角度，而他則是大公無私的立場。然而陳教授的自信超過他的自覺程度。他還沒有好好地考慮到荀子的「解蔽」問題。除了聖人以外，誰能「明於大理」？

所以像上述的這種相當悲觀性認識論的詮釋論是比較合理。當然，這種在歐美很流行的悲觀性認識論跟中國古今尋找完整體系的主流是迥然不同的。然而陳教授很羨慕西方思想界（〈自由文〉，頁147），然而羨慕西方文化卻忽略西方思想界裡很重要的認識論，不是有一點矛盾嗎？

換句話說，按照耶魯大學 Charles E. Lindblom 的說法，西洋文化的悲觀性認識論是英美式民主制度最根本的一面，而盧梭式的或馬克思式的樂觀性認識

論是俄國式的社會主義最根本的一面。[11] 這樣一來，陳教授怎麼不談歐美的成就與悲觀性認識論的因果關係？假如這個悲觀性認識論有價值，陳教授是不是要修改自己樂觀性認識論呢？假如沒有價值的話，陳教授那麼一面倒地羨慕歐美文化，而沒有談到歐美文化的負面？假如歐美文化也有負面；陳教授的世界歷史觀不是「陷於片面之論」？無論如何，有自覺的知識分子不能忽略認識論的問題。

跟他的認識論一樣，陳教授的歷史觀也很有問題。不錯，中國也好，歐美也好，他這種歷史性的目的論今天很流行。這是我作研究生時所不能預料的事。以前，黑格爾、約翰彌爾、馬克思、韋伯等等都是強調這種「客觀主義」的西洋獨正的歷史觀。然後五四運動有類似的看法。然而，後來中外很多的知識分子批評這種西洋民族優越感，而特別反駁黑格爾的以西洋歷史為中心的目的論。這種目的論與所有大規模性的歷史理論一樣不容易與歐美很流行的諸如實證主義、歷史主義與各種懷疑主義思潮配合。而且中外很多研究中國歷史的專家是完全反對以西洋為模範的歷史觀。同時新儒家也出來反駁五四尊西的精神。

然而，這種西洋獨正歷史觀卻沒有退潮，而最近居然再一次抬頭示威。

所以陳教授跟傅偉勳教授一樣地有這種看法，而杜維明教授在《儒學第三期發展的前景問題》[12] 也是把「封建」時期「特別長」而很有「封建遺毒」的中國與一個很健康的西洋文化對照。同時勞思光教授認為中國的固有文化沒有辦法像西洋文化那麼順利地實行「工具理性」與「契約性的規則」（rules of the game）等現代化所需要的規範。[13] 張灝教授也覺得比起西洋文化來，中國文化有根本的毛病，因為中國文化的「超越意識」與「幽暗意識」不夠強。[14] 林安梧

---

[11] 請參考 Charles E. Lindblom, *Politics and Market: The World's Political-Economic System* (New York: Basic Books, Inc., Publishers, 1977), pp. 247-249.
[12] 杜維明，《儒學第三期發展的前景問題》（臺北：聯經出版事業公司，1989），頁23。
[13] 《中國時報》，1988年7月15日，「人間副刊」，第18版。
[14] 張灝，《幽暗意識與民主傳統》，頁33-78。

先生在〈道的錯置（一）：先秦儒家政治思想的困結〉一文中，[15] 也同意在中國文化的發展不像西洋文化那麼正常，甚至於覺得中國文化正是歷史所生的「怪胎」。[16] 大陸的「河殤」那個有名的電視節目也是強調西洋歷史方向比中國的正常這個看法，而最近國際知名的社會科學家艾森斯塔（Shmuel N. Eisenstadt）多年比較研究古今中外相當多的文化之後得到一個結論，多多少少地證明了韋伯的看法，比所有其他的文化而言，西洋文化有唯一的實行自由與平等的動力。[17] 總而言之，艾森斯塔教授這個看法和陳教授跟很多其他的中國知識分子的西洋獨正的歷史目的論，不謀而合。

這個中外的共識很重要。我們不得不承認西洋文化有一些非常有價值的特點（包括三種多元主義在內），而中國人在進行文化修改過程中，當然需要考慮到這些特點。然而，這樣的批判性的文化修改，不等於說西洋文化的整個系統或本質比中國文化正常，或說中國人不但有能力脫胎換骨地加以模仿，甚至應該依照而行。

第一，把一個所謂的「文化本質」與另一個「文化本質」做大規模性的文化理論比較，大概沒有辦法立足。這種大規模性的比較是十九世紀學術界所偏愛的題目，而現在除了一些老生常談以外，只留下一些不容易具體研究的難題。何況「文化」這個詞不一定能指有「本質」或「系統」的實體。按照不少的社會科學家像貝拉或艾森斯塔的看法，文化性的生活沒有固定的系統也不能受限於整齊的範例或法律。持這樣看法的學者會覺得一個文化只像還沒有找到共識的討論會（open-ended discourse）。這種討論會的最普遍性的議題就「正常的生活是什麼？」芝加哥大學政治科學家 David Laitin 也覺得一個文化不是一種固

---

[15] 林安梧，〈道的錯置（一）：先秦儒家政治思想的困結〉，收入東海大學文學院編，《第一屆中國思想史研討會論文集》（臺中：東海大學文學院，1989），頁101-119。
[16] 林安梧，〈道的錯置（一）：先秦儒家政治思想的困結〉，頁119。
[17] 請參考他的 "Political Traditions of the Great Civilizations and their Encounter with Modernity"（還沒有發表）。

定的信念系統，而是環繞一些問題的思考過程。[18]

第二，陳教授對中國固有文化的看法跟很多歷史學家不同。陳教授覺得中國從古代以後「只不過是不同層級的帝國官僚行政體系和由上而下的指揮服從系統」（〈盧梭文〉，頁 78）。然而，余英時教授的「內在超越」論完全不一樣。[19]在《儒學第三期發展的前景問題》中，[20] 杜教授很犀利地反駁傳統中國就有上而下的系統這個理論。總而言之，我們不能說儒家的「從道不從君，從義不從父」的精神沒有影響過中國文化社會的構造，何況西洋文化「由上而下」的系統也多得很。

第三，因為上述的認識論方面的問題，我們不能說中國知識分子比歐美的更有偏見或更政治化的。陳教授那麼讚美歐美知識分子的理性精神（〈自由文〉，頁 147）。其實，歐美的政治性爭執與文化危機感跟臺灣的很類似。比方說，我們是不是需要承認美國所謂的「中國通」有政治化的趨向？假如我們美國人關於外交的思想是政治化的，關於國內問題的思想怎能例外？我們沒有民族性偏見的政治家嗎？我們沒有支持既得利益者的政治家嗎？我們沒有御用文人嗎？拜託。同樣，假如中華民國的國民多半「不夠資格稱之為『公民』」，而「只能稱為『私民』」的話（〈盧梭文〉，頁 74），那麼歐美國民都是大公無私的「公民」嗎？當然不是。覺得中國人比美國人自私這個在中國還是很流行的神話有點可笑。

總而言之，為了避免既籠統又不可靠的主觀印象起見，我們比較兩個文化之時，需要避免把一個文化不一樣的層次混為一談。承認歐美文化的特殊優點

---

[18] 請看他的 *Hegemony and Culture: Politics and Religious Change among the Yoruba* (Chicago: University of Chicago Press, 1986)。拙著 *Escape from Predicament* (New York: Columbia University Press, 1977) 也有類似的看法。

[19] 請參考余英時，《從價值系統看中國文化的現代意義：中國文化與現代生活總論》（臺北：時報文化出版事業公司，1984），以及拙著 "Confucian Thought and the Modern Chinese Quest for Moral Autonomy"，《人文及社會科學集刊》，卷 1 期 1，頁 297-358。

[20] 杜維明，《儒學第三期發展的前景問題》，頁 94-98。

不等於說歐美文化的負面不重要，或歐美人比中國人開明或有「公民」的涵養。所有這些一面倒的判斷是屬於人類思想史的幼稚園，因為每一個文化那麼複雜，而評估一個文化是牽涉到那麼多認識論的問題。

第四，說臺灣的知識分子在「思想牢籠」中，是把描寫對象（實然）與評估對象（應然）混為一談的說法。何況描寫臺灣的思想不簡單。比方說，《當代》這個雜誌的內容是不是臺灣思想的一部分？而這一部分中有沒有不勝枚舉的看法？陳教授有沒有把這些看法好好分析而證明它們在某種「思想牢籠」裡？其實，他雖然是一位要描寫社會性事實的人類學家，但實際上並沒有按理想達到描寫臺灣思想的目的。本人也沒有。可是我覺得陳教授在《當代》所發表的意見有相當的代表性，而他的「理性」不遜於美國知識分子，跟他們不一樣的就是角度與預設而已，像他的烏托邦主義，他的樂觀性認識論，與他的目的論性的歷史觀等。

第五，說臺灣的負面是從中國文化的本質或三民主義來的，還不如說，那是從人類普遍性的毛病與開發國家的特殊性問題來的。

第六，陳教授，一方面把歐美的正面與臺灣的負面對照，而另一方面是把臺灣與大陸的對照加以抹殺，所以他的世界歷史觀原來是「陷於片面之論」。何況他的推理方法很奇怪。假如中國固有的文化原來在歷史泥淖中，那麼中國在二十世紀中有起碼的進步就已經很了不起，因為從這種泥淖中出來的奮鬥一定又難又慢。換句話說，泥淖愈深，大陸的落後愈難怪，而臺灣的突破愈了不起。然而陳教授卻一方面強調中國歷史泥淖那麼深，另一方面覺得臺灣的進步沒什麼。這不是很矛盾嗎？

其實，我相信假如我們能把傳統中國，當代大陸，當代臺灣，以及歐美文化的正負兩面都以儘可能的「中立的、理性的、智性的、學術的和客觀的立場」來分析和評估的話，我們的世界歷史觀會跟陳教授的不太一樣。

總而言之，要評估一個社會的正負兩面之時，一個有自覺的知識分子會自

覺地找到關於政治目標、認識論以及世界歷史這三個題目最合理的看法。關於這三個題目，陳教授都選取很樂觀性的立場，即政治目標是大公無私的國家，認識論是一種強調人有能力超過所有偏見的這種「客觀主義」，而世界歷史觀是強調人類的一部分已經進入了一個以「理性」為基礎的理想階段。從這個看法來講，臺灣當然很糟糕，因為知識分子與領導者都還停滯在一種完全有辦法擺脫的困境中，換句話說，仍然滯留在歐美人已經擺脫了的思想牢籠。

按照陳教授的世界歷史圖畫，當代世界歷史有兩個部分，一個是又黑暗又臭惡的牢籠；另一個是又自由又完美的公園。這幅圖畫的另外一個很重要的特點就是牢籠的門已經打開了，可是有一部分人類（即中國人）坐在裡面不肯出來。與此同時，美國人在外面高高興興地打棒球；陳教授跟少數朋友則很著急地站在門外，懇求同胞們出來打棒球。可是同胞跟白癡一樣地麻木不仁。因為門已經開了，不出來是個完全沒有道理的行為。

所以，陳教授對有道理與沒有道理這個區別的看法，跟他這幅歷史圖畫是分不開的。就是因為歷史有那麼明顯的構造，所以異己不是白癡就是鄉愿而已。

問題是這幅圖畫有沒有很精確地描寫歷史的真實？美國是不是像完美的公園？臺灣是不是像一種牢籠？思想的進步是不是放棄絕對性的錯誤而肯定絕對性的真理這樣的「悟」？除了這種「悟」以外，我們二十世紀的人有沒有對知識進步更恰當的看法？除了烏托邦性的國家以外，我們對政治目標有沒有更合理的想法？

陳教授為什麼選取這種關於世界歷史、政治目標，以及認識論的立場？是不是因為他已經很自覺地把很多關於這三個問題的說法評估了一下，然後決定最樂觀的看法是最合理的？還是因為他沒有這樣的自覺。而疏忽地以為這種樂觀性認識論與大公無私的理想以及西洋獨正的歷史目的論就是一些天經地義的真理？

這樣一來，我們還是環繞自覺問題。本人跟陳教授一樣覺得異己不夠自覺。

哪一個人對呢?按照我自己上面所說的,關於這種問題沒有一個完全客觀性的定論。我們兩個只能提出理由而看看哪一些理由比較合理。

我個人覺得陳教授沒有把上述的關於認識論、世界歷史,以及政治目標的理由考慮好。而他的樂觀主義偏向不自覺地反映了中國固有文化的影響。[21] 不錯,這個影響不一定完全不合理。然而假如要確定合理不合理的話,非要把它挖出來分析評估一下不可。這就是人類學的教訓。沒有這種自覺,而還要講臺灣的正面與負面,這是在幫助同胞嗎?還是把自己變成他們的負擔之一?

---

[21] 請參考拙著 "Continuities between Modern and Premodern China," in Paul A. Cohen and Merle Goldman, eds., *Ideas Across Cultures* (Cambridge: Harvard University Press, 1990), pp. 263-292.

第二部分

哲學

形上思維與歷史性的思想規矩：論郁振華教授的《形上的智慧如何可能？——中國現代哲學的沉思》[*]

一、郁氏的貢獻

上海華東師範大學郁振華教授最近有關五四以後中國哲學話語的專書是一個非常重要的研究。[1] 在分析這個話語的時候，雖然作者不夠注意唐君毅與牟宗三的思想，但是他對馬克思主義、清華學派，以及新儒學等最重要的思潮，都有很深入的分析。就拙見所及，郁氏這一本大作比其他的作品更能幫助我們瞭解中國現代哲學十分複雜的發展脈絡。

此一專著除了表現出作者既犀利又誠意的學術風範以外，它的一個長處在於作者所謂「專注於問題」的方法學，書中嘗試提到上述所有學派所針對的重要議題。郁氏強調1923年科玄論戰之後，「大多數哲學家肯定了形上學的合法性」（導論，頁5；頁73），亦即以為形上的智慧是可能的，這樣一來，問題在於「如何可能？」[2]

另一方面郁氏很敏銳地把針對此一議題的各種思路加以分類，提出了一個包括五個焦點的概念框架（導論，頁3-4）。這就是說，根據作者的看法，現代中國哲學家所關注的議題包括：「方法學」、「認識論」、「語言哲學」、「天

---

[*] 本文原載於《清華大學學報（哲學社會科學版）》，卷16期6（北京，2001），頁57-66。

[1] 郁振華，《形上的智慧如何可能？——中國現代哲學的沉思》（上海：華東師範大學出版社，2000）。郁氏為此書寫了一個提要，〈中國現代哲學的形上智慧探索〉，《學術月刊》，期7（上海，2000），頁14-21。此一提要比他的書更能反映他自己的看法，亦即「形上進路」與「形下進路」的融合。本文所附的頁碼均為郁氏的專書。

[2] 郁振華，〈中國現代哲學的形上智慧探索〉，頁14。

道觀」、「形上學」、「境界說」、「人生論」等等。然而，在回答形上智慧如何可能這個問題之時，學者的討論環繞著以下五個焦點：第一，科學知識和形上學的關係；第二，獲得知識或形上智慧的手段，如邏輯、思辨、辯證法、直覺等；第三，如何從「名言之域」進入「超名言之域」，亦即如何「能說說不得的東西」；第四，如何以上述的手段去分析現象、本體，和實踐的相互關係，尤其要探討如何解決唯心與唯物主義的爭論；第五，如何瞭解實踐在自由方面的維度與本體或「天道」的關係（筆者關於上述五個焦點的解釋與郁氏的陳述略有不同）。

在考慮所有學派關於這五個焦點的說法之時，郁氏特別肯定毛澤東、李澤厚和馮契等人環繞實踐問題、辯證法和唯物主義的馬克思主義之觀點（頁132、195-197、274-275）。然而郁氏卻很批評當代中國教條性的（或教科書之中的）馬克思主義，他和張岱年、李澤厚和馮契一樣，要把馬克思主義與其他的思潮的貢獻結合起來。這些馬克思主義以外的貢獻包括郁氏所謂的「形下進路」，即「戰後的西方認識論、科學哲學、語言哲學」對邏輯實證主義的批評。[3] 郁氏以為這樣的結合一方面可以瞭解當代世界的人生問題及其來源，另一方面也能夠解決這些問題。

按照這種「主體性的實踐哲學」或「人類學本體論」（頁276），人類歷史是一種「物質文明的發展史程」與「人類主體」的「能動性」交互作用的雙重過程（頁277、296），而此一過程跟著黑格爾（Georg W. F. Hegel）的正反合三階段的辯證架構。

譬如說，在西方的文藝復興以前，人類的三個領域（道德－法律、自我表達的藝術，以及關於物質的知識）能夠融合在一起。文藝復興與現代科學興起之後，上述三者開始分化，因為「分化……是社會進化的一個重要標準」。然

---

[3] 郁振華，〈中國現代哲學的形上智慧探索〉，頁20-21。

而這種分化帶來很嚴重的弊病，亦即從科學的角度開始懷疑形上學，人類的生活因而愈來愈趨向支離破碎、茫無歸著。

這樣一來，歷史有「正」與「反」的矛盾，因為此一分化趨向與文藝復興以前的文化截然相對。其次，這個矛盾帶來一種新的需求，亦即要求把進步性的分化與一種新的整合結合為一：「重分和重合的進路應當是互補」，而「重合」的進路又有雙重方面，即一方面再找到形上智慧，另一方面採用上述「形下進路」，像哈伯瑪斯（Jürgen Habermas）那樣「以比較平實的進路……來實現對真善美的綜合統一」（頁 298-299）。郁氏認為中國的新馬克思主義可以實現此一目標。

郁氏大作的一個重要的優點是他避免了許多人討論中國現代哲學時的偏頗趨向，亦即有些學者或是重視馬克思主義，或是偏重清華學派還是新儒家，而抹煞了其他的思想。他以廣泛的視野，敏銳地將所有思潮的一些共同看法分析出來。譬如他強調：「對存在的思辨，不僅有其自身的理論價值，而且為我們安頓人生，達到與天地合其德的人生境界，解決終極關懷的問題提供了依據，所以，天道觀和人道觀，本體論和境界說之間，是一氣貫通的。中國現代哲學家從各自的哲學立場出發，自覺地證成了這一點。」（頁 264）認識到這種共識之後，我們可以更瞭解為何現代中國哲學的主流與西方環繞著「唯主方式」（金岳霖語）的近代哲學主流，往往相互拒絕或彼此誤會。同時我們可以探索在中國達成此一共識的淵源，因而能更為深入地認識中國哲學的歷史進程。

二、當代中國哲學的共識與西方認識論大革命的關係

除了上述歷史性的問題以外，郁氏的大作還幫助我們考慮到一種非常重要的哲學性問題，亦即我們應如何評估當代中國哲學主流與當代西方哲學主流之間的相互批評？

特別重要的是當代中國哲學對所謂西方認識論大革命（即「不可知論」）

的回應。Alasdair MacIntyre 曾深入描寫這個革命,[4] 此一革命的代表人物包括:笛卡兒(René Descartes)、休謨(David Hume)、康德(Immanuel Kant)、尼采(Friedrich Wilhelm Nietzsche)、韋伯(Max Weber)、卡爾‧波普(Karl Popper)、維根斯坦(Ludwig Wittgenstein)和柏林(Isaiah Berlin)等。以波普的「三個世界」論為例,根據此一革命的看法,知識的範圍只限於「第三個世界」,即能以實驗來反駁的命題所構成的世界;而關於宇宙本體或「天道」(第一個世界),以及實踐規範或「人道」(第二個世界),人類無法獲得知識,只有個人主觀的看法(筆者對此三個世界的定義與波普亦略有不同)。中國哲學主流要求「達到與天地合其德的人生境界」,自然傾向於拒絕西方這種結合實證論與懷疑主義的思潮,並強調波普所謂的三個世界都是知識的對象。

值得注意的是此處所謂的「知識」也包括馮契所說的「智慧」。[5] 對於「知識」一概念,筆者採取在西方學界很流行的一個定義,意指「有道理而配合真理的信念」(justified true belief)。此一信念與「信仰」(faith)不同,因為某一宗教或某一文化的信仰不一定有道理並配合真理。所以馮契所謂的「智慧」不是指所有的信仰,而是一種知識。

那麼知識的對象與獲得知識的方法究竟為何?在解釋獲得知識之方法的各種觀點之中,何者最有道理?最有道理的是西方認識論大革命的悲觀主義認識論?抑或是中國哲學主流的樂觀主義認識論?

---

[4] Alasdair MacIntyre, *After Virtue: A Study in Moral Theory* (Notre Dame: University of Notre Dame Press, 1981). MacIntyre 沒有用「革命」的概念,在這方面請參考拙作 "Tang Jun-Yi and the Chinese Response to the Great Modern Western Epistemological Revolution",收入劉述先主編,《中國文化的檢討與前瞻:新亞書院五十周年金禧紀念學術論文集》(紐澤西:八方文化,2001),頁 565-621,以及〈道統的世界化:論牟宗三、鄭家棟與追求批判意識的歷程〉(收入本書); "Western Philosophy on the Defensive," *Philosophy Now*, vol. 26 (April/May 2000), pp. 30-32.

[5] 對馮契而言,「智慧」是指一種針對人生終極問題的瞭解,它一方面屬於超名言之域,是對於實踐與本體問題的完整認識,另一方面還能以「名言」來加以表達。請見馮契,《智慧的探索》(上海:華東師範大學出版社,1994),頁 603-606。

三、認識論對政治發展的重要性

此一問題不但有哲學上的意義，也涉及政治發展的問題。Charles E. Lindblom 在一本名著之中指出：將美國式的民主與斯大林時代的俄國相比較，其中一個最基本的對照是雙方認識論方面的差異。俄國傾向樂觀，認為一個政府可以依賴人類所能得到的知識，來追求社會的理性化；美國傾向悲觀，認為因為人類知性的不可靠，世界上沒有任何的政府可以依賴一個完整的知識體系來改造社會。[6]

其實俄國式的社會主義包括兩種樂觀主義，亦即認識論的樂觀主義與對政治可行性的樂觀主義（烏托邦主義）。美國式的民主思想則包括兩種悲觀主義，亦即認識論的悲觀主義與對政治可行性的悲觀主義（張灝所謂的「幽暗意識」）。[7] 根據後者，人性在政治方面有著無法避免的利己主義以及妄想和執著，所以即使知識分子能提供一套完整的知識體系，這套體系一定會受到人們的誤解，因而出現假公濟私、貪贓妄為等行為。

以兩種悲觀主義為基礎的西方自由主義主流思潮強調：在法律規範之內，儘可能地擴大政治、經濟與思想等「三個市場」之範圍，提升個人自由、降低政府干涉。根據此一邏輯，無論個人或群體都表現出「神魔混雜」的特色，所以自由的關鍵在於使人們在法律規範的比賽之中相互制衡，以增加個人在政治、經濟與思想市場之中自主性的選擇。

相對於上述以市場為典範的自由主義的社會，奠基於兩個樂觀主義的社會是以學校為行為典範。在這種社會之中，「先知先覺」者（即教師）扮演關鍵性的角色，他們依賴個人良心與一個完整的知識體系，管理被統治者，並能高

---

[6] Charles E. Lindblom, *Politics and Markets: The World's Political-Economic System* (New York: Basic Book, Inc., Publishers, 1977), p. 248.

[7] 張灝，《幽暗意識與民主傳統》（臺北：聯經出版事業公司，1989）。

瞻遠矚地「因民之所利而利之」。[8]

中國應採取何種典範？是市場，還是學校？眾所周知，這兩個典範都各有利弊。所以我們必須仔細地考慮這個選擇。考慮的一個起發點即是上述哲學性的問題：二十世紀中國哲學主流以樂觀主義的認識論與西方悲觀主義的認識論相互批評，在此辯論之中，二十世紀中國哲學反駁西方觀點，肯定形上智慧的可能性，此一中國學者的共識能否立足？

四、形上學的智慧是什麼？

郁氏以為形上智慧的可能性是一種世界哲學的「永恆問題」，換言之，他認為這個問題的含意基本上是普遍的，不會因文化或歷史的演變而發生變化（頁1）。這樣一來，假如中國哲學家能證明形上智慧的可能性，此一結論在中國學界的意義與西方學界的意義相同。然而此一推理能否成立要看「形上智慧」這個詞的意義在中國與西方是否相同。

郁氏的研究其實涉及三個問題：形上智慧是什麼？形上智慧是否可能？如果它可能的話，如何可能？可是郁氏僅只討論第三個問題，對於第一個問題他幾乎完全不談，而對於第二個問題他也只注意到中國哲學家所達成的共識，而沒有探索支持此一共識的想法。

比方說，有兩人在討論以下的問題：巨人是否存在、如果存在的話如何找尋他們。然而對甲來說，巨人是指身高十五英尺以上者；對乙來說卻是八英尺以上者。這樣一來，兩人的討論並未針對相同的問題。換言之，如果要針對相同的問題，他們必須要先問巨人的定義為何？

與此十分類似的是郁氏沒有先問：形上智慧是什麼？假如我們歸納郁氏書

---

[8] 嚴復即把一個社會比喻為學校，見黃克武，《自由的所以然：嚴復對約翰彌爾自由思想的認識與批判》（上海：上海書店出版社，2000），頁236-237。

中的討論來探索此一問題，我們會發現他所謂的形上智慧並不是西方哲學主流所探究的問題。換言之，他所講的形上智慧之可能性的議題並非如他所宣稱，即一個中外哲學家所針對的「永恆問題」，而僅只是中國文化脈絡中一個很特殊的理想。當然我並不認為此一理想一定不應該作為全人類的理想，然而在討論人類應該肯定何種理想之時，我們不應獨斷地把中國文化之中學者所想像的一個可能性，視為是中外哲學家所共同面對的「永恆問題」。不錯，巨人問題也好，形上智慧問題也好，上述兩個辯論不是完全沒有共通之處。比方說，如果甲能證明有身高十五英尺以上之巨人的說法，他同時也證明了乙的有身高八英尺以上之巨人的說法。雖然如此，這兩人所針對的問題並不相同。

為了進一步說明此一批評，筆者將指出郁氏對形上智慧的定義與西方對此議題的一個比較權威性看法之間的不同。[9] 我所談到的西方觀點不一定能完全代表西方對形上學的看法，而可能僅反映在近代實證主義影響之下的一種立場罷了。然而我們不應忘記郁氏的大作也不一定完全符合二十世紀中國哲學主流對形上學的看法。雖然如此，拙見以為郁氏對形上學的看法頗能反映中國的主流，而我所敘述的西方觀點在西方哲學傳統之中也有其代表性。所以此一對照應是有意義的。

一個具有形上智慧的人能知道什麼？他獲得形上智慧的方法是什麼？在回答這些問題之時，郁氏看法的一部分與西方學者的觀點並無差異。第一，他們同意擁有形上智慧者瞭解形上學與其他學問的不同。第二，他們同意擁有形上智慧者能瞭解全人類與宇宙的一些存在的情況，所以他們有資格以「我們」的觀點為全人類說話，譬如有人會說「我們見到事物之時，這些事物都在時空限制的前後關係之中」。因此擁有形上智慧者之知識不限於個人的特殊經驗。第

---

[9] Paul Edwards, ed., *The Encyclopedia of Philosophy* (8 vols., New York: Macmillan Publishing Co., Inc. & The Free Press, 1967), 5: 289-300. 其中有 Roger Hancock 的 "Metaphysics, History of" 與 W. H. Walsh 的 "Metaphysics, Nature of" 等兩篇文章。

三，擁有形上智慧者知道如何區分幻想性的實在與本體或非幻想性的實在（幻想亦有其實在性，在法藏的《金師子論》之中對此有著名的討論）。[10] 第四，擁有形上智慧者瞭解本體與共相和殊相（包括馮友蘭所謂的「大全」）的關係為何，而以邏輯來澄清各種共相（如時間、空間、物質、事件、原因等）之間的相互關係。第五，擁有形上智慧者瞭解本體的淵源為何。

然而除此五者之外，郁氏觀點與西方觀點很不相同。第一，根據郁氏，本體的一個重要特點是其統一性乃不證自明。熊十力的話很有代表性：「夫吾人所以生之理與宇宙所以形成之理本非有二」（頁182）。西方的形上學則不那麼強調本體的統一性。譬如，按照亞里斯多德（Aristotle）的看法，所存在者包括一匹馬、一個人，以及馬與人的「種類」。的確，亞里斯多德也不忽略存在的統一性，對他來說，「這邊有一匹馬」與「這邊有一個人」，在上述語句中的兩個「有」具有相同的意義。而且亞里斯多德也假定宇宙中原有從無運動到有運動的改變，而此一改變源於一個「創造運動者」（prime mover）的舉動。雖然如此，存在的統一性不是亞里斯多德所關注的焦點。

第二，拙見以為郭齊勇教授說得對，根據亞里斯多德，統一性的「有」是「生成變化的基礎」，可是自身是一個「永恆不動的，無生無滅的……不存在於其他事物之中的……實體」。郭教授很敏銳地強調此一「實體」（substance）觀念與中國環繞著「五行」、「陰陽」、「道」等固有的本體論之間的對照，即後者是「表達了有機自然主義的哲學所強調的化生性，連續性，無形性，功能性，整體性，直觀性，辯證性的特點……」。[11]

二十世紀中國形上學與西方形上學有類似的區別，因為按照近代中國形上學的主流，「本體」不是指一個邏輯性、形式性的觀念，而是一個「發展原理」，

---

[10] 關於法藏的《金師子論》，請參考馮友蘭，《中國哲學史》（上海：上海書店，1990），第二篇，第八章，第三。

[11] 郭齊勇，《郭齊勇自選集》（桂林：廣西師範大學出版社，1999），頁254。

即一種與宇宙所有的具體規律（實踐規範、歷史規律、自然科學之規律等）分不開的「道」。此一道乃人生與宇宙的所以然，也是「終極存在和最高境界」的「天」或「天道」（頁96、132、148、168、187、264等）。

所以，具有形上智慧而能把握「天道」者，其所知之範圍甚廣，甚至包括愛因斯坦（Albert Einstein）說他無法瞭解的一個道理：即物理現象之秩序與人心所設想的數學能相互符合的所以然。這樣把握天道的人亦瞭解歷史發展的因果關係、實踐和真善美之理想的規範，以及一種理想的自由境界，亦即大公無私、國際平等的大同理想。

而且，除了上述一般性的理想以外，具有形上智慧者還能瞭解應該如何處理當代政經發展的分歧。所以他們知道本國與他國應「向何處去」。例如，郁氏認為因為「中國的馬克思主義者的特點在於對邏輯思維的辯證法的重視」，所以他們「找到了中國革命的正確道路，取得了新民主主義革命的偉大勝利」（頁73-74、96、127-128、132、195、196-197、207、274-275）。

換言之，按照上述中國現代哲學的共識，這種包括天道觀的形上智慧，能結合本體論與當代關於政經發展的具體瞭解：「緊扣中國的民族解放和社會現代化的時代主題，中國現代哲學在天道觀上的爭論主要是圍繞著心物之辨和理氣之辨而展開的。」（頁5）按照西方哲學主流的觀點，形上學所針對的問題與此「時代主題」並無直接的關係。

而且按照近代中國哲學主流的看法，瞭解天道觀者能將上述有關科學、歷史、倫理和政治的知識會通為一，形成一個統一的體系，而掌握此一體系的人能得到金岳霖所謂「情感的滿足」（頁59），即能安身立命，超越「支離割裂而茫無歸著」的憂慮。總之，近代中國哲學的這種天道觀與其說類似西方形上學的傳統，不如說很像西方神學中的上帝觀念。

第三，除了上述的天道觀以外，郁氏所討論的形上智慧也包括另一種在西方極罕見的觀念，即「天人合一」的目標。所以，有形上智慧者對天道的瞭解

還有其他兩個方面。一方面他能「替天行道」而非「坐而論道」；另一方面，其所言不至過於抽象與思辨，因而「脫離……人的現實存在」（頁132）。

避免抽象性的陷阱是當代中國哲學十分流行的目標與標準。例如鄭家棟在批評牟宗三之時即很強調此一標準。[12] 郁氏則以此一標準來肯定馬克思主義：「……中國馬克思主義者不僅堅持了理在事中的正確立場，而且把對理事關係的探討和人的現實存在，即人的具體的知行活動聯繫在一起，從而克服了馮友蘭、金岳霖本體論思想中的抽象性和思辨性」（頁132）。西方形上學傳統並不強調知行合一，也不避諱抽象性與思辨性。在此最重要的一點是：西方尤其是基督教強調意志與知性之間的區別。所以瞭解上帝的訓示之人不一定會聽從此一訓示，例如撒旦即是如此。同時西方學者不會批評康德的「思辨性」與「坐而論道」。

第四，的確，存在主義者會將個人當下的存在視為是人生價值之所在。然而此一觀點與天人合一的主張並不相同。對存在主義者而言，當下存在不是一個實行天人合一的機會，而是一個無法擺脫的困境。

此一差異涉及天人合一在道德與精神上的特殊含意。不錯，如果我們詳細分析康有為的「大同」、章炳麟的「五無」、新儒家的「無執」、張東蓀的「真我」、馮友蘭的「真我」、馮契的「大一」，或李澤厚的「美學的人化自然」等觀念的話，[13] 我們當然會看到許多理論上的差異。雖然如此，所有這些觀念都反映儒家、道家或佛教的影響，而強調一種超過小己的利害關係、配合天地境界之「大化」，而超越時空對峙的情感（頁180、204-208、270-271、282-283）。這樣一來，近代中國哲學所提到的形上智慧包括天人合一、破除人我，亦即在天地境界中找尋到主宰全宇宙的「真我」。

這個精神上的情感或含意與宋明理學有連續性，而與西方的存在主義有非

---

[12] 鄭家棟，《牟宗三》（臺北：東大圖書公司，2000）。
[13] 李澤厚，《批判哲學的批判》（臺北：風雲時代出版公司，1990），頁559、579-580。

連續性。雖然後者也要在當下情況之中找到生活的價值，它在當下之中所遇到的是死之虛無，而非生生不已的無限。

第五，按照中國哲學主流的共識，天道或宇宙原理包括一種逐漸地將現實世界與天道結合為一的力量。這個看法也與傳統「理勢統一為歸趨」的觀念（頁89）有連續性，而與西方形上學的主流有非連續性。

的確，清華學派的金岳霖與馮友蘭對此有所懷疑。他們瞭解到我們不容易證明形上的邏輯與歷史趨向的關係。這樣一來，他們略為偏向張灝所謂的「幽暗意識」。金氏談到理勢之辨時強調：「個體底變動，理有固然，勢無必至。」（頁89-91、294、298）馮友蘭則認為理想人格沒有能力駕馭歷史發展。

然而馮友蘭在「貞元六書」的《新事論》一書中卻把歷史視為一種從農業到工業時代的進步性過程。馮契則「認為自由的境界不是可望而不可及的，而是在人的現實的知行活動中無限地展開的」（頁298）。牟宗三以為有智慧的人應「靠文化的力量」來「開出新外王」。而且如何瞭解文化或者宇宙方面這種力量，也是唐君毅哲學的一個焦點。[14]

因為現代中國形上學的天道觀偏向此種歷史目的論和烏托邦主義，它又與西方形上學的主流有所不同，而反映出受到固有「大同」理想的影響。

第六，郁氏認為具有形上智慧者會肯定辯證法。雖然金岳霖與馮友蘭多半避免此一觀念，但是清華學派的張申府與張岱年兄弟、牟宗三等新儒家，何況馬克思主義者，都慣於以辯證法來討論宇宙的「發展原理」。這與他們的烏托邦主義有關。如果不用辯證法的話，他們如何可能觀念化理與勢的統一性？金岳霖的「勢無必至」的看法與他拒絕辯證法的觀點有內在邏輯的關係。

第七，具有形上智慧者會以默然的直覺超過名言之域。這個看法與西方形

---

[14] 牟宗三，〈新版序〉，《政道與治道》（臺北：臺灣學生書局，1980），頁25。關於唐君毅則請參見上引的拙文。

上學的主流迥然不同。除了像 Plotinus（205-270）或柏格森（Henri Bergson）等較例外的思想家以外，西方形上學很強調在名言之域中以「理性」與「觀念的分析」去建立一些能經過批判而不受反駁的預設，而以為在超名言之域中以直覺或情感來追尋智慧是不可能的。中國近代哲學家則受到道家所謂「道可道非常道」的影響，傾向在邏輯性的命題以外來找尋默然的智慧，或金岳霖所謂的「本然陳述」。

郁氏很正確地指出，這種默然的智慧與維根斯坦的「沉默」完全不同（頁244）。這一點唐君毅也曾注意到。[15] 譬如，從馮契的看法來說，具有形上智慧者能以默然的直覺去超越自身歷史的局限，直接把握實在的原狀；此人不但有「以我觀之」的「意見」，也有「以物觀之」的「知識」，以及「以道觀之」的「智慧」（頁39）。按照維根斯坦的「沉默」的看法，「以物觀之」是不可能的，更不用說「以道觀之」。除了上帝或他的代言人，誰能「以道觀之」？

第八，「默然智慧」的觀念也涉及近代中國哲學主流對世界哲學史的一個特殊看法，亦即以為傳統中國哲學對世界哲學發展最重要的貢獻就在於提出默然直覺。馮友蘭將此直覺稱為「負的方法」：「我們期望不久之後，歐洲的哲學思想將由中國哲學的直覺和體驗來予以補充，同時中國的哲學思想也由歐洲的邏輯和清晰的思維來予以闡明」（頁168）。

除了肯定這兩個哲學傳統以外，此一在中國哲學界很具代表性的看法也反映了中國哲學家對於哲學之本質的一個獨特觀察。在西方，哲學的探索與認同本國或外國的思想傳統是兩回事。不錯，事實上，西方思想家也常為某傳統或利害關係辯護。然而按照他們很流行的目標，哲學的工作完全限於自我主動地以理性為標準來取捨世界上各種文化中的思想觀念。近代中國的哲學家則是比較被動的。雖然他們一再強調將理性置於首位，但是他們同時也把世界上所形成的一些哲學傳統視為是不必經判斷即可肯定的思想起發點。

---

[15] 唐君毅，《哲學概論》（臺北：臺灣學生書局，1974），冊1，頁43。

在這方面,一個很好的例子是唐君毅對「哲學」所下的一個定義:「我們可說,哲學是人之整個的精神活動之表現。因其目標在將人之各種分門別類之學問,關聯貫通,將人之各種知識界、存在界、生活行為界、價值界關聯貫通,以成就一整全之宇宙觀與人生觀。」[16]

這樣一來,哲學的起發點不是個人的當下呈現和思考能力,即康德的「經驗」與「理性」,而是整個人類精神的表現,即人類的思想文化史。換言之,後者是作為一種「所與」。同時,哲學的直接目標不在於形成批判性的自覺,而在於將世界已經形成的一些思想傳統融會貫通。哲學的方法不在於將自我或他人所依賴的預設挖掘出來並加以批判,而在於瞭解到如何貫通已他所繼承的哲學。這個角度有一點因襲「述而不作」的認識論典範。

上述馮友蘭的哲學觀念即是如此,而鄭家棟最近所出版的《牟宗三》一書也有類似的角度。鄭家棟說他要貫通「中國哲學」固有的精神與「很大程度上就是由西方文化的概念符號所構成的」「現代世界的意義系統」,「東方民族……就必須以某種方法與此一意義系統發生聯繫」。[17]這樣一來,中國哲學家取消了蘇格拉底(Socrates)的「無知」。蘇格拉底不知道沒有經過批判的命題有無價值,可是中國哲學家則知道一些他們沒有批判的命題一定有價值。

總之,按照郁氏與現代中國哲學主流的看法,擁有形上智慧者能瞭解中西歷史所醞釀出智慧的內容;名言之域中的理性和非名言之域中直覺的作用;人生和宇宙的道理;天地中的「真我」;安身立命的原則;物理與數學在本體中統合為一的所以然;歷史與實踐的規律;理勢統一化的歷史性與辯證性的趨向;以及當代政治發展的是非功過。而且擁有形上智慧者也能貫通以上諸種知識,形成一種會通中西而避免抽象性與思辨性的體系,藉此可以實現知行合一的目標。

---

[16] 唐君毅,《哲學概論》,冊1,頁47。
[17] 鄭家棟,《牟宗三》,頁230。

所以按照近代中國哲學主流的看法，擁有形上智慧者所瞭解的範圍與西方形上學所觸及的範圍有所不同，而後者要比前者狹窄得多。

換言之，根據西方哲學的主流，擁有形上智慧者會知道形上學與其他學問的不同；會瞭解全人類與宇宙中一些永恆不變的特點；會知道如何區別幻想與本體；會瞭解共相、殊相與本體的關係；而會掌握本體的淵源。然而，按照郁氏與二十世紀中國哲學主流，擁有形上智慧者不但能瞭解這些事情，還能把握很多其他的真理。所以假如我們要問形上智慧是否可能，我們應先澄清「形上智慧」之概念有何內涵，它是指西方形上學所設想的範圍比較狹窄的瞭解，還是像中國現代哲學所設想的範圍比較廣闊的瞭解？

不錯，如上所述，如果這種中國式的瞭解是可能的，西方式的瞭解就更可能。然而，如果西方式的瞭解是可能的，中國式的瞭解不一定可能。奇怪的是按照西方近代哲學的主流，西方式的範圍較狹窄的瞭解是不可能的，而按照現代中國哲學的共識，中國式的範圍較廣闊的形上瞭解卻是可能的。這涉及筆者以前所談到的一個對照，即中國哲學固有的樂觀主義的認識論與西方近代知識論大革命之後出現的悲觀主義的認識論之區別。這一個歷史性的對照涉及下文將討論的一種哲學性的問題。

五、如何評估現代中國哲學主流關於形上智慧的共識？

現代西方與中國的哲學家處理這個歷史性對照的方法大同小異，除了少數的例外，雙方均將對方的路向視為是一個「死胡同」，認為對方頑固地秉持著一個早已經被反駁的看法。更精確地說，中國主流以為西方的「不可知論」是錯誤的，可是西方主流卻將樂觀主義認識論當作一個不值得討論的觀點。譬如，郁氏注意到中國「大多數的哲學家」的共識，即他們「肯定了形而上學的合法性」（導論，頁5）。而郁氏似乎肯定此一共識。然而他卻沒有檢驗、評估此一共識所依賴的證據和推理。

的確，他沒有完全避免這個問題。他一再地將中國當代哲學家的說法視為是「具有世界哲學意義的極有啟發性的工作」（頁 96、139、163）。他也提到「理性直覺的真理性問題」，然後接受馮契的看法，認為「哲學的理性直覺總是和理性思辨以及德性的培養聯繫在一起的」（頁 216-217）。

拙見以為馮契對此確有所見，然而按照這個看法，儘可能地做徹底的思辨功夫還是需要的。評估現代中國哲學關於形上智慧之可能性的共識之時，此一思辨功夫需要針對哪些問題呢？

的確，現代中國思想界也有另一種看法，認為與其以思辨功夫去評估中國哲學家的共識，不如同情地理解為何他們總是希望通過批判實證主義來重建形上學，而這樣重建中國民族的價值系統。

然而這種價值系統的基礎是一種信仰，還是一種哲學性的智慧？如為前者，吾人何以得知人們所要重建的信仰不是一種獨斷論，而會對中國人有益？如為後者，我們怎麼可能在限制批判功夫之下找到哲學的智慧？限制批判功夫的「哲學」與獨斷論哪裡有什麼不同？企圖限制批判功夫而為中國樹立一種新的信仰者，在大學教育體系中需要成立的是「信仰系」，而非「哲學系」。何況綜觀古今中外，熱情地擁抱未經批判的固有信仰與思維方式，曾為人們帶來了無數的災難，這難道不讓我們更為警惕？

所以，評估上述中國哲學的共識有重要的意義，而此一工作需要儘可能地做徹底的思辨功夫。那麼，此一思辨功夫究竟為何？在此筆者願拋磚引玉，簡單地提到以下幾個方面。

第一，根據拙見，思辨的起點具有一種難以完全避免的獨斷性、意志性或直覺性的特點。亦即依賴主體的判斷，選擇一些思想規矩。譬如說，我有一些思想規矩，你覺得這些規矩不合理，我亦無法證明其必然合理；我只能表達我的看法，希望你能肯定這些規矩，如果你仍不接受，我只能期盼他人能夠接受。

換言之，思想規矩的獨斷性有點類似市場中的廣告。例如有些人為了推銷

某種肥皂會說:「保持身體的乾淨很重要,這個牌子的肥皂可以達到此一目標。」我的「廣告」與此類似:「我們需要清晰的思辨,接受我的思想規矩會讓您比較清楚地考慮問題。」如果此一廣告找不到買主,我只有在思潮市場之中找尋別的客人,或是反身自省,修改廣告的說詞。

　　根據此一觀點,哲學性的命題,尤其推薦某思想規矩的命題,原來是廣告式的。我所依賴的思想規矩不是一個普遍的真理,只是某歷史人物所肯定的看法而已。然而這個說法具悖論性,因為其中存有一個普遍性的命題,亦即主張所有的思想規矩都是這個樣子。此一悖論似乎難以避免。所以,按照邏輯,我們只能說思想規矩具有歷史性,而不能說所有的思想規矩因歷史而異。何況,這種普遍性的歷史性似乎指向一種普遍的思想義務,即要求我們以思辨的功夫儘可能地減少思想的盲點與獨斷。不錯,如果說此一義務不只限於某文化特有的價值取向,而是一個普遍的規律,那麼其自身即為一以直覺來把握的思想範疇。可是以此來證明直覺之效並非筆者之本意。

　　第二,吾人的思想規矩會決定「清楚」的含意。譬如,很多人認為為了評估上述現代中國哲學家的共識,我們應採取兩個標準:「理性」,以及「道德」或「真善美」。然而按照筆者的思想規矩,「科學」與「邏輯」比較清楚,而「理性」與「道德」卻很籠統,後者會有「公有公的理,婆有婆的理」之混淆。所以思辨所依賴的思想規矩需要比「理性」來得更為清楚的標準。

　　第三,筆者在此所討論的思想規矩涉及許多著名哲學家的想法。這些想法與西方認識論大革命有密切的關係。在休謨與康德之後許多哲學家一再地探索:假如像「理性」、「真理」、「知識」、「道德」等詞的含意不是既明顯又普遍的話,這些含意所牽涉到的範疇或思想規矩究竟是先驗的,還是後驗的?如屬後驗,是從經驗歸納而來,還是從自己歷史文化背景或當代意識型態繼承來的?這些範疇或思想規矩有何內容?然而到目前為止學術界對以上的議題尚未達成共識。

譬如說，張岱年提出一個深受郁氏讚賞的說法。張氏的說法要界定一些「意義標準」。按照肯定邏輯實證論的維也納學派，除了能以經驗來證明的命題以外，所有的命題都是無意義的。張岱年反對此一觀點。他認為除了「經驗命題」以外，還有兩種有意義的命題。第一，關於邏輯或歸納的「名言命題」，如其「可辨或可解」，則是有意義的；第二，還有「關於理想或事實與理想之關係的『價值命題』」，其標準是「可實踐或有實踐之可能」（頁135-136）。

然而，無論「可辨」的「名言命題」與「可實踐」的「價值命題」有無意義，問題在於我們應否肯定其意義？美國目前的外交政策是可實踐的，所以應該是有意義的，可是我們是否應肯定此一政策？現代中國哲學關於形上的智慧是可辨的，所以應該也是有意義的，可是我們是否應肯定此一觀念？我們在討論思想規矩之時，關鍵的問題不在於確認出有意義的命題，而在於如何找到比較正確的研究方法或思路。如果我們無法得知哪些有意義的命題是比較正確的，我們那裡有知識，何況智慧？

按照維也納學派，科學能決定哪一個「經驗命題」是比較正確的，而我們處理關於實踐或本體的命題之時，卻無法決定哪一個命題是正確的。強調我們能決定哪一個關於實踐或本體的命題有意義的張岱年，完全沒有針對維也納學派的挑戰。所以，我不瞭解郁氏這個讚美從何而來。

第四，根據筆者所推薦的思想規矩，找尋思想規矩者應針對的問題不但包括：具有歷史性之思想規矩與必然之真理之關係、「清楚」的含意、思想規矩的作用；它們也需要決定對思考自身的基本態度。是否應採用哲學的立場？如要採用，哲學的目標為何？是像唐君毅那樣，將歷史中的一些哲學會通為一？還是在於儘可能地培養自己的批判意識，再以自作主宰的自覺功夫，來取捨古今中外的諸多想法？

按照筆者的思想規矩，答案是後者。我們應儘可能地將自身思想所依賴的預設挖掘出來，並加以批判。同時根據此一思想規矩，批判涉及比較，亦即要

比較不同的預設。例如，當代哲學應注意的一個問題是將上述兩個樂觀主義與兩個悲觀主義作一比較。誠如前述，此一議題與合理的政治發展有密切的關係。然而到目前為止，無論在中國或西方，哲學家很少針對這個問題。

哲學的本質涉及信仰與哲學之辨，亦即王國維所謂的「可愛」與「可信」之辨。每一個文化都有讓人覺得「可愛」而希望保存的風俗習慣與典章制度，如英國的君主政體或日本的神道。然而我們不應將源於歷史的價值與普遍的真理混為一談。換言之，如果儒學的道統是指人類在歷史上已經掌握到的普遍真理，一切未經批判的說法不能屬於道統。反過來說，我們不能將道統中國化或西方化；道統原是世界性的普遍真理與價值。

第五，按照筆者的思想規矩，在批判自己或他人的看法之時，一定要很清楚地瞭解這些看法的內容。如上所述，如果問題是「形上智慧是否可能」，我們首先需要瞭解形上智慧是什麼樣的瞭解。

第六，幾乎每一種說法都是一方面因襲傳統，另一方面依賴比較客觀的道理或證據。誠如上述，此一悖論帶來一種思想義務，亦即儘可能地減少自己思想的獨斷性，也就是將批判意識置於首位。此一義務涉及「自疑」的想法，要求不斷地懷疑自己思想是否只是一種因襲傳統的信仰，而不夠自覺。所以追求自覺的功夫與探索自己思想的歷史淵源是分不開的。

這樣一來，我們不能忽略現代中國哲學所設想的形上智慧所具有的歷史淵源。然而郁氏沒有討論這個問題。

其實，現代中國哲學家企圖會通思想，並以默然的直覺來掌握和實踐天道與人道的統一，此一共識有非常明顯的歷史淵源，即宋明理學中「天人合一」與「知行合一」的傳統。新儒家當然承認此一淵源，而連以馬克思主義為思想起發點的李澤厚也有類似的結論。[18]

---

[18] 李澤厚，《批判哲學的批判》，頁559。

楊國榮已經很敏銳地指出「整個中國古典哲學」對現代中國實證主義的影響。根據楊氏，前者使後者「很難接受極端的經驗論立場」。[19] 其實，1970年代以後，有愈來愈多的學者注意到近現代中國思想（包括反傳統的思潮在內）與中國傳統思想的各種連續性。黃克武關於嚴復與梁啟超的兩本書很強調此一連續性。劉小楓則說「中國革命精神」在儒家思想中有其根源，以及毛澤東與牟宗三思想的共同處。筆者二十多年前即指出毛澤東與唐君毅的思想均源於儒家傳統中追求天人合一，而要「拔本塞源」的轉化性想法。[20]

的確，雖然現代中國哲學與中國傳統之間有連續性，上述中國學者對形上學的共識不一定僅只是源於此一傳統。此一論斷（或其中的一部分）也許能夠經過世界哲學界的批判而立足。然而，在尚未注意到此一連續性之前，中國哲學家何以得知他們沒有不知不覺地將源於傳統的價值取向或當代的意識型態誤認為是普遍的真理？

就是因為要避免此一危險，西方哲學主流不像中國哲學主流那樣看重直覺。他們轉而強調個人主觀感覺之外的思想規矩，例如科學實驗、邏輯和思辨。不錯，人心內在的主觀活動有重大的意義。所以儒家正確地指出以教育培養個人涵養之過程是社會的基礎。而且現代中國哲學家十分瞭解此一培養過程與思辨功夫是交織在一起的，不然人們很容易會產生獨斷性的衝動。

然而如何將價值理性與工具性理性交織在一起？對此問題，到目前為止，還沒有人提出一個令人滿意的回答。很多人會懷疑西方在宗教與相對主義之間

---

[19] 楊國榮，《從嚴復到金岳霖：實證論與中國哲學》（北京：高等教育出版社，1996），頁149。

[20] 顧彬等，《基督教、儒教與現代中國革命精神》（香港：漢語基督教文化研究所，1999）。黃克武，《自由的所以然：嚴復對約翰彌爾自由思想的認識與批判》。黃克武，《一個被放棄的選擇：梁啟超調適思想之研究》（臺北：中央研究院近代史研究所，1994）。Thomas A. Metzger, "T'ang Chün-i and the Conditions of Transformative Thinking in Contemporary China," *The American Asian Review*, vol. 3, no. 1 (1985), pp. 1-47. 本文最初的一個版本是筆者於1977年在Columbia University的一個演講稿。

徬徨的回答。可是現代中國哲學的思路亦有其盲點。

譬如說，無論是新儒家的牟宗三或馬克思主義者馮契，都以為得到形上的智慧需要一種在超名言之域中的「飛躍」或「跳躍」（頁216）。[21]「跳躍」之時要如何區分普遍性的道理與自身所習慣的道德傳統與意識型態呢？對牟宗三來說，此一「跳躍」是基本上肯定儒家《四書》的修身功夫，可是現在有學者指出，《大學》「八步」的觀念所帶來的危險不是五四學者所強調的權威主義，而是烏托邦主義與二分法，此一傾向與多元主義的市民社會之價值取向——容忍與合作——不相配合。[22] 馮契則要以他所說的飛躍來肯定現代中國轉化思想，然而現在有不少學者要肯定杜亞泉的「調適的智慧」。[23]

與上述「跳躍」類似，而導致誤會之危險的說法甚多。例如，馮契將「德性」的「培養」視為是獲取智慧的一個關鍵，而不夠考慮到他的道德觀與中國傳統文化的連續性；馮契「以道觀之」（頁39）來掌握智慧的方法論；金岳霖以非邏輯性的「本然陳述」來得到形上的瞭解；以及郁氏將西方近年來一些強調「常識」或「日常生活世界」，而批評邏輯實證主義的思潮，視為是取得形上智慧的「形下進路」（頁60-61）。[24]

人類對於「日常生活世界」或「常識」的瞭解必定會因文化歷史而異，所以除了一些形式性的範疇以外，我們如何可能在「日常生活世界」中找尋普遍的天道或人道？

其中特別會引起爭論的看法是郁氏有關天道與人道的主張。他以唯物主義和辯證法來瞭解普遍性的天道與人道之統一。此一觀點與和張岱年、張申府的

---

[21] 鄭家棟，《牟宗三》，頁73。
[22] 請參考啟良，〈崇高的悲劇：儒耶二教與現代中國的激進主義〉，收入顧彬等著，《基督教、儒教與現代中國革命精神》，頁153-192。以及拙著〈烏托邦主義與孔子思想的精神價值〉（收入本書）。
[23] 高力克，《調適的智慧：杜亞泉思想研究》（杭州：浙江人民出版社，1998）。
[24] 郁振華，〈中國現代哲學的形上智慧探索〉，頁20。

看法有關。儘管張氏兄弟注意到:「辯證唯物之蔽則是籠統漠忽」,並提出能夠避免此一缺點的說法,然而,我不認為郁氏所讚美的張氏兄弟對辯證唯物的「條理分疏」是很成功的(頁 202-203)。

此點涉及上述如何界定「清楚」之思想規矩的議題。的確,馬克思(Karl Marx)與波普一樣,認為存在的本體是物質性的。依賴此一共識,我們應可反駁唯心主義。而且,雖然與弗洛伊德(Sigmund Freud)的理論不完全配合,李澤厚很合理地強調「吃、喝、住、穿」在人類生活中的重要性。[25]

然而,我們不能將迂迴曲折的歷史因果關係化約到物質生活的情況。關於這一點,甚至連李澤厚的馬克思主義也必須承認。所以按照李澤厚,歷史的「積澱」過程是從兩個本體來的,「工藝－社會結構(工具本體)和文化－心理結構(心理本體)」。[26] 更何況對韋伯與許多歷史學家來說,即使這個理論也過於簡單。

另一方面,無論辯證法是否為人類思考所需依賴的範疇,以跳躍的方法將此範疇視為是宇宙的「發展原理」,涉及懷特海(Alfred North Whitehead)所謂「錯置的具體性」(misplaced concreteness)之危險。而且即使宇宙的發展原理是辯證法,難道研究自然具體性現象的物理學者、研究歷史因果關係的歷史學者,或考慮實踐問題(如政策)的政治家等,能從一種一般性的辯證法導引出有用的知識?何況我們不能忽略金岳霖所謂「理有固然,勢無必至」。因為「勢無必至」,所以我們不能以辯證邏輯將歷史的具體事件與是非,從某種宇宙的發展原理之中導引出來;因為「理有固然」,所以我們無法接受張岱年以「凡存在皆在變化中」(頁 203)來談辯證法。

總而言之,按照筆者的思想規矩,大多數現代中國哲學家不可能得到他們所設想的、範圍廣闊的形上智慧。筆者此一結論能否立足,要看我的思想規矩

---

[25] 李澤厚,《我的哲學提綱》(臺北:風雲時代出版公司,1990),頁 2。
[26] 李澤厚,《我的哲學提綱》,頁 9、25。

能否配合讀者的思想規矩。然而,如果讀者以為接受或反對此一結論之時,他們不需要挖掘與批判自己所依賴的思想規矩的話,此一態度未必不佳,然而一定和「哲學」——一個源於西方的詞——之意義格格不入。為了描寫他們這樣的學術活動,他們應該找到另外的一個詞。

六、結論:史與思

根據筆者的思想規矩,郁氏很敏銳地注意到哲學與歷史的悖論性關係。其實,此一洞見反映出西方認識論大革命的一個貢獻,即認識到人心思維不能直接地針對「天地人」的客觀實在與普遍性問題。針對普遍性和客觀性問題的人心反而是與各自的歷史、文化、語言等背景糾纏不清,而這些背景必然具有獨斷性與偶然性。郁氏雖然不一定完全接受這個西方悲觀主義認識論的結論,他的書是以「史」與「思」的關係為起發點:「在哲學研究中,『史』的回省常常就是『思』的展開」。所以,他的「思」的起發點乃是 20 年代之後,大多數中國哲學家對形上智慧之可能性的肯定。郁氏企圖要瞭解他們「在此問題上的洞見……和盲點所在」(導論,頁 8)。

然而,在探尋盲點之時,郁氏以一個未經充分批判的預設為起發點。對他來說,上述的肯定是值得信賴的;然而對筆者來說,此一肯定反映了中國固有的兩種樂觀主義(即對知識範圍與政治可行性的樂觀主義),而關於這兩種樂觀主義,及其對社會發展的影響,還需要做許多的研究與反思。因為西方思想主流偏到極為不同的兩個悲觀主義,此一中西思想的衝突,應該成為當代哲學界所關心的課題。

筆者認為此一問題不限於科學與形上學的關係。科學興起之後,中西哲學界都觀察到以下的對照:即一方面科學(包括數學與邏輯在內)可以找到必然的真理或幾乎無疑的命題;另一方面,在本體、實踐(政治與非政治的實踐),以及思辨方法(即思想規矩)等領域,卻往往無法找到像科學那樣無疑的命題。

面對此一對照，當代哲學界正處於一種十字街頭。一方面，支持西方認識論大革命的哲學家承認一種二元論，認為科學以外沒有客觀的知識，對此，他們不但感覺到支離割裂、茫無歸著，也產生一種返求諸己的創造性與自由感。另一方面，現代中國哲學家走向形上學之路，很樂觀地以為科學以外的思維還是能得到像科學一樣的、比較無疑的知識，如此可使人們在茫無歸著的憂鬱之中獲得解放。

面對此一十字街頭，哲學家應該怎麼辦？現在很多西方學者決定要走前者之路，很多中國學者則決心要取後者之徑。筆者則以為這兩種回應都不夠自覺。哲學家的職責在於仔細思考所有關於此一十字街頭所涉及的得與失。在尚未從事這樣的思辨功夫以前，冒然地選擇其中的一條路，乃無自覺之舉，而與哲學的本質南轅北轍。無論是現代中國的形上學或現代西方實證主義，似乎都沒有將自身的思想規矩挖掘出來，並加以仔細的評估，看看是否合理。雖然哲學的反思是以哲學史為起發點，反思之時，哲學是將批判意識置於首位，而不能盲目地因襲歷史的獨斷性。[27]

總而言之，黑格爾之前，中西哲學家都認為他們能直接地談到天地人的狀況，即宇宙和人類歷史的真相。這樣一來，他們把古今中外各種哲學，視為是一種在相同理性規律之下，針對相同的議程，而表達不同理論之討論會。換言之，在這種研討架構中，歷史變化所產生的差異，只限於古今中外思想家的說法，而不涉及他們共有的思想題目與思維規律的意義。

黑格爾之後，學者們開始更為注意思想的歷史性，而更瞭解連思想題目與思維規律的意義也因歷史而異，甚至連主體所感覺到的共相和殊相，及其所依賴的基本預設，亦因歷史、文化與語言而有所不同。

---

[27] 在這方面請參閱拙著 *A Cloud Across the Pacific: Essays on the Clash between Chinese and Western Political Theories Today* (Hong Kong: Chinese University Press, 2005) 第一章，以及本書中〈道統的世界化：論牟宗三、鄭家棟與追求批判意識的歷程〉一文。

然而，在處理這種黑格爾之後的情況時，中西思想界的想法有所分歧。中國思想界的主流認為雖然歷史的變遷對思想內容有所影響，古今中外的思想家還是具備參與上述討論會的能力，而正在思維的自我，一方面能繼承中外過去這個國際性討論會所已經形成之智慧，另一方面仍能以普遍性的理性規律來掌握天地人的真相。這樣，中國思想界有忽略歷史和文化對思維過程之影響的偏向。

西方思想界則一方面陷入「唯主方式」與相對主義在邏輯上的矛盾，另一方面，把人心置於歷史與理性悖論性的交叉點，居於此一交叉點的人心所能掌握的本體，不是主體，也不是客體，而僅是交叉點之自身，亦即是指主體和客體的歷史性符號。這些符號所帶來在方法論方面的義務，在於儘可能地減少這些歷史性符號的獨斷性。

這就是說，一旦人心感覺到其所依賴之符號的歷史性與獨斷性，它就能感覺到一種無獨斷性而超越符號的理想。所以，人們在此乃找到一個從名言之域通往超名言之域的出路，而此一向上的出路與一種向下的功夫是分不開的。亦即是說，這個出路是以超符號境界為理想，而以具有首位的批判能力為手段，將自我話語之中從歷史繼承而來的符號性思想規矩挖掘出來，並加以批判。

因為這種兼具向上與向下的思辨功夫並不依賴直覺性的跳躍，所以它可能是唯一具體可行的、從事中求理的哲學性方法。這就是敝人提出的哲學性廣告，而根據我的廣告，將自己的說法視為是絕對智慧的哲學家，還不夠針對西方認識論大革命的挑戰。雖然此一革命仍有瑕疵，它還是人類啟蒙過程中所不可或缺的一部分，而不能將之化約為中國哲學界所企圖反駁的「不可知論」。

哪一個哲學性廣告最配合啟蒙，是每一個讀者需要自行回答的問題，而回答之時需切記啟蒙對人類的政治發展有重要的意義。在此情況之下，西方認識論大革命給中國哲學家的逆耳之言與「道不可道」有些類似，即人心有能力瞭解啟蒙的本質，可是此一本質僅只是指一種思維與人際合作的風格罷了，而不

是一種既能回答人類所有的問題，又能保障人類必有一光明之未來的智慧。換言之，安身立命的智慧在於瞭解智慧的限制，而政治災難的萌芽不但在於誇大知性的不可靠，也在於誇大直覺的可靠。

道統的世界化：論牟宗三、鄭家棟與追求批判意識的歷程[*]

　　拙文是從鄭家棟的《牟宗三》一書談起，反省有關中國現代哲學史的一些根本問題。按照鄭氏這一本分析敏銳的著作，牟氏沒有成功地會通中西哲學的基本原因是：他愈將中國哲學理性化，他愈離開儒學環繞實踐與知行合一的精神，因而陷入「坐而論道」的陷阱。對於鄭氏這個批判，筆者一方面不同意所謂牟氏離開固有實踐觀的說法，另一方面則強調會通中西哲學需要從牟、鄭二氏追求批判意識的思路，轉移到另外一條追求批判意識的思路。這是因為鄭、牟二氏的思路比較被動，他們將一些儒學的看法與西方所形成的「意義系統」視為不待批判的對象，而沒有把他們自己取捨想法時所依賴的思想規矩挖掘出來，並加以批判。筆者建議的思路是：主動地擴大批判的範圍，亦即以挖掘中西思想規矩，再加以取捨，來建立自我的思想規矩，如此可以消釋儒學實踐觀與西方所謂「理性主義」的矛盾。

　　拙文首先區分上述比較主動地追求批判意識的思路與當代中國哲學的主流，因為後者存在很重要的分歧。然後筆者依賴鄭氏的研究，描寫牟氏生活、人格和哲學。其次，描寫鄭氏對牟氏哲學的批判。最後，我再談到我對鄭氏批判之批判，以此探索追求批判意識的歷程。

---

[*] 本文為紀念李愛蓮女士而作。本文經羅珞珈小姐與黃克武博士的大力斧正。作者特向他們表示謝意，可是他們對本文的文字不負責。此文一部分已經出版在鄭家棟，《斷裂中的傳統：信念與理性之間》（北京：中國社會科學出版社，2001），頁566-611，可是鄭氏這本書中的拙文沒有經過拙人的校對。本文原載於香港理工大學應用社會系編，《社會理論學報》，卷5期1（香港，2002），頁79-152。

一、前言：論追求批判意識的三條思路

　　1983年筆者應邀赴臺灣的東海大學作三次學術演講。因為我很尊敬曾在東海教書，並在該校深具影響力的牟宗三先生，我的第一個演講是關於他的思想。然而我不針對牟氏自己所關注的問題，亦即如何處理康德（Immanuel Kant）所帶給中國哲學的挑戰，而在於瞭解他在考慮這個問題時所依賴的思想規矩。我企圖探討在他心目中如何區分有道理與沒有道理的想法，或者說他認為有哪些最沒有辯論餘地的思想預設。

　　上述的角度可否立足要看人們如何回答另一個更基本的問題，即牟氏用來區分有道理與沒有道理的思想規矩，只是人類普遍性的理性嗎？或者是一種因時代或文化的變遷而改變的思想模式？那時筆者已經接受了當代西方很流行的一種看法，認為一個人——無論他是康德、牟宗三、柯林頓（Bill Clinton）總統，或小村裡的王先生——他在思考時所依賴的規矩，是歷史過程的產物。所以，他決定一個命題有沒有道理之時，他的關於道理的定義，不可能完全配合什麼普遍性的真理、邏輯、理性或道德，而是反映在他主觀心理中一些從他的歷史背景中繼承而來的思想預設。這樣一來，指出這些預設是瞭解他的思想的第一步，而決定這些預設與普遍性真理的差異如何，是另外一個問題。

　　這些從歷史背景繼承而來的預設，不但包括從文化來的、根深蒂固的思想模式或價值取向，也包括時代的意識型態。比方說，1989年，北京清華大學的劉桂生教授和他的一些碩士班研究生出版了一本很重要的書。按照他們的立場，歐洲十七、十八世紀的啟蒙思潮把握到人類普遍性的價值，即以「人權覺醒，人格獨立和理性自主」的理想，來反對那個時代歐洲在政治、經濟、宗教上控制和剝削人民的既得利益者，即「封建統治」與「教會勢力」。可是，到了十九世紀末期，歐洲思想「已走出了啟蒙時代」，變成一種新既得利益者的意識型態。這個意識型態是「強調國家利益、民族利益、集體利益」，而否認個人主體絕對性的天賦權利。這樣一來，支持資本主義和帝國主義的西方資產階

級,以結合達爾文主義(Darwinism)、實證主義、功利主義和自由主義的方式,將人權與民主視為追求國家利益的手段,而把啟蒙時代的普遍性理想,變成一種關於西方文化之優越性的證明。所以,他們以西方資本主義社會秩序為首位,代替個人主體權利的絕對性。更可惜的是,中國啟蒙時代是錯置的,因為在中國,啟蒙時代開始之時,西方已經「走出了啟蒙時代」,所以像嚴復等研究西方思想的先知們所接觸,並傳播到中國的西方思潮,就是這種已經被歪曲的啟蒙觀念。按照劉教授的看法,這種時代的錯位乃是啟蒙在中國還無法成功的重要原因。

劉教授承認「成稿匆忙,文中難免有不少缺點或錯誤」。[1] 雖然如此,文中關於歐洲十九世紀末年意識型態的分析,仍然很犀利,較有問題的部分是文中關於十七、十八世紀思潮的分析。假如所有人類思想都是歷史過程之產物,那麼十七、十八世紀的思潮和十九世紀思潮一樣,也是一種意識型態,而不可能直截了當地把握到人類的普遍性理想與真理。何況我們不能忽略盧梭(Jean Jacques Rousseau)政治理論所引起的批評是很值得考慮的。

中國也好,西方也好,很多學者把思想史區分為聖賢所掌握的普遍性真理,與替既得利益者辯護的假話。然而,假如所有的思想都是歷史的產物,而歷史是個「神魔混雜」的過程,那麼公私與智愚之分並非涇渭分明。

不錯,假如我們說所有的思想僅是神魔混雜的產物,我們會陷入相對主義的矛盾。這是因為一方面我們認為這個混雜是客觀的事實,而另一方面,假如所有的思想屬於這種混雜,我們不能指出任何客觀的事實。然而,縱使有這種矛盾,我們也不能忽略歷史對人類的主觀心理產生很複雜的影響。一個人的主觀心理跟這個人所依賴的歷史性話域,或「知識譜系」有密切的關係。所以,問題在於我們要如何一方面避免相對主義的矛盾,另一方面充分注意到這種歷

---

[1] 劉桂生主編,《時代的錯位與理論的選擇:西方近代思潮與中國「五四」啟蒙思想》(北京:清華大學出版社,1989),頁1-15、79、82、243。

史性話域的重要性。或許一個較好的出路是：肯定思想本質的悖論性，即觀念化道理之時，人類的思想規矩結合了從歷史某一個時代、某一個文化繼承的範疇，與一種針對普遍性問題的思考能力。這個悖論可能是人類最後能夠把握的實在或本體（下詳）。

不錯，如此將人類思想的本質視為一種在理性與歷史交叉處的悖論性過程，已經成為東西方學者的老生常談。問題在於如何看待這個交叉處？按照所謂「樂觀主義的認識論」，這個交叉處並非混雜不清，而是很透明的；因為人心的反思能力不但有辦法探索客觀性的問題，也能推究主觀心理普遍性本質之根源。按照所謂「悲觀主義的認識論」，這個交叉處不透明，因為一個人要對主觀心理本質探源時，他不得不依賴從自我主觀心理而來的思想規矩，而如此以李先生的偏見為標準，去評估李先生的偏見。所以反思能力與歷史性成見所共同形成的循環，不可能完全變成一種從昏暗到智慧的階梯。[2] 唯一的出路在於：儘可能把心中不知不覺地從歷史繼承而來的預設挖掘出來、描寫其內容，並與別的預設相比較，然後再討論怎麼來評估它們。這樣一來，我們把作為本體的悖論性話域與挖掘出本身思想預設的工夫，視為一種普遍性的相互關係。

不錯，按照這種悲觀主義認識論而追求批判意識的角度，人類思想原有不透明（opaque）的本質，卻帶來一種既透明又普遍的義務，亦即儘可能地挖掘和評估從歷史而來的預設，以求自覺。這個悖論又是思想悖論性本質的一部分。

---

[2] 下面「十、批判的再批判：論知識的本質」會把這個區別說得更清楚。"Epistemological optimism"與"epistemological pessimism"原來是卡爾・波普（Karl Popper）的詞，可是他的用法是評估性的，而且他認為這兩種看法都不對。請看 Karl R. Popper, *Conjectures and Refutations* (London: Routledge, 1992), pp. 5-6. 筆者的用法是描寫性的，即我認為這兩種看法都正常，而我們應該怎麼把它們結合是個待研究的問題。關於它們與中國近代思想史的關係見黃克武，《自由的所以然：嚴復對約翰彌爾自由思想的認識與批判》（上海：上海書店出版社，2000）。筆者關於這個區別以及其他的有關問題像「話域」、「思想規矩」和「西方認識論大革命」等的看法都在筆者另外一篇文章中有比較詳細的討論，即 Thomas A. Metzger, "Discourse #1 and Discourse #2: The Search for Political Rationality in China and the West Today and the Concept of Discourse," in *A Cloud Across the Pacific: Essays on the Clash between Chinese and Western Political Theories Today* (Hong Kong: Chinese University Press, 2005), pp. 1-184.

而且,此一悖論也包含另外一種絕對性的原則,即將個體內在自由置於首位。根據以悲觀主義認識論來追求批判意識的觀點,最重要是儘可能地讓主體決定本身意識的內容與方向;亦即看到不同預設,而自由地決定自己要偏到哪一個立場。

這種以悲觀主義認識論來追求批判意識的思路源於以笛卡兒（Rene Descartes）、休謨（David Hume）、康德、尼采（Friedrich Wilhelm Nietzsche）、韋伯（Max Weber）、波普、維根斯坦（Ludwig Wittgenstein）和柏林（Isaiah Berlin）等思想家為代表的西方認識論大革命。這個革命最重要的主張就是幾乎被所有現代中國思想家所拒絕的「不可知論」。

「不可知論」是什麼？用波普「三個世界」的理論來說,「不可知論」所指的是：知識的範圍僅限於「第三個世界」,亦即能以實驗來反駁某種命題之境界,而關於「道德與本體的世界」,只有「心理的一些立場」（states of mind）或意見,而沒有客觀的知識。[3]用唐君毅的「九個境界」來看的話,「不可知論」是將知識的範圍限於最低的幾個境界,而認為其他的境界只是玄學空談罷了。

西方認識論大革命之所以把知識範圍如此縮小,最重要是艾域·握格例（Eric Voegelin, 1901-1985）所強調的,在歐洲幾乎八百年以前,人們開始把知識化約到完全精確的觀念。為了追求精確性,很多歐洲思想家偏到金岳霖所說的「唯主方式」。據此,知識的淵源限於「經驗」或「所與」,「所與」的內容則限於主體意識中的「當下呈現」或感覺,而「當下呈現」的內容與客觀真實的關係,完全是一個有待探索的問題。換句話說,明顯地指涉真實的命題只能指主體心中當下呈現的命題,而不是指個人內心之外的真實。指涉心外真實的說法僅是有待反駁的猜想或假設,而這種猜想當然不包括天經地義的「常

---

[3] 請看 Karl R. Popper, *Objective Knowledge: An Evolutionary Approach* (Oxford: Oxford University Press, 1994), p. 154, etc.

道」，或關於「人性」之本體的知識。

而且，把知識的起點限於主體心中的當下呈現之後，西方認識論大革命還有另外一個非常重要的主張，即認為人類把當下呈現的內容變成思考與討論的對象之時，他們將這樣的內容變成一些符號，而這些符號也不能完全配合客觀的感覺，因為它們也帶來歷史、文化或語言的印象。

然而東海大學中牟氏的門徒，都是以樂觀主義認識論來追求批判意識。他們一聽到筆者關於牟氏哲學的討論，就認為以此種方法來討論這位哲學大師的偉大思想，過於離譜。他們聽完了我的第一個演講之後，就沒有興趣邀請我作第二、三個演講。當晚我飛回臺北時，主人跟客人一樣，都有很尷尬的感覺。然而十七年後回顧這個經驗，我還是覺得追求批判意識的這兩條思路及其相互關係，是一個很有意義的問題，甚至意味著中國與西方哲學界的根本分歧。

筆者對這個兩條思路的區分，只是指歷史事實，並不含有價值判斷。然而，一談到價值判斷或批判方面的問題，就有他人的批判方式與主體的批判方式之區別。按照筆者所偏到的認識論，當代認識論方面的追尋特別遭遇到五個問題：即知識起發點的錯置；具體性的錯置；關於人心內容之淵源的誤會；誇大自己理論的成功；以及誇大知性的不可靠，即不瞭解知性的不可靠性也有限制。最後一個問題是悲觀主義認識論者所不容易避免的，其他的問題則是樂觀主義認識論者所不容易避免的（下詳）。所以拙文不得不提到三條追求批判意識的思路，即：誇大知性的不可靠性的西方認識論大革命；違反其他的四個錯誤的當代中國樂觀主義認識論；以及想避免這五個問題的一種中間或理想的思路。

追求批判意識或自覺是每一個哲學家或知識分子的目標。可是對於這個目標，我在前言中的這個說法有沒有意義？為了回答這個問題，拙文將要討論鄭家棟教授的大作《牟宗三》。[4]這本書寫得既敏銳又有誠意，顯示出作者的博學。

---

[4] 鄭家棟，《牟宗三》（臺北：東大圖書公司，2000）。

在研究中國思想史或中國哲學的著作中，我很少看到那麼令人感動，而且反映作者具有高度思考能力的一本書。可是按照我的立場，牟氏也好，鄭氏也好，他們在追求批判意識之時，不夠針對西方認識論大革命之挑戰。

為了從此一角度探討追求批判意識的歷程，拙文首先注意到第一條思路的「內在邏輯」或「緊張」，即它內在的分歧，這是因為我們不能把這個分歧與上述三條思路混為一談。然後我會依賴鄭氏的研究，描寫牟氏的生活、人格和哲學。其次，我將描述鄭氏對牟氏哲學的批判，然後提出我對鄭氏批判的再批判。我的批判除了擴大自覺範圍這個問題以外，也注意到一些歷史學與方法學的問題，尤其鄭氏對牟氏的最基本的批評，即牟氏「走出歷史」，而脫離中國哲學的固有精神。筆者不同意這個觀點。

然而，最重要的是牟氏和其他的新儒，尤其是唐君毅，對人類永無止境地追求批判意識的歷程有重要的貢獻。而鄭氏的大作很能夠幫助我們瞭解牟氏在這方面的貢獻與限制。鄭氏與牟氏一樣，都瞭解儒家的「道」所指的不是一種與哲學無涉的實踐，而是一種配合真善美的普遍性道理的實踐，而這樣必須針對古今中外關於這些道理的說法。認為近代儒學不需要與西方哲學界對話的學者們，是把道統中國化。儒學的道是人的道，不是中國人的道。把道統中國化是違背儒學的基本精神。唐君毅說得很清楚：這本書「我之一切文章……都是依於三中心信念，即人當是人，中國人當是中國人，現代世界中的中國人，亦當是現代世界中的中國人。此三句話，一方面是邏輯上的重複語，真是簡單之至。然一方面，則我總覺此三句話，有說不盡的莊嚴、神聖，而廣大、深遠的涵義」。[5]

---

[5] 唐君毅，《人文精神之重建》（香港：新亞研究所，1955），頁2。唐氏的《哲學概論》（2冊，臺北：臺灣學生書局，1974）（初版於1961）是很深入地反思西方認識論大革命的很多方面，比方說，唐氏很注意到人類思考時所遇到的危險，像上述的五個問題，包括具體性錯置和誇大知性的不可靠在內（《哲學概論》，冊1，頁645-651），可是他這個討論沒有考慮到西方認識論大革命所揭露的危險，即誤會人心內容的淵源，而把從自己歷史或文化所繼承的預設視為普遍性的真理。雖然他很深入地考慮到「妄執」的淵源和種類，他沒有承認上述

二、中國二十世紀思想界對西方「唯主方式」的兩種回應

　　上述以樂觀主義認識論追求批判意識的思路，其內部有重要的分歧。改革開放之後，大陸知識分子並沒有立刻開始欣賞港臺海外尊敬孔子而反對馬克思主義的人文主義（包括「新儒」在內）。反而，1980年代之時，像李澤厚等人，除了對熊十力表示某種程度的敬意之外，都輕看牟宗三、唐君毅等。這種輕看可能因為兩方面的因素。

　　第一，心胸狹窄。那些如李澤厚等脫離五四運動對儒學的偏見，而瞭解到孔子思想價值的學者，無法承認比他們早三、四十年在香港，忍受世界蔑視，毅然抗議五四「啟蒙」的少數學者，是他們應該尊敬的先知先覺。

　　第二，大陸1980年代輕看新儒的角度也反映一種中西哲學性的分歧。按照西方哲學的主流，「坐而論道」乃哲學家正常之風格，因為哲學是觀照真理的學問，而思想與社會或歷史的關係不是直接的，更何況也不是一致的。然而，按照強調「知行合一」的中國思想傳統，「思想與歷史是統一在一起的，思想應該能夠在歷史的具體性中體現出來，實現出來。脫離歷史的思想會被認為是抽象的，不真實的」（頁7）。[6] 這樣一來，無論它的短處為何，五四以後的中國馬克思主義，仍將哲學與改造社會的歷史使命統一起來。相反地，無論它在哲學理性化方面的成就如何，「五四以後當代新儒學的發展，從某種意義上可以說，就是表現為思想與歷史的不斷分離」（頁7-8、14、19）。其實，按照個人的看法，新儒有沒有表現出這種「分離」是個有待討論的問題（下詳）。然而，當代中國知識分子多半把新儒學視為一種「打破……思想與歷史之間的統一性

人類思維過程的悖論性，而仍然維持樂觀主義認識論的立場，而且形成他的形上學之時，唐氏沒有提到具體性錯置的問題。所以，按照我所能瞭解，他重建形上學的嘗試跟牟氏的一樣很成問題。然而，就反駁西方認識論大革命所帶來的道德相對主義這個挑戰來講，唐氏思想所提供的資源不限於中國古代的思想和當代西方思潮，當代中國思想界對西方認識論大革命的回應也很重要，而這邊大概最重要的是唐氏的《哲學概論》。

[6] 拙文沒有特別說明的頁數都指鄭家棟《牟宗三》一書。

和同一性」的哲學（頁 19）則是沒有辯論餘地的。

　　大陸學者對新儒的這個保留也牽涉到當代中國哲學最核心性的一個問題。上面筆者已經指出當代中國哲學拒絕西方認識論大革命的「不可知論」的共識，即是按照當代中國哲學的主流，人心所能認識到的不但是邏輯的普遍性真理與感官資料，也是實踐的常道與宇宙的本體。而且，按照這個主流，人心有能力認識到各種知識間的統一性，即是從「世界原理」（馮契語）導引出來的自然現象、歷史發展，以及道德實踐的規律的統一性，而這樣能瞭解如何會通西方的理智與中國關於本體與實踐的體認，即把工具理性與價值理性貫通起來。而且一個人具有這種兼道器的智慧之後，會變成對歷史很有影響力的理想人物。這種從貫通、會通到大同的哲學性目標，與上述追求思想與歷史的一致化的目標是分不開的。

　　在中國思想界秉持此一目標者不限於新儒學。比方說，信奉馬克思主義的馮契教授有幾乎相同的看法。所以他對自己很出名的「四個問題」都有肯定性的回答：「感覺能否給予客觀實在？理論思維能否把握普遍有效的規律性知識？邏輯思維能否把握具體真理（首先是世界原理和發展原理）？理想人格或自由人格如何培養？」[7] 李澤厚 1970 年代在《批判哲學的批判》中以馬克思主義的角度去反駁康德「不可知論」之時，也強調上述「貫通」的目標，而很直接地把他這個目標視為宋明理學「天人合一」的理想。[8] 其實，馬克思主義也好，新儒學也好，當代中國哲學家雖然要把中國哲學「理性化」，他們卻把固有的天人合一的理想視為理性化中不可或缺的成分。這樣一來，連中國的馬克思主義，何況新儒學，都與固有的儒學有連續性，而沒有完全違背所謂的「道統」（下詳）。

---

[7] 關於馮契和金岳霖的哲學我多半依賴馮契，《智慧的探索》（上海：華東師範大學出版社，1994）；楊國榮，《從嚴復到金岳霖：實證論與中國哲學》（北京：高等教育出版社，1996）；以及陳曉龍，《知識與智慧：金岳霖哲學研究》（北京：高等教育出版社，1997）。

[8] 李澤厚，《批判哲學的批判》（臺北：風雲時代出版公司，1990），頁 559、579-580。

從上述樂觀主義認識論的立場來看，西方「不可知論」的「唯主方式」不能立足。然而，在批評「唯主方式」之時，當代中國哲學開出了兩條路。一方面，金岳霖與他的學生馮契都要完全反駁這個西方預設，而再證明主體心中當下呈現與物自身或客觀實在之間，沒有斷裂。他們的焦點在於看到主體內在生活與外在世界的合融處，而這樣把經驗視為「自在之物化為為我之物」與「得自所與還治所與」。跟荀子一樣，他們認為外在天地的真實不遜於主體的真實，而天地的存在或價值不需要從主體本質所導引出來的證據來證明。從這個看法來講，唐君毅九界論向「內」與向「上」的偏向，是抹殺外在世界的真實與價值，而不得不「打破……思想與歷史之間的統一性」（頁19）。而且，馮契也以強調「主體」與「客體」的「辯證主義」性的關係去反駁西方的「唯主方式」，而他從這個關係導引出歷史、自然和實踐的規律。

另一方面，按照新儒反駁「唯主方式」的思路來說，西方認識論的「唯主方式」的毛病不在於破壞主體心中當下呈現與外在真實的連續性。反而新儒多半贊成西方這方面的思路，尤其肯定康德的起發點，即以為主體內的最基本意識或知覺不能跟「所與」其他的內容直接地屬於完全一致的真實，因為主體與主體所感覺到的物件不能混為一談。所以，談內外之時，我們不能把主體化約到主體所感覺到的物件，即把主體化約到生物學家所研究的頭腦。其實還沒有讀過康德以前的唐君毅已經認識到這一點，而以這個看法來反對唯物主義與科學主義者的自然主義。

就唐君毅和牟宗三的看法來說，西方「唯主方式」的毛病在於它不夠瞭解主體的本質。他們肯定孟子的「盡心，知性，知天」的思路，而以為他們能以通過主體與實踐的本質，去把握主體在宇宙上的基礎，而這樣一方面瞭解實踐的規律與「世界原理」的本質，另一方面會通中國對價值理性的體認和西方對工具理性的瞭解，即會通中國哲學關於主體本質的智慧與西方關於自然現象的科學。

這樣一來,雖然大陸、港臺、海外的思想界現在重視新儒對「唯主方式」的「向內」回應,而不那麼注意金、馮的「向外」回應,這兩個回應都有利弊。新儒向內的思路一方面完全保護個人內心的自主,另一方面忽略外在現象在形成內心過程中的重要性與無限價值。金、馮的向外思路則一方面很肯定外在現象的重要價值,另一方面模糊個人內心自主與外在社會運動間的界限,而這樣很容易讓主體變成一種集體性混融內外的「我們」。新儒的「唯心主義」比金、馮的「向外」思路受歡迎,很可能是因為新儒能配合二十世紀強調個人自主的趨向,而避免唯物主義偏到集體主義的危險。然而新儒把社會與歷史視為個人主體以外而不一定存在的境界之觀點,也很有危險。

然而,除了上述這兩種對「唯主方式」回應的得失以外,這兩種回應都屬於以樂觀主義認識論追求批判意識的方法。這樣一來,它們避免西方認識論大革命所犯的錯誤,即誇大知性的不可靠,可是它們有沒有充分地考慮到西方革命所強調的思考危險?按照我的看法,反駁西方「唯主方式」之時,當代中國這兩條「向內」與「向外」的思路都是一方面有道理,另一方面不夠體會與「唯主方式」交織在一起的四種很重要的覺悟。

三、兩種回應所遭遇到的四個問題

國際論壇的哲學性批評不是單行道。批判的對象不但是中國哲學,也是西方認識論大革命。拙文意圖瞭解這種雙行道。然而,在此我只想說明我認為當代中國哲學遭遇到了四個問題,即:誤視主體中情感和符號的淵源、具體性的錯置、知識起發處的錯置,以及誇大了一個理論的成功。

主觀中感覺和符號的淵源很複雜。比方說,唐君毅有一種「萬物皆備於我矣」的感覺,而以為這個感覺必定是個「超越的情感」,即從宇宙「仁體」而來,而這種情感能作為道德的普遍性基礎。唐氏不同意沒有受到中國文化影響的人可能沒有類似的感覺。唐氏與牟氏一樣,不怕人心的自欺力量,而認為一個人

要評估自己「心中立場」之時,他完全有能力區分自己私人或群體生活的內容與反映普遍性真理的內容。[9]

牟氏與鄭氏完全瞭解把主觀誤為客觀的危險,可是他們的自信還是很強。這就是說,鄭氏沒有批評牟氏這一方面的自信。比方說,他沒有批評牟氏以下的說法:「對於熊師的學問亦當如此觀,這只是有『原始生命』,『原始靈魂』的人,才能如此。這不是知解摸索的事,而是直下證悟感受的事。若說證悟感受是主觀的,但在這裡,主觀的亦是客觀的。這是創造之源,價值之源,人生根底的事,不是知識的事。熊師學問最原始的意義還是在這一點。這是打開天窗,直透九霄的靈感。」(頁 99、103)而拒絕這種自信正是西方認識論大革命的一個焦點。[10]

牟氏這些話牽涉第二個困難,即在沒有經驗證據之時,即斷言思考的內容是指存在的實體或境界,像上面「創造之源」。這就是懷特海(Alfred North Whitehead)所講的「錯置的具體性」(misplaced concreteness)。跟唐氏一樣,牟氏認為道德需要一種宇宙性「根源」,而這個「根源」是某種「體」。牟氏「使用心體、性體、道體、仁體、誠體、智體、獨體」等詞(頁 141),而唐氏也有「理體」。在閱讀新儒著作之時,我沒有看到任何一句話針對懷特海所提到的這個危險。

而且,假如把這種「仁體」視為「世界原理」的話,「錯置的具體性」牽涉到許多的問題。一方面,瞭解「世界原理」是瞭解為什麼外在物理學性現象所表現的秩序會配合人心所想到的邏輯與數學。愛因斯坦(Albert Einstein)認為他沒有辦法回答這個問題,而除了黑格爾(Georg W. F. Hegel)很獨斷的說法

---

[9] 筆者關於唐氏思想有三、四篇。最長的在 *A Cloud Across the Pacific: Essays on the Clash between Chinese and Western Political Theories Today*, pp. 185-290。特別重要的資料是唐君毅,《生命存在與心靈境界》(2 冊,臺北:臺灣學生書局,1978)。

[10] 請參考郁振華,《形上的智慧如何可能?——中國現代哲學的沉思》(上海:華東師範大學出版社,2000),頁 244-245。在此郁振華描述金岳霖「本然陳述」之說法,此一說法正反映了本文所說的自信。

以外，牟氏等中國學者沒有處理這個問題。另一方面，「世界原理」不但包括外在物理學現象的規律，也包括人類歷史中曲折、複雜的因果關係，而把這些關係像黑格爾那樣從所謂世界原理導引出來的思路，大概不能立足。拙見以為不用韋伯式的經驗主義方法學而企圖瞭解歷史，不容易成功。

具體性的錯置是西方學者很熟悉而中國學者很少討論的課題。問題在於很嚴格地區分我們所能想到的內容與馮友蘭所謂的「實際」。比方說，我們所能想到的「上帝」還是「宇宙的發展原理」是不是屬於實際？假如我們能觀念化一種包括億兆人、五千多年歷史的「中國文化」，它是不是屬於實際？具體性的錯置此一觀念的用處在於讓我們很小心地考慮到我們所用的詞與實際的關係。

第三個困難是知識起發處的錯置。中國經學時代也好，西方聖經時代也好，知識的起發點不但是經驗與「吾心」的「心得」，也是「聖人之言」或「上帝之言」，即一種神聖經典。不錯，人類思想史關於這兩種起發處常常有很重要的徬徨，連在中國經學時代中，朱熹與王陽明都有把首位給予「心得」的說法，而連在二十世紀科學時代中，中外的各種神聖經典權威還是非常重要。比方說，我在美國的朋友之中，包括兩位完全信奉基督教的一流醫生。

雖然如此，今天國際性的思想界愈來愈以為知識唯一的起發處是思考的心力與經驗，即「所與」，而熊十力之後，新儒也不得不偏到這個潮流。

即使這樣，牟宗三的思想卻沒有完全避免「知識起發處的錯置」。比方說，為了要「經過康德而又跨越康德」，而證明「超越性的存在」之時，牟氏以「吾人依中國的傳統」的說法去處理這個問題（頁 141-142）。要證明理想人物能把絕對的智慧內在化之時，牟氏以為「此哲學原型不能夠思辨地求索之，而只能為聖人實踐地朗現之」（頁 227）。鄭氏對新儒的批評好像注意到這種知識起發點的錯置。鄭氏說新儒「所注重者是『神何由降』的心性義理，而不是『明何由出』的修持之學」（頁 91）。

第四個問題,即誇大了一個理論的成功,特別牽涉到一般性與具體性實踐規範的區分。不錯,人心也許能以普遍性的推理去證明實踐最一般性的道德規範,像「己欲立而立人」。可是這種規範與具體性的道德選擇,尤其是政治性選擇像「中國向何處去」的問題,很不一樣。實踐問題常常環繞兩個不同的政治方向,為了瞭解哪一個方向是對的,一般性的原則不一定有用。我還記得臺灣施行戒嚴法之時,國民黨政府與抗議這個政府的自由主義者都會強調「當仁不讓」的原則。所以哲學怎麼建立比較具體性的實踐規範是大有問題。還沒有解決這個問題之前,哲學家不應該說他們已經具有能解決所有實踐性問題的知識(請見下)。

四、鄭家棟的貢獻

　　在這樣很複雜的哲學情況下,大陸思想界改革開放以後沒有立刻欣賞新儒學問的原因很多。然而,1980 年代以後,像鄭家棟與郭齊勇等大陸學者,開拓一種對新儒學的嶄新看法。他們一方面充分佩服新儒的學問,而避免港臺、海外間的派系衝突,另一方面很平心靜氣地考慮到新儒說法的得失。討論牟氏哲學之時,鄭氏不但超過李澤厚在《批判哲學的批判》中關於當代哲學的瞭解,也比新儒更有能力將會通中西哲學的挑戰作清楚的分析。同時,鄭著又證明中國哲學的貢獻,即是以他批判牟氏哲學的功夫,幫助讀者比較中國與西方哲學,而更瞭解兩邊的優弱點。

　　然而在欣賞鄭著成就的同時,我還企圖要「經過鄭家棟而又跨越鄭家棟」(請見上面「前言」)。鄭教授說得不錯,我們的時代不是一種要「試圖像牟先生那樣創立某種籠罩一切的龐大體系」,而是個「多元化」強調「對話」的時代(頁 234、239、257)。而且,「對話」的意思當然是以批判的再批判這個方法,繼續挖掘和評估中西說法所依賴的思想規矩,而儘可能地避免依賴沒有經過批判的預設。

然而鄭教授也認為「牟先生所闡發和由其所引發的諸多問題，卻仍然是我們相當長的時期內所必須認真地加以思考和面對的」（頁257）。我們所要思考的不一定限於牟氏「所引發的諸多問題」，我們也要看牟氏有沒有以他追求批判意識的思路挖掘出中西哲學的異同與得失，像上述的四個問題。除了牟氏對中國與西方哲學取捨的判斷以外，有沒有另外一種比較合理的取捨方式？

五、牟氏的生活、人格與思想發展

拙文關於牟氏說法與生活的討論是依賴鄭氏的研究，可是關於唐君毅等題目，也有少數的敝見。牟宗三（1909-1995）與其新儒友人唐君毅（1909-1978）背景不同，因為四川宜賓縣的唐家是小康的地主，而唐君毅父母都有學問，甚至為歐陽竟無所欣賞。出生於山東棲霞牟家疃的牟氏的祖先，都是很平凡的鄉下人，以「耕讀持家」。牟氏最基本的人生理想可能沒離毛澤東的太遠，也是環繞農村中的樸厚生活。所以他會常常援引像他的父親那樣「有本有根」的農人為模範，去罵當代的「浮薄知識分子」（頁25、54-55）。他在1950年代後常常在臺灣教書，好像比唐君毅及徐復觀更能接受國民黨統治下的社會氣氛，這也許是因為他用來觀察社會的眼光與其說是學者的，不如說是平凡老百姓的。同時，牟氏漸漸變成哲學家之時，他的風度就愈來愈反映那種從中國黃土來的「有本有根」的精神，即一種讓別的知識分子怕他的、自信無限的「不動心」。牟氏以為他的老師熊十力是唯一的能把道統傳下來的人，而「熊先生一輩子就想找一個人傳他的道……熊先生知道我可以為他傳……」（頁102、104）。難怪牟氏甚至把自己的生活方向與孔子相提並論（「退休之後，當略師孔子歸魯之意，返臺作數年講學，以培養青年……」）（頁32），而談到西方最偉大的思想家之時，牟氏很自信地作出評論，像「黑格爾不是一好的哲學家，而是一好的歷史哲學家」（頁84，註17）。在鄭著以及我自己所閱讀到的牟氏著作中，我都沒看到像唐氏所表現出來的某程度的自疑或憂鬱的情緒。

1927年升入北京大學之時，牟氏「來自農村，不太懂得交際應酬，所以就埋頭讀書，天天上圖書館，自己找書看，慢慢地就有了自己的理路……」（頁28）。牟氏很早就避免科學主義的誘惑，而意圖以研究古今中外的哲學去瞭解宇宙的本體。牟氏那個時候還沒有遇到唐君毅，可是他們兩位同樣地受到正在辯論唯心與唯物主義那個時代的影響，即認為中國文化的出路，完全要看如何解決本體論問題，因為一個文化發達與否，要看它對宇宙的「發展原理」有沒有把握。

在北大尋找這種瞭解之時，牟氏受到要結合邏輯實證主義和「元學」的金岳霖與研究中西哲學的張東蓀之影響，而開始跟著他所謂的「雙線進行」的思路，即為了瞭解宇宙的本質，要對西方與中國的說法作深入的反思。所以他在北大之時，一方面注意到朱熹等古代賢者的思路，而特別從「象數」方面去研究《易經》，另一方面研究羅素（Bertrand Russell）與懷特海的哲學，而特別去上張申府先生的課，這樣開始十年念數理邏輯的苦工（頁28-29、92）。

那個時候牟氏「雙向進行」思路的焦點在於直接地把握邏輯、本體論，與宇宙本質的互相關係。換句話說，跟很多二十世紀中國知識分子一樣，他還沒有考慮到西方認識論大革命關於知識範圍所提到的懷疑。然而，牟氏從1933年北大畢業之後，這些懷疑開始變成他思想的焦點。

這個改變與牟氏接觸到康德和熊十力有關（牟氏在大學三年級時第一次「見到熊十力」，頁91）。按照我的瞭解，鄭教授關於這個改變說得很對，即一方面牟氏很受到「近代以來西方主體性特別是康德哲學的影響」（頁214）。這樣一來，牟氏同意康德的主張，即主體不能以自己的思辨能力，直接地瞭解超越個人主體而作為道德基礎的宇宙本體（頁112）。這就是說，假如道德有一個超越個人主體的基礎，這個基礎不可能是一種對主體的感覺或思辨作為對象的實體或真實。另一方面，探索這個超越個人主體的道德基礎之時，牟氏完全拒絕康德的結論，而肯定熊十力與孟子「盡心，知性，知天」的思路，即以

為這個基礎非在主體自身不可。

　　這就是說，個人的自我是屬於一種作為宇宙中心與道德基礎的大我，而小我能以反省去瞭解這個大我。換句話說，按照康德，因這種道德基礎不可能是小我以思辨所能把握的對象，所以這個基礎只是主體能以思辨所想到的「設準」或「理念」，即是「虛」的。然而，按照牟氏的看法，康德忽略了另外一個可能，即這個道德基礎是在一種包括小我的主體中。所以，牟氏要「經過康德而又跨過康德」。這是他的「虛而實之」的目標。這就是說，正確地瞭解主體本質之後，道德基礎不再是康德那種完全「虛」的「理念」，而跟宋明理學的「天」一樣，是一種既活潑又能讓人類理想落實的宇宙力量。這樣一來，「西方哲學並沒有影響和改變牟先生有關宇宙人生的基本認識」（頁231）。

　　鄭教授的此一說法非常深刻。然而我不同意他另外一個看法，即「西方哲學包括康德哲學對於牟宗三的影響，主要的也只是具有形式的意義」（頁231）。其實，按照鄭氏自己所瞭解的，康德決定了牟氏哲學所針對的一些議程或問題，康德所沒有影響的只是牟氏對這些問題的回答（頁139）。

　　這樣一來，牟氏把二十世紀中國哲學理性化的挑戰（頁228）視為在於把康德的「理念」「虛而實之」（頁140、143），即是在這方面反駁西方認識論大革命，而肯定中國哲學固有的思路。

　　其實，很敏銳地看到這個挑戰的牟宗三提供了兩個構想。他一方面以為上述通過孟子的道統能糾正西方哲學的錯誤，另一方面瞭解到哲學的道理原來是普遍性的。所以中國哲學必須考慮到中外所有探索道理的說法，而必須以參加國際性的辯論或對話，來決定哪一個說法最合理。

　　我們需要區分這兩種構想。前者對不對是一回事，後者的正確性則很難否認。從孔子的「學而不思則罔」與孟子的「不得已」而「辯」以後，儒學一直要培養一種有自覺的實踐。難道儒學的道是個無自覺的道？問題在於自覺的方向或內容為何，即是自覺是在於把握上述的「貫通」，還是在於一種批判這個

樂觀主義認識論的思路？

　　1933 年到 1995 年的六十多年中,牟氏的研究在大陸、香港和臺灣都是針對上述哲學性的挑戰。他的「虛而實之」之思路的最後淵源,當然是陸王學派的「本體即工夫所致」的主張。然而陸王的問題在於怎麼把「心」、「理」和「物」貫通起來,而牟氏的問題在於怎麼將道德、宇宙本體和現代科學所研究的現象等貫通起來。要把「心」、「理」和「物」加以貫通之時,宋明學者當然瞭解「見聞之知」與「德性之知」是不容易融合的,可是他們沒有遇到像康德那樣對貫通的可能性有很根本的懷疑。

　　無庸置疑,科學破壞陰陽五行理論原有的首要地位,把儒家的「萬物」變成科學的「現象」,因而完全改變了中國思想界的議程,可是這個重大的攻擊完全沒有影響中國思想界固有的目標,即「貫通」。那些以為此一攻擊讓儒學傳統「解體」的中西學者,常常忽略這個目標與儒家傳統之間的連續性。

六、牟氏成熟思路的八個層面

　　要追尋這個目標之時,唐君毅有時會直截了當否認康德所謂「現象」與「物自身」間的鴻溝,而斷言當下呈現的內容充分地配合「物自身」或「物自身」的真相。[11] 唐氏這個思路跟金岳霖的有一點類似。然而牟氏的第一步是承認主體所感覺到的對象或現象的本質是「不可知的物自身」,可知的物自身只是主體自身而已。這就是說,道德必然有基礎或淵源,這個基礎必須存有而可知的,而「所與」或當下間唯一的既存有又可知的內容,是主體自身,不是主體所感覺的物件或對象。

　　第二,按照牟氏,這個內容是可知,可是不明顯。這就是說,瞭解到主體這個物自身的本質,有待東西方很多思想家所沒有成功地把握的一種思路:「牟

---

[11] 唐君毅,《中國文化之精神價值》(臺北:正中書局,1972),頁 63、95。

先生所說『窮智見德』絕非是一個虛詞,他是真正在理解,處理了知性,邏輯,知識方面之種種曲折的問題之後,具體地而非抽象地認識和彰顯知識理性的限制,然後再進行一個跳躍,由此接上康德實踐的智慧學和儒家的心性之學。」（頁73）

牟氏一再強調這個「曲折」或「逆思」。他說他的路不是「『順取之路』即外向的知識之路」,而是個「逆覺體證」的路（頁187）,即「由外轉內之轉進」的路（頁182、207）。

就是因為這條思路是個不易捉摸到的路,即一種形而上學的奇技表演,所以思想家常常會迷失,像《中庸》的不「從主體自身來講」的「天命之謂性」這種誤會（頁155）;東西方所有其他的從「只存有而不活動」的本體,而不「從主體自身來講」的形而上學;東西方像朱熹從這個「不活動」的本體引出來道德的「本質理論」（頁112、186）;《大學》以「以知之源決定行之源」這個誤會去瞭解主體的本質這個錯誤（頁185）;康德的把所有指主體本質的觀念視為「設準」而已的不可知論;新實在論和所有其他的不瞭解「轉內」的「逆思」;以及像馬克思主義、科學主義、邏輯實證主義、自然主義、相對主義等。跟宋明理學一樣,牟氏以為人心有能力「知道」,可是因為這個能力很脆弱,所以人心常常陷入迷路的黑暗。這個脆弱性跟他的歷史觀很有關係（請見下）。

牟氏以為尋找正確的思路不但需要邏輯思維的功夫,也需要「直覺」與「跳躍」,可是他這個直覺不是什麼籠統或獨斷的衝動,而是個有待「盡智」即完全經過邏輯與知性之路以後才有的體驗,即思辨後的直覺。

按照像波普等西方認識論大革命的代表人物的看法,「直覺」不是一個能把握真理的方法,因為除了實驗性證據以外,人心沒有能力區分把握真理的直覺與所有被歷史性情況所形成的各種主觀印象或思維模式。可是西方這個判斷沒有考慮到思辨後直覺的可能性。在此牟氏哲學揭露了西方認識論大革命的一個弱點。

第三，假如能作為道德基礎的既存有又可知的物自身，只是主體，而瞭解主體這個物自身是需要思辨後直覺的「逆思」的話，這個「逆思」所發現的是一種「方向倫理」，即這個物自身原來是一種「方向」或「活力」，而不是一種「本質」（頁112）。換言之，宇宙本體只是一種「方向」而已。

　　第四，這種「方向」的意義環繞著中國的一個古典的區別，即「有執」與「無執」。反映《道德經》、佛教（尤其唯識論），以及宋明理學（尤其陸王派）的「無執」理想，是指道德的克己性核心，即一種超過所有私欲與時空性區別的與萬物一體同流的感覺。「有執」則是指與時空性區別糾纏在一起的私欲和邏輯性思辨。[12] 因為對牟氏而言，道德必然意味著「無執」這個大公無私的理想，而人生當然跟時空性區別糾纏不清，所以人生必然是個把無執與有執交織在一起的過程。這就是說，人心的道德意識是反映「無執」的理想，而科學與所有工具理性的活動是屬於「有執」的範圍。

　　第五，「有執」與「無執」不但指個人或人類的一些主觀態度，它們也指宇宙的本體。跟宋明理學貫通「吾心」或「人心」與「道心」一樣，熊氏和牟氏斷言主體有本體，而主體的本性即是「宇宙之心」（熊語，頁106）。

　　第六，所以我們能從有執與無執的關係導引出來宇宙本體的一些特點。最明顯的是宇宙本體的一種分別化的過程，即牟氏的「兩層的存有論──『執的存有論』和『無執的存有論』。『執的存有論』是識心；『無執的存有論』就是智心，這就是徹底的唯心論」（頁211）。牟氏也把「智心」視為「智知，智的直覺所成者」，而把「識心」叫為「識知，感觸直覺所成者」。他也以為「智知」是把握「無限」，而「識知」是關於人生「有限」的方面（頁138-139）。

　　然而，雖然有這種分別化，宇宙所有的方面必須從一個根源來的。為了支持他的看法，牟氏愛援引佛教的「如來藏自性清靜心」與「一心開二門」論（頁141-142、212-213）。

---

[12] 關於這個區別在中國思想史中的角色，請看唐君毅，《中國文化之精神價值》。

雖然如此，牟氏同時避免佛教的看法，而肯定儒學的路向，即把這個「一心」視為「生化之原理」（頁140）。即《易傳》的「生生不息」觀念。這樣一來，這個「一心」最後是個結合「有執」與「無執」的「活動」（頁117）。而這個活動的本質也很清楚，即因為這個「仁體」需要生產萬物，它不得不偏到「有執」。可是，因為「有執」會破壞「仁體」的統一性，所以偏到「有執」是「逆」「仁體」的本質，即是一種「自己之否定」的「坎陷」過程（頁82）。

第七，牟氏對主體的瞭解包括兩種互相反映的「逆」，即宇宙仁體自我「坎陷」之「逆」，以及上述人人為了探索宇宙本體所需要的「逆思」。這兩種互相不無關係的「逆」一起形成歷史的辯證主義性的動力。

就牟氏與很多二十世紀中國知識分子來說，歷史發展的規律與自然現象的規律，必須從一個宇宙本心來的。對他們而言，這是不證自明的真理。所以把握主體的本體即是瞭解歷史的原則。

因此，宇宙原來所「坎陷」的「仁體」作為歷史「精神」之時，它不得不「曲曲折折」地「實現其自己」，而以這種「辯證中的矛盾」去形成不同的文化與歷史階段，何況人心的脆弱性所帶來的複雜性（頁84）。因為上述的兩種「逆」的緣故，道德理想在歷史中落實之時，都是個「曲通」的過程。很可能牟氏1949年之後在臺灣沒有像徐復觀一樣抗議國民黨的政策，就是因為他是以「曲通」的智慧去看政治的歷程。

另一方面，歷史最後不得不完全表現出來仁體的本質。這是因為歷史最基本的動力不得不從宇宙的仁體來的。這就是說「內聖」不得不「開出新王」，即不得不朝向一種「以我們自己的文化命脈作本，要求跟西方希臘傳統來一個大綜合」（頁219）。

這就是說，跟唐君毅一樣，牟氏以為我們瞭解道德的超越性基礎時，我們不但瞭解一些普遍性的標準而已，我們也瞭解道德在歷史中的具體力量。跟幾乎所有二十世紀中國知識分子一樣，牟氏在歷史中看到一種很有力量不可抵禦

的世界潮流，而同時這個潮流的完全落實卻是有待人類先知者的工夫，像牟氏自己的「辨示」（頁226）。他這個想法讓我們想到他關於荀子思想的詮釋，即「天生人成」。跟這個古代看法不同的就是在中國二十世紀思想主流中，宇宙仁心的力量是以通過歷史向上的潮流去表現出來的。

第八，因為道德的基礎即宇宙的本體，它一方面超越所有時空性的區別，另一方面不外於個人主體的範圍以及歷史的發展。所以牟氏把這個真實視為「內在超越」，而這樣區分古今中國思想的道統與西方的「外在超越」，即以為主體與宇宙本體（上帝）不可能成為一致的西方人生觀。

七、鄭氏對牟氏哲學的批判

就鄭家棟教授的看法而言，牟氏可能是「宋明以後最成功的一位儒家『教師』」（頁15）。然而鄭氏跟牟氏眾多的門徒的看法不同，鄭氏以為牟氏跟康德一樣，是一位非常有能力揭露哲學所應該解決的問題，可是多半沒有解決這些問題的哲學家。

上文我曾引用鄭氏的判斷：「牟先生所說『窮智見德』……絕非是虛詞」（頁73）；「在某種意義上可以說，牟宗三是中國哲學上的康德，他以其哲學修養和睿智及對於時代問題的深切感受，建構了龐大而精緻的哲學體系，此哲學體系具有某種經典的意義，同時也不可避免的隱含著眾多的矛盾與問題」（頁233-234）。他「最終所成就者毋寧說更接近於西方後康德時代所謂『主體性』的人本主義哲學」（頁146），而他「內在超越」與「二十世紀西方宗教神學」的很多說法有類似之處（頁150）。

然而，無論牟氏跟西方哲學的類似之處為何，鄭氏認為在會通中西哲學之時，牟氏一方面找不到有效的哲學理論而接不上西方的哲學立場，另一方面又離開了「中國哲學」的「道統」或它的基本精神。這樣一來，牟氏哲學最大的貢獻不在於接近當代西方某種時髦的思潮，而在於揭露一個好像沒有辦法避免

的悖論或困境，亦即要「理性化中國哲學」之時，理性化的成就越彰明，離開固有精神的趨向越不可避免，反之亦然。

換言之，牟氏沒有找到一種能結合西方強調理智、分解、分析的思路與中國強調關於實踐體驗的思路。鄭氏有時會把這兩條思路視為「哲學」與「宗教」（頁234）。無論用什麼詞，這個區別當然是東西所一樣強調的，像中國古代「尊德性」與「道問學」或韋伯的「價值理性」與「工具理性」的區別。為了結合思想的這兩方面，牟氏強調上述「坎陷」的觀念，可是鄭氏則以為牟氏沒有解釋為什麼宇宙原來是統一的本心會去否定自己。[13]

除了這種形而上的問題以外，要會通中西的牟氏沒有把握西方哲學的立場，反而陷入一種不三不四的陷阱，即從儒學的看法來講，牟氏太偏到「學統」而不夠強調「道統」方面的「教」（頁197），可是從余英時的看法來說，「新儒家所倡導的其實是『教』，而不是通常意義的『學』」（頁195）。鄭氏說得很犀利：「在一定意義上可以說新儒家是『有宗而無教』──其所注重者是『神何由降』的心性義理，而不是『明何由出』的修持之學。」（頁91）而且，要建立形上之體系的牟氏，不夠瞭解當代哲學由「判教」轉向「對話」，由找「系統」轉向談「問題」的趨向（頁234、236）。

要會通中西哲學的牟氏不但沒有完全把握西方哲學的角度，他也與中國固有的思想不夠連接。討論這個連接問題之時，鄭氏一方面詳細地談「道統」問題，另一方面則扼要地講儒學關於實踐與思想的看法。

鄭氏把「道統」觀念的歷史，從韓愈、朱熹一直到馮友蘭、錢穆、牟宗三等學者都講得很詳細（頁159、177-179、189、190-191）。然後很犀利地指出牟氏哲學與儒學道統的一些不同。無論「道統」的定義如何，「儒家所謂『道德良知』並不包含『逆』的規定，它不可能否定自身，也沒有必要否定自身……」。

---

[13] 鄭家棟，《當代新儒學史論》（南寧：廣西教育出版社，1997），頁77、166。

鄭氏也很敏銳地指出,「一心二門」與宋明理學的格格不入（頁214）。鄭氏以為牟氏這個「逆」或「坎陷」的說法是「吸收黑格爾矛盾、辯證觀念的結果」（頁83、88）。因為以上的緣故，牟氏不得不改造宋明理學關於「傳道」的看法（頁171）。在此鄭氏注意到兩個有意義的問題：（一）牟氏以為「內聖一面之彰顯自孔子立仁教始」，而這樣改變了宋明理學對「道統」的看法，即以為道統是自「堯，舜，禹，三代始」（頁170-171）；（二）在牟氏眼目中，陸王比程朱更能把握「道統」，可是牟氏以「心性義理」講道的意義「實近於朱子而非陸象山」（頁193）。

然而，無論「道統」的定義為何，鄭氏認為中國固有的思想最重要的特點在於思想、實踐、社會，以及歷史的互相關係。上文曾引過鄭氏的話：「在儒家傳統中，思想與歷史是統一在一起的，思想應該能夠在歷史的具體性中體現出來，實現出來。脫離歷史的思想會被認為是抽象的，不真實的。」（頁7、19）在這樣的統一性中，「歷史的具體性」與「思想的普遍性」沒有分開（頁19）。換言之，「這是一種具體化了的普遍性，是歷史化了的普遍性，是與生命個體的實存經驗和感受關聯在一起的普遍性」（頁228）。從鄭氏的看法來講，強調上述關聯之主張不但是儒學歷史性傳統的特點，也是當代要會通中西思想的中國哲學非肯定不可的目標。

牟氏則沒有想辦法一方面肯定這個目標，另一方面理性化中國哲學：「歷史化了的普遍性」或「普遍性的真理與價值在很大程度上是通過聖賢人格（而非思想概念）來體現的」，而這個特點「很難為世人所瞭解和把握」（頁228）。而且，要找一種「世人」能接受的思路，牟氏需要「面對由西方引入的以培養專家學者和社會實用為目的的教育和科研體制」（頁230）。何況，西方哲學的影響「背後所隱含的乃是一整套社會體制、生活方式特別是專業化社會分工的引入」（頁21、233）。

這樣一來，牟氏哲學與儒學最大的非連續性在於牟氏沒有維持上述「知行

合一」的「關聯」。他的思想「與歷史……不斷分離」，而「轉化為某種與實際的歷史過程相疏離的，純粹觀念形態的儒學」（頁8），即變成一種「走出歷史」的、被「哲學化」的、被「邊緣化」的，而「與歷史上知行合一的，生活化的儒學，已經不能同日而語」的儒學（頁21）。難怪牟氏在「制禮作樂」方面沒有貢獻（頁91），而「可以說與所有重要的歷史事件無關」（頁3）。

換句話說，牟氏沒有想辦法兼得兩個目標。一方面，「現代世界的意義系統在很大程度上就是由西方文化的概念符號所構成的，而東方民族的傳統思想要在現時代為人們所認識並產生影響，就必須以某種方式與此一意義系統發生聯繫」（頁230）。另一方面，中國哲學不能陷入「坐而論道」的陷阱，即必須「重建儒家與生活世界的關係」（頁235）。

看到牟氏無法兼得這兩個目標之後，鄭氏略談到可能有的出路。他認為上述的「重建」需要避免新儒的「實踐的理論」而形成一種「理論的實踐」。鄭氏以為假如中國哲學界在「後牟宗三」時代中能由「判教」轉向「對話」，由「系統」轉向「問題」的話，它可能會有辦法找到「理論的實踐」之路（頁234、236）。在此，鄭氏好像反映了當代西方詮釋學的影響，即以對話代替尋找絕對真理的哲學。然而，鄭氏也以為尋找這條路可能需要修改儒學對「實踐」的瞭解，像「內聖」理想偏到太樂觀的方面。[14] 所以對鄭氏而言，繼承「儒家思想的精神價值」還是需要「反省儒家思想的限制」（頁234）。

八、批判的再批判：牟氏哲學與實踐的關係及其與傳統儒學的連續性

「理性化中國哲學」與維持中國哲學固有的精神兩者，有無鄭氏所說的相互矛盾或緊張？這個問題一方面要看「理性化」的意思為何？另一方面，「中

---

[14] 鄭家棟，《當代新儒學史論》，頁78-80、256-260。

國哲學」的「道統」或最基本的特點,也是一個有待討論的問題。而且人人都同意,無論理性化的定義如何,當代中國的思想不可能百分之百地維持傳統儒學所有最基本的特點。比方說,宇宙觀方面,科學不得不取代陰陽五行的說法。所以我們不得不遇到另外一個問題,即固有的思想之中那一個特點最不可缺乏,而以理性化標準去取捨固有的思想之後,這個最重要的特點有沒有被保存下來?這樣一來,除了哲學性與方法學性的問題以外,鄭著也牽涉到歷史學方面的問題,即鄭氏有沒有合理地分析牟氏哲學與傳統儒學的連續性與非連續性?牟氏有沒有改變儒學對實踐與歷史的看法?

談到新儒對實踐的看法之時,筆者有三個主張。第一,現代化時代開始以後,實踐的本質有基本上的改變。在此改變之後,思想還是可以環繞實踐問題而表現「毅然以天下為己任」的精神,可是形成思想與社會之橋樑的思路不可能跟古代一樣。第二,牟氏哲學完全包括此種新的橋樑。第三,此一新的橋樑與古代思想跟社會的關係還是有類似之處。這是因為古代此一方面的關係原來沒有像鄭氏所講的那麼「渾然一體」(頁19)。總而言之,說新儒「走出歷史」不如說在新的歷史階段與架構中,他們還在尋找改造實踐和歷史的思路。

儒學是一種「入世」的思想,它的實踐觀念原來兼內外,即不但指「正心」,也指「平天下」。而且,明末清初的實學和經世思潮包括一種更強調外在的趨向,即在生活的外在層面(像「已發」、「氣」、「器」、「利」或「史」)找到「天理」落實處的思路。歐風美雨之後,實踐的意義還是更多偏到生活外在方面的改善。現代化時代開始之後,「平天下」的目標不得不跟現代化的意義融合在一起,而實踐的內容開始包括一種新的關於外在生活的期待,即以實行富強、民主和大同去「改造時代」。這些現代性的期待不得不牽涉到社會架構的改變,像新的政治形態和運動以及分工化和「三個市場」的制度化,何況關於外在宇宙的新瞭解,即科學。[15] 更何況把理想變成事實的組織架構,從天子

---

[15] 關於「三個市場或多元主義」,請參考筆者,〈二十世紀中國知識分子的自覺問題〉(收入本書)。

與聖人的角色，改變到政治運動或思想的改造。同時，幾乎所有關於這些外在方面的新觀念都是從國外的文化與思想傳統而來。

這樣一來，歐風美雨之後，實踐的問題跟「改造」外在世界是分不開的，改造外在世界與培養「民德」與「民智」是分不開的，而培養「民智」與形成新的「思想」是分不開的。其實，梁啟超的《新民說》給予現代性的實踐問題一個清楚的定義。

培養這種民智所需要的思想牽涉到很複雜的挑戰，即在拋棄過去作為實踐前後關係的範疇後（像神聖經典、天地人與陰陽五行的宇宙觀、聖人與天子的角色、三代的模範，以及中國在世界的中心地位），如何取捨古今中外的說法，而建立一種新的思想體系？形成這種體系之時，中國知識分子不得不採用對比較古今中外想法有用的一些新詞彙，像「傳統」、「文化」、「文化精神」、「人文主義」、「現代化」、「過渡時代」等。而為了比較不同的文化，他們也不得不採用新的分析方法，像「哲學」的「本體論」或「認識論」等。他們同時也需要考慮到如何評估對不同哲學的批判，像是否應放棄所有中國荀子以後的思想，或怎麼反駁西方「不可知論」。

鄭氏好像同意培養「民智」需要形成一種針對多種問題的抽象思想。雖然他批評牟氏「哲學化」儒學的毛病，他也承認「傳統的重建……首先意味著言說意義上的重建……這或許是中國哲學現代發展的必由之路」（頁227）。

談到上述形成新思想的困難之處，我們一方面承認孫中山「知難行易」的話不無是處，另一方面應該注意到孫氏的「知」還是與「行」是分不開的。

同時，因為「新民」的「行」是一種現代性的經濟、政治、社會行為，所以引導他們行為的規範不可能像《禮記》那樣詳細地決定外在社會生活的每一個環節。民德與民智的培養不在於「制禮作樂」，而在於以教育去形成國民的比較一般性的價值取向，像「公德」。這是因為現代性國家所依賴的社會行為或精神，就是嚴復、梁啟超等先知所強調的一種結合國民內在創造性和外在自

由的新人生觀。

所以，中國進入現代化時代之後，實踐問題跟國民精神的問題是分不開的，國民精神問題與思想問題是分不開的，而思想問題與很抽象、很哲學性的問題是分不開的。孫中山說得不錯：「思想貫通以後，便起信仰；有了信仰，就生出力量。」這個典範也是陳獨秀的：五四時代，為了動員民眾，他要「將自己理論主張化為中華民族思想解放的實踐」。[16]

跟孫中山和陳獨秀一樣，牟氏所找尋的是一種能改造中華民族的思想與實踐的理論，與他們不一樣之處則有兩方面。第一，牟氏沒有去做一個政治家，而寧可探索學理性的問題。第二，他這個選擇有一個前提，即中華民族所需要的思想不是一種少數偉人所構思的體系，而是個要等待很多研究才有辦法形成的哲學。牟氏當然沒有放棄「知行合一」的目標，他就是認為這個目標還沒有落實的一個重要原因，是「知」方面的工夫還做得不夠。說他「走出歷史」不如說他要以哲學來改造歷史。

牟氏跟唐君毅、錢穆、賀麟等人文主義者一樣很尊敬孫中山。牟氏那本很重要的著作《政道與治道》的題目就是有意地配合孫中山區分「政權」與「治權」的說法。跟孫中山一樣，牟氏以為中國的發達要依賴兩方面的過程，即一方面進行思想的改造，另一方面要看歷史的潮流或「力量」：「政治的現代化……即得靠文化的力量、思想的自覺。所以，知識分子思想上的自覺是很重要的，依此而發動文化的力量、教育的力量……這就是我們現代化的道路。」[17]

鄭氏坦承牟氏「對於時代問題的深切感受」（頁233）：「五十年代牟先生所從事者主要集中在文化意識的闡揚，所謂『本中國內聖之學解決外王問題』。」（頁37）鄭氏說得很對，「以唐、牟、徐為代表的一代新儒家與『五四』

---

[16] 劉桂生主編，《時代的錯位與理論的選擇：西方近代思潮與中國「五四」啟蒙思想》，頁163。
[17] 牟宗三，〈序〉，《政道與治道》（臺北：臺灣學生書局，1980），頁24-25。

傳統之間沒有實質性的分歧，因為他們同樣認為民主與科學為中國文化的現實發展之所首要和必須。牟先生所提出的問題是：民主與科學的背後是有某種精神在支持的，重要是如何把此種精神接引過來⋯⋯」（頁80）。

牟氏討論本體論而採用黑格爾環繞「精神」的歷史觀，就是為了瞭解「如何把此種精神接引過來」，而以這個「精神」去「發動文化的力量、教育的力量」。

鄭氏認為牟氏太偏到學院性「教師」角色，而這樣「走出歷史」。可是牟氏這個角色跟他要「發動教育力量」的目標是分不開的。跟這個目標分不開的還有牟氏很多其他的表現，像他在1950年代在臺灣所形成的「人文友會」，以及他在1958年跟唐君毅、徐復觀、張君勱一起發表的「宣言」（頁31）。同時，牟氏那麼猛烈地批評當代許多知識分子的態度和哲學理論，就是因為他怕他們的思潮會破壞中國教育所需要的精神。所以，跟殷海光的自由主義或馮契的馬克思主義一樣，牟氏哲學的基礎仍是中國固有的「毅然以天下為己任」的動機。而且說牟氏在歷史發展中沒有像梁漱溟、馮友蘭「代表了某種現實的努力傾向⋯⋯」（頁22）是不太恰當的。中國會跟隨哪一種思想的問題與歷史傾向很有關係。無論中國馬克思主義的得失和演變如何，我們不能低估新儒給予馬克思主義的挑戰。

不錯，鄭氏說新儒「走出歷史」之時，他所「特別關注的不是梁、馮、牟等人說了些什麼，而是他們實際所扮演的角色」（頁22）。然而一個社會角色的歷史意義是那麼容易評估嗎？盧梭跟什麼「重要的歷史事件」有關係？何況鄭氏還是批評了新儒所形成的思想，即它沒有「儒家思想的義理結構與社會歷史的直接同一性」，而只是「一套可以在思想的邏輯法則上自足自立的理論系統和觀念形態」而已（頁22）。所以鄭氏的批評還是歸屬於這「一套」的抽象性。然而，如上所述，無論新儒學多麼抽象，它的所以然仍然是瞭解怎麼「接引過來」中國文化、教育，以及政治現代化所需要的「精神」。

這樣一來，鄭氏的批評等於說牟氏意圖實行知行合一的理想，可是他的思路沒有幫助當代中國知識分子針對上述的挑戰，即怎麼把中國所需要的「精神」「接引過來」。然而我相信這也不是鄭氏的意思，因為他強調牟氏這方面的貢獻，即把中國哲學所需要針對的問題揭露出來。

鄭氏「走出歷史」的批判引起了一個既複雜又關鍵性的問題。鄭氏說得很對：這個問題的核心就是「傳統與現代之間的衝突」，而「新儒家必須無可選擇的（無論是主動的還是被動的）順應現實社會的變化」（頁 21-22）。如上所述，歐風美雨之後，儒家與別的進入現時代的軸心傳統一樣，不可能維持它以前跟社會那麼密切的關係，而需要適應社會與思潮之間一種比以前來得鬆散，甚至片斷的關係。

然而，這個關係與傳統之間的對照沒有鄭氏說得那麼明顯。最重要的是分明傳統在二十世紀人心目中的意象與古代人物關於自己生活的瞭解。傳統也好，現代也好，「知行合一」不是事實，只是一個還沒有落實的理想。所以，在古代人物的心目中，鄭氏關於傳統的看法很成問題，即「在傳統儒家那裡思想與歷史，社會原是渾然一體的」（頁 19、21）。

傳統的士人跟新儒一樣，認為「天人合一」、「政教合一」與「內聖外王」都是人類不可或缺的理想。可是他們也跟新儒一樣，認為由於歷史的「積弊」與當代人們的工夫不夠，當代的制度與思想離這個目標很遠。一方面外在的世界有「霸道」而沒有「王道」（朱熹語）。另一方面，人類內在生活還沒有把握「惟精惟一，允執厥中」的工夫，而當代的學術都充滿毛病。所以，按照儒家的人生觀，人類歷史造成了一種理想與當代社會間的鴻溝。其實，從「軸心時代」與「困境感」的立場談到儒家思想史的二手資料已經把這種傳統儒家的鴻溝感分析得很詳細。[18] 雖然儒家的人生觀是「入世」的，「入世」所指的不是

---

[18] 請看 Thomas A. Metzger, *Escape from Predicament: Neo-Confucianism and China's Evolving Political Culture* (New York: Columbia University Press, 1977). 中譯本見墨子刻著，顏世安、

一種把當代世界視為一種《大學》「八條目」已經實現的理想社會，而只是一種依照《大學》「八條目」能使之完美的世界而已。我們不能把傳統儒家的理想與他們整個關於思想與社會的看法混為一談。跟基督教與其他的軸心時代信仰類似，從孔子以後儒家一直區分道的理想與「無道」的當代。他們的區分與新儒的人生觀豈有異趣？

按照鄭氏，「在儒家傳統中……思想應該能夠在歷史的具體性中體現出來……」（頁7）。牟氏當然同意這種「應該」。

不錯，宋明理學是兼顧尊德性的默然工夫和道問學的尋找，而新儒所專心的，則是以解決當代哲學觀念上的「衝突」去「會通」中西。然而，連在這方面，我們也不要誇大新儒與傳統的出入。對宋明理學而言，觀念的澄清還是很重要。而且，從整個的儒家傳統來看，工夫有幾個方面，而哪一個應該作為起發點得視情況而定。比方說，清代實學時代把考證視為把握聖人之言的起發點，而多半離開辯論「居敬」與「致良知」的路向。

另外一個問題好像很類似的，可是不一樣。鄭氏說得對，「即在中國哲學中，那些具有普遍性的真理與價值在很大程度上是通過聖賢人格（而非思想概念）來體現的。這是一種具體化了的普遍性，是歷史化了的普遍性，是與生命個體的實存經驗和感受關聯在一起的普遍性」。而這種「具體化了的普遍性……卻又很難為世人所瞭解和把握」（頁228）。

這個問題跟上面的不同在於過去與將來的不同。上面的問題所指的是將來要實行的目標，即正確的思想與歷史的「渾然一體」。此處的問題所指的是過去歷史與正確的思想之關係。

假如我們要分析新儒與傳統儒家思想的連續性，我們要考慮到古今儒家對這兩個不完全一樣問題的看法。鄭氏好像認為新儒一方面沒有維持傳統儒家關

高華、黃東蘭譯，《擺脫困境》（南京：江蘇人民出版社，1996）。

於實踐的主張,另一方面沒有放棄「歷史化了的普遍性」那個傳統預設。然而,假如新儒沒有放棄後者的話,他們怎麼放棄前者?鄭氏沒有區分這兩個問題,所以沒有看到它們的互相依賴性。假如新儒認為中國過去的聖賢實行了知行合一的理想,他們怎麼會創造一種沒有這個使命的哲學?

這個問題牽涉到新儒的歷史觀。在這方面他們也與傳統儒學有連續性。在分析牟氏歷史觀與儒學的連續性時(頁 83-84、87、218-219),鄭氏很犀利地注意到康德對牟氏的影響有限,他也強調黑格爾歷史哲學對牟氏的影響也很有限。黑格爾理論幫助牟氏觀念化歷史最後的動力是一個以「辯證中的矛盾」去「實現其自己的精神」,可是這個「精神」的本質完全配合儒家的宇宙觀,即歷史發展、自然現象,以及實踐規範共有的一個宇宙性原理。而且,牟氏的歷史觀也包括「大綜合」的烏托邦主義式的目的論,以及林毓生教授所說的「知識主義」,這些觀念的根源都在於儒家思想。

何況,牟氏整個歷史觀是依賴與儒家有連續性的樂觀主義認識論。宋明理學也好,牟氏哲學也好,都很樂觀地認為人心有能力「知道」,即瞭解到宇宙本體,而把這個智慧與人類實際生活貫通起來。

難怪宋明理學與新儒的哲學使命同樣要反駁一種從外國來的、要破壞這個貫通的思想,即形成「天」與「心」之間鴻溝的佛教,與形成「現象」與「物自身」之間鴻溝的康德主義。而且,這兩條鴻溝都有政治性的暗示。在中國文化中,國家的統一與思想上的貫通是不無關係的目標,而南北朝時代與二十世紀一樣,這兩種統一所遇到的危險都跟外患有關係。這樣一來,牟氏哲學的使命與中國歷史最基本的「大一統」(《公羊傳》)理想有很強的連續性,牟氏固有的使命在於拒絕從國外來的危險,即破壞大一統的政治力量與破壞思想貫通的哲學力量。

牟氏哲學與傳統的連續性也有其他的方面。牟氏把主體視為瞭解宇宙的起發點,這和陸王對「吾心」的看法沒有兩樣。陸王與牟氏一樣有一種「由外轉

內轉進」很不容易捉摸的思路,即以逆常識的曲路為覺悟本體的關鍵。牟氏拒絕「本質倫理」而肯定「方向論理」,跟陸王派的「本體即工夫所致」的想法很類似。牟氏強調「有執」與「無執」這個區別的根源在於中國的傳統,而特別與王陽明的思路很類似。不錯,王陽明沒有針對道德與工具理性的關係這個問題,因而沒有「坎陷」的觀念。雖然如此,他也以避免「執著」為道德最高的層次,而他一些名言也意味著一種從超越具體性判斷到實行具體性判斷,從直覺到思辨的過程,即「無善無惡心之體,有善有惡意之動,知善知惡是良知,為善去惡是格物」。

牟氏以為主體的本性即是宇宙本體這種「徹底的唯心論」與王陽明以為「吾心」與「道心」是一致的看法大同小異。這就是說,牟氏的作為宇宙「心體」的「如來藏自性清靜心」(頁 141、212)跟王陽明的「道心」一樣是「生化之原理」和「萬物底存在之超越的所以然」(頁 140-141)。牟氏說得對,西方主流沒有中國這種跟主體一致的宇宙式的心(頁 199),而鄭氏也正確地注意到這個「心」跟中國哲學一個特點的關係,即「一種徹底的機體主義哲學」。這就是說,鄭氏以為「中國哲學」都偏到這種「機體主義」,而且,鄭氏也正確地指出這種機體主義必須避免「唯心」與「唯物」的「兩極化」。這樣一來,連牟氏「徹底的唯心論」這個詞也不無問題(頁 208)。然而無論牟氏或王陽明哲學應不應該稱為「唯心主義」,他們兩位對宇宙心體的瞭解大同小異。而且牟氏的「內在超越」跟王陽明的「道即事,事即道」的看法並無分歧。

當然,牟氏哲學與宋明理學間除了基本的連續性以外,也有重要的非連續性。鄭氏所指出的非連續性包括牟氏的「坎陷」與「一心二門」的主張。我個人以為在這兩種非連續性的後面,也有另外一種很重要的非連續性,即從宋明的「靜動」主張轉到新儒完全環繞「動」的思想。按照宋明的宇宙觀,作為陰陽五行的秩序的基礎是「靜動」的迴圈,而在這個迴圈中,「靜」有首位,因為在「靜」方面有人心中的「寂然不動」、「虛靈明覺」與「未發之中」,而

能救世界的聖人力量都是從把握「未發之中」來的。針對科學時代的新儒，需要放棄陰陽五行說法之時，不得不放棄宋明理學對「靜」的焦點，而完全從「動」的立場去瞭解科學、理性、道德、歷史與宇宙本體的關係。唐氏讀牟氏書後才「知純知的理性活動為動而愈出之義」，然後從「感而後動」的立場去分析「經驗」。[19] 強調「動」之後，牟氏才能以本體為一種「方向」，不是「本質」，而能從這個「方向」的「有執無執」的方面演繹出來一種在科學性宇宙中能作為歷史動力與國民動機的「精神」。

這樣一來，跟所有進入現代時代的軸心文化一樣，儒學與二十世紀繼承儒學的新思想有不少的出入。可是我個人不能同意現在很流行的說法，即歐風美雨之後，儒學的人生觀和哲學「解體」。這個說法與歷史事實南轅北轍。而且，比較連續性與非連續性事實之時，關於哪些「最重要」的判斷都有辯論餘地。

說到這裡，我當然知道我沒有說服我的朋友。假如我猜得對，他會這樣回答：「當然新儒與傳統有很重要的連續性，包括他們的使命感和鴻溝感在內。然而這些連續性不能改變最基本的事實，即新儒的思想與活動完全沒有辦法像傳統儒家那樣與社會的主流交織在一起。假如新儒沒有走出歷史的話，我們起碼必須說歷史走出了他們的視野。」

針對這個回應之時，筆者有五個主張。第一，當然非連續性的現象很重要。儒家進入現代時代的經驗跟其他的軸心傳統的一樣，即歷史到某程度走出他們的視野。這當然跟以前的「鴻溝」不一樣。第二，對儒家而言，這種從歷史來的攻擊特別痛苦，因為中國文化的時間取向那麼偏到歷史的過去。第三，無論這個攻擊如何，歷史所醞釀出來的傳統還是每一個現代社會的基礎。第四，這種傳統在現時代中能不能發達是看當代批判意識與哲學性的反思怎麼發展。所以問題不在於新儒有沒有走出歷史，而在於他們有沒有找到一條比較有效的路，來追求批判意識。

---

[19] 唐君毅，〈自序〉，《中國文化之精神價值》，頁2。

第五，上述的攻擊以後，新儒追求批判意識的路當然轉到一種討論學理性問題的國際性哲學界，而這樣引起「坐而論道」之嫌。這樣把儒學哲學化和學院化好像完全違反「知行合一」的精神。然而這種哲學化的趨向跟追求批判意識的工夫不一定有衝突。

按照二十世紀中國知識分子的共識，中國的現代化需要改造中華民族的實踐，這個改變需要改造他們的思想，而這個改進需要一種能引導他們思想的新理論。所以，中國學人遇到一個不可避免的選擇，即這個新理論是一個歷史人物已經傳播的神聖經典？還是一個有待研究才能形成的哲學？假如是前者，人人都可以肯定它，然後去「直接行動」。假如是後者，非進入學院不可。

其實，就是後者才能配合現代強調「自由」、「個體解放」、「自作主宰」（徐復觀語）的精神。基督教也好，儒家傳統也好，二十世紀是神聖經典時代的沒落，即思想自主時代的興起。新儒哲學化儒學的趨向正是反映後者。假如在二十世紀人的心目中儒學傳統還有「精神價值」，它怎麼能違反主體在思想方面的自主？為了保護這個自主，像唐氏和牟氏的新儒毅然把中國需要的思想視為現在還沒有出現，而將來會逐漸產生的哲學體系。新儒這樣拒絕了過去「偉大」人物所預定體系的權威，而保護「吾心」與「無限」的絕對關係。

不錯，這種絕對關係不容易配合「緊密結合人民群眾的革命實踐」（見下），而這種革命是「救亡」時代幾乎不可抵禦的趨向。然而，拒絕這個革命不一定是走出歷史。歷史的架構不是一元性的。假如說中國現代史至少有兩個號召，即革命與現代化，那麼新儒保護思想自主的立場是配合後者。今天的中國思想界愈來愈認為中國的現代化必須以保護吾心的自由為基礎。沒有這個基礎的話，那裡有開放多元性的社會？

不錯，新儒的自由理想不完整。按照我所能瞭解，他們沒有完全將批判意識置於首位，而還是到某程度「錯置知識起發點」（請見第三和第九節）。所以，有學者會說新儒與傳統「經學時代」的「獨斷論」還是有連續性。

然而,強調現代中國所需要的思想的將來性之時,新儒還是很尊敬「吾心」的「內有主」。而且,這個尊敬與儒家傳統有連續性。這是因為「經學」時代也有這種過去與將來的區別,即因為過去「聖人之言」那麼「微」,所以瞭解它們今天的意義,永遠有待於將來的工夫和心得。

古代當然有把過去的話變成今天教條的趨向,可是近代也有這種趨向。現代當然有把完整的體系視為將來的可能性的立場,可是儒學傳統也包含這種角度。按照拙見,中國從古代到今天批判意識的歷史不是一種從獨斷論時代到理性時代的進展。第一,這個歷史的內容太複雜,不能化約到這種對照。第二,還沒有探索「理性」與「知識」的定義以前,我們怎麼能知道這個演變中的哪一部分配合理性?

九、批判的再批判:論批判精神的地位

這樣一來,傳統儒學與牟氏哲學的關係有兩方面必須釐清。第一,牟氏哲學與傳統儒學的差異為何?第二,我們應該如何評估這些差異?即當代中國哲學在會通中西思想之時,應該如何取捨古今中外的思想?鄭氏沒有完全區分這兩個問題,也沒有直接針對另外一個很基本的問題,即評估從歷史繼承來的哲學傳統之時,當代思想家應不應該將批判精神置於首位?這就是說,固有的中國哲學也好,大部分「由西方文化的概念符號所構成的」「現代世界的意義系統」(頁230)也好,取捨它們之時,唯一的標準是不是普遍性的真善美?

按照拙見,講哲學之時,這種批判意識應居於首位。比方說,上述的「靜動」觀念是固有中國哲學最基本範疇之一,可是因為沒配合「真」,所以非捨棄不可。這就是說,道是人之道,不是西方或中國之道,而道統要世界化,不要中國化,更不要西方化。難道這不是儒學家自己的看法?

不錯,每一個民族有它所愛惜而不肯捨棄的風俗習慣、典禮和傳統,像英國的君主國體,可是取捨這種傳統性的成分與取捨傳統的哲學範疇一樣嗎?就

歐美思想的主流來說，它們不同。取捨前者要看嗜好、情感等動機以及在風俗習慣方面的實用價值，而取捨後者要基於普遍性真善美的思考。西方的哲學家都意圖從普遍性的問題談起，而不會談什麼當代哲學的挑戰在於理性化西方固有的哲學。在他們心目中，除非西方哲學能把握普遍性的真善美，不然，將之理性化沒有意義。當然，西方人不知不覺地替自己傳統辯護的趨向很流行。可是，在西方哲學界中，這個趨向沒有獲得哲學上的合法性。

不錯，如上所述，西方固有的文化跟中國一樣有神聖經典，即聖經，而古今很多西方人完全肯定聖經。可是，一般來說，肯定聖經的西方人，有涇渭分明的兩種選擇：或以思辨去證明聖經中普遍性的真善美，或是完全從信仰的立場去肯定它。

眾所周知，中國的思想界有所不同，因為其中常常沒有那樣分明的信仰、抽象的推理，與寶貴的傳統之想法。所以新儒在這方面很徬徨，他們一方面很清楚地把道統世界化，另一方面還是把道統中國化。比方說，牟氏要證明「『天命』為『性』之宇宙論的根源」之時，他援引「古人說天命之謂性」的「涵義」（頁144）。牟氏在此沒有分清兩個問題，即此一「涵義」為何，以及此一「涵義」可否立足。牟氏也有自己的涵義，即古人所說的必須要有道理。然而根據拙見，這種在邏輯與經驗上都沒有基礎的涵義是錯置知識起發點的一個例子。

按照我的瞭解，牟氏此處的思想並不清楚。牟氏注意到主體的意識是個「物自身」，可是談到此一「物自身」之特點時，牟氏完全從普遍性道德命令的立場談起。問題在於此一物自身有沒有同時帶來另外一種命令，即一種要人心無限地反省，無限地把自己預設挖掘出來而批判的普遍性命令？

牟氏說人心能知道本體之本質。此一看法應有其道理，因為無論我們如何觀念化「所與」，我們最後必須指出一種我們認為是完全客觀和普遍性的實在。問題在於是哪一個指出這個實在的說法最能避免上述的五個危險？自然主義和唯物主義指出客體為本體（像波普的「物質性世界」）。金馮學派指出主體與

客體的交叉處（即「自在之物化為為我之物」）。新儒則指出主體和主體的情感。講話域（discourse）者指出主體和客體的符號為本體（還是說這是本體中最能讓我們掌握的方面）。

我們與其說這些符號所帶來的是個不忍之心，不如說是符號自身的歷史性和獨斷性。一有這種獨斷性的覺悟，就有一種超越獨斷性的理想，而這個理想就是一個命令，即把所有的符號變成批判對象的命令。

這種覺悟可謂盡智後的直覺，因為瞭解符號的歷史性是從思辨性工夫來的。這種思辨是一條從「有限」到「無限」的路，即從「名言之域」升入「超名言之域」的方法，如此以界定批判意識的首位。

所以，無論休謨關於實然和應然的說法如何，上述的命令好像是從本體論演繹出來的。這種演繹的可能性要看本體論為何。從作為本體的主體演繹出來道德性的命令是一回事，而從作為本體的符號演繹出來反思的義務是另外一回事。此一演繹的可能性要看知識的本質為何。

十、批判的再批判：論知識的本質

這種反思或批判性命令與蘇格拉底的傳統是分不開的。作為西方人的我不得不肯定批判意識的首位，即轉到上述第二條路。按照這一條路，最基本而應該挖掘出來的預設是規定知識本質的觀念。在還沒有澄清此一觀念之前，我們沒有辦法給「道理」、「理性化」等詞一個比較清楚的定義。澄清之後，我們則能夠以理性取捨古今中外的說法。

經此取捨之後，中國固有哲學中最重要的看法能否立足？牟氏擔心西方哲學會破壞儒學思想。然而，另外一個可能性是當代人物自作主宰地建立自己的思想規矩以後，他們會有兩種結論，即古代中西思想一方面需要修改，另一方面很有價值。

這樣設立探索知識本質的起發點和一種歷史性傳統是分不開的，而我們不能證明蘇格拉底的這個角度乃純粹地反映人心的普遍性本體。換言之，甚至在討論知識本質之時，我們也不能逃避人心的歷史性和悖論性。

我們不應忽略的是，這裡所謂的「知識」是最廣義的，即是包括馮契教授等學者所說的「智慧」。西方關於「知識」最流行的定義是 "justified true belief"（有道理而配合真理的信念）。無論一個信念是依賴感覺、邏輯、思辨、直覺或其他的手段，每一個觀念都可以作為一種有道理而配合真理的信念。反過來說，假如一個觀念是虛構的、獨斷的，或僅是一個歷史人物或歷史群體的構想而已的話，這種觀念不算「有道理而配合真理的信念」。

我們也需要區分哲學與歷史學對這種信念的看法。哲學所要知道的是這種信念是否有道理而配合真理？比方說，肯定科學之後，哲學家會說，古代以為太陽環繞地球的信念不是真理。然而，歷史學家所要知道的只是這種古代的信念是什麼，即歷史人物對真理與道理有什麼不同的想法？

不錯，很多這種「不同」沒有什麼辯論餘地，比方說，太陽環繞地球的說法當然不是真理。可是關於道理的本質還有很重要的辯論餘地，像上述樂觀與悲觀主義認識論的不同。

所以，為了針對這個問題而避免虛構或獨斷的偏見起見，我在此要結合哲學性與歷史學性的角度，即先描寫歷史人物關於道理或知識問題的不同信念，然後再儘可能地以開放的態度討論如何評估這些不同的信念，決定哪一些信念最合理。最重要是在看到西方認識論大革命的悲觀主義認識論與當代中國哲學樂觀主義認識論的爭執之時，追求批判意識者必須儘可能地把這兩個傳統的成見放在一邊，而重新反省知識的問題。跟在法庭上聽口供的陪審人或法庭法官一樣，我們要中立地聽歷史人物的聲音，即先好好地描寫具體人物或文本關於怎麼區分道理與沒道理的不同說法，然後再討論如何評估這些不同的說法。

這種方法學當然有弱點，可是這樣結合歷史學與哲學對知識問題的方法學

與以前的研究取向有所不同。這是因為為了找到一個完全避免辯論的基礎，我所設立的起發點不是分類化存在或分類化知識對象的理論，像波普的「三個世界」或唐氏的「九界論」，而只是中西歷史關於這種題目所提供的說法而已。而且，針對這種題目的歷史聲音很有意思，即可能揭露了一、兩個哲學家沒有注意到的問題。因為我的起發點不是存在的本質而是關於這個本質的歷史性聲音，我將儘可能地分開兩種工夫，即聆聽與評估這些聲音。

知識也許沒有固定不變的本質，而在瞭解知識本質之時，我們只能發現我們所必須考慮到的一些問題而已。最重要的是知識的本質不是像很多人所想像的那麼明顯，而是與有待判斷的思想規矩有關。這個主張不但與追求批判意識第一條路不同，它跟第二條路也有所出入。西方認識論大革命所形成的悲觀主義認識論也好，牟氏的樂觀主義認識論也好，它們都有一些有待討論的思想規矩，即對它們所因襲的思路而言，都有一些匪夷所思的問題。

我關於知識本質所開列的聲音或說法有三類，即指出知識的對象的說法，指出獲得知識的手段的說法，以及一些解釋，即談到為什麼這個手段有效，那個題目可以作為知識的對象等等的解釋。

按照拙見，知識可能有的對象可分為八個範疇。第一是五官的資料。它們直接或間接地包括自然科學、社會科學和歷史學的對象。

第二是人類意識的內在形態，像休謨、康德、牟氏等學者所談認識論問題時的題目。這種題目包括感覺與思考之間的關係，以及邏輯性數學性和其他的意識裡的觀念，而包括知識的本質在內。這個範疇所包含的一個預設很奇異，但是幾乎沒有受到批評。按照這個預設，任何一個人，像休謨、康德或胡塞爾（Edmund Husserl）在他的意識中感覺到的特點（如因果觀念的形成），就是人類所有個人意識中的內在架構。這就是說，雖然經驗主義強調知識的範圍限於具體個人所直接遭遇到的經驗，連休謨也相信所有人類意識的普遍性架構，是知識的一個對象。所以當代哲學也好，當代社會科學也好，讀者常常遇到「我

們」這個詞,像「我們所感覺到的對象都在時空前後關係中」,或「我們都喜歡聽到讚美我們群體的話」。在這裡,「我們」所指的是人類歷史所有的人物,還是人性的普遍性本質。

特別重要的是知識的普遍性本質。知識的本質也可以作為知識的對象。關於這個問題,當然有各種意見,像樂觀與悲觀主義認識論的分歧。然而,無論什麼分歧,所有的哲學家都同意知識的普遍性本質是可知的。像波普斷言「客觀知識」是限於「第三個世界」,或唐氏斷言所有的「法界」是知識的對象。連講「不可知論」的哲學家也相信知識的普遍性限制是可知的。

第三,四和五個範疇是環繞實踐或應然方面的題目。按照西方認識論大革命,這個題目不能作為知識的對象,尤其因為知識是關於實然的題目,而人心沒有辦法把應然從實然中演繹出來。然而,知識自身是個實然性的東西,而我們不容易說知識不好,或者知識的增加不一定好,或者我們不應該繼續更進一步地追求知識。假如知識自身不一定有價值的話,休謨應然與實然的區別也沒有價值。可是休謨當然覺得發表他的哲學是應該做的,會讓人類更開明。難道休謨認為開明性自身沒有價值?

我們在此碰到一個重要的區別,即真理是一回事,而人心思考之時所不可避免而使用的範疇或思想規矩是另外一回事。這樣一來,知識自身是好這個命題有沒有真理是一回事,可是把知識視為一個好東西這個看法是不是人類思考時所不得不用的範疇又是另外一回事。

按照前者的標準來講,我們也許不能證明知識是好。可是按照後者的標準,知識的善可能是知識的對象之一。無論如何,按照筆者的分類方法,第三種也許能作為知識對象的範疇就是知識的善。這個想法的源頭是唐君毅的《哲學概論》。

這個範疇很重要。按照邏輯,假如我們知道知識是好的話,很多其他的東西也好,而我們應該培養它們,像有效的教育和所有支援該教育的制度和規範,

包括自由在內（這是波普跟約翰彌爾〔John Stuart Mill〕的自由主義的思路）。假如教育是好的話，則社會自身與人類歷史所形成的傳統也是好的。沒有文明傳統的群體不容易追求知識，所以已經醞釀出來的傳統是每一個群體所不可或缺的特點（這當然不等於說每一個傳統在各方面都是好的）。

第四，除了知識的好以外，也許能作為知識對象的題目包括別的東西，也是好的。我們知不知道人的健康、物質進步，和自由是好的？有沒有人喜歡自己去做奴才？這種好不是從主體思考時所不能或缺的範疇來的，而是從關於人類歷史的經驗性知識來的。這種知識也包括關於「自己人」感情與規範的知識。母親對她孩子的愛是不是好？這種知識甚至包括了否認絕對性的自私的規範。楊朱的「為我」哲學所意味著是每一個人應該「為我」，而不是別的人都應該作為楊朱的奴才。

雖然如此，上面第三與第四個範疇是很一般性的，而沒有牽涉到君子與小人的分別。希特勒（Adolf Hitler）也會肯定知識、教育、健康等價值。他也要「敞開存在」。所以海德格爾（Martin Heidegger）到某程度羨慕他。按照希特勒的宣傳，他的政策會讓德國人變成健康、自由，而很有知識的國民。希特勒公開地談殺死猶太人，是為了德國人的利益，不是為了他個人的利益。所以，假如我對第三與第四個範疇有知識的話，我能反駁相對主義或虛無主義，可是我關於實踐比較具體的問題還沒有知識。第五種範疇也許能作為知識的對象就是關於這種具體性實踐的選擇。

這種問題特別包括所有關於政治發展的分歧，像關於「中國向何處去」這個問題的分歧。實踐問題與這種分歧是分不開的，尤其因為這種政治性的分歧不得不牽涉到君子與小人之分。然而，這第五個範疇能不能作為知識的對象是認識論最麻煩的問題。很可能關於這種比較具體性的實踐選擇只有一個歷史性傳統所形成的價值取向，而沒有知識。可惜的是，很多哲學家把第三、第四，和第五個範疇混為一談，而認為他們關於第三和第四個範疇的智慧一定包括關

於第五個範疇的知識，然後以理性化身的身分去干涉政治辯論。

為了更瞭解從第三和第四個範疇到第五個的跳躍，我們應該注意到政治性分歧的特點，即不少的分歧是關於「誰」和「怎麼」。健康是好，可是德國人應不應該關心猶太人的健康？自由是好的，可是一個國家的民主化應該慢還是快？自由與平等是好的，可是美國政府應不應該對美國黑人十九世紀以前的被奴隸化的情況負責，而賠償這些奴隸的後裔？

不錯，這種具體性選擇與上述第三和第四的實踐性題目不無關係，尤其因為所有關於實踐性選擇的討論是依賴「因為」這個範疇。比方說，肯定同性戀者結婚權利的人會說他們有這種權利是「因為」人人都平等，等等。其實，因為應然的命題會這樣牽涉到「因為」的觀念，所以應然與實然的關係很難取消。雖然如此，按照西方認識論大革命的立場，關於實踐性題目只有意見或價值取向而已，沒有知識。奇怪的是受到這個革命影響的人士，很多把自己視為知識與道德的化身。然而，西方認識論大革命有沒有減少西方人在政壇中偏到二分法的趨向是另外一個問題。

為了更瞭解關於實踐的知識這個問題，我們可以引用熊十力的一些話「言說所表示，是有封畛的。體無封畛，固非言說所可及。」[20]然而，所有上述第三、第四、和第五的範疇都在言說域或名言域中，而具體性實踐方面的選擇都是環繞「封畛」，即中國應該向甲路去，而不向乙路去。所以假如要從超越「封畛」最一般性的智慧引出來關於具體性選擇的知識的話，我們會遇到不少的問題。

第六種也許能作為知識的對象是主體感覺以外存在的東西。這個範疇跟第五個一樣，是特別牽涉到中西思想的分歧。瞭解知識本質的困難環繞著此處所謂第五和第六個範疇。關於第一跟第二個，中西有共識。第七與第八個是形上學性的，而最後可能是反映一種宗教性的態度。關於第三和第四個的共識，可

---

[20] 請見郁振華，《形上的智慧如何可能？——中國現代哲學的沉思》，頁234。

能會漸漸浮現出來。可是第五跟第六個都牽涉到非常不同而不容易挖掘出來的思想規矩。西方悲觀主義認識論對第五個範疇的懷疑很重要，而且這個西方悲觀主義認識論關於第六個範疇也有很重要的懷疑，即因為具體性錯置的危險，所有指出感覺以外實際的命題，很容易陷入自欺欺人的幻想或迷信。然而，假如我們想到上述思考不可或缺的範疇這個主張的話，西方悲觀主義認識論在這方面不無困難，而當代中國樂觀主義認識論也不無是處。

指出感覺以外實際的命題有很多種，像是關於自然規律者（波普說沒有這種「規律」，只有還沒有被反駁的命題）；關於現象具有某種劃一性的趨向者（比方說，因為他們相信有這種趨向，很多科學家會說，假如十個星星有行星，大概宇宙中的行星不勝枚舉）；關於普遍性的人性者；關於政治可行性的普遍性條件者；關於歷史過程中比較大的部分者，像中國話，一個文化或一個歷史階段，何況人類歷史的總體，以及其內在的規律，像進步的原則，或歷史所帶來的使命；以及關於他人的主體裡像自己主體的意識者。

如何處理所有這種感覺以外可能存有的東西，是中西學術界莫大的挑戰，而在此高談什麼現象與物自身的區別全無用處。一方面，這個問題牽涉到具體性錯置的危險。而且，我們描寫一種多半在我們觀察外的文化之時，很容易把它簡單化，要不然就是把自己的理想或惡夢投射到它的自身。另一方面，雖然有這種危險，人類不得不依賴這種指觀察外的實際。無論西方「不可知論」怎麼樣，當代西方的學術界話域不得不經常指出這種種的實際，而關於那方面的知識是人心思考之時所不可或缺的範疇。

比方說，中國人強調「體用」的區別，而西方經驗主義把「體」視為形而上的觀念。可是這種「體」是思考之時不可或缺的範疇。比方說，中國話的整體是「體」，而李先生每一次說話是「用」。我們怎麼否認中國話是個感覺以外而完全實際的整體？

另外一個例子是關於歷史的本質。歷史事實自身有沒有帶來一種當代人物

應該承擔的使命是一回事，可是一個想到自己歷史的群體能不能避免這一類使命感則是另外一回事。按照我所知，美國人也好，中國人也好，猶太人也好，歷史上還找不到那種沒有使命感的群體。對每一個群體而言，他們的歷史有絕對性的榮辱，而這些榮辱與他們當代的價值取向是分不開的。說榮辱感是主觀的價值判斷，而歷史事實自身沒有榮辱是可以接受的，而把自己人的歷史視為無榮辱的事實這個態度，好像並不可能。比方說，波普強調歷史事實自身「無意義」，而反對所有的「歷史主義」。他否認使命感能從歷史事實中演繹出來。可是他自己把歷史視為一種「開放社會及其敵人」之間你死我活的衝突，而把世界第二次戰爭視為這個衝突的一個高潮。波普可以反對「歷史主義」，可是他自己沒有辦法避免歷史主義。所以他違反《墨子》「有諸己不非諸人」的原則。其實，他所反對的是集權主義者的歷史主義，而不是支援「開放社會」的歷史主義。

　　換句話說，每一個群體有他們的思想規矩，而所有的思想規矩與一種歷史性道統是分不開的。這就是說，每一個人的歷史觀會把人類分成兩個部分，即瞭解與不瞭解正確思想規矩的歷史性人物。當然，開明有程度上的不同，而開明分子的時空位置要看思想規矩而異。然而，無論一套思想規矩把開明分子放在古代還是在近代，在本地還是在外國，所有的道統都會帶來一種使命感。所以無論歷史自身有沒有榮辱，一個人對本身歷史所形成的歷史觀非分清歷史的榮辱不可。這樣一來，歷史進步與退步是思考之時不可或缺的範疇。

　　不錯，思考之時能不能放棄進步觀是一回事，而進步的具體性內容是另外一回事。雖然如此，我們需要分清兩個命題，即關於感覺以外的實際可獲得知識的命題，以及關於感覺以外的實際追求知識之時，人很容易出現分歧的命題。肯定這種知識的可能性很重要，因為一旦有這種分歧，就有找到共識的可能。反過來說，假如不承認這種知識，辯論與共識都不可能存在。何況，假如實際只限於人所能直接地感覺到的現象的話，錢穆睡覺之時沒有學問，而我所聽到

的貝多芬音樂之美是我所創造的。中國樂觀主義認識論避免這種胡說，可是它常常不但陷入具體性錯置的危險，而且採用太一般性的命題，像「中國文化以道德為基礎，西方文化以理性為基礎」。

這個危險特別牽涉到第七與第八種也許能作為知識對象的題目。第七個是所有知識的統一性，即把所有人類拿到的真理放在一個有統一性的體系之內。第八是上述的「貫通」，即宋明理學的「天人合一」的目標。按照這個目標，人心不但有能力知道所有人心能得到的知識是如何統一化的，而且有能力知道宇宙的本體，即知道自然現象、歷史規律，與日用實踐共有的一個最基本的原理，而能把自己變成這個原理的化身，甚至認為把握這個原理的人物有改造歷史的力量。從貫通到會通到大同的歷程是不是在知識範圍之內？

把所有關於知識的對象這樣分成八類只是拋磚引玉。很可能別的分類方法更清楚，而能包括我所忽略的項目。雖然如此，上述的分類化方法讓我們瞭解知識的本質與範圍是一個有待研究的問題。為了更瞭解這個問題，我們應該注意到另外一套說法，即關於怎麼獲得知識而避免獨斷、虛構或「主觀」意見的說法。這種也許能獲得知識的手段包括感覺、邏輯、思辨、理論思維、理性、辯證主義性的推理、思辨後的直覺（像「窮智見德」）、直覺、德性的把握或超越的情感、頓悟、實踐，以及聽上帝或聖人之言等等。

這樣開列上述可能是知識的對象以及可能是獲得知識的手段之後，我們能更容易地比較樂觀與悲觀主義認識論。按照前者，所有上述八個題目是知識的對象，而幾乎所有上述獲得知識的手段都有效。後者謹慎得多，即除了第一與第二個題目以外，它不容易承認什麼知識對象，而除了感覺與邏輯以外，它不容易承認獲得知識的手段有效。

然而，為了更瞭解不同的認識論，我們也需要注意它們所帶來的解釋或規矩。如上所述，當代西方悲觀主義認識論特別強調四個危險，即知識起發點的錯置，具體性的錯置，誤會主體所依賴的符號的淵源，以及誇大自己想法的成

功。因為悲觀主義認識論很怕這些危險，所以它儘可能限制直覺的範圍，而縮小知識的對象。像近代中國思想主流的樂觀主義認識論則一直不怕這樣的危險。

另外的一篇拙作已經從思想史的角度去描述這兩套思想規矩，把後者叫做「話域第一」，前者叫做「話域第二」。[21] 可是一有這種比較，就有反省的機會，即哲學性的挑戰。所以我對這兩套都置疑，即以為中國樂觀主義認識論不應該抹殺上述的四個危險，而悲觀主義思想規矩是誇大知性的不可靠，尤其忽略上述的區別，即能證明的真理是一回事，而人心思考之時不得不用的範疇是另外一回事。所以，像波普的思想不無矛盾之處。如上所述，講歷史主義問題之時，他違反《墨子》的一個原則，即「有諸己不非諸人」。而且，假如知識的本質只限於還沒有被反駁的命題的話，波普怎麼能知道知識的普遍性本質是什麼？

這樣考慮到關於這兩套各種解釋之時，知識起發點的錯置是很有意思的問題。不錯，如上所述，知識的起發點不能完全限於「所與」與當下的思考，而不得不與某種歷史傳統有關係。所以知識的起發點最後要看一個歷史性的自我對這個關係所作的判斷。按照我的判斷，在鄭著以及牟氏哲學那裡，讀者所遇到的不是一種主動的自作主宰或尼采式的自我，即一種一方面能質疑所有歷史已經形成的系統，而另一方面能完全發揮人類悖論性的批判意識。反而，讀者所遇到的是兩個不能置疑而必須會通的價值系統，即「中國哲學」的基本精神，與「很大程度上就是由西方文化的概念符號所構成的……現代世界的意義系統……東方民族……就必須以某種方法與此一意義系統發生聯繫」（頁230）。這樣一來，知識的起發點是到某程度放在主體的批判範圍之外，而自覺與自由一樣是很局部性的。然而，一種要自作主宰的主體會質疑這些中西兩套思想規矩。質疑之後，每一個主體可以想到另外一套的思想規矩，而筆者所選的就是一套注意到所有上述的五個危險的思想規矩。

---

[21] 請見 *A Cloud Across the Pacific: Essays on the Clash between Chinese and Western Political Theories Today*.

按照這些規矩會通中西哲學之時,問題只在於怎麼取捨各種的中西預設,而不在於怎麼以「世人」所接受的想法去肯定中國固有的、強調「歷史化了的普遍性」的看法。假如批判意識居於首位,重要的不是「世人」或中國古代聖賢所想到的,而只是以自己所肯定的思想規矩去討論生活的問題而已。而且,從這個認識論的立場來說,普遍性真理的歷史化原來並沒有問題。反而,人類思考的悖論性本質本來就是結合從歷史來的偏見與一種考慮到普遍性真際的能力。而且,如上所述,每一個歷史人物或群體都有自己的思想規矩。按照每一套思想規矩,歷史可分成開明與不開明的人物,即先知、後知,與無知的人物。這樣一來,歷史不可能沒有道統。所以,除非道統必須視為純粹真理,而開明分子必須視為聖賢或上帝的代表以外,普遍性理性與歷史的關係沒有問題。這就是說,按照筆者的規矩,這方面沒有問題,因為從這個看法來說,歷史人物只能言道,不能知道。鄭氏已經說過儒學關於「內聖」的想法可能有問題。這個問題不但在正心方面,也在認識論方面。

十一、當代中國哲學與追求批判意識的挑戰:直覺還是思辨?

(一)第三條追求批判意識的思路:一個廣告

這就是說,追求批判意識的思路要看知識的本質,而後者要看一些關於三個問題的判斷,即知識的對象是什麼?取得知識的手段是什麼?關於這些對象與手段有什麼解釋?按照筆者的判斷,知識的一個對象是知識自身,而知識跟一種歷史性話域是分不開的。然而,一種歷史性話域不是個封閉或固定的系統,而是一種符號性和悖論性的人心歷程,即是一種結合從歷史繼承的預設與針對普遍性問題的批判意識的過程。而批判精神自身的普遍性本質似乎帶來一種無止境的要求,即要求人類把每一個批判視為批判的對象,即儘可能找到每一個

批判的不足,如此取捨古今東西的思想,並以此會通人類的想法和得到自覺。一種話域也是個溝通性的過程,即它包含廣告宣傳的工夫。我們以出版著作等方法去參加思想的市場,而企圖影響社會的意識型態(這種以自作主宰的反思為基礎的廣告與哈伯瑪斯〔Jürgen Habermas〕對溝通的看法不完全一樣,請見下)。

不錯,我一談到批判意識,就揭露了自己話域的西方背景,因為這種「無止境的要求」的創始者不是孔子而是蘇格拉底。雖然如此,從蘇格拉底式的立場去評估牟鄭二氏的思路可能有道理,因為中國知識分子也好,西方知識分子也好,只要他們希望會通或比較中西的思想,他們就不能抹殺對方思想的特點。假如中國思想家要「會通中西的思想」,他們怎麼能「捨」上述的無止境的要求?排斥這種要求的會通怎麼能包括西方的真相?何況按照西方哲學的主流,這種從蘇格拉底來的角度就是西方文化的精華與開放社會的精髓。

這樣一來,知識本質之自身即是本體,而這個本體是個有待判斷的對象。不錯,如上所述,既然如此,知識的本質不可能完全沒有普遍性真理的維度。這是因為這種作為知識本質而有待判斷的對象,就是一個永遠保持此一狀態的觀念,而且,按照拙見,知識在形式上有普遍性的架構,即上述的三個問題。雖然如此,知識的本質是個有待判斷的問題,不是個已經被波普或唐君毅所解決的問題。知識的對象與獲得知識的手段是什麼,而追求知識有什麼危險?像他們兩位思想家對這些問題的回答迥然不同。所以知識的本質要看主體對其自身和其他的思想規矩的判斷和取捨。

假如我們會通中西思想時是以此一理想的認識論為標準去取捨中西思想的話,我們也許能避免鄭氏所謂的困境,即中國哲學與理性化的矛盾。這樣一來,牟氏的貢獻不在於揭露這個矛盾,而在於以他關於中國思想史很深入的研究,去找出西方認識論大革命的一些不足。這就是說,西方的「意義系統」有應該「捨」的地方,可是牟氏哲學和他所崇拜的中國古代聖言也有應該「捨」的地方。

當然這種哲學性的「捨」與中國文化或國情中可珍惜的地方沒有必然的關係。雖然中國古代跟西方古代一樣有「不可信」的說法,「可愛」的人物和習慣或國情還是「可愛」,而值得保存。

這種理性化或會通中西思想的路是以其知識觀為基礎,而這個知識觀僅是一種判斷而已,即按照筆者的判斷,上述關於五個思維危險的解釋有道理。這個道理環繞著兩方面。

第一,我相信追求批判意識之主體的歷史性很強,它不是一種一般性或超越性的康德或黑格爾主義的主體。雖然不缺乏某種程度上指出真理的能力,而這樣是悖論性的,自我不能依賴什麼聖人之言或「超越的情感」,而必須「求諸己」,即依賴我自己的歷史性判斷。

第二,為了避免自欺欺人的幻想,我們「求諸己」的工夫所必須依賴的是「經驗」或「當下呈現」或「所與」最明顯的方面,即是形下的事實,而不是直覺地從事實能導引出來的超名言,而不能證明的觀念。唐君毅強調下而上的思路,而牟氏的「見德」都是「盡智」以後的「跳躍」,即先儘可能地瞭解「形下」的境界,即事實與「名言之域」,然後探索帶著幻想危險的形上境界。

換句話說,在「超名言之域」跳躍和冒險,不如在「名言之域」開步和探索。形下不但包括自然現象,也包括人為的現象,即歷史性的事實,像各種思想規矩。而且「形下」也包括一些完全有可行性的工夫,即挖掘然後比較不同的思想規矩。比較之後,就有反省的機會。利用這個機會也是「形下」之中完全可行的事。這樣一來,追求批判意識的歷程,即「理性化思想」的工夫,就是在於儘可能增加並利用這種機會,即儘可能挖掘歷史所形成的思想規矩或「知識譜系」,而把它們作為批判的對象。直接地超越名言之域不如在名言之域中超過自己所因襲的思路。

不錯,這樣追求批判意識的思路不一定會幫人「盡智見德」或得到「智慧」。然而,無論這種當代中國哲學所找的智慧能不能把握,把握它的起碼條

件應該是很自覺地考慮到各種思想規矩的得失。那裡有沒有自覺的智慧？而且，評估各種思想規矩之時，陷入相對主義的陷阱是當代哲學所誇大的危險。[22] 然而，牟鄭二氏的思想也好，當代中國哲學界其他的思潮也好，考慮到此種得失之學者甚為罕見。

（二）中國哲學最近的一些思路：在西方思潮中尋找形上學的暗示

比方說，華東師範大學的郁振華教授最近發表〈中國現代哲學的形上智慧探索〉。郁教授扼要地分析和批判中國現代哲學的話域，尤其從 1920、1930 年代以後關於形上學的討論。郁氏的思路很深入而且很有系統，可是他沒有挖掘出來這個話域共有的思想規矩。除了沒有挖掘、批判這些規矩以外，郁文碰到一個比較一般性的問題。這就是說，除了因文化而異的思想規矩以外，也有世界各種思想界所多半會跟隨的一些關於思辨的規範。拜讀郁文時，我一方面要考慮到這種規範，另一方面，要考慮到上述挖掘思想規矩的問題。

郁氏談到很多當代中國的哲學家，尤其新儒學、馬克思主義者、清華學派，以及反對馬克思主義的科學主義者，像胡適。很受馮契影響的郁氏，在視野上，要比那些抹殺新儒，或抹殺馬克思主義的學者要廣得多。

郁氏注意到所有上述思潮的一個特點，即是反映「中西哲學的互動深入」，而有它們「共同關心的問題：在此科學時代，形上的智慧是否可能？」（郁文，頁 14）。[23] 這就是說，郁氏幫助我們瞭解西方哲學在當代中國的角色，即它不但決定牟氏思想的議程，甚至決定所有當代中國哲學界的議程。其實，如果談

---

[22] 請見 *A Cloud Across the Pacific: Essays on the Clash between Chinese and Western Political Theories Today*.

[23] 「郁文」指郁振華，〈中國現代哲學的形上智慧探索〉，《學術月刊》，期7（上海，2000），頁14-21。該文是郁氏《形上的智慧如何可能？──中國現代哲學的沉思》一書的提要。關於這本書，請見拙人的〈形上思維與歷史性的思想規矩：論郁振華教授的《形上的智慧如何可能？──中國現代哲學的沉思》〉（收入本書）。

到整個現代中國的學術界，我們可將其區分為兩類，即與歐美哲學界很有關係的議程，與多半跟著固有學術傳統的議程（如錢穆）。

說得更精確些，西方只是影響中國哲學界的議程，而沒有決定它的內涵與方向。考慮到西方近代哲學挑戰之時，中國哲學家決定他們自己的焦點，即決定西方所提供的挑戰最重要的是形上學的可能性，而不是道德規範的客觀性。換句話說，跟當代西方的主流迥然不同，當代中國哲學家不把證明道德規範的客觀性視為需要的，而很願意把握客觀道德規範在本體論方面的根源。何況對他們來說，這個本體論的基礎，是一種兼控自然現象與歷史發展的宇宙「原理」或「理體」。

郁氏也注意到「一九二三年的科玄之爭」之後，「絕大多數的中國哲學家都肯定了形上學的合法性」（郁文，頁15）（這個看法更拒絕了所謂西方認識論大革命）。決定形上學是可能的之後，中國哲學界所環繞的問題是「如何可能？」（郁文，頁14）。

郁氏很犀利地區分五個針對這個「如何」問題的思路：即分析形上學與科學的不同；從「存在」引出來「天道」；從「理知」到「直覺」的過程；從「名言之域」到「超名言之域」的過程；以及把握「自由」在本體論方面的基礎（郁文，頁14-20）。

按照郁氏，李澤厚和馮契的馬克思主義都利用所有上述的角度而特別成功，即以「人在感性的實踐活動」為起發點，然後把這個「活動」視為「化自在之物為為我之物」，而如此瞭解「改造客觀世界同時還改造主觀世界的原理」。所以，這種馬克思主義一方面能澄清自由的意義，另一方面統一「人道」（自由）與「天道」（人的自然性本質）。而且，按照郁氏，這種關於「自由」的瞭解不但是形式性的，也是具體的，即瞭解自由的人士會瞭解「階級意識的鬥爭」，而「緊密結合人民群眾的革命實踐」（郁文，頁19）。

看到這種哲學性成就之後，郁氏要「繼承」這種「關於形上智慧之可能性

的話語」，而找到新的思路（郁文，頁20）。所以他很敏銳地區分「形上進路」與「形下進路」。前者是指所有上述的思路，即在實證主義影響下，把科學的範圍限於「集合命題」的學問，然後希望在科學之外，把握「超名言」的形上界。後者反映西方批評實證主義的新思潮，而指在科學範圍之內找到「超名言之域」，即「個體性介入」的因素，像「個人的才智⋯⋯判斷力，信念以及他所置身其中的研究傳統」，包括「默會知識」在內（郁文，頁21）。郁氏要「結合」「形下」與「形上進路」，而這樣讓「馬克思主義的實踐唯物主義辯證法的思想」更為發展。這樣一來，郁氏跟當代中國哲學的主流一樣，拒絕了西方認識論大革命在反駁形上學方面的立場。

然而，按照我的看法，他的拒絕不一定有效。第一，用中西比較普遍的思想規範來講，郁氏的推理不夠謹慎。他的「形下進路」依賴「戰後西方認識論，科學哲學，語言哲學等領域」（郁文，頁20），可是按照我所瞭解，西方這種強調「典範」或「默然知識」（"tacit knowledge"）而反駁實證主義的思潮也是反對形上學。反駁實證主義不一定等於肯定形而上學。強調科學的觀念與歷史性構想糾纏不清之時，上述西方思潮反駁波普式的實證主義，可是沒有肯定形上學，即沒有把上述的「個體性介入」視為普遍性的真理，何況有道德意義的真理或兼控自然現象和歷史發展的宇宙原理或理體。反而，按照像伯恩斯坦（Richard J. Bernstein）的那樣的看法，因為科學依據這種歷史性構想，所以它不容易把握客觀普遍性的真理，更何況不容易把握宇宙的本體。[24]

楊國榮教授的一個著作很敏銳地分析當代中國實證主義的特點，即與西方實證主義不同，中國採用實證主義的學者將實證主義與形上學結合起來。[25] 郁振華教授的這篇文章具有類似的特點，即把當代西方一些反駁實證主義的思潮與形上學結合起來。然而，按照我所瞭解，西方實證主義也好，像西方詮釋學那

---

[24] Richard J. Bernstein, *Beyond Objectivism and Relativism: Science, Hermeneutics, and Praxis* (Philadelphia: University of Pennsylvania Press, 1983).
[25] 楊國榮，《從嚴復到金岳霖：實證論與中國哲學》。

樣反駁西方實證主義的思潮也好，都不證明「形上智慧的可能性」。

在此，以「默」來翻譯 "tacit knowledge" 有讓人誤會的危險。在唐君毅的《中國哲學原論：導論篇》中，唐君毅討論「默」在中國思想傳統中的意義。從《論語》的「默而識之」與「天何言哉」以後，「默」有很豐富的形上意義，可是 "tacit" 的意義完全限於形而下，像：王先生與他的兒子有一種沒有明言的承諾，即兒子會繼承王先生的手錶。"Tacit" 是指一些人的共識，可是「默」很容易讓人聯想到一個人對宇宙的瞭解，與他在終極關懷方面的信仰。郁氏一旦將「沒有明言」（"tacit"）翻譯成「默」，就有誤會的危險。

楊國榮另外一本書《科學的形上之維》很類似地認為西方另外一些反駁西方實證主義的思潮證明了形上智慧的可能性，即胡塞爾、海德格爾、維根斯坦，和哈伯瑪斯等學者的思路。[26] 可是我個人認為這樣支援形上學的「形下」戰略仍然沒效。

不錯，無論是胡塞爾的「生活世界」，維根斯坦的「語言」，還是哈伯瑪斯的「交往行動」，它們都指出一種跟「科學世界」不同的「人文世界」。而且「人文探索從不同於科學的另一側面，展示了人的存在方式」，而這兩個「世界」到某程度「具有互滲和互補的一面」。我也同意，「人文探索」不得不牽涉到「形而上的問題」。然而，談到問題與關於這些問題有智慧是兩回事。楊氏也說，關於這些問題有「智慧」，可是他沒有證明這個命題（楊書，頁310、322、328）。

這就是說，有「智慧」的人必須有能力評估關於形而上問題的說法。比方說，他針對「外在超越」與「內在超越」的說法之時，他有辦法區分有道理與沒有道理的想法，即以把握普遍性標準去決定哪一個關於「超越」問題的說法是正確的。假如一個人沒有這種標準，而只能因襲自己所繼承的思想傳統，他

---

[26] 楊國榮，《科學的形上之維：中國近代科學主義的形成與衍化》（上海：上海人民出版社，1999）。以下簡稱「楊書」。

那裡有「智慧」？然而，楊氏大作沒有提供這種標準。

不錯，楊氏大作關於本體論的看法不無是處。這就是說，假如我們承認「科學世界」與「生活世界」的「合法性」，這個區別帶來本體論的暗示，因為我們這樣不但可以說人生的本原形態是包括這兩個「世界」，而且可以考慮到這兩個世界的特點與互相關係。比方說，楊著注意到「生活世界本質上具有實踐的性質」，而是帶來這兩個「世界」的「分裂」或「對峙」的危險（楊書，頁331-332）。

然而，這種關於本體的智慧很有限，甚至離不可知論不遠。楊氏提到把科學與人文探索「統一」在一起的目標，可是他沒有證明這個目標的合理性與可行性，也沒有解釋怎麼得到形上學的最高目標，即把握宇宙兼控自然現象與歷史發展的原理或理體。而且，生活世界當然是「具有實踐的性質」，可是我們應該怎麼處理關於應然問題的分歧？楊氏看到「生活世界」的「多方面的內涵」時，他只注意到它的「豐富性」，而抹殺實踐最緊要的問題，即怎麼區分合理與不合理的規範。何況，楊氏分析實踐問題之時，他沒有提到最重要的規範性問題，即關於政治的分歧，難道有智慧的人沒有辦法處理這些分歧嗎（楊書，頁330）？

與楊著不同，馮契教授與郁振華教授都以為人類所能把握的智慧包括關於政治分歧的普遍性標準。可是他們跟楊教授一樣，沒有澄清這種標準的基礎。按照我所瞭解，他們的說法所包括的實踐標準都很一般性，所以不能幫助人類處理他們的國家應「向何處去」的問題。

這樣一來，無論是郁氏還是楊氏的說法，都以西方反駁西方實證主義的「形下」思路，去證明形上智慧的可能性。可是，反駁實證主義而瞭解科學在「生活世界」的根源是一回事，證明形上學的可能性則是另外一回事。

最近中國學術界也有多多少少地接受實證主義反駁形上學的說法，可是卻以西方反駁實證主義的思潮意圖重建儒學「德性之知」的可能性。這是香港理

工大學阮新邦博士的思路。[27] 這種詮釋學性思路也是援引像海德格爾、伽達默（Hans-Georg Gadamer）、利科（Paul Ricoeur）、哈伯瑪斯等學者的思想。他的起發點也是楊郁二氏所強調的那一種關係，即科學或關於社會或人文現象的瞭解跟理解者的價值判斷、規範脈絡、生活實踐或潛移默化的知識或「體態結構」很緊密的關係。然後，他的這個詮釋性的思路要由此層次呈現出儒學所謂的「德性之知」。

其實，從價值判斷的觀念到德性之知是個跳躍。前者是指因歷史或文化而異的各種信念，無論好還是不好，而後者是指人類的一種普遍性道德標準。換句話說，前者是指一種心理學性的過程，即人類怎麼形成他們的各種信念，而後者是指認識論的問題，即無論這些信念怎麼形成的，我們在評估它們有沒有道理之時，我們怎麼決定道理的定義？在這種心理學性事實與認識論問題之間有鴻溝，包括相對主義的邏輯性陷阱在內。

上述提到詮釋學思路的中國學者很瞭解這個鴻溝的危險，可是他們仍然有跳躍的野心。他們認為某種「體悟」能把人人都有的價值判斷變成賢人的普遍性道德智慧。問題是按照他們所羨慕的海德格爾的體悟，希特勒很不錯。難道相信體悟不是走向自欺欺人的路徑？

而且，雖然他們原則上同意批判自己思想的預設是需要的，他們沒有把這個原則加諸自己所因襲的思想，像詮釋學或新儒的思想規矩，而形成比較獨立的批判意識。何況哈伯瑪斯要以「雙向理解」與「視境融洽」（fusion of horizons）來代替主體的反思這個說法很成問題。溝通最基本的活動是取捨，要取捨的標準是主題所形成的思想規矩，難道後者能化約到什麼「視境融洽」？

---

[27] 阮新邦，〈從後設理論的角度揉合儒家學說、哲學詮釋學及社會工作三者之知識與實踐的觀念〉，在 2001 年 1 月 12 日香港理工大學應用社會科學系主辦的「哲學詮釋學與經典詮釋」研討會上所發表的文章。後來阮教授根據上述文章大幅修改而成〈知識與實踐：儒家學說、哲學詮釋學及社會工作之可能契合〉，《社會理論學報》，卷 4 期 2（香港，2001），頁 259-331，很犀利地針對有關認識論問題做出討論。

我個人以為，郁楊鄭三氏也碰到上述挖掘出自己思想規矩的問題。這個問題跟郁氏所謂「形下進路」與「形上進路」都有關係。「思想規矩」的問題完全是西方認識論大革命所揭露的問題，特別與楊氏在維根斯坦著作中所援引的話有關，即「想像一種語言就意味著想像一種生活形式」（楊書，頁327）。從這方面來說，一個歷史人物或群體所用的語言跟他們所感覺到的事實或真際是糾纏不清的。而且，因為人類所用的語言或話域常常不同，人類沒有辦法既直接又完全地感覺到存在的「本原形態」。不錯，如上所述，按照邏輯與金岳霖式的推理，我們必須承認人心把握普遍性真理與客觀性實際的能力。雖然如此，因為真理，尤其關於「生活世界」的真理，都跟歷史性話域糾纏不清，所以己與他的思想本體是個悖論性的過程，即一種把普遍性真理與歷史性話域交織在一起的歷程。其實，楊郁二氏所援引的反駁實證主義的西方思潮，都強調連「科學世界」的命題跟歷史性話域交織在一起的形勢，何況關於「生活世界」的說法。

所以，追求批判意識之時，我們不能單純地依賴要直接把握存在真相或物自身的說法，像「較之工具理性，價值理性更多地體現於存在意義的追尋之中」等說法，何況關於人性與天道的斷言。不錯，這種說法很可能包括某程度的真理，何況中西傳統哲學的內容都充滿這種說法。然而，以維根斯坦為頂峰的西方認識論大革命就是一種對這種「客觀主義」的抗議。當代中國哲學好像一直忽略甚至不瞭解這個抗議。按照這個抗議，要瞭解世界第一步不在於馬上談論世界的架構，而在於瞭解並評估主體為了瞭解世界架構所依賴的範疇、話域，或思想規矩。楊氏也援引了維根斯坦另外很高明的話，即「神秘的不是世界如何存在，而是它那樣存在」（楊書，頁328）。維根斯坦那些話跟他有關語言的看法應該有關係。上文中的「那樣」跟主體的話域是分不開的。主體還沒有把自己話域的思想規矩自覺化以前，他怎麼能打開這個「神秘」？

郁氏也提到「常識」的問題。[28] 這是湯馬・任義德（Thomas Reid, 1710-1796）和金岳霖等批評休謨的思想家所注意的觀念。郁氏指出「常識是日常生活世界的構成性因素之一。」郁氏好像希望以常識的角度探索「生活世界」，而把握客觀的實在或某種程度的形上智慧。然而把常識與因歷史的變化而異的話域分開來並不容易。比方說，按照現在很多人的常識來說，男女應該平等，可是這種平等與百年前的常識南轅北轍。而且縱使常識能把握一些普遍性真理，這些真理的範圍與形上智慧的關係很成問題。

（三）一種不足的回應：當代中國哲學與西方認識論大革命的關係

楊郁二氏與牟鄭二氏對形上學的看法當然不同，因為前者在西方最近的思潮中尋找形上學的暗示，而後者的形上學尋找是偏到中國固有的哲學。這個爭執的意義很大。它一方面是關於世界文化歷史的本質與中國文化應向何處去的問題，另一方面是關於人類存在最基本的問題，即「內」與「外」、「主體」與「客體」、「實踐」與「現象」的關係。如上所述，這個問題牽涉到中國哲學界對西方「唯主方式」兩種不同的回應。

雖然有這個分歧（也有政治性的分歧），當代中國哲學界也有共識，即這兩種思潮所一起針對的問題是存在與歷史的本質，而它們所共同忽略的問題是關於這兩個題目的研究所依賴的預設或思想規矩。

還沒有挖掘出來自己的思想規矩然後把它們跟別的規矩比較以前，我們怎麼理性化我們關於存在與歷史的看法，而儘可能地避免獨斷和虛構的意見？還沒有儘可能地理性化自己的思想規矩以前，如何評估古今中外的思潮？

西方認識論大革命是一個對科學興起的回應，而這個回應可能有兩個最重要的方面，即強調主體所依賴的符號的歷史性淵源與批判意識的首位。此一淵

---

[28] 郁振華，《形上的智慧如何可能？——中國現代哲學的沉思》，頁60。

源與首位的悖論性關係，乃西方悲觀主義認識論的核心。然而，當代中國哲學對西方哲學的回應有沒有合理地針對這個核心？

郁氏說得對，中國這個回應的焦點就是在於以反駁西方實證主義去肯定形上學的合法性。我個人認為，這種配合西方一些思潮的中國回應，提供了關於實證主義很重要的批評。可是實證主義的弱點在於反駁形上學，還是在於反駁實踐在知識上的基礎（即道德的客觀性）？

中國固有的樂觀主義認識論一方面沒有分清道德客觀性問題與道德在本體方面的問題，另一方面以為道德的客觀性完全明顯，因為是非就是是非。所以實踐在知識上的基礎不算是一個有待考慮的問題，而唯一值得考慮的問題是形上學的合法性，即一種作為道德根源的「境界」。

這樣一來，當代中國哲學有沒有誤會西方認識論大革命的挑戰之所在？一方面，因為上述的四個危險，所以實證主義反駁形上學的立場好像可以立足，另一方面，因為政治性實踐在知識上的基礎並不明顯，道德的客觀性是一個非常嚴重的問題。

因為當代中國哲學家談實踐時很少注意到政治分歧與實踐問題的必然關係，所以他們沒有考慮到實證主義所帶來最突出的危險，即它破壞了實踐在知識上的基礎。結果，他們一方面抹殺了他們應該針對的危險，另一方面把他們的努力集中在於解決一種大概沒有辦法解決的問題，即形上學的合法性。同時，雖然他們強調直覺的用處在於「盡智」之後，他們卻濫用直覺去建立形上學，而沒有探究思辨的用處，即不夠以思辨性工夫去重建實踐在知識上的基礎，而以此反駁實證主義。從我的看法來講，以直覺重建形上學不如以思辨重建道德的客觀性。

最重要的是我們不應該把思辨的範圍限於西方所謂的「理性主義」或「工具理性」。完全依賴思辨不一定是歸屬到邏輯實證主義。如上所述，在「名言之域」中的思辨工夫有不少的希望，像瞭解到知識的本質，思考時所不可或缺

的範疇，知識的善，傳統在形成社會和教育方面的必然性，應然性命題與「因為」這個觀念的必然關係，以及這個觀念在連結一個歷史性傳統與道德最一般性原則的用處。而且，雖然肯定邏輯與追求批判意識的首位以及思考的悖論性等主張不一定完全在直覺之外，這種直覺沒有完全走出名言之域，而沒有像建立形上學那麼大膽。

按照我所能瞭解，中國哲學不願意離開形上學的超名言之域跟它的烏托邦主義有關係。中國哲學是一個平天下、救世界的學問，而對它來說，在「神魔混雜」的形而下境界中找局部性不完美的進步是不夠的。以內聖外王的大同為目標的中國哲學必須找一種能完全道德化政治活動的無限力量，而這種力量的可能性只在形上的境界中。這就是說，中國哲學的思想規矩是包含兩種樂觀主義，即樂觀主義認識論和對政治可行性的樂觀主義，而這兩者不無互相依賴的關係。

拜讀鄭郁楊阮四氏大作之後，我更能感覺到關於追求批判意識思路的選擇。最重要的問題是：批判意識有沒有居於首位？實行批判的主體的本質有怎樣的歷史性？比較各種思想規矩之時，應用什麼樣的分析架構？比較它們之後，那一些規矩最合理？按照最合理的思想規矩，怎麼取捨西方認識論大革命所形成的悲觀主義認識論與當代中國哲學主流話域所共有的樂觀主義認識論，而理性化中西思想的衝突？

最後，有另外一種應該提到的解釋。本文焦點是一個很多西方人所接受與很多中國人所拒絕的主張，即像「知識」、「理性」和「道德」那樣的詞所指的不是一個意思很明顯、不待批判的理想或原則，而是一些需要挖掘出來而有待批判的歷史性思想規矩。本文的目標多半在於批評一些拒絕這個主張的當代中國思路。這樣我沒有詳細地談兩個問題。第一，除了悲觀與樂觀主義認識論的對照以外，不同文化的歷史性思想規矩在哪些方面最不同？第二，假如「理性」所指的只是因歷史而異的思想規矩，針對這些思想規矩的不同之時，人心

如何能避免相對主義，而以合理的標準去評估它們？筆者有另外一篇文章嘗試討論這兩個問題。[29]

十二、結論

　　研究當代中國哲學對西方近代哲學的回應之後，筆者也對這個中國的回應有所回應，而認為當代中國哲學還不夠針對上述的四個危險。當然筆者的回應也有缺點，可是假如人人所讚揚的「開放對話」理想不是空話，追求批判意識的歷程就是一個互相回應的過程。智慧的「靜」是我們所都欲求的，可是追求批判意識的歷程都在動，即所謂「樹欲靜而風不止」。

　　不錯，如上所述，這個追求批判意識的歷程，還有它的超過歷史變動的普遍性本體，即一種在思辨與直覺的交叉處所能把握的本體。然而，這種「靜」只是一個普遍性悖論而已。按照這個悖論，直覺能把握的原則有普遍性的意義，可是，這個普遍性原則所指的，只是一種思考的風格或「方向」而已，即一種承認思考動態的風度。這個動態特別意味著思想規矩的歷史性，即它們常常在批判歷程之中演進。這難道不是一個悖論嗎？

　　這種變動中的具體性思想規矩，與一種普遍性風格或「方向」的關係，很像牟宗三所講的區別，即「執的存在論」與「無執的存在論」之關係。不同的只在於本體論方面。牟氏本體論所指的是宇宙的原理，即一種決定實踐規範，自然現象規律，以及歷史階段的原理與力量。筆者所講的只是人心思考的本質而已。我覺得除了這種本體以外，知識所有的來源不過是經驗性的探索與思辨而已。不錯，認識論沒有完全代替了本體論。「所與」必然包括一種最基本的實在，而所有的話域會設定這個實在之所在，還是瞭解它最方便的起發點之所在。如上所述，現在關於這個起發點的說法可分成四種，即自然主義會指出科

---

[29] 請見 *A Cloud Across the Pacific: Essays on the Clash between Chinese and Western Political Theories Today*.

學所把握的客體,馮契會指出客體與主體的交叉處,新儒會指出主體,以及維根斯坦會指出指主體和客體的歷史性符號,即語言性思考的本質。馮氏和牟氏以為人心有能力把握宇宙最基本的「方向」,可是維根斯坦則以為把握思考自身的「方向」才是比較方便的。牟氏說得對,找到人生的本體是需要一種「逆思」,可是「轉內」之時,牟氏有沒有挖掘到最深的層次,而覺悟到思維的歷史性淵源?馮契把人類認識分為三種形式,即「以我觀之」、「以物觀之」和「以道觀之」。然而人心能完全把握的實在是「我」、「物」、「道」嗎?還是指「我」、「物」、「道」的歷史性符號?

　　無論如何,還沒有澄清名言域的本質以前,所有其他的哲學性工夫很容易發生各種幻想,並帶來災難。所以,哲學的責任不在於「救中國、救世界」而在於避免幻想與災難。哲學家誤會他們的責任之所在,就是引起災難的一個原因。救世界當然是最重要的目標,可是追尋這個目標的第一步,是把主體所依賴的思想規矩變成有待批判的對象。

　　從這個立場來說,西方認識論很成功地把哲學的焦點從本體論與形上學轉移到認識論,可是抹殺了具體性錯置危險的當代中國哲學,不願意承認西方這方面的成就。另一方面,西方認識論革命也帶來一種幻想或迷信,即它誇大思辨和知性的不可靠,這樣破壞實踐在知識方面的基礎,並歪曲教育的內容。

　　鄭家棟的大作是當代中國哲學的一部分,可是他很瞭解思想在「動」方面的本質,而很敏銳地參加當代哲學的國際性對話。正因為他這樣的研究,才有「贊天地之化育」的可能性,即以哲學性的廣告宣傳去影響思潮的市場,而如此漸漸地影響輿論與歷史的方向。我希望所有研究思想史與哲學的學者,能細讀他的《牟宗三》,因而瞭解到研究一位哲學家的思想,不是為了讚揚或反駁他的看法,而是為了和他形成一種對話。牟氏也好,馮契也好,有貢獻的哲學家不是應該受到崇拜的聖人,而還沒有貢獻的後學也不是傻瓜。思考的普遍性風格包括了一種不亢不卑的規範。

我對鄭著有三種保留。（一）如何挖掘出來自己思想規矩而合理地回應西方認識論大革命。（二）如何進一步分析牟氏哲學與傳統的連續性。（三）我有一些吹毛求疵的批評。最後我談一談這些吹毛求疵的批評。第一，鄭著談到牟氏的歷史性前後關係時，有不足之處，像牟氏與唐君毅的關係，以及他的思路與金岳霖、馮契或李澤厚的比較。如上所述，這個問題也牽涉到牟氏哲學與傳統思想的連續性與非連續性。鄭氏沒有分析牟氏對胡五峰思想的看法，而只有一次提到胡的名字（頁190）。

第二，鄭氏要證明牟氏關於「內在超越」的說法比唐君毅的「明確得多」（頁127-128），可是在證明之時，鄭氏沒有援引唐氏最清楚的話，即唐氏在1951年談到「遂知人之有其內在而復超越的心之本體或道德自我」的話。[30] 何況，假如要瞭解唐氏關於「內在超越」的看法，我們需要體會他整個思路，而不能只援引一兩個句子。比方說，唐氏也是從人神間的「距離」之角度去談「內在超越」。

第三，談到牟氏與歐洲哲學的關係時，鄭氏特別犀利，可是當他談康德思想時，卻有錯誤，即以為「在康德那裡是無所謂歷史，無所謂發展的」（頁77）。[31] 不錯，雖然鄭氏有時會太簡單地說牟氏歷史觀是從黑格爾來的（頁77），他也注意牟氏歷史觀在儒學傳統中的根淵。雖然如此，牟氏的歷史觀，尤其是他的世界潮流觀，跟清末民初思潮也很有關係。

第四，關於鄭氏對牟氏思想的批判，我還有一些保留。鄭氏說因為牟氏貢獻在於「使傳統的義理之學系統化、體系化、學理化、客觀化」，所以他的思路「與其說是近於陸、王一系，不如說是近於他視之為『歧出』的朱子」。然而，鄭氏自己很犀利地指出這種「系統化」就是「儒學在現時代得以存活與發展的基礎」（頁196-197）。如上所述，在現時代情況下，抽象性的哲學與實踐的關

---

[30] 唐君毅，〈自序〉，《中國文化之精神價值》，頁2。

[31] 請見 Leo Strauss and Joseph Cropsey, eds., *History of Political Philosophy* (Chicago: University of Chicago Press, 1978), pp. 595-603. 這一部分是討論康德的歷史觀。

係，不得不比古代疏遠、分化，而牟氏偏到陸王的思路，還是以這種分化為前提的一個看法。所以，牟氏把陸王的形上學角度，變成一種反駁康德的系統性哲學這個思路，足以反映現時代的情況，而不一定有接近朱熹的意思。

我也覺得鄭氏不夠批評「內在超越」這個公式。這個公式的確實性問題可能有三方面，即這個公式在形上學方面能不能立足？它是不是配合陸王的思路？它是不是配合陸王以外的儒家傳統？新儒對這三個問題都有肯定的答覆，可是第三個即最後的問題可能特別有待討論。

《論語》的「天生德於予」的「天」不一定在人的內在。其實，分析荀子思想之時，牟氏揭示天在人外的位置，即他說荀子的主張是「天生人成」。荀子說：「天地生君子，君子理天地。」我們當然不能說儒家的主流是把「生生不已」視為一種人所創造的力量，而天地這個創造性與儒家的道德觀是分不開的。換句話說，陰陽五行的宇宙觀當然是儒家主流非常重要的範疇。何況，「內在超越」這個公式反映一種科學時代以後才興起的人文主義。科學沒有興起以前，關於人生的思想常常把人生的神聖方面跟宇宙某特點聯合在一起。科學破壞這種聯合之後，在人生自身中尋找神聖價值的「人文主義」才有它的意義。這種科學後的意識跟儒家的人生觀完全不同。所以新儒把他們科學興起以後「內在超越」的意義，投射到儒家的人生觀去，這一點很成問題。

新儒家錯誤的來源是他們的方法學，即它沒有分清描寫性的歷史學與找「精神價值」的哲學。而且，按照他們的預設，一切他們所肯定的價值必然也是孔子自己的價值。這就是說，他們沒有一方面很徹底地描寫儒家思想，然後按照他們自主地肯定的價值去取捨儒家思想。當然，他們這個方法學的不足反映了林毓生教授所謂「整體主義」，即以為孔子思想可取還是可捨，可是不能一部分捨，一部分取。不錯，「內在超越」這個公式還是很扼要地指出了西方上帝觀念與儒家人生觀很重要的對照。可是這個公式也跟不少的誤會交織在一起。何況內外的區別很成問題，因為「天」與「上帝」都兼有內外兩方面。

另一方面，我以為批判新儒之時，應該注意到他們非常重要的一個貢獻。五四運動跟西方現代化理論一樣，把儒家視為一種強調「禮教」的權威主義。可是新儒證明儒家對個人的尊嚴與自主的主張，以及儒家「從道不從君」的超越現實政治權威的道德理想。鄭氏只有一個句子提到儒家關於道統與現實權威的區分（頁195）。假如沒有儒家這個區分，而假如新儒沒有證明儒家有這個區分的話，我們二十世紀的人怎麼能把儒家思想視為有「精神價值」？新儒以世人能瞭解的說法去證明中國文化之精神價值，尤其把研究儒學的焦點從「禮教」與「理氣」的題目轉移到「生生不已」與「工夫」的思路。假如儒家沒有結合「吾心」與宇宙的無限，中國文化怎麼會有精神價值？在儒學那裡，無限唯一的基礎是他們「生生不已」的觀念，而新儒跟多半中西學者不同是，他們瞭解儒家宇宙觀不限於一種機體主義。

第五，有一些零碎的問題。鄭氏沒有談到新儒政治觀的不同，尤其對國民黨的不同看法。鄭氏沒有詳細地討論牟氏讀書的情況，尤其他依賴翻譯本的程度。鄭氏「走出歷史」的說法很像余英時教授的一個說法，即「一方面儒學已愈來愈成為知識分子的一種論說（discourse），另一方面，儒家的價值卻和現代的『人倫日用』愈來愈疏遠了。這是我用『遊魂』描述儒學現況的主要根據」。[32] 然而，鄭氏提到余氏著作之時（頁20、26），他沒有注意到余氏這個「遊魂」的說法。鄭氏英文拼法不夠小心（頁43、83、207）。

本文起發點是筆者1983年在臺中東海大學的經驗。我那個時候的目標跟現在的一樣，即以自己有限的能力嘗試去瞭解當代世界學術界關於中國思想史的討論。

可是中國思想史所關心的問題不限於中國。儒學之道不是中國人之道，而是世界之道。所以儒學不得不在當代國際性思想界中意圖證明他們關於歷史、實踐、自然、本體以及知識的看法。新儒這方面有莫大的貢獻。

---

[32] 余英時，〈序〉，《現代儒學論》（新澤西：八方文化企業公司，1996），頁6。

不過他們的貢獻跟所有哲學性成就一樣，也是一個有待批判的對象，而這種對新儒學的批判當然也不得不成為批判的對象。在這個國際性追求批判意識的歷程中，鄭著有卓越的貢獻。我衷心地希望拙文對該書的批評（或誤會）可以幫助他將來研究的發展。

中國的哲學一直活著！——訪墨子刻（Thomas A. Metzger）談中國的新儒家[*]

編按：參加此次「中華民國建國史」討論會的墨子刻，是與會的許多傑出外國學者之一，他是哈佛大學博士，任教於加州聖地牙哥，曾是費正清的學生，但不完全贊成他的觀點，便率然與之相抗衡。他最激賞國學大師唐君毅，以及另幾位新儒家的學者，尊崇他們的睿智、治學成就、態度與道德勇氣。對西方，尤其是美國文明的缺失滿懷憂心，覺得中國文化理念有助於匡正時弊，以喚起他所關心的人，走入一個較好的生命理想中。

有一段時間，人們幾乎快相信中國的傳統智慧是徹底被西方文化打敗了！也有一段時間，有人堅持中國好的部分沒有被打敗，而且像以往一樣偉大；也有一段時間，人們覺得偏執哪一方都太吃力了，真正的事實是——各有所長——而有一段時間，他們說中西的區分在「體」、「用」，或者說在精神與物質，也有的說在關懷（concern）和好奇（wonder）。同時，還有些人零星地堅持更稀有的觀點，就這樣，各持己見的，那一段日子過去了！在我們猛省的當兒，發現一件事實卻默默存在——那就是，中國的哲學一直活著！

所謂活著，是指它還在發展、探索、爭執、塵埃未定——最重要是，它的主流仍秉持著幾千年來文化的神髓——對人的關心，對生命的關心。

所謂活著，就是指我們民族最優秀的思考者，接受了文化傳統各部分的精華，貫通了西方最傑出的想法，盱衡了整個時代的世道人心，而殫精竭慮地繼

---

[*] 本文原載於成蕪，〈中國的哲學一直活著！——訪墨子刻（Thomas A. Metzger）談中國的新儒家〉，《中國時報》，1981年8月23日，第8版。

續為人類的遠景做更好的設計，為人性的可能尋最好的出路，為民族的安身立命開闢最寬廣的沃土。

這些人包括了民國以來的幾位哲人、思想家和當代的大師如唐君毅、牟宗三、方東美、殷海光、徐復觀等，其中尤以後幾位新儒學的健將，最足以代表近代中國哲學的成就與風貌，他們的精神與智慧，不但續承中國傳統文化於不墜，引領著知識分子的理想，甚至海外的異國學者也怡然嚮往。

墨子刻的精研新儒家思想理念，便是一個典型的例子。趁「中華民國建國史討論會」在臺北舉辦之便，本刊特別訪問了與會的墨子刻教授，在流利的國語交談中，墨教授表示了他對中國哲學的一些意見。

一、嘗試著找尋真理

問：請問你是怎麼開始接觸新儒家的？

答：其實，我最早接觸到的近代中文哲學，是殷海光先生的著作，引起了我很大的興趣。

通常人們看待事情有各種不同的角度，對一種思想，本地的人士，要看它是不是真確的，有沒有價值，而外國人就不會有完全相同的目的與態度，他們特別需要「瞭解」，瞭解這個想法，至於它有沒有價值是另外一回事，有這樣看法的人，他的好處是可以更客觀、超然，但是不易深切判斷這個思想的價值。當然，這兩種角度到最後應該而且可以結合起來。

我當初在研究中國文化時，也完全是西方學者的態度，但後來發覺到中國哲學不但是可研究的對象，而且還是活著的，隨時被思索的，從那時起，我對中國思想的態度有了改變，除了繼續客觀地分析它，也漸漸考慮到中國的思想可不可作為找到真理的過程。

殷海光先生的著作，一開始也是思索著中國文化，想它們到底是不是真確

的，但是對西方的方式與態度也非常熟悉，同時，他還是個非常平易近人、虛心接受意見的長者。在讀過他的書之後，我接觸到當代中國哲學著作就更頻繁了！

在我來想，要精深一種哲學要下很大的功夫，而想同時融通東西方的哲學就更難上加難，那不止是純粹的理解，還得包括各式的體驗、歷練和靈巧的心思，按照我所知道，對這種功夫最有成就的，都是中國的學者。像唐君毅、牟宗三等，在西方，也許沒有學者瞭解中國哲學，像他們幾位瞭解西方哲學那麼深刻。

最近，我正在翻看牟宗三先生的《政道與治道》，在這之前，我看了徐復觀先生的幾本書，像《學術與政治之間》和《儒家政治思想與民主人權自由》，他的書給我衝擊很大，但是我對其中一些有不同的看法，那主要是指政治思想中的烏托邦傾向。其實，這幾位大師或多或少是道德的理想主義者。

假如我們要更瞭解「烏托邦」的問題，韋伯（Max Weber）在 "Politics as a Vocation" 提到的兩種道德可能有所幫助，一是「絕對道德」（ethic of ultimate ends），像耶穌的道德或孔子的「王道」，另一種，是「責任的道德」（ethic of responsibility），則承認一個政府不能避免暴力或必然之惡，政治有其悲劇的一面，但並不是說每個政治都是暴政，就比如說邱吉爾（Winston Churchill）和希特勒（Adolf Hitler）都使用暴力，但他們並不相同。總之 ethic of responsibility 認為政治是一種實際的苦難 the art of the possible，按照韋伯的看法，要政治進步，要民主化必須跟著這政治責任的道德，假如韋伯是對的，則烏托邦的思想對民主化是有傷害的可能。

二、唐君毅的世界觀

問：能不能談你對唐君毅先生的看法。

答：我實在沒有資格來談他。雖然我花了很多功夫，但還沒看完他全部的著作，在目前這一階段，我想我也許可以說有三個方面的成就構成他豐富的世界觀：

（一）他對人的經驗的內容，作儘可能客觀的分析，這一點很像西方的現象學者。他從對經驗的分析發現普遍道德的基礎就是在經驗之內，雖然很多哲學家不會接受他的說法，我們還是很佩服他的治學功夫。

（二）他既然發現了經驗的內容與價值，就想要知道在中國傳統各種思想中，對於瞭解經驗的真相，各個學派有什麼貢獻。也就是從這個角度，他寫了《中國哲學原論》，當然在這方面，他學問最淵博，我想這本書，是研究中國哲學歷史最好的一本通書。

（三）因此他不但有一個解釋經驗真相的理論，也有這理論的哲學、歷史基礎，這樣，他便可以用這種理論來分析一下當代世界的政治與文化的問題。

當然他比較缺乏社會科學與歷史方法的知識，有時候說得太簡單，可是他的意見對當代的問題仍有很多啟發，就是因為這些看法有他整個哲學系統作為基礎。而且假如我們把他的哲學跟流行的美國思想比較，便可以扼要切題地說：他有做哲學家的勇氣，敢於講出人類的理想，而不以為哲學等於邏輯（logic）而已。

三、美國社會的缺失

問：對於當代美國文明的缺失，你以為主要的根源在哪裡？

答：首先，我必須聲明，我不是研究社會學的人，但是我非常關懷這個社會，也曾仔細思索過這些問題，甚至為了一篇相關的論文，作了長期的剪報。

我以為當今美國文化上最根本的弱點，是「人文制約」（civilizational constraints）本身沒有強固不移的信念。所謂「制約」是指人類起碼的人文秩序，如勤儉、尊重別人、尊敬學問、尊重自然、不能為所欲為，它必須深植在完整、一致的信仰體系裡，這個體系提供法律與道德意義，並以傳統的文化要素作為基礎。

但是現在多數美國的知識分子卻認為這個「人文制約」是主觀而不普遍的，不必實行的，這種偏頗的態度，一般說形成於三種哲學：

（一）休謨（David Hume）的懷疑論。他否定了道德的普遍性，而致中心無主；或常常以自己主觀的感受來質疑規律，而不以規律來檢省自己的行為。

（二）個人主義與平等、民主的流弊造成質與量的混淆。因為古典的民主理論鼓吹人人平等，一人一票，在這個前提之下，任何人的好惡判斷都有相同的分量，甚至相同的代表性，而專家學者較正確的意見，就被一般民眾奇怪的對立心態下被忽略了！人人習於一意孤行，即使判斷錯誤，也理直氣壯。

（三）來自馬克思（Karl Marx）、弗洛伊德（Sigmund Freud）的對既有權威或各種束縛者的敵意。這其實和前二者都有兩通之處，美國人懷疑權威，抗拒約束，在他們之上沒有更高的引導的準則，自身的意志與判斷又薄弱，沒有任何可信的事物納他們於較好的法則，自然引起嚴重的文化失調。

假如把這三種思想和唐君毅先生的思想比較一下，就可以很容易看出你先前問我的：唐君毅的貢獻。當然，他的看法有很多漏洞，但至少維持「人文制約」的精神是強於嚴謹而視點（vision）小的美國思想界。

總之，唐君毅的哲學毛病比美國哲學的偏失要小，而且還可作為人文主義的指南。

問：最後請你談談來華參加「建國史」會議的感想。

答：我不是研究民國史的，這次來是看看民國史有什麼地方可做更有價值的文化研究。而且順便就教於本地的學者。

關於話域概念及其他[*]

編按：本文是史丹佛大學胡佛研究所墨子刻教授給本刊編輯黃少華的來信，文章概述了 discourse（話域）概念的理論淵源、實質及其認識論價值，並對「大孔子學說」作了簡要的評價。文章題目係本刊編輯所加。

黃少華：

非常感謝您 5 月 15 日來信中對拙作的溢美之辭，是否我們知識分子比其他人更喜歡聽讚美的話？按照一般的理解，知識分子是人類中最具自覺意識的人，但事實上，如何儘可能地擴大自覺意識，仍是每個知識分子的難題。

關於胡國亨先生的思想，我很認同您的說法，即他提出的「大孔子學說」是「一種文化策略」，一種關於應該怎樣修改或「取捨」文化的推薦（recommendation），而不是一種關於中國文化的新的詮釋。我覺得胡國亨的這個推薦很值得考慮，因為他的思想牽涉到文化修改或「取捨」的三個重要問題：第一，西方社會尤其是美國今天在文化、經濟、政治上的特點是什麼？是胡國亨在《獨共南山守中國》一書[1]中所揭示的病狀，還是李強教授最近在《自由主義》一書[2]中所肯定的那麼美好的東西？在這方面，我覺得這兩本書為中國學術界提供了一種很好的關於「文化策略」或政治理論的會話。胡著最大的貢獻是非常清楚地向中國學術界解釋了西方文化的病狀，而李著則把西方的自由主義理想化了（雖然我認為這本書寫得很不錯）。第二，在方法學上，我們應

---

[*] 本文原載於《科學・經濟・社會》，卷 17 期 3（蘭州，1999），頁 23-25。
[1] 胡國亨，《獨共南山守中國》（香港：中文大學出版社，1995）。
[2] 李強，《自由主義》（北京：中國社會科學出版社，1998）。

該怎麼瞭解西方社會文化、經濟、政治上的這些特點的歷史性淵源？怎麼分析中國文化的各個側面？在這方面，我與胡國亨有些格格不入。對此，我在拙作〈香港的斯賓格勒：胡國亨與中國對西方文化同化的抵制〉中已經有所論述。[3]第三，文化修改或取捨是一種選擇過程，我們在討論怎樣取捨或改進文化時，當然應該參考歐美知識分子的意見，但是，即使歐美算是先進國家，他們的意見也不一定能解決中國文化的取捨或改進問題，因為並不存在文化取捨或改進的普遍性規則，關於文化改進的規範性的指南，只有在特殊歷史境況中自己遇到這些問題的人才有資格體會。我覺得，胡國亨的思想在這方面對中國學術界很有幫助，他可以讓中國知識分子明白一個道理：簡單地模仿英美以改進中國文化，並不一定是一條好的出路。當然，胡著的推理方法，我認為有點獨斷，而不能完全接受。尤其是他的新著《獨釣寒江雪》[4]說什麼人類歷史沒有進步，我看不到這種討論比原來有什麼深入。假如進步只是一種「幻覺」，那麼我們何必一定要放棄別的思想而肯定和接受胡國亨的思想？說西方的進步論只是一種「幻覺」，這在邏輯上當然沒有什麼毛病，但這種說法畢竟把問題簡單化了，在理論上有很大的辯論餘地。

關於 discourse #1 and discourse #2（話域 1 和話域 2），我最近寫了一百頁的東西，進行了一個方法學上的討論，比較針對您在來信中所提到的問題，我現在可以扼要地談一下。

我認為，談論 discourse（話域），最好的出發點是卡爾・波普（Karl Popper）所說的「三個境界」，即境界 1 是物質性的事物，境界 2 是人心裡的感覺和觀念，而境界 3 是具有客觀性並可由經驗反駁的命題。波普關於三個境界的說法，與唐君毅的九個境界一樣，應該是指「所與」最基本的方面（當然波普與唐君

---

[3] 編按：參見《科學・經濟・社會》，卷 15 期 4（蘭州，1997），頁 10-22；卷 16 期 1（蘭州，1998），頁 16-22。
[4] 胡國亨，《獨釣寒江雪》（香港：香港大學出版社，1999）。

毅對「所與」的內容有不同的看法）。波普把境界 2 與境界 3 區分得很清楚，而不強調兩者的關聯，以凸出境界 3 的客觀性。在波普之後，孔恩（Thomas Kuhn）注意到境界 2 與境界 3 的關係比較複雜，他以為客觀性的知識最終還是依賴從境界 2 來的思想典範（paradigm）。所有這些思潮，對理解 discourse 觀念都是有幫助的。當然，我使用 discourse 概念，是為了描寫政治思想，而不是用以分析自然科學的思想，目的是弄清楚政治思想或政治理論的實質。經驗告訴我們，政治思想或政治理論的演化是一個辯論性的過程，在所有社會中，各式各樣的人會提出各式各樣的政治主張或主義，並且互相反駁與辯論。在描寫這種互相反駁與辯論的過程之時，我發現在各種政治思想或政治理論之間雖有那麼多辯論，但不能忽視的是他們有很多共有的預設或者說老生常談，包括他們所針對的共有的議程在內。這樣一來，一種 discourse 的內容，包括共有的預設、共有的議程，以及針對這個議程的互相反駁的主張等。我認為，預設也好，主張也好，都是圍繞著四個題目：政治生活的目標、達到這些目標的方法、已有的世界的實質（像歷史、宇宙、當代的困難等等），以及區分合理性與不合理性的標準（即認識論）。假如我們參照波普的境界 2 以及境界 3，那麼不難發現，所有 discourse 的共有的預設（premises），基本上屬於境界 2 的範圍，而境界 2 包括很多從歷史和文化傳統來的價值取向、思想模式等等，這樣一來，每一種 discourse 都會有其特殊或封閉的方面，而不具有普遍的真理性。相反，境界 3 針對普遍性真理，因而具有無限的反思或反省能力。這意味著，discourse 這個觀念最後建基於一種悖論之上，即一方面封閉，另一方面開放，從而使其有演變的潛能或可能性。比方說，您的預設跟我的不完全相同，可是在我們辯論之後，您可能會說服我。所以，假如我們要追問 discourse 是一個什麼樣的觀念，最好的回答是說它是一個本體論觀念，即是說，discourse 是一個描述性的概念，即描寫一種事實：人類關於政治活動的思考及其辯論過程。從 discourse 的角度描寫思想史與其他的思想史研究方法有很大的區別，對此我在

拙作 "Discourse #1 and Discourse #2" 中作了一些討論。

然而，人類有各種各樣的 discourse，而每一種 discourse 的主體（群體），都相信他們共有的預設是天經地義的真理。那麼，這是否意味著，按照 discourse 的觀念，世界會有很多極不相同的真理，因而 discourse 觀念是一種相對主義或相對論？同時，我們應該怎麼評估一個 discourse，說 discourse #1 比 discourse #2 更有理性，抑或相反？針對這個問題，拙作 "Discourse #1 and Discourse #2" 也作了一些討論，出發點是伯恩斯坦（Richard J. Bernstein）的一本很有價值的書 *Beyond Objectivism and Relativism: Science, Hermeneutics, and Prixis*，[5] 他嘗試在 objectivism 與 relativism 之間找到認識論的空間。當然，對此歐美學術界有好幾個不同的說法。在這方面，我有一個可能很笨的想法，我覺得哲學家的辯論有一點脫褲子放屁，因為沒有辯論餘地的評估思想和行為的標準不是找不到，而是根本就不可避免。比方，對我來說，「民族偏見不好」和「濫殺無辜不好」都是沒有辯論餘地的命題或評估思想和行為的標準，但對納粹黨來說，這些命題或標準是不對的，而且，我不可能用什麼客觀的理性來證明這些命題或標準是普遍的真理（不可能有這種證明是悲觀主義認識論的一個重要結論）。然而，雖然不可能有證明，這些命題或標準對我來說仍是沒有辯論餘地的。同時，退一步說，即使能有證明，我仍然不可能說服納粹黨接受這些命題或標準。墨子說得很好，「仁人以其取捨是非之理相告，無故從有故也，……若兩暴交爭」（〈非儒下第三十九〉）。對此，人類至今毫無辦法。其實，只要看看人類實際的思考，無論別人的思考也好，還是自己的思考也好，在人類思考中，沒有辯論餘地的命題不勝枚舉。當然，在反思之後，一種沒有辯論餘地的命題可能會變成一個需要追問的問題，然而在這個問題後面，仍會有其他的沒有辯論餘地的原則。人們可能會害怕沒有最後的絕對真理，然而在我看來，

---

[5] Richard J. Bernstein, *Beyond Objectivism and Relativism: Science, Hermeneutics, and Prixis* (Philadelphia: University of Pennsylvania Press, 1983).

一定要把握絕對真理的做法，缺乏一種認識論上的安分精神，因為他們試圖把握上帝的知識。當然，我的這個意見反映了我自己的悲觀主義認識論態度。

　　所以，一方面，我認為理性的態度是堅持認識論上的安分和平實精神，這種精神是整個人類應該尊敬的基本原則；而另一方面，我又不得不懷疑我的主張只反映了我自己的文化背景或 discourse，這是一個悖論。然而按照拙見，人們在進行反思之時，會不可避免地遇到這個悖論，而同時又力圖超越這個悖論而獲得一種絕對真理。假如我的這個看法能夠成立的話，那麼，在取捨各種各樣的政治理論之時，困難的是描寫而不是評估。換句話說，不是評難述易而是述難評易。我的這個看法，可能與今天哲學家的主流看法相左而需要得到指正。

　　祝您一切如意！

墨子刻

Thomas A. Metzger

1999 年 5 月 27 日

當代自由主義的困境——論海耶克、約翰・鄧恩、羅爾斯和羅蒂*

　　非常感謝高瑞泉教授的邀請，使我十分榮幸能有機會來華東師範大學主持第九期大夏講壇。今天我演講的題目是〈當代自由主義的困境——論海耶克、約翰・鄧恩、羅爾斯和羅蒂〉。正如在座諸位知道的那樣，這個演講其實是我這次在華東師範大學系列演講的第三講。前兩講的題目分別是〈人類學文化觀念中的知識論意蘊〉和〈文化觀念中的知識論意蘊：中西哲學的討論〉，其出發點就是去探討如何以哲學思辨的方式來會通中西。

一

　　我們知道，二十世紀許多中國思想家都主張會通中西，為此他們做了許多努力。但是，另一方面，在當今時代，很多人並不重視哲學在會通中西方面的重要性。如羅蒂（Richard Rorty）出於其反基礎主義的立場，認為哲學在文化中並不占有核心的地位，不過是跟物理、文學等一樣是眾多地位平等的學科中的一門。會通中西完全可以通過貿易等方式來實現，不一定非借助哲學不可。而港臺地區的新儒家雖然長期致力於從哲學上會通中西，但近來在杜維明等人那裡已經出現了一個歷史學的轉向，即避免把儒家思想建立在形而上學的體系之上，而是強調通過歷史研究從具體的存在中發現普世價值，從具體的歷史挖掘中覓得洞見，進而創造性地闡釋儒家思想的內在精神和現代意義。對此，我

---

* 本文係根據墨子刻教授在華東師範大學第九期大夏講壇的講演錄音整理而成，整理者為哲學系晉榮東教授。原載於《華東師範大學學報（哲學社會科學版）》，卷40期6（上海，2008），頁85-91。

都不敢苟同。第一，儘管羅蒂認為整個社會就應該關注比較具體的問題，不要高談什麼哲學性的問題，但他沒有意識到他的這一觀點在本質上仍然是一種哲學性的主張。第二，杜維明認為啟蒙時代的思想，如平等、自由、經濟發展等已經愈來愈被所有人接受，而且崇尚男女平等、保護自然、宗教、多元主義等價值也是世界潮流，所以，以此為基礎的全球倫理（global ethic）將有助於克服世界的分歧和衝突。而在我看來，儘管很多人肯定上述理想和價值，但這個世界仍然存在很深的分歧，尤其是一些哲學性的分歧並不那麼容易克服。因此，如果要建立並推行全球倫理，如果要會通中西，仍然需要哲學。

我認為，在當今世界存在的種種哲學分歧或者觀念衝突中，最為重要的有以下三個：首先是有關知識論（epistemology）的分歧。經典看法認為，知識是經過辨明的真信念，這樣的信念具有客觀性。但十七世紀以來由笛卡兒（René Descartes）、休謨（David Hume）、康德（Immanuel Kant）、尼采（Friedrich Wilhelm Nietzsche）、韋伯（Max Weber）、卡爾·波普（Karl Popper）和維根斯坦（Ludwig Wittgenstein）等人引發或推動的近代西方認識論大革命（Great Modern Western Epistemological Revolution，以下簡稱 GMWER）對知識的本性展開了更為深入而複雜的討論：什麼是知識？知識有效嗎？如果有效，知識的邊界是什麼？如在知識範圍的界限問題上，休謨堅持認為不存在關於道德實踐的知識，康德認為沒有關於本體之終極本性的知識。這些在認識論上的悲觀看法使愈來愈多的西方學者相信知識只有以經驗現象為依據時才是可能的，「刨根問底」和構建一個「體系」是不可能的。所以，這場革命又可稱作認識論上的悲觀主義革命（epistemologically pessimistic revolution）。當然，到目前為止，在西方有許多人在認識論上仍然持有樂觀的態度（epistemologically optimistic attitude），如黑格爾（Georg W. F. Hegel）和馬克思（Karl Marx）的哲學所展示的那樣，更不用提亞里斯多德（Aristotle）和阿奎那（St. Thomas Aquinas）之後的羅馬天主教哲學，以及眾多通俗的、政治的和學術的討論。再者，即使

休謨和康德對人類理性的可錯性（fallibility）提出了懷疑，但是他們依然允許人們繼續信任自然科學的客觀性，理性與《聖經》和亞里斯多德所推崇的德性的結合，運用歸納和常識去做出有關生活世界包括人類歷史的客觀真實的描述性和因果性的陳述。換句話說，不論知識範圍的界限是什麼，人們還是可以獲得由「理性」、「德性」等普遍觀念所構成的平臺（platform），並以此為基礎去自信而客觀地對這個世界給予描述，評價人們的各種不同行為。

其次是在有關歷史的因果模式（patterns of historical causation）及其對目前政策制定的潛在影響方面的分歧。歷史應該被視為一個目的論的過程嗎？它遵循從某種黑格爾式的宇宙論法則演繹而來的發展規律，適用於全球的所有的社會，而無需考慮他們的文化差異嗎？難道遠古時代某些核心知識的發展就能決定中國歷史的整個過程嗎？與多數的中國和西方編年史都有黑格爾式哲學傾向即喜歡對世界和中國歷史的發展趨勢做宏大敘事的概括不同，韋伯所代表的另一種看法則認為談論歷史發展的邏輯、人類歷史的總體是沒有意義的，歷史的因果模式只能按照經驗主義去決定，即將歷史分解為文化的、經濟的、環境的以及其他各種不同的變量，對這些變量作分門別類的專門研究，並探究他們如何不斷地互相影響。

最後是一個牽涉普遍的人性本質（the nature of universal human nature）的分歧，更為確切地說，是存在於普遍的人性衝動和利他主義之間，或者說，烏托邦主義者跟那些持所謂「幽暗意識」（對歷史中永恆的道德黑暗的意識）者之間的爭論。究竟是「對財富和政治權力的貪婪追逐」還是叔本華（Arthur Schopenhauer）所看到的「人們更複雜的、局部無意識的自私衝動機制」才是抗衡利他主義的主要衝動？家庭之外的社會生活能實用地以純粹的利他主義為基礎，還是應該以中庸之道的「禮」為基礎？是否存在一個可以無視國家民族利益，促使政治生活轉向利他主義時代的「世界潮流」，還是應該追隨波普的思路，在神魔混雜的歷史中一點一滴地尋求本土和世界的進步。

二

要解決上述哲學分歧或觀念衝突，不僅需要來自歷史知識方面的資源，更需要唐君毅所謂的「會通」，即一種系統的哲學分析（systematic philosophical analysis）。在當今時代，對於系統之哲學理解的追求應該旨在提出一種可以說明如何能夠促進以知識為基礎的道德—政治進步（moral-political progress based on knowledge）的哲學。與此同時，這種哲學應當處理（一）文化觀念的認識論意蘊，（二）韋伯所揭示的在歷史因果性方面的諸多複雜問題，（三）有關永恆的神魔混雜的歷史，尤其是在政治生活中，妨礙人類理想之完全實現的問題。這就是說，這種哲學必須應對上面提及的那三個重要的哲學分歧或觀念衝突。

由此觀之，在某種意義上，所有哲學最後都是一種政治哲學，都牽扯到政治。正如斯特勞斯（Leo Strauss）及其學派所揭示的，現代社會的「政治哲學」概念，已經被廣泛應用於從修西底德（Thucydides）、柏拉圖（Plato）到洛克（John Locke）、盧梭（Jean-Jacques Rousseau）、約翰彌爾（John Stuart Mill）甚至包括海德格爾（Martin Heidegger）的眾多西方名家的名著之中。同樣的，在蕭公權、陶希聖以及其他人的著作中，「政治思想」也已被廣泛運用來描述從孔子、荀子到董仲舒、柳宗元、王安石、司馬光、黃宗羲、康有為，以及在五四運動中脫穎而出的著名學者的各種不同思想。這裡使用的「政治」一詞，在本質上是指國內和國際的政府行為及其直接背景。相異於政治學對描述政治時事的興趣，政治哲學（或政治思想）則致力於對政治活動的理想形式或準則進行定義和辨明。

在我看來，改善人類生活的行動尤其是政治行動，不可能總是果斷的（resolute）——除非它們在邏輯上是以知識為基礎的。就此而言，當主流的悲觀主義認識論或對或錯地否定了政治目標和社會規範能以知識為基礎的時候，果斷的政治行動要麼就被預先排除了，要麼不管怎樣都被禁止了——這

就是被施密特（Carl Schmitt）歸因於自由主義政治的無力困境（dilemma of impotence）。可事實卻相反。最近的百年所見證的東西方許多的政治運動倒是過度的果斷，而且還追隨飽受詬病的樂觀主義認識論。因此，旨在追求政治進步的那些果斷的卻又負責任的政治行動是否可能，似乎就取決於政治目標在何種程度上是以知識為基礎的。政治哲學能否避免「蹺蹺板效應」，即從果斷的行動倒向認識論上的謹慎，還是從認識論上的謹慎倒向果斷的行動？對這個問題的回答顯然與上面談到的三個哲學分歧或觀念衝突是密切相關的。所以我認為，一種好的或合理的政治哲學應該對這三個分歧或衝突給予合理的處理，或者說，一種好的或合理的政治哲學應該充分回答關於文化和知識的問題，以及有關歷史因果性和烏托邦主義（utopianism）的問題。

限於時間的關係，接下來我先著重討論一下文化和知識的問題，然後再著眼於合理的政治哲學應該對上述三個問題給予合理處理，來對當代西方自由主義的若干代表略作評述。前面已經提到，在近代西方發生認識論大革命的同時，許多人仍然在認識論上抱有樂觀的態度。事實上，這種有限的樂觀主義認識論直到這場大革命遭遇文化的觀念時才真正遇到了嚴肅的挑戰。作為文化觀念的來源之一，以赫爾德（Johann Gottfried Herder）為代表的德國人文主義的傳統認為，變化不居的歷史、語言和其他情況不僅形成了風俗習慣，而且形成了世界觀。在這一傳統的影響下，風俗習慣這一舊觀念被認為構成了文化概念的核心，正是業已確立的思維方式和行為方式使得原本看來難以理解或對其他人來說沒有意義的言與事變得有意義。隨著格爾茲（Clifford Geertz）的《文化的闡釋》（*The Interpretation of Cultures*）一書在1973年的出版，文化愈來愈被當作是「真實生活的非形式邏輯」和「社會行動的象徵維度」。不過，文化理論最終在某種程度上偏離了格爾茲的理路。以符號尤其是語言符號為核心的習俗觀念，不僅與維根斯坦、戴維森（Donald Davidson）和羅蒂等哲學家所推動的「語言學轉向」（linguistic turn）互相配合，而且與博克（Kenneth Burke）和斯金

納（Quentin Skinner）等學者有關思想文化史的研究著作彼此激盪，促使人們認識到對文化模式的理解，只研究可觀察的當地人的行為和對他們的訪談是不夠的，還必須補充以對那些篇幅長得足以表達世界觀之多重複雜性的書面文本的廣泛研究。

換句話說，最好能用話語（discourse）的觀念來描述文化生活。話語是一個動態變化著的語言現象，人們通過提出競爭性的存在爭議的主張相互辯駁。不過，基於在定義生活目標方面的共享前提、在世界中實現這些目標的既定手段，以及其他既定的條件，包括阻礙這些目標實現的條件和用以區別有意義與否的基本的認識論標準，這些主張至少提出了一個暫時性的無爭議的共享議程。這些前提被共享它們的文化群體認為是無可爭辯的，如海耶克（Friedrich August von Hayek）就指出，「抽象的觀念……被大多數人認為是自明的真理，就像默會的預設一樣起作用」。我更願意將這些抽象的觀念、默會的預設稱為「成功思維的規則」，對於使用它們的群體來說，這些規則看上去就是些陳詞濫調，譬如我所屬的群體所認為的「種族主義是壞東西，自我意識是最重要的目標，論證應該由恰當使用一種歷史的語言所構成，清晰性要求對描述性的、因果性的、預言性的、評估性的、建議性的以及認識論的觀念予以區別」等等。

叔本華的兩個洞見使這種把文化研究歸約為話語描述的做法更趨於複雜。他認為，一方面，鑒於自我意識的限度和無意識的作用，話語的內容並不十分清晰；另一方面，構成話語之不變基礎的利他主義理想與現實的動機和行動之間通常存在著矛盾。基於這種矛盾，話語從語言互動歷史形式轉變成為無論是參與其中還是對其加以分析的人們的批判對象。換句話說，在有關話語模式的「符號學進路」（semiotic approach）之外，必須補充一個規範性的、哲學的進路，即去追問一種話語如何以及為什麼應當被修正。正如貝拉（Robert N. Bellah）所指出的，應該把文化看作是一個進化的、可修訂的、有些未定形的「論證」或「問題群」（problematique），而不是一套恆常不變的趨向（orientations）或「系統」。

當我們用話語這一複雜的觀念去完善文化的概念時，約翰彌爾哲學所代表的有限的樂觀主義認識論開始解體了。這就是說，人們開始懷疑是否存在著有關理性和道德的普遍主義的、算法式的、超文化的平臺（universalistic, algorithmic, transcultural platform），基於這一平臺人們可以客觀地來描述和評價由歷史所形成的不同的文化和話語模式。取而代之的是，人類學家、歷史學家和哲學家在分析話語時，被認為僅僅是從他們自己的角度來重新描述一種別的話語，他們並不擁有可以把任何一種話語評價為較之另一種話語更接近真理的那些普遍主義的、算法式的標準。在孔恩（Thomas Kuhn）思想的影響下，伯恩斯坦（Richard J. Bernstein）認為即便是在自然科學中，相信這些「客觀主義的」標準的可得性（availability）也是錯誤的。在此基礎上，戴維森提出了他那個廣受讚譽的、排除了任何對知識之完全掌握的可能性的論題，即「三角測量」（triangulation）的觀念。在他看來，任何對知識的追求都將使有關世界的本真知覺、一個人對世界的言說以及別人解釋這個人的言說的方式這三者變得模糊起來。當然，從話語的觀點來看，至少有一點是清楚的，即任何關於生活世界的描述性的、因果性的、預言性的、評估性的、建議性的和認識論的命題之合理與否，在很大程度上要依靠這裡所論及的由文化形成的話語。這一觀點，特別是當其被運用到在邏輯上至關重要的有關歷史之因果模式和當下的政策建議之間的關係上時，堅決反對目前仍然占有主導地位的如下觀念：所有文化中的經濟和政治決策都遵循一個超文化的、算法式的「理性選擇」（rational choice）的標準。

總之，GMWER 在其發展過程中積累的大量證據支持著一個有關文化的重要論題，即由文化所形成的各種取向不僅深刻地影響了人類的行為，而且對用以刻畫人類生活和世界之剩餘部分的範疇，包括學者們所使用的範疇的形成，也產生了深刻影響。儘管這一論題不僅在經驗基礎的問題上引發了爭議，而且招致了對文化相對主義（cultural relativism）和相對主義的歷史主義（relativistic historicism）的恐懼，但是，如果這一論題如我相信的那樣是合理的，那麼它是否威脅到了知識的可能性？或者是否使得一種對於知識範圍之新的、更為清晰的把握，並因此使得一種走出相對主義困境的途徑成為可能呢？在我看來，除非我們首先理解了 GMWER 所發現的這一重要的經驗事實：文化取向在相當大的程度上塑造了有關什麼是真的觀念，並因此而妨礙了對知識的追求，否則理解知識的範圍、把握知識的重要性、知道如何去增加知識，以及由此增加個人基於知識而選擇生活的自由，都將是不可能的。

三

正如前面我已經提到的，當今時代，無論是東方還是西方，都需要一種可以說明如何能夠促進以知識為基礎的道德－政治進步的哲學，而這種哲學必須充分回答關於文化和知識的問題，以及有關歷史的因果性和烏托邦主義的問題。當代西方社會有一個幾乎是常識性的觀點，即西方的現代性（Western modernity）是建立在一個明確的哲學藍圖的基礎之上，這個藍圖可能就是自由主義哲學（liberal philosophy）和分析哲學（analytical philosophy）的某種結合。著眼於合理的政治哲學應該對上述三個問題給予合理的處理，接下來我就對海耶克、約翰・鄧恩（John Dunn）、羅爾斯（John Rawls）和羅蒂所代表的當代西方自由主義略作評論。

在有關文化和知識的問題上，海耶克對認識論上的樂觀主義予以了充分的闡明。在他看來，科學構成了理性和道德的平臺，這一平臺超越了由不同的文化視角所構成的歷史變遷，置身其上將有助於人們客觀地描述和評價人類歷史的整個進程。當然，他也非常重視來自文化領域的人類學研究成果，而且他強調人類生活表現為以「思維圖式」（schemata of thought）為基礎的「自發地」發展著的文化結構，而這些圖式也就是一些「往往是無意識擁有的有關何為正確與正當的觀念」。此外，在這些文化樣式與知識的關係方面，海耶克強調「文

化」和「理性」的彼此依賴。不過，他完全相信可以非常精確地以一種無可爭議的方式來區分知識與純粹的文化格式塔（mere cultural gestalt），因此他毫不懷疑他可以站在由普遍真實的原則所構成的平臺上來審視人類的存在。

海耶克強調他正在「事實和邏輯的基礎上……科學地」處理所有問題，並對其朋友波普的「批判理性主義」（critical rationalism）大加讚賞，認為這是最終的認識論立場。不過，他實際上將波普在「事實」與「價值」之間所作的那些基本區分棄之不顧，認為科學可以揭示所有人都應當遵從的規範性原則，而無論他們的文化背景是如何的不同。

海耶克相信，有關生物進化和社會進化的科學研究所揭示的，是由「內在欲望」、「理性」和創造「複雜的文化結構」的能力所構成的普遍人性。此外，儘管個人目標和文化模式極為多樣，但人類通常都擁有相同的基本目標：「生存」、經濟活動的「效率」、「和平」、「正義」、「道德」和「自由」，而這些目標都與「理性」是密不可分的。

根據這些普遍的規範，海耶克就可以「科學地」描述和評價從「部落社會」到「文明社會」的變遷；也可以證明最能實現普遍的人類目標的文明社會將是一個制度化的自由企業，它不僅擁有重要的政府功能，而且擁有一種將西方核心的德性傳統的本質與謀利動機之正當化結合在一起的「精神氣質」（ethos），還可以公開指責各種非理性的知識和政治模式，如弗洛伊德主義以及那些相信政府能夠集中而有效地管理經濟的社會主義者的「致命的自負」。

總之，海耶克在認識論上持一種樂觀主義的態度，相信學者們能夠站在一個由普遍主義的理性和道德原則構成的平臺上來對人類生活和世界的其餘部分做出經過客觀辨明的描述性的、因果性的、預言性的、評估性的、建議性的和認識論的陳述。由此，他提出了一種頗有影響的基於知識的進步予以概念化的自由主義，但這種自由主義未能就有關文化、歷史因果性和烏托邦主義的問題展開深入的討論。

四

　　著名的英國劍橋大學政治理論教授約翰・鄧恩所提出的自由主義與眾不同。他尊重但並不強調 GMWER 有關文化如何限制了知識之範圍的論證，高度重視韋伯所指出的有關歷史因果性的那些複雜問題，同時又迴避了烏托邦主義的問題。不過，他未能提出一個以追求基於知識的進步為目的的果斷行動的概念。約翰・鄧恩相信近代政治學家洛克所代表的主流的西方人文主義傳統的古典理想，但是，他一方面承認他能夠反駁文化相對主義並證成那些理想的唯一方式就是以一種純粹強制的方式將它們等同於「理性」，另一方面卻又分享了韋伯對於歷史的沮喪，認為在其中看不到有效的實現那些理想的可能性。

五

　　羅爾斯被公認是二十世紀最為重要的自由主義哲學家。他因其精巧的「原初狀態」（original position）和「合理的多元主義」（reasonable pluralism）概念而聲名顯赫。憑藉這兩個概念，他致力於澄清民主的規範性原則。不過，這兩個概念都來源於一個更為基本的概念，一個他所提出的具有高度原創性的認識論觀念，即「合理性」（reasonableness）。

　　一方面，像約翰・鄧恩一樣，羅爾斯尊重 GMWER 針對理性完全從某種說明作為總體之人類存在的本質的可證實的「整全論說」（comprehensive doctrine）出發來推衍道德規範的能力所提出的質疑，他認為任何「理性的」（rational）個體都將發現任何這種「整全論說」都無從被判定為是正確的還是錯誤的。換言之，羅爾斯基本上接受了波普關於知識的定義，即知識是尚未被經驗實驗所否證的猜想。

　　另一方面，羅爾斯堅持認為，除了認識到他們的「整全論說」是不可能證實的以外，通過闡明將「常識」、科學知識、「經過充分反思的深思熟慮的判斷」

以及賦予「有關政治思想和實踐的傳統」（如「民主社會的公共的政治文化」）以特權的決定這四者整合在一起的「合理性」這一概念，所有「理性的」人們還能解決如何和平地生活在一起的問題。

由於來源於這四種觀念，合理性的概念呼喚一個由「理性的」、「自由的」、「平等的」和「道德的」公民所構成的公正社會。於是，在自由社會中展開於擁有彼此矛盾的「整全論說」的人們之間的競爭就將是和平的競爭，因為這種競爭將被限制在那些所有公民認為是「合理的」（reasonable）範圍之內。通過想像具有合理性的人們在合理的條件下將如何為他們所不認識的合理公民設計一個公正的社會，剩下的問題不過是去規劃財富的公正分配罷了。

因此，與約翰・鄧恩的自由主義不同，羅爾斯的自由主義包含了一個基於知識的進步概念。不過，相異於約翰・鄧恩，他對文化觀念做了簡單化的處理。儘管一再地提起康德，他卻忽略了有關文化在相當大的程度上塑造了「常識」和「反思」（如果不是「科學」的話）這一康德之後的思想。羅爾斯也是一個烏托邦主義者，始終堅持其有關創造一個由「理性的、自由的、平等的和道德的公民」所管理之社會的提議的可行性。如果歷史可以充當指南，那麼進步的問題就不是去想像這樣一些理想的存在者將要做什麼的問題，而是去改進一個在歷史中是具體的公民群體的政治生活，這些公民最好只是在某種程度上是理性的、自由的、平等的和道德的。至於歷史因果性分析中那些韋伯式的複雜情況，在羅爾斯的思想中卻被排除了，因為在他看來馬克思主義關於經濟因果性的命題已是公認的事實。

六

至於羅蒂，他的觀點即使沒有成為全世界的關注焦點之一，至少已引起了整個西方哲學界的極大關注。憑藉「好戰的反權威主義」（militant anti-authoritarianism），羅蒂的確對進步展開了深入的概念分析，他完全承認一個

人從文化上繼承而來的詞彙表在相當大的程度上對其有關世界的描述產生了影響。但是，老實說來，他在政治上的建議是烏托邦主義的，而且他對歷史因果性問題上的韋伯式思考也多有忽視，甚至否認進步應當或能夠建立在對知識追求的基礎之上。

羅蒂充分利用了 GMWER 所主張的知識的有限性來拒絕所謂客觀的實在和原則。由此，他接受了康德之後學術界所強調的歷史、文化和語言是如何地塑造了有關何為真理（what is true）的信念，也就是說，歷史、文化和語言是如何地取消了置身其上就對所有形式的存在予以客觀描述與評價的有關理性和道德的跨文化平臺。羅蒂思想的惹人矚目之處就在於他以一種毫不含糊的方式使得 GMWER 的這一立場更為激進，然後再暴風驟雨般地為之高唱讚歌。

妨礙羅蒂將其理想與理論統一起來的主要自相矛盾就在於，他一方面重視自由和「自我創造」（self-creation）這些浪漫主義的理想，另一方面又否認個體能夠自主地運用其批判的反思能力來嘗試獲得作為有關客觀如此之物的真觀念的知識，也不提及有關規範的知識。在作出上述否定的同時，羅蒂堅持避免把任何一種對於人類生活的理想歸結為客觀所與（the objectively given）同時它的自我回應（a self-responding to it）之間的一種聯繫。正如塞拉斯（Wilfrid Sellars）所宣稱的，所與的觀念是一個「神話」。任何的客觀所予都是和有關個人之特定歷史背景的變動不居的詞匯表交織在一起的。不應當把個人視作自我或「認識主體」，而應看作在科學上可觀察的一連串行為。就像賴爾（Gilbert Ryle）所指出的，「機器中的幽靈」（ghost in the machine）是不存在的。由於缺乏思維的自我，如同蒯因（Willard Van Orman Quine）所認為的，意義無論如何就不會獨立於社會所創造出來的詞彙表之語義和句法形式而存在的，也不存在獨立於基於這個詞彙表而形成的「單詞遊戲」的「心智主義的」（mentalistic）的思維過程。

由此，對羅蒂來說，由共享的詞彙表所形成的真理和道德的定義，就不可

能受到在理智上自主的、具有創造性的、效仿蘇格拉底（Socrates）的個體的挑戰，而這些個體效仿蘇格拉底的地方就是去思考自身所處時代的那些在俗成意義上（conventionally）是循環的觀念是否與超越它們的任何一種對於真理和道德的理想相一致。沒有任何一種批判性視角可以超越那些基於歷史和文化而形成的俗成的觀點模式。這樣，儘管人們在其寫作中所充分展現出來的批判性反思能力是不容否認的，羅蒂仍試圖把這種能力轉變成所承繼的文化與歷史的偶然性的附屬品，而不是從黑格爾哲學的角度把它看成是一種跟所承繼的文化理念前提密不可分的卻又存在張力的自由的心智過程。

於是，對羅蒂來說，「自我創造」是最為重要的，但他仍然強烈否認有人能像蘇格拉底那樣創造性地、有效地去尋求一種與「當下的理論和實踐」不一致的思想。換句話說，羅蒂沒有看到歷史中俗成的觀點與那些對其發起挑戰並進而形成新的傳統的具有創造性的不和諧聲音之間那種複雜但顯然又確是辯證的關係。取而代之的是，他嘗試把「當下的理論和實踐」看作是一組在社會中所表述出來的任何觀點提供唯一辯護的俗成信念。由於堅決否認一個觀念的證成可以從客觀實在這一概念得到，羅蒂在邏輯上最終倒向了有爭議的社會學主義的（sociologistical）立場。他之所以堅決否認這一點，是因為他推崇個體的自由和「自我創造」並由此反對任何對於它們的毫無道理的限制。

換句話說，源於「當下的理論和實踐」的那些限制不過是尋常的認知情境的一部分，但是，試圖通過援引某種客觀實在的概念來加以限制，甚至談不上是一種詩意的想像，它不過是一種祈求幻想並藉此支持權威主義的魯莽嘗試。

當羅蒂反對針對世界之客觀真實的陳述的可能性時，人們可以反對說，他在邏輯上已經預設了準確刻畫客觀實在（語言與世界之其餘部分之關係）的命題。但是，羅蒂試圖通過說從邏輯上推出預設在他看來並非一種有用的活動來擺脫這種矛盾。這樣，在羅蒂這裡，GMWER 對於知識範圍的探究最終得出了結論，即不存在人們必須接受的邏輯原則，而這一結論可以追到蒯因針對「分析性」的那些挑釁性看法。

七

　　當我們開始審視當代西方自由主義哲學的光譜時，我們在很多地方都可以發現不僅存在著一個需要平等與「消極自由」（例如，或許可以稱其為有關經濟的、政治的和智識的「三大市場」之自由的東西）的共識，而且還存在著如下一個重要的共識，即這三大市場都要求重視科學、法律，以及包含倫理規範的某種「精神氣質」，並且由所有的機構來加以宣傳並達到教育的效果即「教養」（paideia）。

　　不過，這樣的共識看起來是相當脆弱的，其原因主要就是在如何定義這種精神氣質方面存在著爭議。事實上，美國當前的「文化戰爭」（culture war）就很好地說明了這些爭議。在我看來，定義這種精神氣質的不同努力在如下一個或幾個方面都未能取得成功：未能在概念上闡明如何能夠去追求以知識為基礎的進步；未能認識到 GMWER 及其文化概念如何使得任何一種搭建由普遍有效的原則所構成的、置身其上就能對所有形式的人類生活予以客觀描述的平臺的努力變得複雜起來；在承認文化和語言對描述世界具有重要影響的同時，未能抓住對修正人們的文化遺產、增加其自由來說是必要的那些活動的本質，也未能就以承繼下來之核心的德性傳統為目標的偶像破壞論（iconoclasm）予以仔細的權衡；在制訂政策時未能考慮在歷史因果性方面的韋伯式的複雜情況；在烏托邦主義和歷史悲觀論調之間搖擺不定，而不是在神魔混雜的歷史中穩定地尋求一點一滴的進步。

　　無論是海耶克對於以核心的德性傳統為基礎的、未被既得利益權力所污染之自由市場體系和政治架構的烏托邦式的呼喚，羅爾斯關於由自由的、平等的、理性的和道德的公民所管理之公正政府的同樣是烏托邦式的理想，還是約翰・鄧恩對於政治的普遍本質排除了向著這一理想進步之可能性的堅持，抑或羅蒂對於權威主義之斬釘截鐵式的公開抨擊，西方自由主義哲學不僅把有關可行之政治進步的分析都留給了記者、政客和政治學家，而且也沒有去提及在

非西方社會、非民主社會中對於可行之進步的討論。顯然，美國之所以在其應付非西方社會的努力中遭遇到了巨大的麻煩，就是因為西方有關政治可行性（practicability）的討論與旨在澄清文化差異與知識概念之關係的適當的哲學努力之間存在著脫節。

通過對當代西方自由主義若干代表的分析，我們不能看出，伴隨著所有這些尚未解決的西方社會的問題而來的全部混亂，並非僅僅是健康的多元主義所不可避免的代價，而是這樣一個危機，它不僅侵蝕著教養，而且加劇了亨廷頓（Samuel P. Huntington）恰如其分地指出的「美國國家認同（national identity）所面臨的挑戰」。不過，無論這種認識論上的混亂是否使西方社會的文化危機雪上加霜，它的的確確已經妨礙了以共享的哲學洞見（會通）為基礎的「全球倫理」去獲得其確定的形態。

第三部分

文化

烏托邦主義與孔子思想的精神價值[*]

摘要：

　　中國近年來有兩個思潮特別凸出。一個是想放棄烏托邦主義，另外一個是想在孔子思想中找到政治智慧的基礎，而且很多知識分子要把這兩個看法聯合在一起。然而這兩個角度不一定能互相配合。因為，雖然民主的個人自由是需要一些人文主義性的界限，而希望把握人文精神的知識分子一定不能忽略孔子的人文思想。然而連《論語》還免不了偏到烏托邦主義的危險。

　　作者指出孔子頌讚三代而強調「為政以德」的可行性之時，他把從歷史歸納出來的後驗性知識同一種對人性的先驗性信仰混在一起，而這樣形成三個預設。第一，「善」或「正」或「德」的客觀含義是完全明顯的；第二，假如「從政」者要做到「善」，他們所遇到的障礙不會嚴重；第三，假如他們做到「善」，社會所有其他的成員也會這樣做到。因為這三個預設忽略了道德判斷與實行政策的困難，所以它們缺乏政治進步所需要的尚實精神，而偏到烏托邦主義。

　　同時，孔子的烏托邦主義有朝二分法的偏向，而這樣缺乏公民社會所需要的容忍和合作精神。問題在於怎麼把「善」的源頭觀念化。《論語》乃至《四書》中其他經典的想法不但以為社會可以完全「善化」，而且以為「善」的源頭是自我或主體的一種很純粹的良心。因為「善」的源頭是純粹的（「未發之中」），所以假如自我的看法是「善」的話，這個「善」是完美而沒有瑕疵的。這樣一

---

* 本文係為 1999 年 10 月 7 日至 12 日在北京召開的「紀念孔子誕辰 2550 周年暨儒學與二十一世紀和平與發展國際學術討論會」而作。成稿後經羅珞珈小姐的斧正，敝人特要對她表示謝意。原載於《華東師範大學學報（哲學社會科學版）》，期 2（上海，2000），頁 18-23。

來，自我是以格物、致知、誠意、正心以及修身的工夫把自己變成「善」的化身，然後世界所有的不善是在自我之外。換句話說，己他的關係是善與不善的關係，而這樣己他互相容忍的程度不得不很有限。這種己他典範與基督教的觀念當然不同，因為從基督教的角度來講，己也好，他也好，所有人類為善的能力都在「神魔混雜」（唐君毅語）中，即張灝教授所謂的「幽暗意識」。

總而言之，孔子的烏托邦主義是根源於他最基本的看法，即以為自我很純粹的道德源頭是有潛能把世界完全道德化的。當代中國知識分子很難一方面放棄烏托邦主義，而另一方面又因襲孔子的這個看法。

一、當代中國政治思想與烏托邦主義的糾纏不清

最近，中國思想界對烏托邦主義的批評很流行。其實，歷史的教訓很清楚：經濟、政治的現代化需要「調適的智慧」和漸進的改革。要拔本塞源地把激烈主義和烏托邦主義的理想強加於社會，對中國的進步不可能有實際可行的幫助。

然而在中國文化中，形成一種沒有烏托邦主義色彩的政治思想是不容易的。有的知識分子一方面拒絕烏托邦主義，另一方面覺得中國可以找到一種「新智慧」，而實行一種中外歷史到現在為止還沒有辦法實行的「大公無私」的理想社會。另外一些知識分子在批評烏托邦主義的同時，也相信歐美的「先進」國家已經實行了一種以理性與道德為基礎的現代化，而除了某程度的帝國主義以外，幾乎沒有嚴重的毛病。有的知識分子覺得，儒學不但是個很有價值的思想，按照他們的看法，一種以儒學為基礎的國家，有辦法避免所有現代化的代價，即既得利益者對政治經濟活動的影響、假公濟私政客的興起、支配者給被支配者的束縛、思潮紛紜的多元主義的興起，以及隔閡性的社會生活等。所謂「新左派」一方面同意烏托邦主義不行，另外一方面以章太炎的佛教精神為基礎，而強調中國現在的改革過程，應該有辦法完全避免所有上述的代價。

二、烏托邦主義、幽暗意識與孔子的政治智慧

這種現在流行的中國知識分子對烏托邦主義的偏向，讓我們想到一個很基本的問題，即是：沒有烏托邦主義的政治思想到底是怎麼樣的？它應該強調採用什麼樣的政治規範來評估政治活動？關於這個問題可能只有兩個回答。

第一個回答是張灝教授所講的「幽暗意識」，即是根源於亞里斯多德（Aristotle）和奧古斯丁（Augustine of Hippo）聖僧的歐美政治思想主流。[1] 按照這個看法，像上述政治活動的代價可以減少，可是不能完全避免，因為政治原來是個「神魔混雜」（唐君毅語）的過程。荀子說：「故用國者，義立而王，信立而霸，權謀立而亡。」（《荀子‧王霸》）按照「幽暗意識」的說法，王道沒有可行性，霸道已經不錯，而正常的政治活動多半會糾纏於霸道與權謀之間。所以亞里斯多德覺得從最善的政治制度到最壞的有六個等級，而人類的政治水準多半限於最低的三個等級。[2] 蘇格拉底（Socrates）也有這種悲觀主義的看法。受審之時，他說：在政治活動中有良心而要改正所有不公平的事實，那樣的人一定會很快喪生。[3] 他的這個看法和孔子相反：「子曰：『苟有用我者，期月而已可也，三年有成。』」（《論語‧子路》）。跟孔子的樂觀主義比起來，希臘政治思想的悲觀主義或現實主義，意義更顯凸出。到了奧古斯丁聖僧之時，希臘這個悲觀主義就跟基督教的「原罪」思想合在一起。[4]

按照這個悲觀主義，道德不是一種一貫性的兼修身與平天下的過程。換句話說，最高的道德標準並不配合政治活動所需要的規範。所以亞里斯多德跟儒

---

[1] 張灝，《幽暗意識與民主傳統》（臺北：聯經出版事業公司，1989）。
[2] Carnes Lord, "Aristotle," in Leo Strauss and Joseph Cropsey, eds., *History of Political Philosophy* (Chicago: University of Chicago Press, 1987), pp. 118-154.
[3] Irwin Edman, ed., Benjamin Jowett, trans. *The Works of Plato* (New York: Modern Library, 1928), p. 77.
[4] Ernest L. Fortin, "St. Augustine," in Leo Strauss and Joseph Cropsey, eds., *History of Political Philosophy*, pp. 176-205.

家完全不一樣地說,管理家庭與管理國家的規範不同,而奧古斯丁強調「上帝的城市」與「人類的城市」的對照。用傳統中國的觀念來講,道統與治統沒有辦法統一。

難怪韋伯(Max Weber)強調政治不可能配合耶穌的道德理想,而應該環繞一種「負責感的道德精神」(ethic of responsibility)。[5]這就是一種政治與道德之間的境界。在這種境界中,政治家當然不要作為暴君。可是,他們沒有辦法實行孟子的理想,即完全避免「行一不義,殺一不辜」(《孟子·公孫丑上》)的罪。韋伯說得最清楚:政府的特點正是對暴力的專控。而且在政治與道德之間,鄉愿不是「德之賊」,而是需要跟他們合作的政治家。類似地,含糊不是推卻責任的行為,而是以妥協精神找到出路的作法。這樣一來,政治的目標是追求可行性的進步,而不是以拔本塞源的方法讓最高的理想落實。比方說,羅斯福(Franklin Delano Roosevelt)與希特勒(Adolf Hitler)一樣沒有實行王道,可是羅斯福比希特勒有「功」。在政治與道德間的境界中,那樣的「功」應該算是政治活動的正常目標,因為老百姓的福利正是依賴這種「功」。

這種沒有烏托邦主義色彩的幽暗意識也常常跟一種互相容忍、互相原諒的態度交織在一起。因為人人都承認自己在政治活動中的「幽暗」方面,所以不會以道德化身的身分去反駁對方的看法。同時這種幽暗意識跟所謂「悲觀主義認識論」有關係。扼要地說,悲觀主義認識論是指中國學術界所常常批評的「不可知論」,是從十七世紀開始的「西方認識論大革命」所形成的思潮。[6]最近李強教授把悲觀主義認識論叫做「認識論的個人主義」,而強調它跟自由主義的容忍精神的關係。[7]西方認識論很重要的一個後果是讓很多西方人覺得,以理性

---

[5] Max Weber, "Politic as a Vocation," in H. H. Gerth and C. Wright Mills, eds. and trans., *From Max Weber: Essays in Sociology* (New York: Oxford University Press, 1958), pp. 77-128.

[6] 關於悲觀主義認識論與樂觀主義認識論,請參考拙作〈二十世紀中國知識分子的自覺問題〉(收入本書),以及黃克武,《自由的所以然——嚴復對約翰彌爾自由思想的認識與批判》(臺北:允晨文化,1998),頁26-29。

[7] 李強,《自由主義》(北京:中國社會科學出版社,1998),頁156-160。

決定道德的客觀內容幾乎是不可能的。所以有政治衝突之時，人人都比較容易承認他們所提到的理由不一定正確，然後比較容易與對方妥協，而避免二分法式的爭執。

這種幽暗意識與悲觀主義認識論在中國文化中不能說完全沒有。中國人的妥協精神很出名，「公有公的理，婆有婆的理」的想法很流行。儒學一方面要平天下，另一方面很瞭解如何以「知其不可而為之」的精神去針對一種「無道」的政治世界。同時，儒家不是完全沒有多元主義的容忍精神。司馬談對「六家」的看法就是這種容忍精神的一個例證，而《史記》的人生觀不能說是在儒家傳統範圍之外。而且司馬光的「史學」（錢穆的說法）也在儒學範圍之內。

雖然如此，儒學沒有像西方思想主流那樣把正常的政治活動放在一種幽暗意識的前後關係中，而沒有偏到悲觀主義認識論。以牟宗三的看法來講，儒學最基本的理想是「內聖外王」，[8] 即是因為聖人有「大清明」而「知道」，所以他在位之時能「圖德而定次，量能而授官，皆使民載其事而各得其宜」（《荀子・正論》）。換句話說，因為政治核心裡的領導人關於政治規範與方法的知識又客觀又完整，所以他們能把社會所需要的「度量分界」（《荀子・禮論》）都安排得又公平又合理。不但如此，按照三代的教訓，這種政治核心的作用完全有可行性。換句話說，因為「王道」是可行的，所以以幽暗意識的態度針對政治問題是錯誤的。

這樣推理，假如當代知識分子要避免烏托邦主義色彩的政治思想，而唯一能避免烏托邦主義的方法是肯定幽暗意識的話，那麼這些知識分子更應該批評儒家的傳統，而需要在這個傳統之外找到他們的立國之道。然而像高力克教授那樣的學者，在中國知識分子中為數不少，他們一方面拒絕烏托邦主義而肯定「調適的智慧」，另一方面要走嚴復、梁啟超、杜亞泉的路，試圖在儒家的「中

---

[8] 牟宗三，《政道與治道》（臺北：學生書局，1980）。

和」思想中找到政治智慧最基本的原則。[9]換句話說,他們以為肯定孔子的思想與拒絕烏托邦主義沒有矛盾。這樣推理下去,應該有兩個拒絕烏托邦主義的方法,即幽暗意識與孔子的智慧。

我個人以為這兩個思路都值得深入反思。然而除了一些很例外的學者們以外,中國知識分子到現在為止一方面沒有肯定幽暗意識,另一方面沒有好好地考慮到孔子思想與烏托邦主義危險的關係。

三、孔子思想的取捨問題

評估中國傳統而考慮到怎麼取捨之時,這個關係應該算很重要。二十世紀初,「捨」孔子的思潮開始流行。從譚嗣同起,到「五四」運動,中國知識分子愈來愈以為中國社會中那麼多的束縛是從儒學的名教來的,而孔子就是儒學的源頭。同時,以韋伯思想為基礎的西方現代化理論與五四精神不謀而合,以現代化所需要的自由、個人主義和工具理性都與儒家傳統南轅北轍。不錯,按照新儒家的看法,民主與科學還是可以從儒家精神引出來,即使如此,連新儒家也承認,中國固有的傳統不是一個完整的文化,而中國的現代化會依賴一種中外價值的會通。

反過來講,「五四」要完全「捨」儒家傳統這個思潮也一直受到批評,而以繼往開來的精神實行中國現代化的思潮也很多,像孫中山的三民主義、梁啟超的思想、新儒學派、錢穆的歷史學、馮友蘭 1949 年以前的哲學、金岳霖哲學的一些暗示、杜亞泉的「中和」思想、1980 年代李澤厚的馬克思主義、馮契的馬克思主義、余英時對現代化的看法,等等。

「繼往」最重要的對象當然是孔子自己以及他的弟子的話。在這些話中我們容易找到很多與現代性人文主義相配合的價值取向,像個人的尊嚴、個人意

---

[9] 高力克,《調適的智慧:杜亞泉思想研究》(杭州:浙江人民出版社,1998)。

志的自由、個人的道德責任、人人互相尊敬的義務、以文會友與孝悌的精神、人類的一體感(「四海之內皆兄弟也」)、道德的超越性源頭(「天生德於予」)、對神聖價值的默然肯定、「樂以忘憂」的精神、「如切如磋」的學問精神、「知其不可而為之」的信仰,等等。其實,顏淵很精確地描寫孔子關於為人的智慧:「瞻之在前,忽焉在後,夫子循循然善誘人。」(《論語・子罕》)

不錯,就二十世紀人文主義而言,孔子為人的態度不一定都可「取」。比方說,孔子的道德精神非常嚴肅,聖人的理想高了一點,而繼續不斷地「不違仁」而「無邪」的心跟二十世紀為人的理想大概不太一樣。

而且孔子缺乏蘇格拉底兩個很寶貴的特點。一個是幽默感。孔子聽到關於他「博學而無所成名」的批評之時,他對弟子說:「吾何執?執御乎?執射乎?吾執御矣。」(《論語・子罕》)在《論語》中這樣的幽默感罕見。然而幽默感的意義與作用不限於什麼娛樂,而跟批判意識與悖論感的培養很有關係。

第二個蘇格拉底的特點也與批判意識很有關係,即是一種對尋找知識的態度。蘇格拉底覺得尋找知識的關鍵在於怎麼問問題方面,而不在提供回答方面。所以在蘇格拉底的會話中,老師提問題而學生回答。可是在《論語》那裡,學生問問題(「子貢問政」),而老師回答(「子曰」)。

這個對照跟認識論很有關係。按照孔子的樂觀主義認識論,知識最重要的基礎,早已經形成好了,即是「聖人之言」,所以他以為他只是「述而不作」,而儒學愈來愈以為知識的基礎是一種神聖的經典,即五經或十三經等。然而希臘人的「知識譜系」,跟儒家與基督教的聖經傳統都不一樣。它沒有什麼神聖的經典觀念。所以尋找知識之時,希臘人更有辦法考慮到最基本的問題,即是道理與沒有道理之間的區別在那裡?知識的源頭是什麼?在這個對照中,我們能看到樂觀主義認識論與悲觀主義認識論最原始的分歧。

然而,雖然孔子思想有辯論餘地,其可取之處也很多。尤其是,孔子的思想與現代一個關鍵性的問題很有關係,即是自由界限。二十世紀中外的政治

思想家很多一方面強調自由的重要性,即是個人在「三個市場」中(經濟、政治和學術市場中)的自由,而另一方面同意這三個市場還是需要某程度的範圍或界限,尤其是尊敬法律的界限、尊敬科學的界限,以及尊敬一些道德性的界限。[10] 所以近代中國政治思想,從嚴復、梁啟超起,一直到現在為止都以「民德」與「民智」為自由的前題。連海耶克(Friedrich August von Hayek)與卡爾‧波普(Karl Popper)也有一些類似的觀念。[11] 民德與民智是依賴教育,而教育是依賴一種把工具理性與價值理性(「器」與「道」)聯合在一起的思想。然而怎麼形成這種價值取向,仍是當代世界知識分子的難題。針對這個難題之時,中國知識分子一定會考慮到孔子思想的精神價值,因為在針對這個難題之時,到現在為止,古今中外的哲學中,沒有一個能反駁孔子對這個難題的看法。

四、孔子政治思想朝烏托邦主義的偏向

然而關於孔子思想的取捨問題還有另外一方面,即是孔子的政治思想與烏托邦主義的危險。我個人認為孔子有朝烏托邦主義的偏向,所以他的這方面的政治思想完全不配合現代中國所需要的政治精神。然而當代中國知識分子沒有一位注意到儒學傳統這個瑕疵。反而好像連有資格談到「中國文化的現代意義」的中國知識分子也不自覺地把這個瑕疵隱瞞起來,而會說:「《論語》便是一

---

[10] 請參考拙作〈二十世紀中國知識分子的自覺問題〉及〈二十一世紀中國的路向 —— 必然的趨向與自由的範圍〉(收入本書)。

[11] 海耶克的歷史觀是強調自由社會的前提,即是文明社會(civilization)的興起,而扼要地講,按照海耶克的預設,一種文明社會與歐洲傳統固有的美德是分不開的。而且因為他強調他的政治理論是完全以理性或科學為基礎,他也暗示理性跟這些固有的美德是分不開的,這個看法能不能立足是另外一個問題,請看 Friedrich A. Hayek, *Law, Legislation and Liberty* (3 vols., Chicago: University of Chicago Press, 1983, 1976, 1979), 2: 57, 74; 3: 156-166, 174-176. 類似地,無論他的認識怎麼樣,波普以為人類有一些沒有辯論餘地的理想,像他自己根源於蘇格拉底精神和基督教最基本教訓的「開放社會」的理想。所以他也強調「我們的文明社會」的價值和它的「環繞自由、仁愛和理性批判這些標準」的精神,以及形成這個文明社會的「運動」。這個「運動」可能是人類歷史在道德與精神上最偉大的革命」,即歐洲的啟蒙時代。請看 Karl R. Popper, *The Open Society and Its Enemies* (2 vols., Princeton: Princeton University Press, 1971). 參見第一、二版序言。

部十分平實的書,孔子所言的大抵都是可行的,而且是從一般行為中總結出來的。」[12]

德治是「可行」的嗎?有怎麼樣的「一般行為」可證明它的可行性?其實,從政治歷史所歸納出來的後驗性的知識不能證明德治的可行性。孔子的問題在於他把從歷史歸納出來的後驗性的知識,跟先驗性的信仰混在一起,而覺得「大哉堯之為君也。巍巍乎!唯天為大,唯堯則之」(《論語・泰伯》)是他在歷史中所看到的一個現象。然而一位受到二十世紀學術訓練的知識分子應該有能力避免這個誤會。

不錯,孔子跟孟子不一樣,他有辦法欣賞實際性的政治成就。雖然管仲沒有行王道,他還有立功,那就是「微管仲吾其被髮左衽矣」(《論語・憲問》)。而且孔子瞭解在「能濟眾」方面,連堯舜「猶病諸」。何況,孔子承認「為君難,為臣不易」(《論語・子路》)。

雖然如此,對孔子而言,證明「為政以德」的可能性當然不是三代以後的政治歷史,或他自己看到的「一般行為」。他說得很清楚:「我未見好仁者惡不仁者。」(《論語・里仁》)對他來說,證明德治的可能性只有他關於三代的意象與這個意象的源頭,即他對人性的先驗信仰而已。

因為對他來說這個意象是事實,所以他跟孟子一樣肯定三個原則。第一,「正」或「善」或「德」的客觀內容完全明顯(這是他的樂觀主義認識論)。第二,假如「從政」者願意把「善」做到,他們不會遇到嚴重的障礙。第三,是黃克武先生與我所講的「槓桿」,這個觀念是一種儒家、墨家、道家以及法家所共有的看法,即是相信政治核心對社會的影響力無限。[13]

---

[12] 余英時,《從價值系統看中國文化的現代意義:中國文化與現代生活總論》(臺北:時報文化出版事業有限公司,1984),頁16。

[13] 黃克武,〈《皇朝經世文編》學術、治體部分思想之分析〉(臺北:國立臺灣師範大學歷史研究所碩士論文,1985)。

孟子有「君仁莫不仁」（《孟子・離婁上》）的話，而孔子一樣地對季康子說：「子欲善而民善矣。」（《論語・顏淵》）他還說：「子帥以正，孰敢不正。」《論語・顏淵》）、「苟正其身矣，於從政乎何有？」（《論語・子路》）、「上好禮，則民莫敢不敬；上好義，則民莫敢不服；上好信，則民莫敢不用情。」（《論語・子路》）、「其身正，不令而行，其身不正，雖令不從。」（《論語・子路》）難怪他對自己從政的預期那麼樂觀：「苟有用我者，期月而已可也，三年有成。」（《論語・子路》）類似地，他說：「齊一變至於魯，魯一變至於道。」（《論語・雍也》）最重要的是，因為他的樂觀主義認識論的關係，他以為評估人才也是輕而易舉，而對哀公說：「舉直錯諸枉則民服。」（《論語・為政》）

這種樂觀主義認識論跟胡適的「好人政府」觀念一樣，不夠考慮到評估「直」或「好」的困難以及所有讓「民服」還是「不服」的條件的複雜性。

總而言之，孔子的政治思想考慮政治進步的困難與複雜性不夠，而有朝烏托邦主義的偏向。所以今天要避免烏托邦主義的中國知識分子可能應該更考慮到孔子政治思想的不可取方面，而不要以為孔子的「中和」政治精神很完整。

不錯，因為孔子時代沒有現代化與民主化的可能，所以強調政治領導人的人格改良，可能是那個時代找政治進步最關鍵性的方法。然而二十世紀之後，人類開始享有兼道器的政治經濟發展的可能性，在這樣的新情況下老百姓的福利愈來愈重要，這種福利是依賴工具理性與個人自由的發展，而怎麼培養這種自由社會需要的規範，變成一種新的問題。

不錯，形成這些規範的過程不能完全離開某種對人性的先驗性信仰。連海耶克似乎也承認一種沒有這樣信仰的社會沒有辦法達成三個自由市場所需要的道德性界限。[14] 而培養這種信仰之時，一個社會不得不回顧他的傳統最寶貴的部分。所以中國人不會忽略孔子的智慧。

---

[14] Friedrich A. Hayek, *Law, Legislation and Liberty*, 2: 57, 74; 3: 156-166, 174-176.

然而形成「三個市場」所需要的規範這個過程也不得不依賴從歷史歸納出來的後驗性的知識,即是注意到在中外歷史上已經落實而比較有效果的經濟性、政治性、社會性的經驗。這樣的後驗性的研究跟孔子的太偏先驗信仰的政治思想並不同,而一定會環繞政治方面的可行性問題。用牟宗三的話來講,考慮到政治方面的可行性問題而同時追求社會最高的理想正是道器「曲通」的方法。[15]

然而「曲通」的觀念也牽涉到「知行合一」的問題,即是瞭解到政治進步是個「曲通」式的過程是一回事,而按照這種瞭解去跟別的國民合作,是另外一回事。

這樣的合作跟儒家最基本的政治行為典範迥然不同,這個典範是《大學》的八步,即先以格物、致知、誠意、正心以及修身的工夫把自己變成一種道德化身,然後以道德化身的身分去改正世界或「當仁不讓」。這樣一來,自己變成道德的源頭,而世界變成一種應該接受自己影響的對象。其實,連牟宗三的「曲通」觀念還是屬於這個典範。

然而按照敝人給「曲通」的解釋來講,在神魔混雜的歷史中跟別的國民合作,大概需要改造儒家這種「己他」觀念,而把「己即神,他即魔」的典範,變成「己他都在神魔混雜中」的典範,即自己是道德與非道德的源頭,而連政府與知識分子也都是這樣的很複雜的源頭。

這樣的看法跟從歷史歸納出來的後驗性知識很配合,可是跟儒家最基本的政治行為典範南轅北轍,然而到現在為止,儒家這個典範,還在控制著中國的思想界。何況很多知識分子一方面因襲這個固有的典範,另一方面要超越傳統與西方文化。所以現在回顧孔子思想而再考慮取捨問題之時,要達到自覺的中國知識分子,應不應該考慮到儒家這個根深蒂固的己他典範的價值?

---

[15] 牟宗三,《政道與治道》,頁56。

孔子思想的國際性意義 *

　　1999 年 10 月，國際儒學聯合會給我寶貴的機會，到中華人民共和國的人民大會堂來發言，對我來說，這個機會是個莫大的光榮，使我非常感動。你們這樣請一個美國人進入貴國最重要的禮堂就貴國傳統中最重要的人物發表一些意見，你們這個態度真是表達了「四海之內皆兄弟」的精神。

　　其實，世界所有懂事的人都肯定貴國二十多年改革開放的政治道路，而儒家的這個「四海之內皆兄弟」的精神正是配合你們的這種政治道路。

　　不錯，外國人沒有能力完全瞭解中國文化精神的奧秘，何況判斷現在的政治道路應該怎樣。中國人也好，外國人也好，假如要談到另外一個國家的文化或政治道路，最重要的是「知之為知之，不知為不知」。可惜的是，最近談到貴國情況時，我的一些同胞不完全瞭解這一點。

　　雖然如此，因為世界人類當然是兄弟，那麼無論哪一個國家，本地人和外國人，都需要常常交往，常常一起反思，互相請教。這樣一來，人類思想的發展有一點像一種國際性的討論會。四十年以前，唐君毅教授說得很恰當：他說他第一個是人，第二個是中國人，第三是個現代世界的中國人。唐君毅教授的意思就是每一個民族的思想，是針對一些普遍性的題目。唐君毅常常說，這些題目環繞「天地人己」的互相關係。「天」是指神聖的價值；「地」是指自然的現象；「人」是指人類的群體；「己」是指作為經驗主體的自我。按照另一個分析角度，有四個人類普遍性的問題：第一，生活的目標是什麼，即人類或某社會應向何處去；第二，達到這個目標的方法是什麼；第三，已經形成好了

---

* 本文原載於《文史知識》，期1（北京，2000），頁6-8。

的世界有什麼特點；第四，關於所有這些問題的知識有什麼基礎。而且目標這個普遍性的題目，起碼包括兩個問題：第一，一個社會的政治道路應該怎麼樣。第二，一個社會所繼承的文化應該怎麼樣修改，即是應該怎麼取捨。那麼，關於這些普遍性的問題，尤其是這個取捨問題，一個社會的思想怎樣得到自覺？用馮契教授的話，關於這個取捨的問題就是怎麼「轉知成智」。

所以從梁啟超的時代以後，中國知識分子討論怎麼取捨他們從歷史繼承的文化之時，都很開放地探索古今中外的思想。然而，所謂的國際性討論所指的不但是中國知識分子自己的「古今中西之爭」，它也是指本地人和外國人某種程度的辯論。按照我所瞭解，中國也好，西方也好，一個民族能不能得到關於取捨的智慧，大概是看這個開放的國際性討論是不是成功了。然而，這個國際性討論的成功不容易保障。反而西方學術界也好，中國學術界也好，開放這個道理容易說出來，不容易做到。有的時候問題在「捨」的方面，有的時候問題在「取」的方面。捨也好，取也好，這些問題特別環繞我們大概要針對的一個題目，即是儒家傳統哪一方面應該取？哪一方面應該捨？

我們在捨方面很容易看到好幾個錯誤。「五四」運動之後，上述的國際性討論形成了一個共識，即是「五四」運動與西方現代化理論者不謀而合地決定中國的現代化需要「捨」儒家傳統。這種共識的一個毛病是用非常高的標準看待儒家傳統。按照這些標準，一種合理的思想或文化必須有能力使所有的國民做到去私、與人為善、心口如一、言行一致。因為儒家文化沒有這樣做，所以中國人應該放棄這個文化。然而我這個外國人不得不相信，心口不如一、言行不一致等等的弱點，是普遍人性的問題，而不是儒家文化的問題。那麼按照烏托邦主義的標準，我們西方人應該放棄基督教。另外一些中國知識分子要放棄儒家傳統，是因為民主與科學的價值不能從儒家文化引出來。換句話說，除非一種文化的潛能無限，否則這個文化沒有價值。然而按這個標準，我們西方人又應該放棄基督教以及西方文化各種很有價值的東西。創造科學的精神是不

是儒家傳統的一個潛能是一回事，可是，假如儒家「道問學」的精神能夠幫助二十一世紀的中國學生變成很有成就的科學家，又何必去放棄這種精神？五四運動也一再強調「三綱五常」的所謂束縛，五四運動好像以為父母、男人和君主的權威是中國人所發明的，而不瞭解這樣的權威主義是一種所有二十世紀國家所繼承而需要修改的文化遺產。

西方人「捨」儒家傳統的看法可能更不開放。為了捨儒家傳統，他們當然引用權威主義的口號。然而，他們不但批評，更重要的是他們抹煞儒家傳統。這個問題有點複雜。西方學術界所特別抹煞的是當代中國學術界對西方文化的批評，尤其是對西方文化很流行的道德相對論、實證主義、功利主義和利己主義的批評。因為當代中國思想界對西方文化這些批評很多跟儒家傳統有關，所以西方學術界抹煞這個批評，就是抹煞從儒家文化傳下來的當代中國的批判意識。

所以，比較起來，中國學術界相當開放，它很關心西方學術界所環繞的問題，而西方知識分子卻多半以為他們自己的思想等於整個人類思想的宇宙。這樣一來，西方思想界不夠瞭解天之外有天，人之外有人。這樣，展開很開放的國際性討論當然不容易。

總而言之，西方也好，中國也好，「捨」孔子思想的想法很成問題。然而在「取」儒家傳統方面，問題也不少。不錯，現在很流行的繼往開來精神很合理。然而很多「取」儒學精神的中國知識分子誇大了這個精神的價值。他們所講的是一種儒學式的烏托邦主義。這就是說，他們以為儒家精神可以使中國的現代化避免現代化所帶來的多半毛病。更重要的是，他們肯定儒家精神之時，他們不會把這個精神最根本的預設挖出來而做徹底的批判，像儒家對瞭解宇宙本體、對把握道德智慧，以及對培養民德方面那些很強的樂觀主義。

總而言之，按照我個人所瞭解的，孔子思想哪一方面可「取」，哪一方面可「捨」，這個問題還沒有解決。而為了解決它，一種國際性的討論應該有用。

然而很自覺地參加這個討論很不容易。到現在為止，西方和中國的學術界都還沒有完全針對這個挑戰作出回應。雖然如此，我這個外國人對當代中國的學術界很樂觀。我以為你們這邊不少學者有能力對普遍性問題與孔子思想的關係加以深入的反思，而這樣將幫助人類國際性的討論更好地開展。

中國歷史脈絡中的西方公民社會概念[*]

摘要：

「公民社會」（或市民社會）這一西方術語目前在研究中國歷史和可能的民主化問題之西方和中國學術圈中大行其道。但是，這些討論與其在原始西方脈絡中的含義之間存在複雜關係。本文通過分析這一混亂的語義情境，不僅闡明中國歷史上自始至終沒有發展出公民社會，且目前使用此詞的中國著述也摻雜了與西方社會傳統相悖的本土理念。本文認為，在西方傳統中，「公民社會」指某種非烏托邦的政治秩序，在此秩序中，道德上和知識上易出錯的公民自我組織起來，監督不可救藥的國家，努力把國家對其生活的干預減至最低程度，或運用某些國家干預抵制國家以外的壓迫性精英。而在中國著述中，此非烏托邦、自下而上的「公民社會」定義卻被過濾掉，代之以深植於其傳統的、烏托邦的、自上而下的理念，在其觀念中，道德－知識上的聖賢——不管是不受私利蒙蔽的政黨還是「真正的知識分子」——將掌握可馴服的國家，或者起碼獲國家允許指導社會。政治推理的這一分歧有可能使國際關係變得複雜。

---

[*] 本文部分內容與下文重疊：Thomas A. Metzger, "Modern Chinese Utopianism and the Western Concept of the Civil Society",收入陳三井編，《郭廷以先生九秩誕辰紀念論文集》（臺北：中央研究院近代史研究所，1995），冊下，頁273-312。刊於"The Western Concept of Civil Society in the Context of Chinese History," in Sudipta Kaviraj and Sunil Khilnani, eds., *Civil Society: History and Possibilities* (Cambridge: Cambridge University Press, 2001), pp. 204-231. 本文由姚中秋先生譯為中文，再由編者統一譯名，並核對部分內容。

一、導論

中國在何種程度上曾存在過公民社會？西方公民社會理想在現代中國思想中扮演了何種角色？這種角色在何種程度上合乎西方理想，或在何種程度上受本土知識傳統型塑？中國人加強公民社會的要求在何種程度上是政治上理性的或審慎的（prudent）？中國人本有描述其生活的概念，傳統上缺乏「公民社會」範疇，以此類西方範疇分析其人民的生活，在何種程度上是認識論上正當的？

方便的辦法是先討論一下認識論的問題。若你相信，全球歷史遵循某些規律而西方人碰巧發現之，或「公民社會」理想基於人類普世的權利，或如此範疇至少是普遍同源的術語之一部分，即使此術語是正在被研究之人聞所未聞，也可以用以恰當分析其生活之事實，那麼運用西方範疇分析中國事物就是正當的（此即人類學所謂客位的〔etic〕角度）。而在中國知識界，因為上述三信念均不曾遭遇嚴重挑戰，故運用「公民社會」範疇分析中國歷史不存在認識論障礙。反倒在西方學術界，上述三假設都遭遇嚴重挑戰：卡爾·波普（Karl Popper）否定存在歷史規律，麥金泰爾（Alasdair MacIntyre）從哲學角度羅列了客觀的、非個人性規範觀念的一大堆謬誤，伯恩斯坦（Richard J. Bernstein）探討過在追求知識過程中任何類型的「客觀主義」之謬誤。[1] 不過，即使在西方，近來很多主流趨勢又開始談論普遍人性（不管是在醫學、心理學、民族學還是認識論領域）、「理性選擇」之類普遍認知模式、普遍的社會學或經濟學功能、社會演化的全球模式，及局部「分化」的諸工業化社會之「趨同」。[2]

---

[1] Karl Popper, *The Poverty of Historicism* (London: Routledge and Kegan Paul, 1957); Alasdair MacIntyre, *After Virtue: A Study in Moral Theory* (Notre Dame: University of Notre Dame Press, 1981); Richard J. Bernstein, *Beyond Objectivism and Relativism: Science, Hermeneutics, and Praxis* (Philadelphia: University of Pennsylvania Press, 1983). 人類學家用「客位」（etic）描述分析人群的一個概念框架，當此框架不同於該區群體成員討論其生活時慣常使用的觀念時；用「主位」（emic）描述後一種觀念。

[2] 明顯的例子是帕森斯（Talcott Parsons）、科爾伯格（Lawrence Kohlberg）、阿歷克斯·英克爾斯（Alex Inkeles）和馬克思（Karl Marx）的著述。普遍人性的概念對鄧恩（John Dunn）的政治理論也是基礎性的，比如參看 John Dunn, *Western Political Theory in the Face*

更進一步說，對歷史行為的純粹主位（emic）理解恐怕是做不到的，而且根本沒必要，因為解釋過去，需將其置於今人能理解的參照框架中，不論對外國人還是對本國人。同時，由於文化變遷，本國人常會覺得借用外國觀念分析自身文化是正當的，當代中國人運用西方公民社會概念討論中國歷史就體現了這一點。若外國觀念不能被恰當用於分析某文化，運用它們的本國人就會被認為身在其自身文化之外，以至於他覺得，他正在努力地闡釋之。因而，試圖迴避客位框架的學者最後恐怕導致只有用客位的方式來理解自己的生活。如此悖謬，唯有體認到文化並非自足的系統才可避免。在某種程度上，文化非由近乎不可解釋的習俗構成（比如在喜慶日子燃放鞭炮），而由「因為」的陳述構成，它們需要反思性話語「論述」（argument），可由經常跨越社會與種族界限之士完成，如在美國大學任教的華人，反之亦然。[3] 若接受伯恩斯坦旨在解決獲取知識之問題的解釋學方法，則任何歷史分析範疇都是可使用的，只要其可為遵循成功思考之規則而誠實地運用它的人所支持。[4] 換句話說，人們不可避免地會這樣運用範疇，而證明其不當如此的邏輯方法是不存在的，即使存在，也是無用的。繞過客位範疇的想法是幻想。仔細界定它們是唯一可行的方法。

二、西方的「公民社會」定義

雖然在西方賦予「公民社會」的涵義大相徑庭，但為判斷中國人的定義是否偏離西方定義及中國是否曾有過「公民社會」，仍有必要努力概括此術語之

---

of the Future (Cambridge: Cambridge University Press, 1993), pp. 97, 102, 105, 109, 115.

[3] 日益明顯的視文化為「論述」趨勢可見於Robert N. Bellah et al., *Habits of the Heart: Individualism and Commitment in American Life* (Berkeley: University of California Press, 1985), pp. 301-303. 如筆者若干年前所提議，「對一組共享的行為傾向，告訴我們最多者無過於界定爭議議題的方式」，參看Thomas A. Metzger, *Escape from Predicament: Neo-Confucianism and China's Evolving Political Culture* (New York: Columbia University Press, 1977), p. 14.

[4] 此論點提出於Thomas A. Metzger, "Hayek's Political Theory: Notes on His *Law, Legislation and Liberty*"（未發表）。

西方定義。首先，赫爾德（David Held）給出了公民社會的社會學定義，他說：「公民社會保有其獨具的特徵，它由社會生活之諸領域——國內事務、經濟領域、文化活動及政治互動所構成，其均由私人或個人、群體組成之自願性機構，在國家直接控制之外所組織。」[5]有人可能補充說，這種政治互動不能過於破碎，不能過分獨特化，必須構成哈伯瑪斯（Jürgen Habermas）所說的「公共領域」。[6]關於公民社會的第二種定義是政治的規範性定義，它常與以上描述性社會學定義相交疊，認為國家應該承擔加強這一公共領域的責任。此觀點既可以從保守主義角度表達（重點在合法性、私人產權、市場和利益團體），也可從比較左派立場表達（其重點在於以平等的基礎，增加公民之間互動的自由，並賦予其權力以防止所謂有偏見或自私的精英破壞平等或剝削其他公民）。

第三種定義是古典的，如聖奧古斯丁（St. Augustine）引用「西塞羅（Cicero）並同意……定義公民社會或共和國為『相互承認權利、有共同利益的（人的）聚合體』」。[7]如此書中數篇文章所論述者（按：指 *Civil Society: History and Possibilities* 一書中的文章），這種作為國家和社會其他部分共享基礎的「公民性」（civility）概念，傳統上有其哲學基礎，尤其是普遍的、理性的人性概念。但在晚近，特別是哲學性的衍申受到攻擊後，此公民性概念就更單純地成為經驗的或人類學的方法，用以描述被認為是規範的現代社會所不可少之政治文化，其常被看作結合了現代民族國家的結構、經濟現代化、與其他社會的密切交往（如全球經濟所呈現的）、自由企業，以及鄧恩（John Dunn）

---

[5] David Held, *Models of Democracy* (Stanford: Stanford University Press, 1987), p. 281.
[6] Frederic Wakeman, Jr., "The Civil Society and Public Sphere Debate: Limited Western Reflections on Chinese Political Culture" (prepared for the Berkeley Conference on Culture, Religion, and Chinese Economic Development, February 26-28, 1992).
[7] Leo Strauss and Joseph Cropsey, eds., *History of Political Philosophy* (Chicago: University of Chicago Press, 1987), p. 181. 西塞羅的概念扎根於希臘哲學，比如參看亞里斯多德（Aristotle）的看法，見 Leo Strauss and Joseph Cropsey, eds., *History of Political Philosophy*, pp. 128-129。感謝梅耶斯（Robert J. Myers）讓我注意到這部卓越的論文集。

所說的「現代立憲的代議民主共和制」。[8]

　　如此現代民主國家需要特定類型的政治文化或特定「人格」屬性，蘇尼爾‧基爾納尼（Sunil Khilnani）、亨廷頓（Samuel P. Huntington）、阿歷克斯‧英克爾斯、海耶克（Friedrich August von Hayek）等學者都提出過這種想法，雖然未必使用「政治文化」一詞。[9] 我曾在別處試圖進入正在進行的討論中，即促成現代社會似應具備之「公民性」所需之行為趨向或其他條件，列出如下幾條：（一）相當程度的文化同質性；（二）彼此陌生的公民能相互維持誠懇、互信的人際關係，而學者們都同意，這一點在中國不完全具備；（三）一些政治共識，如民族主義的情感等；（四）道德上神聖價值的實現，起碼部分取決於政治核心在道德上之表現的預設，如儒家「內聖外王」理想所呈現者；還有，（五）政治不能只圍繞對過去的光榮、苦難、鬥爭的共同回憶和目前的雄心，貝拉（Robert N. Bellah）稱之為「記憶共同體」。它還須基於遵循抽象的、內在統一的原則──如希臘的正義觀或儒家的「仁」（富有同情心地把他人的需求看作自己的需求）──之意願。如此則政治分歧變成誰是偽善者的爭論，而非彼此視為死對頭的不同集團間之生死較量。再者，（六）此原則性觀念須與統治者對人民負有責任的觀念相連，如艾森斯塔（Shmuel N. Eisenstadt）所強調，此點普遍存在於所有軸心文明；（七）斯金納（Quentin Skinner）已指出，這種擔責與大約五個世紀前在西方興起的對合法性的強調有關；（八）公民性

---

[8] John Dunn, *Western Political Theory in the Face of the Future*, p. 128.

[9] 如我的 "Hayek's Political Theory" 所論證，海耶克合宜的社會秩序有賴於市場、國家和社會「風氣」（ethos）之間的交互關係，參見 Friedrich A. Hayek, *Law, Legislation and Liberty: A New Statement of the Liberal Principles of Justice and Political Economy* (Chicago: University of Chicago Press, 1979), vol. 3, pp. 156-166. 關於亨廷頓的看法，特定的行為傾向是「民主穩定的根基」（即它所帶來的幻滅和降低了預期），參看 Samuel P. Huntington, *The Third Wave: Democratization in the Late Twentieth Century* (Norman: University of Oklahoma Press, 1991), p. 263. 與政治文化推動民主的觀點重疊的是如下觀點：「民主性人格」的心理特徵基本上可視為是「威權人格」的對立面，參看 Alex Inkeles, "National Character and Modern Political Systems," in Francis L. K. Hsu, ed., *Psychological Anthropology* (Cambridge: Schenkman Books, Inc., 1972), pp. 202-240.

對蘇尼爾・基爾納尼所謂政治之正當化過程是必不可少的，它使「有一場域可使互相競爭的訴求得以提出並有正當性」，形成某種政治市場，並與開放的思想市場及自由的經濟市場鼎足而立。[10] 第八個條件與第七個條件是密不可分的，即互相競爭的實質性需求有別於程序性、形式性、道德中立的「遊戲規則」的觀念。

如我在其他地方所申明者，二十世紀的中國主要的意識型態之趨勢是，激烈地抵制這三個市場的合法化過程，而致力於建立某種類型的「社區社會」（*Gemeinschaft*），它完全受某種為人普遍接受的「理性」和「道德」標準之指導，而非依靠在此三個市場中競爭之自有個體在道德上和理智上低級的衝動之全然不可預期之交互作用，除遵守道德中立的「遊戲規則」外並不共享任何價值。因此，當現代中國的意識型態在認可自由、多元主義和開放性時，總想確保這些價值與「道德」和「理性」保持一致，而不只是和程序性規則配合，並相信這樣一來，資本主義就不會造成嚴重的經濟不平等，民主不會流為「狡猾政客」謀取私利的工具，思想觀念之間的競爭不會妨礙整個社會形成統一的道德－理性共識。[11]「結社社會」（*Gesellschaft*）會與「社區社會」統合在一起；「工具理性」會與「價值理性」統合在一起。故當中國知識分子熱衷於「法治」時，他們常把合法性等同於絕對意義上的實質正義，而不同於形式上的法，也不等同於司法判決，此一觀點即使可能錯誤也應受尊重。這種道德中立意義上的合法性在現代中國常被輕蔑地與被輕視作錯誤的「惡法亦法」等同起來。

公民性問題還包括第九個議題，即見識（perspicacity），儘管這個評價性術語用在具體案例中不無爭議。我的意思是，一方面，討論公共政策問題時應獲取必要信息，得講邏輯，在對這兩件事的輕重緩急進行比較時是認真嚴肅的。

---

[10] Thomas A. Metzger, "Modern Chinese Utopianism and the Western Concept of the Civil Society"，收入陳三井主編，《郭廷以先生九秩誕辰紀念論文集》，冊下，頁 277-282。

[11] Thomas A. Metzger, "Modern Chinese Utopianism and the Western Concept of the Civil Society"，頁 305-306。

這種見識須予培養，也許可從孩提時代起通過教育及與朋友和家人不斷爭論政治問題的經驗中獲得，與之相對者則是例如僅狂熱參加抗議運動。在中國，就我經驗所知，政治不是晚餐閒聊的話題，充分檢驗關於政治的論辯不是日常閒聊的組成部分。畢竟，至聖曾明確地說：「不在其位，不謀其政」（《論語・泰伯第八》）。政治討論與其他工作並無不同：熟能生巧。讀者完全可以自行判斷，當公眾總是作出如下評論時是否有可能形成「公共領域」（這些均為我在臺灣所親歷者）：「我何必關心香港發生的事？你聽過他們糟糕的方言嗎？誰會關心這些傢伙？」、「臺灣不是理想的社會，因此，你怎麼能說這兒有什麼進步？」、「臺灣和大陸的政治制度並無實質差別，因為它們都沒有建立真正的民主制」、「臺北市政官員侵吞公款的醜聞，與美國學生普遍非法吸毒也沒什麼區別——這兩件事一樣地嚴重」、「李登輝總統訪問美國，北京幹嘛發脾氣？我們幹嘛要理他們怎麼想？」、「根本不要提什麼經濟進步」、「我們的繁榮僅僅是運氣好，國際貿易大趨勢正好對我們有利」。

另一方面，「見識」指借助教育體系，把一套合宜的哲學傳布於全社會，其歸根到底立基於複雜的、深奧的知識論辯，可稱為一幅認知地圖，把公民的道德義務置於歷史和政治視野中。很多人會反對這種觀點；作為社會一個方面的公民性需要宣傳某種合宜的哲學，這種看法肯定會遭很多人拒斥。懷疑論者否認有客觀標準可判斷何者是合宜的哲學論辯。很多歷史學家和社會科學家則懷疑，深奧的知識觀念對普通人的行為取向和公共制度的發育真有影響。儘管如此，此問題仍值得考慮，因為很多學者儘管對何種哲學是合宜的看法不一，但他們仍或明確、或含蓄地視政治行為在一定程度上是由哲學觀念所促成，其發源於清高的知識分子小圈子中，然後逐漸向外散播。觀念「涓滴」（trickle down）的歷史因果理論是現代和前現代中國思想之基礎所在。[12] 很多西方學者

---

[12] 比如參看 Lin Yü-sheng, *The Crisis of Chinese Consciousness: Radical Antitraditionalism in the May Fourth Era* (Madison: University of Wisconsin Press, 1978).

其實也持有此種理路:貝拉論證說,美國人之所以創造了「善的社會」(good society),全因其學會了拒絕「洛克式個人主義」;[13] 跟他觀點對立的拉許(Christopher Lasch)說,美國的一切病態,唯有回歸洛克的「資產階級」價值才能被治愈;[14] 鄧恩指出,對博大精深的西方政治理論進行一番重建,當可使人類未來更有效地處理實際政治問題;[15] 海耶克曾說過,關於法的起源的錯誤理論「已深刻影響了政治制度演進之進程」;[16] 麥金泰爾認為,現代社會的一切病症皆因為現代的哲學沒能證明存在著客觀的、獨立於個人的道德規範;[17] 高力克基於特別的哲學理念而得出關於中國的觀念,他認為,在中國,除毛澤東外,沒有任何思想家的思想獲得充分發育(參看下文)。威爾遜(James Q. Wilson)在很大程度上發揮了麥金泰爾的論題,分析美國「精英」如何傳播「懷疑論」,增加人的「自我表現心態」,破壞「教化過程」,從而改變美國文化。[18] 艾森斯塔關於「軸心文明」的社會學論說證明了觀念或宗教願景的廣泛「制度性反響」。運用「觀念動員」觀,班迪克斯(Reinhard Bendix)分析了此類反響如何轉變了早期現代歐洲大眾的政治主權觀念。[19] 換句話說,儘管很多歷史學家和社會科學家堅持,推動社會發展的唯一因素是那些直接的和在物質方面影響大多數人的事物,比如政治決策和經濟趨勢,不過也有一大批極富洞察力的學者同意斯特勞斯(Leo Strauss)的觀點:「影響深遠的現實結果,可歸因於影響

---

[13] Robert N. Bellah et al., *The Good Society* (New York: Vintage Books, 1992).
[14] Christopher Lasch, *The Revolt of the Elites and the Betrayal of Democracy* (New York: W. W. Norton, 1995).
[15] John Dunn, *Western Political Theory in the Face of the Future*.
[16] Friedrich A. Hayek, *Law, Legislation and Liberty: A New Statement of the Liberal Principles of Justice and Political Economy*, vol. 1, p. 28.
[17] Alasdair MacIntyre, *After Virtue: A Study in Moral Theory*.
[18] James Q. Wilson, *On Character: Essays* (Washington: AEI Press, 1991), pp. 28-29, 38.
[19] Reinhard Bendix, *Kings or People: Power and the Mandate to Rule* (Berkeley: University of California Press, 1978); Thomas A. Metzger, "Eisenstadt's Analysis of the Relation between Modernization and Tradition in China," *The American Asian Review*, vol. 2, no. 2 (1984), pp. 1-87.

深遠的倫理論辯。」[20]因而在考察民主所需的公民性之教育根基時，也應記住這一點。

若公民性可被視作在國家之內、之外的行為取向，要求具備一定的文化同質性、陌生人之間的誠信、某種政治意識、國家在一定程度上是實現神聖價值之工具的觀念、奠基政治於抽象原則之意願、對合法性和統治者承擔責任之強調、三個市場之合法化，以及見識等等，在西方傳統中似乎也與自下而上而非自上而下的政治和行動者（agency）願景不可分割。

這一區分是程度上的，且很可能會引起爭議；不過，當面對現代中國「公民社會」觀是否照搬西方傳統之問題時，我們不得不考慮這個問題。甚至當「公民社會」理想導出「民治」觀念時，「人民」一詞也打上了「自上而下」的傳統印記（至於這一印記是對是錯，則是另一個問題）。

關於公民性之自上而下、自下而上的概念化之別，可通過如下基本假設之考察而揭明：關於知識的性質、被啟蒙過的人的社會可見性、人性、歷史的性質；關於知識、道德、政治權利與個人自由關係；關於國家、三個市場與社會「風氣」（ethos，這是海耶克用詞）間關係；關於官方政治理論、知識分子的政治理論與業餘的政治理論（這是對鄧恩的分類略加改動）間關係；關於自治與他治（heteronomy）間關係。[21]

在自上而下的框架中，「樂觀主義認識論」認定，客觀的公共善是可予以充分認知的。[22]更進一步認定，可放心地認為對其已理解之精英與此合一，能成

---

[20] Leo Strauss and Joseph Cropsey, eds., *History of Political Philosophy*, p. 918. 更廣義而言，它曾經是西方世界的老生常談，即「世界在很大程度上是被思想所統治的，有正確的也有錯誤的」。參見Charles A. Beard 的 "Introduction"，寫於1931年前後。Charles A. Beard, "Introduction," in John B. Bury, *The Idea of Progress: An Inquiry into its Origin and Growth* (New York: Dover Publications, 1960), p. ix.

[21] 這一框架出自Thomas A. Metzger, "Contemporary China's Political Agenda and the Problem of Political Rationality"，發表於香港中文大學新亞書院1994年錢穆歷史文化講座的系列講座。

[22] 這一「樂觀」、「悲觀」認識論的區分涉及在一個思想之中，明顯感（如「種族主義顯然

功傳播之，而人性和歷史蘊涵著實現它的強大動力。因此，已被啟蒙的精英與歷史共同發揮作用，融道德、知識、政治權力及對個人自由的有效關切於一體。由此，善的社會可由使得個人和政府至於善的力量創造出來，而非如海耶克所指出者，透過保護個人，不論其好、壞，免受他人施加之強制。[23] 從這一點看，自由的思想、經濟和政治市場在相當大程度上可能被允許存在，重點卻在於已啟蒙的精英與國家一道或在國家內部努力，確保社會由合宜風氣引領，對這些市場施加界限。如此一來，業餘政治理論（草根意見）受到輕視，全部希望寄託在官方政治理論（當然更常見的，這種理論為知識分子的理論，他們覺得應由他們負責官方理論）。於是，相當程度的他治與自治的原則得以並存。

這種自上而下觀念在迄今為止的中國思想中占支配地位，不管是自由主義者還是馬克思主義者，其依據是扎根於傳統的普通公民與體現社會良知的「真正知識分子」之別，與扎根於傳統的國家可馴服之信念。[24] 據此，改進政治的主體不是受經濟利益驅動的普通民眾，他們以有缺點的方式組織來監控無可救藥的國家；相反，聖潔的超級公民隨時可以通過接管可被馴服的國家，至少通過控制社會的「神經系統」來指導社會。[25] 政治中心應由道德聖賢操縱的頑固觀點，實亦反映了植根於傳統、對於政治可行性（political practicability）的極端樂觀主義觀念（參見下文）。同樣有趣的是，在中國，用來指稱社會普通成員

是壞的」）和易錯感之間的平衡。對儒家傳統與現代中國思想主流共享的強烈樂觀主義認識論的討論見Thomas A. Metzger, "Some Ancient Roots of Modern Chinese Thought: This-Worldliness, Epistemological Optimism, Doctrinality, and the Emergence of Reflexivity in the Eastern Chou," *Early China*, vol. 11-12 (1985-1987), pp. 61-117。就我所知，波普是第一個使用「樂觀認識論」與「悲觀認識論」詞彙的人，但他在哲學上來使用，以指稱錯誤的思考方式，而我是在純粹描述意義上使用。也可參看Thomas A. Metzger, "Western Philosophy on the Defensive," *Philosophy Now*, vol. 26 (April/May 2000), pp. 30-32。

[23] Friedrich A. Hayek, *Law, Legislation and Liberty: A New Statement of the Liberal Principles of Justice and Political Economy*, vol. 3, pp. 128-131.

[24] Thomas A. Metzger, "Modern Chinese Utopianism and the Western Concept of the Civil Society"，頁302。

[25] 比如參看杜維明，《儒家第三期發展的前景問題》（臺北：聯經出版事業公司，1989），頁179。

的詞——「民」，基本不是道德中立之詞，指稱普通民眾，不問其道德和政治傾向；而要是有其道德含義之詞，要麼指稱「天民」，扮演天之「目」、「耳」，由受啟蒙的精英（先於其他人知「道」者）所支持；要麼指稱道德上不能令人滿意的群眾，追求名利、拒絕精英立場。[26] 當然，這種自上而下觀念在西方也相當重要，即便在現代自由主義之父約翰彌爾（John Stuart Mill）的思想中也有所體現：他一方面強調自由，一方面也相信，健全的人應該支配不健全的人，成人應支配孩子，「文明人」應支配「野蠻人」，受教育者應支配未受教育者。[27] 故在其思想中我們再一次看到公民性包含了自治和他治之間的平衡。

在自下而上框架中，更多地向自治傾斜，這可稱為「路德派偏見」（Lutheran bias）（編按：此處指強調自由、自主之個人與神的關係居於首要地位）。此傾斜之基礎是「悲觀主義的認識論」，約翰彌爾對「易錯性」（fallibility）的強調即體現這一點。其基礎在於對人性的悲觀看法，及波普式（Popperian）或詹姆斯式（Jamesian）的觀點：歷史發展是非決定論的，不能展示道德的指導方針；更不用說缺乏一種未來的人們會比現在的人們更明智、或更有道德的承諾。由此自下而上立場看，道德—知識啟蒙之性質本身是有爭議的，「最具道德和實踐洞見者不是那些靠得住的傑出人士或特定人群之特權」。[28] 因此，知識分子的政治理論，更不要說官方政治理論，都應公開受質疑，而業餘理論應受尊重，因為他們不必然比其他兩種理論更易錯。在此認識論的情境下，根本不能把知識、倫理、政治權力及個人自由融合為一。合宜的社會秩序更多有賴於保障三個市場的自由不受國家或任何其他號稱比其他民眾更好理解公共利益之士的侵擾。因此重點不在於已啟蒙之精英活動於國家內部或與其合作，通過教育來增進合宜的風氣。

---

[26] Thomas A. Metzger, "Modern Chinese Utopianism and the Western Concept of the Civil Society"，頁 294-296。

[27] Leo Strauss and Joseph Cropsey, eds., *History of Political Philosophy*, pp. 787, 796, 798.

[28] John Dunn, *Western Political Theory in the Face of the Future*, p. 116.

最後,如果西方公民性概念傾向於自下而上理路,則其內在是反烏托邦的。也就是說,此觀念所指稱的社會構造,要麼是當時現實存在的社會,如在黑格爾(Georg W. F. Hegel)著作中那樣;要麼是落後社會將發展所致之社會生活。無論何者,西方思想家一般不指望此社會結構是道德上完美的。而在現代中國思想中,「公民社會」經常被看作是「聖潔」的,是烏托邦的「社區社會」,免於「自私」,充滿「真誠」,不存在「束縛」,免於「剝削」,沒有「人際的衝突和疏離感(隔閡)」,也免於一切「意識型態紛紜」——也即至於「大同」。這種扎根於傳統的大同理想,在現代中國思想中占有極端重要的位置,而非馬克思主義一家獨有,其意指種種事物之間完美的「貫通」:解決了所有思想學說之紛爭(會通);自我與宇宙合一(天人合一);人我合一,我與整個歷史上和當代世界其他地方的所有好人合一,而國際與國內所有敗壞的行為和人際疏遠都不存在(參見下文);及理想與現實世界合一。[29] 在此和諧社會秩序中,所有人不僅一直同意解決爭端的程序,且對重要的公共事務,何者正確何者錯誤這些實質問題的看法也都一致(「人同此心,心同此理」)。正是由此烏托邦觀念,中國人發現,甚至很難找到一個詞來翻譯「公民性」,他們一般描述人與家庭以外社會互動的詞是「公德」,此為一個純粹道德的概念。至於「公民社會」也有同樣涵義,而「市民社會」則指一個由市民組成的社會。

我的論點是,現代中國思想在很大程度上無法採取(或認識)西方公民社會觀念,主要是因為,中國知識分子拒絕自下而上路徑,而傾向於烏托邦和「社區社會」的理想,而我認為西方公民社會的傳統基本上是自下而上和反烏托邦的。[30] 我關於審慎(prudence)(此一詞彙來自鄧恩)的觀點則有雙重含義:

---

[29]「貫通」在宋明理學,現代新儒家哲學和毛主義中的中心地位,已在我的 *Escape from Predicament: Neo-Confucianism and China's Evolving Political Culture* 和其他著述中有所討論,如 "An Historical Perspective on Mainland China's Current Ideological Crisis," in *Proceedings of the Seventh Sino-American Conference on Mainland China* (Taipei: Institute of International Relations, 1978), vol. IV-2, pp. 1-7.

[30] 黃克武,《一個被放棄的選擇:梁啟超調適思想之研究》(臺北:中央研究院近代史研究所,

一方面,在目前中國,至少在大陸,特定條件下,這種自上而下路徑是恰當的(advisable);但在另一方面,正由於其烏托邦主義,中國現代知識界主流是不明智的,且曾導致災難。在很多中國知識分子看來,審慎是在道德上可疑的一個觀念,它毋寧是為腐敗的精英階層的既得利益的藉口。

三、公民社會在現代和前現代中國之有限發展

若用以上給出的公民社會一詞的人類學定義觀察中國,幾乎看不到公民社會的蹤影,這種公民性的匱乏不僅令現代改革家感到痛切,像梁啟超(1872-1929)就曾呼喚「公德」,而且,歷史學家、社會學家、心理學家在探討無血親關係的中國人之間不夠團結的問題時,也都沉痛地指出過這一點。當然,還是有相當多的傳統規範使人際間緊密鏈接合法化:報、人情、緣、面子;人們也信任由於某種共同經歷而建立的關係,如出生在同一地方或同一省,曾受教於同一老師,或同年參加會試;儒家「以文會友」的重要觀念;還有其他類型的友誼,如「結拜」;通過秘密會社儀式形成的兄弟情義;以及宗教或半宗教團體,比如臺灣的一貫道會社。儘管基於這些規範形成網絡的重要性,中國仍然從來不是、也不可能成為這樣的社會:強調無血親關係的人們間保持誠信關係,社會生活以拉許所謂「第三場所」(即家和工作場所之外的社交活動場所如酒館之類)為中心。[31] 畢竟,上面所提及的各種規範均預設特定陌生人之間的關係,其間有理由保持相對溫情的關係,但此感情不會普遍推及所有人。因而其與所有公民共享夥伴情義和禮節的精神不相配合。

不只是政治威權主義,還有上述所談到的家庭之外信任與誠實的匱乏,均

1994)。

[31] 參看 Christopher Lasch, *The Revolt of the Elites and the Betrayal of Democracy* 索引中「第三場所」下的項目,以及關於「報」的其他中文參考文獻,見 Thomas A. Metzger, "Modern Chinese Utopianism and the Western Concept of the Civil Society",頁277。感謝蔡玲小姐告知我一貫道的情形。

反映了如下事實：在整個帝國統一時代，在皇帝的命令鏈條之外基本不存在任何合法的、為政治而結社的社會聯合形態。甚至到了二十世紀，在國家自上而下的命令體系之外，法律上獨立的、為政治而結社的團體仍是罕見的例外，這種狀況一直到 1989 年才有所改變，這一年，在臺灣，從執政黨中分化出的獨立政黨獲得合法地位。[32] 同樣，在現代臺灣，階級意識一直未有凸顯。家庭和派系總是打破階級界限。家庭以外缺乏信任這種情況，在中國人看待涉及公眾人物的事件後面之黑幕時，表現得很清楚。最典型的如 1997 年夏天，戴安娜王妃（Princess Diana）死於車禍，很多受過良好教育、長期生活在美國的華人卻懷疑是查爾斯王儲（Prince Charles）派人謀殺了她。而且，如上已提及者，現代中國的政治思想從未聚焦於社會對與美德無涉的信任關係之需要上。

幾乎可以肯定，這種公民性匱乏局面還將維持下去，中國人特別強調我與自己人，即有血緣關係的人們之緊密聯繫，這不只是表面原因，更重要的是，中國人的家本位（familism）不僅是傳統社會的基石，對中國社會成功實現現代化也是至關重要的。它還不到退出歷史舞臺之時，儘管知識分子將其作為「封建流毒」給予猛烈批判。依其定義，「公民性」不同於中國的家本位所造就之社會格局，也不同於植根於傳統、立基於「美德」的和諧共同體之烏托邦願景。

中國人在國內的共同體，表現出缺乏介於愛他人和把他人當工具使用者兩者中間的「誠信」和「夥伴情誼」，而中國人構想國際共同體，也很難不以等級制或相互衝突的自利來思考，而難以設想對外政策可基於開明的自利，從而對外國的安全福利做出有限承諾。1996 年 3 月，中華人民共和國在靠近臺灣的地方舉行軍事演習，試圖以恐嚇手段迫使其放棄一切獨立圖謀。美國派遣兩個

---

[32] 臺灣最近的政治發展，可見如下討論：Linda Chao and Ramon H. Myers, *The First Chinese Democracy: Political Life in the Republic of China on Taiwan* (Baltimore: The Johns Hopkins University Press, 1998). 對帝制晚期可能最接近獨立於政治中心，合法的、為政治而結社的社會團體的例證討論，可見 William S. Atwell, "From Education to Politics: The Fu She," in Wm. Theodore de Bary, ed., *The Unfolding of Neo-Confucianism* (New York: Columbia University Press, 1975), pp. 333-368。

航母編隊駛近臺灣,以表明和平解決中國兩政府衝突與美國有利害關係。但是,並非只是幾個中國人,甚至包括臺灣的一位總統候選人陳履安都嘲笑美國將會幫助臺灣的想法。陳說,美國之所以派遣海軍編隊不是因為美國「多麼愛我們」,而是為使美國在與中國談判時有更多「牌可打」。陳的說法意謂西方列強不喜歡臺灣與大陸統一、從而成為另一個強國的想法,因為它很可能打亂有利於西方世界力量的平衡。[33]

無可否認,美國學院派人士和政界主流一度把臺灣視為與北京保持良好關係的主要障礙,在此之後,目前也確有一些美國人關心世界力量均衡的這種轉移。但美國人認為統一將使其安全和國際貿易狀況惡化是可疑的。陳並未仔細考慮,臺灣民主化是如何贏得過美國公眾輿論的善意,他並未注意到美國是這樣一個國家,其領導人常認為自己肩負在全世界推動民主化的使命。相反,陳把美國描述成只能在「愛」臺灣和利己主義之間作選擇,而無視在這兩種動機之外,也許還存在介乎兩者之間的中間選擇。對閱讀這份報紙的臺灣讀者來說,這種思維定式可謂司空見慣。不可否認,這與其在國內共同體生活傾向於排除中間選擇的習慣,同出一轍。大體來說,在所有社會中,用以描述國際舞臺的概念,與用以描述國內問題的概念有一定連續性。若「公民社會」指現代民主社會有效運轉所必須之規範性文化,則它也指現代諸社會體間保持和平合作關係所必不可少之規範。

然而學者們仍要問,到底中國是否存在過公民社會,社會學—政治學中的公民社會,而非人類學—哲學意義上的公民社會。他們在帝制末期的中國,在臺灣,以及在最近大陸自由化趨勢中,試圖尋找擺脫國家控制、為政治而結社的社會聯合形態。[34] 然而,根據魏復古(Karl A. Wittfogel)或者甚至是艾森

---

[33]《世界日報》,1996 年 3 月 17 日。
[34] 比如參看 Hsin-huang Michael Hsiao, "The Changing State-Society Relation in the ROC: Economic Change, the Transformation of the Class Structure, and the Rise of Social Movements," in Ramon H. Myers, ed., *Two Societies in Opposition: The Republic of China and*

斯塔的觀點，帝制時代擁有巨大權力的中央集權國家本身就排除了出現公民社會的可能性。不過，最近在羅威廉（William T. Rowe）與魏斐德（Frederic E. Wakeman, Jr.）的爭論中，出現了一種全新的觀察理路。羅威廉強調，清朝（1644-1912）時，在首都的官府甚至地方官府的控制之外存在著相當的社會空間，比如十九世紀的漢口存在著「實實在在的自治」，而魏斐德則強調，這種社會空間是相當狹隘破碎的，受種族和其他分裂因素的制約，不能構成哈伯瑪斯所說的「公共領域」。[35]

魏斐德的看法是正確的，與上面從「人類學的」角度考慮，認為中國缺乏「公民性」的觀點一致，就是說，缺乏合法的、為政治而結社、獨立於政治中心之外的社會合作形態。不過，羅威廉的觀點也是重要的，補充了這一論旨，即帝制中國的政治中心，尤其是到十八世紀（當時的政府規模三、四百萬人，其構成有官員、有衙役、有士兵，還有獲得許可證的壟斷商人，而這個政府要面對三、四億人民），是一個「有限制的」（inhibited）的政治核心，無法將其組織化能力擴展到有限空間以外，從而把大量經濟活動留給私人部門。[36]整個帝制時代，每當發生廣泛社會轉型——不管是伊懋可（Mark Elvin）指出的宋朝（960-1279）前後的「革命」，還是明清時代（1398-1912）的人口—商業轉型——用孫末楠（William Graham Sumner）的區分，基本發源於基層的「漸生性」

---

the People's Republic of China After Forty Years (Stanford: Hoover Institution Press, 1991), pp. 127-140.

[35] Frederic Wakeman, Jr., "The Civil Society and Public Sphere Debate: Limited Western Reflections on Chinese Political Culture."

[36] 「有限制的政治核心」這一概念是在 Thomas A. Metzger, "Eisenstadt's Analysis of the Relation between Modernization and Tradition in China" 一文對艾氏分析的代用詞，也同時見於 Thomas A. Metzger and Ramon H. Myers, "Introduction," in Ramon H. Myers, ed., *Two Societies in Opposition: The Republic of China and the People's Republic of China After Forty Years*, pp. xiii-xiv. 它是基於我對帝國晚期鹽專賣制的「有限制的……組織能力」的研究，見 William E. Willmott, ed., *Economic Organization in Chinese Society* (Stanford: Stanford University Press, 1972), pp. 9-45, 以及清代「調適性的」或「重實際的」政治思想，見 Thomas A. Metzger, *The Internal Organization of Ch'ing Bureaucracy: Legal, Normative, and Communication Aspects* (Cambridge: Harvard University Press, 1973), pp. 74-80.

（crescive）變革，而非國家指導的「變法」（enacted）。這一觀點也可通過相應的知識轉型來說明，如宋朝理學的興起。而且，也是在宋朝，已出現了把知識、教育及其他社會活力集中到地方社區的趨勢，而與此相對照的是以往人們更傾向於影響皇帝的政策。[37] 在此時代，科舉考試制度完善，成為選拔官員的主要途徑，而其最重要的後果之一是造成大量受過較高程度教育的失敗者，他們或者未能及第，或者雖及第而未謀得官職。這種現象的重要性起碼跟科舉促進社會流動一樣重要，這些失敗者向社會提供了大量廉價教師，不僅推動整個社會的教育，且必然把其精力投入地方社會社區生活。還有，明清時期經濟的大規模擴張也伴隨著經濟分化，愈來愈偏離國家政策。比如，李文治指出，正是十七、十八世紀，大土地持有權的獲得幾乎完全是透過商業手段而取得，這是中國歷史上第一次，反乎此前基於政治權力之合法或非法運用的土地持有權。[38] 於此同時，大量政治溝通不再是垂直的而是平面的，即大臣不再是只寫給皇帝的奏章，然後等皇帝下達命令；他們寫了大量評論和文稿，在官員間流行，刺激此地官員模仿他處或他省官員的做法，比如 1500 年以後的財政改革（一條鞭法）即如此推廣開來。

傳統上，儒家學者把這種不受中央控制的行為之大量湧現，視為中國道德淪喪的象徵。不過，一些秉持客位的社會學觀點的現代學者則這麼看待帝制晚期的政治秩序：在其看來，中心專制地禁止任何政治活動挑戰其至高地位，但另一方面，它又給了富有活力的人口以大量活動空間和自由；將此視為以正確學說為基礎，只是未能理解和實現之。這樣一來有限制的政治核心的合法化是

---

[37] 以下的書籍中多篇文章闡述了對地方社群的關注：Wm. Theodore de Bary and John W. Chaffee, eds., *Neo-Confucian Education: The Formative Stage* (Berkeley: University of California Press, 1989). 有關這一點可見 Thomas A. Metzger 為本書所寫的書評，載於 *Harvard Journal of Asiatic Studies*, vol. 54, no. 2 (1994), pp. 615-638.

[38] Thomas A. Metzger, "On the Historical Roots of Economic Modernization in China"，收入侯繼明、于宗先編，《第一次中國近代經濟史會議》（臺北：中央研究院經濟研究所，1977），頁 3-14。

零碎的,而伴隨中國文明富有活力的演進,此一政治核心始終靈活地維繫了數個世紀。人們可以爭辯說,在現代中國,這個有限制的政治核心不僅被 1949 年之後的臺灣國民黨政權,也被 1979 年以後的中國大陸所複製。[39]

四、有限制的政治核心與儒家烏托邦主義之並列

與有限制的政治核心相關的合法化政治觀點之主流是什麼?此觀點在何種程度上類似於西方公民社會觀念?清人留下大量原始資料,包括地方志、官府文書及常以叢書或文集形式出版的私人文章、筆記(魏根深〔Endymion Wilkinson〕說「至少有三千多種」清人文集)。一些學者目前正努力爬梳這些文獻,從零散的史料之中探究重要問題,如清政府對商業的態度。不過,欲研究清代思想的主流,即須重視魏源(1794-1856)於 1826 年左右編輯之《皇朝經世文編》中反映的形形色色觀點,此書收錄了 2,253 篇,寫於 1644 年至 1823 年間最重要的學術和政治的文獻。[40]

黃克武分析了此書前 299 篇文章,構成導言部分,題為「學術」、「治體」,這些文章表達了三層看法:[41] 首先,這些官員和學者體認到某種類型的理想的、聖潔的、立基於宇宙論的道德秩序或社區社會;據此,所有社會都應以「仁」為本,人們應依芬格萊特(Herbert Fingarette)所謂「合禮的行為」相處;在此,除了基於性別、年齡或才能之差異外,並無任何上下尊卑之分。這種神聖觀念最特別的地方在於,他們都相信,此理想曾在孔子(公元前 551-479)之前的三代歷史存在過。此信念導致了、也反映了中國對政治可行性持有極端樂觀主義

---

[39] 有關臺灣在國民黨戒嚴法統治下「有限制的政治核心」,參見 Linda Chao and Ramon H. Myers, *The First Chinese Democracy: Political Life in the Republic of China on Taiwan*.

[40] 賀長齡編,《皇朝經世文編》(8 卷,臺北:世界書局,1964)。2,253 的數字出自註41 黃克武的研究。

[41] 對這部十九世紀早期叢書中圖景的分析,取自黃克武,〈《皇朝經世文編》學術、治體部分思想之分析〉(臺北:國立臺灣師範大學歷史研究所碩士論文,1985)。

的思維定式，此局面迄今仍無改變。換句話說，這種神聖秩序在今日許多人看來無異於烏托邦，而在傳統儒家學者看來，它曾在歷史上實有其事，甚至在今日也可輕易地再次實現。

「中國烏托邦主義」是頗為獨特的現象，其含義遮蔽在混亂的概念迷霧中。若「烏托邦」指某人所構建、很難或根本不能實現之社會理想，此烏托邦在自柏拉圖（Plato）之後的西方，也有很重要的地位，但幾乎從來不是中國思想史歷程中所表達者（也許陶潛〔372-427〕的詩是唯一的例外）。但「烏托邦」若指人們追求某一不可行的政治完美目標而堅信其可行，則當人們追求此烏托邦時，必竭力否定其烏托邦性質。中國主流知識分子一直追尋的正是後一意義的烏托邦。不過，更精確地說，讓中國主流烏托邦思想引人注目之處在於其界定現實之頑固的方式。中國人也常意識到現實中的醜惡現象不能輕易克服，但依然認為，此一頑固的現實是有可能加以消除的，而不認為其為人類永恆脆弱性之反映。

其次，如上所示，儒家烏托邦主義與人類極度脆弱性的圖景結合在一起，此點可與西方原罪觀念相比擬。三代以後，由於自私，由於道德真理本質上難以捉摸，也由於他們傾向於接受錯誤學說，中國人一直在墮落：後世的皇帝缺乏道德操守，官員選拔不當，卑劣的官員、衙役、商人大量侵吞本應屬於「國家」或「人民」的財富，行政、財政、土地占有制度設計不良，「人民」（民）幾乎一直不講道德，錯誤的學說破壞教育，「野蠻人」一次又一次地霸占中國，甚至「天意」有時也造成某些壞事（今天很多學者未注意到儒家非常強調「積弊」，所以才會斷言，儒家思想把美德等同於現實的權力等級制）。

第三，按此主流觀念，完全可行的理想秩序與現在社會惡劣條件間的斷裂，伴隨著學術精英的道德自覺，他們認為自己是獻身於此一神聖理想的超級公民，同時互相攻訐，認為對方未能清楚瞭解這種理想，也未能實現此一理想。確實，「溫和現實主義」流行於官僚機構中，其成員大多數操心地方性、小規模的改

革。然而他們仍抱有以上理想，欲使道德（仁）重返組織上有限制的政治核心（《大學》「八綱目」的「內聖外王」理想）。[42] 如同在現實政治秩序中，他們理想中的秩序也是等級制的、自上而下的，但籲求現實的等級制上層來一場道德轉化。尤有進者，他們在構思道德概念之時，在涉及政府賴以實行統治的基本原則時，甚至包含某種類似民主的思想，當時這種觀點似乎司空見慣。比如在上文提到的 1826 年的《文編》中，有人寫道：

> 人弱物強，物害乃滋。聖人出，為之驅物衛民，於是群然戴附之，以為君師。故君之立，民立之也。（汪縉，《皇朝經世文編卷一·繩荀上》）

> 二者（君相）非有異於民也，以民明民也，以民衛民也。非用民而為民用者也，此天地之心也。（余廷燦，《皇朝經世文編卷一·民貴》）

有學者提出，這些要求政府實行道德改革的學術精英是存在於國家直接控制之外的大眾社會的組成部分。[43] 但在帝制時代末期愈來愈商業化和都市化的過程中，這種烏托邦道德意識與大眾部門之間可以看到某種衝突。一方面，大眾部門創造出某種「結社社會」，其間充斥非人格的、物質主義的、道德上不可預知的、愈來愈複雜的、都市化和去中心的社會交易，很大程度上不受國家控制。反過來看，國家權力愈來愈受到抑制。另一方面，主導社會道德說教的學術精英雖然也努力使自己適應這種交易，但永不要設想其會像亞當·斯密（Adam Smith）那樣，將其視為進步、自由和繁榮的途徑。相反，他們仍從道德上對「社區社會」持懷疑態度，因為其說教中所聚焦的理想社會是「社區社會」，本質上是鄉村的、由血緣紐帶和類血緣紐帶連結的農業共同體，政治秩序的塑造則把道德、知識、政治權力融為一體，以此「成己成物」。這種社會

---

[42] 參見註37、41。
[43] 這是余英時的觀點，見 Thomas A. Metzger, "Modern Chinese Utopianism and the Western Concept of the Civil Society", 頁 285-291。這些觀點可見其於臺灣一家大報《聯合報》1993年12月28日第3版發表的文章中。

必然是等級制的，由對道德擁有儒家理解之士而非由在追求商業利益的過程中磨練出來的人或精於實際政治協商的道德含糊的人領導。

談及歷史上「社區社會」與「結社社會」之間的緊張，或海耶克所謂「部落」社會與基於「無涉目的之規則」的社會之間的普遍緊張，其在中國的歷史與西方截然不同。誠如韋伯（Max Weber）注意到的，「結社社會」的廣泛興起既發生於西方，也發生於中國，但唯有在西方，對「社區社會」的渴望遇到「結社社會」的決定性、得到合法化過程的抵制，而在中國知識分子眼裡，「結社社會」從一開始就是道德災難，目前仍然如此。

余英時在基於其令人生畏的明清時代的知識所寫作的大量重要文章中論證，十六世紀以後，在儒家世界中已興起「新基調改變了對社會、政治、經濟及倫理問題的看法」。他認為這一廣泛變化肇源於商業的勃興與專制的強化。它使很多人較少強調帝國中心的政策，不再強調儒家學術精英的領導，也不再限制對商業收益之欲求，而更多強調在政府之外改良地方社區，強調商人的重要性和尊嚴，強調有必要從更自由表達的個人的、甚至是自私的利益之中導引出公共的善。

不過似乎很明顯，新基調這種立場不足以削弱傳統儒家世界觀的中心地位。實際上，余本人在其他著述中反覆地把這種世界觀視為「價值系統」，二十世紀中國知識分子完整地繼承了它，並一直努力用西方價值取代之。[44] 清代這一新趨勢當然不能使「結社社會」決定性地獲得合法化。傳統世界觀在魏源1826年編選的299篇文章中仍占支配地位，這些文章總結了學術和治理的基本原則，魏源希望以此作為探討行政管理之技巧部分的導論。此書使他贏得廣泛聲譽，面對有利於商業化、都市化、削弱國家控制、強化官僚中的溫和現實主

---

[44] 比如關於清代的新趨勢，可見余英時，《現代儒學論》（紐澤西：八方文化出版，1996），頁viii、1-59。余對保持不變的傳統「價值體系」的看法，參見余英時，《從價值系統看中國文化的現代意義：中國文化與現代生活總論》（臺北：時報文化出版事業有限公司，1984）。

義等社會變革，面對使中國從「社區社會」轉向「結社社會」的總體趨勢，他選擇的這些論文卻一點都未視之為合法的，也未指出其為進步的。很多文章的確表示有必要適應此趨勢，但仍將其視為追求「利」；他們從未偏離儒家觀點，認為這種追求將破壞社會最必不可少的價值：「義」。

儘管有一些哲學的自覺，以更為複雜的方式構建美德與私利的關係，但後者一直被等同於「人欲」，幾乎普遍被視為悖逆「天理」。確實，諸如「欲望」、「私」之類的觀念可成為某種被認可的社會秩序的組成部分，這種想法對清代中國思想來說並不陌生。但是就我所知，把自私觀念視為是自由與合法行為的想法，因為違反像孝順等公認規範，並不曾出現。誰會想到接受「無德之私」？沒有跡象顯示，與美德相反的自由平等成為原型規範（archetypal norm）。值得注意的是，備受尊敬的儒者顧炎武（1613-1682）公開指責當時恰能增強人民自己掌握其經濟活動而擺脫國家控制能力的制度改革——普遍推廣的「一條鞭法」。更有甚者，為維護自己的「社區社會」理想，他甚至深深地欽佩奉行恐怖政策的明太祖（1368-1398），這個明初的皇帝在政治上嚴密控制，在道德上一絲不苟，對商業厲行打擊。同樣，在顧炎武之前六個世紀的宋朝，商業化和都市化逐漸興起之後，同時興起了重要的儒家思想運動（後被稱為「理學」），致力於「復古」，回到一個以禮、以井田、以封建、以宗法為基礎的「社區社會」。[45]

可見在帝制時代，占支配地位的道德學說不允許普通人通過要求限制中央集權國家的權力而獲得自由，而是賦予道德學家、超級公民體現社會良心，這些聖賢既瞧不起國家制度之腐化墮落，也鄙視私人對經濟利益的追求，而一門

---

[45] Thomas A. Metzger, "Modern Chinese Utopianism and the Western Concept of the Civil Society"，頁 293-294；Su-chan Chan, Shu-ling Hsu, K'o-wu Huang, Hui-min Lai, and Tzu-k'o Mo (Thomas A. Metzger), "Ching-shih Thought and the Societal Changes of the Late Ming and Early Ch'ing Periods: Some Preliminary Considerations"，收入中央研究院近代史研究所編，《近世中國經世思想研討會論文集》（臺北：中央研究院近代史研究所，1984），頁 21-35。

心思繼續努力恢復古代聖潔的「社區社會」。換句話說，以聖賢的道德示範作用完全能夠改良可馴服的國家為基礎的烏托邦的、自上而下的進步觀，從未被非烏托邦的、自下而上的進步觀所替代，後者的基礎是自由的、易出錯的普通公民追求其經濟利益，並用可行的方式組織起來監督易出錯的國家。十九世紀晚期以來的中國知識分子開始接受「民主」理想、後又接受「公民社會」理想，這種烏托邦的、自上而下的路徑仍完整存在於其思想深處。余英時本人就不斷提到他們的「烏托邦主義」。早在毛澤東之前，像章炳麟（1868-1936）這樣的知識分子領袖人物就遠不是致力於創建某種本土概念，以使私利之表達成為自由繁榮社會之根基；相反，他們把自由等同於不同的、相互衝突之利益形成的解體狀況。面對現代化難題及社會不斷趨向「社區社會」的趨勢，尤其是在1949年之後的臺灣和1976年之後的大陸，這種趨勢更為明顯，而中國知識分子依然固守其對政治中心可馴服、自己作為社會良心而有中心地位的信念。

五、中國的烏托邦主義與西方的公民社會概念

十九世紀中葉以來，西方和日本帝國主義的侵略及一系列國內叛亂動搖了清帝國的統治根基，出現費正清（John King Fairbank）所謂「中國大革命」之開展，隨之而來的是文化修改之過程，包括一系列重要的思想辯論。[46] 其中比較重要的爭論極大推進了很多中國主流知識分子和領導人對民主的熱情，這種情況實始於魏源在鴉片戰爭（1839-1842）前幾年編輯《皇朝經世文編》時。與此後很多中國人一樣，魏源已感受到，在外國制度中，「議事聽訟，選官舉賢，皆自下始……可不謂周乎」（《海國圖志》）。如黃克武的研究所揭示者，此後幾十年直至1911年革命，這期間逐漸發育起來的主流民主概念融合了選舉與分權等這類西方程序性觀念與儒家的觀念，如「統治者應支持民眾贊成的事」、政

---

[46] John King Fairbank, *The Great Chinese Revolution, 1800–1985* (New York: Harper and Row, 1987).

府「應獻身於公共利益,絕無任何自私自利」、「統治者與人民之間的溝通渠道應該始終暢通」、「上下一體」,及最終實現「大同」。[47]

如果我們接受亨廷頓的觀點,認為儒家文化根本「沒有合法基礎來限制權力,因為權力和道德就是一回事」,這樣的話西方民主理想與儒家價值這種水到渠成的結合當然不大容易解釋清楚。[48] 然而亨廷頓的說法無疑是錯誤的。我們已討論過儒家文化蘊涵著政治權力與道德良知之間的緊張衝突,大量亨廷頓忽略的二手文獻都明明白白地證明這一點;這一點也被現代中國反傳統、強烈地批判儒家傳統的各種理論弄模糊了,而韋伯對儒家文化的錯誤分析亦遮蔽了真相。亨廷頓也未注意到儒家思想界不同於穆斯林,實際上,儒家很快就熱衷於「民主」。早在(上個)世紀之交,梁啟超等學者就大膽指出,中國並沒有為實行民主制做好準備,他們知道這種「保守主義」肯定會被主流思想所拒絕。從徐復觀到余英時等傑出學者也都強調,儒家傳統與民主思想之間有強烈的親合性。[49] 儒教是關於此世的思想,在此思想體系中,終極價值的實現有賴於政治中心的圓滿道德行為;政治道德標準高於現實的統治者,政治道德的內容是「因民之所利而利之」(《論語・堯曰第二十》)。正是據此,很多儒家人士邏輯地、幾乎是立即和十分天真地認為,西方民主制度正是實現其完美政治道德這

---

[47] 黃克武,〈清末民初的民主思想:意義與淵源〉,收入中央研究院近代史研究所編,《中國現代化論文集》(臺北:中央研究院近代史研究所,1991),頁372、383-384。

[48] Samuel P. Huntington, *The Third Wave: Democratization in the Late Twentieth Century*, pp. 300-301.

[49] 余英時在這個問題上的觀點可見於註43、56所提及之《聯合報》討論,而他按照民主理想對存續未變的「價值體系」的完整闡釋,可見其《從價值系統看中國文化的現代意義》。類似的觀念也見於狄百瑞(William Theodore de Bary)、杜維明、墨子刻(Thomas A. Metzger)的英文著述。我對韋伯的儒教分析之反駁,可見於我的兩本著作和Wolfgang Schluchter, ed., *Max Webers Studie über Konfucianismus und Taoismus: Interpretation und Kritik* (Frankfurt am Main: Suhrkamp, 1983), pp. 229-270. 據我所知,尚未遭到任何批評。又可參看 "Review Symposium: Thomas A. Metzger's Escape from Predicament," *The Journal of Asian Studies*, vol. 39, no. 2 (1980), pp. 237-290. 儒家思想堅定地把政治與道德區分開來,最早是由徐復觀、唐君毅、牟宗三等現代新儒家的重要著述予以闡明。亨廷頓教授和我在這個問題上有書信往來,但他堅持自己的觀念:「在儒教中,凱撒是上帝」(1995年5月的信函)。

一古老目標之確實可靠的手段。

也因此,儒家對民主的這種熱情,並未能結合反烏托邦的、自下而上理路的約翰彌爾民主傳統。恰恰因為中國人從一開始就熱情擁抱西方民主制度,視之為推動政府遵守「因民之所利而利之」(這裡的人民指按教化觀念行動的群眾)原則之十分有效的途徑,故其以與眾不同的方式面對西方兩大民主傳統:盧梭－黑格爾－馬克思傳統,洛克－聯邦黨人－約翰彌爾傳統。[50] 現代西方政治思想史上,這兩派不斷交鋒,而在中國,批評盧梭(Jean-Jacques Rousseau)卻是非常罕見。[51] 孫中山(1866-1925)的思想就充分體現了這一點,他對下面這一點絕無異議:中國知識界的主流認為,民主乃通過融合知識、道德與政治權利於一體的先知先覺才能得以實現,因此,在民主狀態下,每人都將享有孫中山所說的「真正的自由」和「真正的平等」。[52] 由於這種看法跟盧梭的普遍意志理論一拍即合,這樣一種社會政治前景立刻同時成為另外三種現代中國意識型態的基礎,即中國馬克思主義、中國自由主義和現代儒家人文主義。[53]

相反,這四種意識型態都拒絕約翰彌爾那種「社區社會」的圖景,其基本上由自由的、易出錯的個人,遵循「無涉目的之規則」,在開放的知識、經濟、

---

[50] 這一區分近乎鄧恩之區分「強」與「弱」的民主理論,參看John Dunn, *Western Political Theory in the Face of the Future*, pp. 22-24。

[51] 一個例外是朱浤源,《同盟會的革命理論:「民報」個案研究》(臺北:中央研究院近代史研究所,1995)。這一議題亦在黃克武,〈嚴復對約翰約翰彌爾自由思想的認識:以嚴譯《群己權界論》為中心之分析〉,《近代史研究所集刊》,期24(臺北,1995),頁81-148,當中有著詳細的討論。又見黃克武,《自由的所以然:嚴復對約翰約翰彌爾自由思想的認識與批判》(上海:上海書店出版社,2000)。

[52] Thomas A. Metzger, "Did Sun Yat-sen Understand the Idea of Democracy?" *American Asian Review*, vol. 10, no. 1 (1992), pp. 1-41.

[53] 對馬克思主義之外這些意識型態的概述,可見Thomas A. Metzger, "The Chinese Reconciliation of Moral-Sacred Values with Modern Pluralism: Political Discourse in the ROC, 1949–1989," in Ramon H. Myers, ed., *Two Societies in Opposition: The Republic of China and the People's Republic of China After Forty Years*, pp. 11-37。也可參看Thomas A. Metzger, "China's Current Ideological, Marketplace and the Problem of 'Morally Critical Consciousness'",收入黃克武主編,《思想、政權與社會力量》(臺北:中央研究院近代史研究所,2002),頁157-190。

政治市場上競爭過程中之不可預知的交互作用所構成。誠如黃克武的研究所揭示的，就是那些最瞭解約翰彌爾自由觀的傑出思想家，比如嚴復（1854-1921）、梁啟超，也只能部分地理解約翰彌爾思想。嚴復（後來中國自由主義者都稱讚他所翻譯的《論自由》〔*On Liberty*，群己權界論〕）所忽視者，當然不是約翰彌爾對個人尊嚴與自由的讚美，這一點很容易與儒家理想共鳴；他所忽視的是約翰彌爾的悲觀主義認識論，他忽視了約翰彌爾關於追求「知識」和「進步」須以個人擁有「自由」為前提的信念，因為約翰彌爾認為，唯有如此，才能約束源於人類精神之不可避免的易錯性所致之錯誤觀念之氾濫。而從儒家立場看，或者從明確地自視為「落後」社會而以追趕「先進」社會為當然之社會的視角看，人類生活的基本真理已是再明白不過的，故這種易錯性根本不成其為緊迫問題。正是由於中國知識分子不能理解約翰彌爾的悲觀主義認識論，故約翰彌爾雄辯中的力量與熱情在中國知識界未能受到充分的認識。[54]

因此，至少在很大程度上，現代中國主流知識分子不僅完全接受了盧梭的民主觀念，即由理性的、道德上已開化的、能表達「普遍意志」的公民來控制政府；同時也完全保留了儒家傳統的樂觀主義認識論，及自上而下的、烏托邦的、社區社會的政治理念。而從道德立場上拒斥「結社社會」的合法化，也一如既往。這一理路甚至在新近中國人文主義思想和自由主義思想中也明顯，更不要提現代馬克思主義思想了。[55]

普林斯頓大學的余英時於1993年12月28日在臺灣影響力極大的《聯合報》上發表的一篇文章中提供了對公民社會的一種詮釋，對此，不管是中國自由主

---

[54] 參見黃克武，《一個被放棄的選擇：梁啟超調適思想之研究》，與註51中所提到的黃克武的著述。

[55] 現代中國政治思想史是烏托邦的，這一看法現在廣為人所接受，可見余英時晚近的著作，並可回溯至1970年代對「樂觀主義」的重新強調，那時，這一強調出現於王爾敏、普萊斯（Don C. Price）和本人的出版物中。但大陸學者目前討論「烏托邦主義」是否受影響於此，則不清楚。但我的論點中更引起爭議的是：當代中國的烏托邦主義扎根於儒家的烏托邦主義，後者是廣為人接受的儒家思想預設，而非僅見於《周禮》等若干文本中。

義者還是現代儒家人文主義者都不會有異議。在他看來,「依照中國傳統的理論,社會與國家之間必須維持一種動態的平衡。這是和西方關於民主的看法相當接近的⋯⋯」。歷史上,這種平衡不斷被過度的國家權力所打破,但中國知識分子之熱情歡迎「西方民主觀念」,則體現了這種平衡的理想。但是,當完美的自由與平等的烏托邦理想與中國對「有組織、有力量的現代國家」之迫切需求發生衝突之時,他們失望了。1949 年後,共產黨人「摧毀了中國傳統的民間社會⋯⋯然而其代價則是切斷了社會的一切生機」。這些社會部門正在逐漸恢復生機,最終有可能同在臺灣一樣,發展成「現代的公民社會」。[56]

　　余英時的看法似乎合乎上述公民社會的社會學和政治學定義。但由於沒有意識到我們上面探討的知識分子烏托邦激情與追求利益的社會階層之斷裂狀態,他仍把「知識分子」視為進步的核心力量,所以,余英時所採行的仍是自上而下理路。其思想明顯忽視了以下理念:無法改正的國家不是接受道德聖賢的監督,而是受到那些追求自己世俗利益、易錯的、在三個市場中競爭的普遍公民的監督。的確,如果他被追問,他可能會認可這些理念。儘管如此,明確表達這些理念,並積極地運用它來釐清中國文化—政治演進及中國知識分子的角色問題,則是另一回事。

　　第二個例子是楊國樞,國立臺灣大學著名心理學教授,他剛從中央研究院副院長的位子退下來。他發表了很多社會和政治領域的著名論文,闡述自由主義的理想,並且他的觀點在臺灣很少引起爭議。在 1985 年發表的論文中,楊氏認為全球正在由農業時代轉向工業時代,必然要求民主、某種個人主義及各種的多元主義。確實,楊國樞跟余英時一樣,就個人而言,深為服膺個人之自由與尊嚴。但是,楊的自上而下理路,在其強烈的目的論色彩的歷史觀,和毫無保留地視「知識分子」為「社會良心」這兩點上暴露無遺:他說,知識分子「由

---

[56] 余英時,〈建構21世紀的臺灣與中國,民主化重新整裝待發:從中國國家與社會關係看二十一世紀中國民主化的前途〉,《聯合報》,1993 年 12 月 28 日,第 3 版。

於他們具有敏感的心靈⋯⋯常能穿透事象的表面⋯⋯掌握基本的事理」；依靠知識分子，社會將建基於「理性」之上，而不會建基於上面所論述的不可預知和不公正的三個市場之上。

因此，在楊國樞描繪的臺灣和中國未來圖景中，將不存在「（不公正的）權力的集中」，個人主義大發揚卻沒有「自私自利」，社會將形成「互相尊重、合作⋯⋯互相依賴、互惠互利的領域」。關鍵是確定作為個人自由之標尺的「界限」，此界限必須由「理性」確定，理性須占支配地位，因為在自由社會中，「如果一種思想是不好的，便自然會受到社會的淘汰⋯⋯法律的規定與道德規範自然會將顯然不對、不好、不善的事物，排出多元價值的範圍以外」。[57] 楊從伊利諾大學獲得博士學位，他熱衷於自由主義、具有很高專業水準，在當代臺灣受到廣泛尊敬，而從上述的文章充分可見作者對約翰彌爾思想、對悲觀主義認識論、對反烏托邦主義、對自下而上的公民社會觀念等等的拒斥。

在中國大陸，許多讚揚市民社會的文章出現在 1990 年代，例如鄧正來的作品。在此我只舉一個跟隨馬克思主義取向例子：高力克（出生於 1952 年）在 1990 年前後的思想。當時一直至今他任教於杭州的浙江大學哲學社會學系。我此處提到的是他 1992 年出版的論述中國現代思想的著作，這是他 1990 年在北京師範大學的博士論文修訂本。毛澤東思想當然是中華人民共和國官方路線的基礎，而它在今日也依然是為嚴肅知識分子所探討的主要的思想。像高這樣的知識分子也狂熱地運用此思想，以圖弄清中國當前發展問題。高在 1992 年的研究取向和他在 1990 年代晚期有所不同，它立基於現代中國主流知識分子普遍承認的一些理論預設，且不僅僅是馬克思主義。一個預設就是烏托邦目標——我眼裡的烏托邦，而非他說的——即中國作為一個「新的文明」，此文明不再受

---

[57] 楊國樞，《開放的多元社會》（臺北：東大圖書股份有限公司，1985），頁 7、10、13-14、18-19、27、32-33、44、159、191-192、196-197。我曾試圖詳盡分析楊的思想，見 "Modern Chinese Liberalism and the Utopian Approach to the Revision of Culture"（未出版）。

舊時代不幸的威權主義的束縛，洋溢著現代生活所必需的「自由」與「工具理性」；而且不像西方，沒有現代生活的病態，比如哈伯瑪斯所感慨的「反人道主義」——哈氏受到很多中國當代知識分子的尊敬。這樣一來，中國通過彌合韋伯所區分的「工具理性」與「價值理性」之間的斷裂而將「超越西方」，如此，則社會主義將在世界歷史上第一次得以實現。高還引用毛澤東1940年的文章〈新民主主義論〉，把毛和上述藍圖聯繫起來。他把現在中國政府實行的「現代化」綱要等同於毛的「最低綱領」，而把社會主義的「後現代」目標，即中國特色的更高級現代化的最終實現，視為毛的「最高綱領」。

跟楊國樞異曲同工，高力克也認為，這種自上而下理路對確保社會不受過分的個人主義和自私自利侵蝕是必不可少的。他認為，關鍵是形成某種社會風氣。在可欲的個人追求「個體之利」與不可欲的「利己主義」趨向之間找到微妙的平衡。高力克認為，毛是現代中國唯一思想家，毛揭示了如何能夠獲得這種平衡，並「超越」西方，因為毛既保持對西方思想的開放，又掌握了中國傳統的價值，並指出目前中國作為「後進者」反而具有優勢，可從西方失誤中汲取教訓，因而能從西方目前的文化活力狀態中獲益。李澤厚是大陸著名的馬克思主義者，起碼在1987年前，他熱衷於毛的洞見；跟李澤厚一樣，高力克也對把自己的看法與毛扯到一起而很得意，哪怕其不得不承認毛在1949年後犯下可怕錯誤。[58] 高力克毫不遲疑地堅信，公民社會即便不是「最低綱領」的一部分，起碼也是作為中國現代化目標的社會主義之「最高綱領」的組成部分，但我得說一句，他的烏托邦式的、自上而下理路跟西方的公民社會傳統根本就是兩碼事。

---

[58] 高力克，《歷史與價值的張力：中國現代化思想試論》（貴陽：貴州人民出版社，1992）。我曾較詳盡地討論過中國的馬克思主義和高力克的思想，見 Thomas A. Metzger, *Transcending the West: Mao's Vision of Socialism and the Legitimization of Teng Hsiao-p'ing's Modernization Program* (Stanford: Hoover Institution Press, 1996).

因此，在探討政治進步問題時，中國現代政治思想界並未轉向非烏托邦的、自下而上的理路。這種狀況以傳統上對政治可能性的樂觀主義為基礎，其所體現的是如此範式：道德和知識上先知先覺，透過可改正的政治核心之運作，可從道德上徹底改造社會；相反，他們不強調，自由卻易出錯的公民通過組織化運作形成公民社會，以監督其性質不可改正的政治核心。因此，這種政治思想傾向於跟事實上促成了目前中國和臺灣經濟繁榮之結社社會的普通人的衝動相悖。的確，在現代中國知識分子普遍以中國處於「過渡階段」的想法來調適「社區社會」。然而在他們的著作中，他們從不願意公開地接受三個市場的道德混亂，並將之視為進步的必經之途。「社區社會」的興起只不過證實了其困境感，而這正是現代中國知識分子論述的最基本問題。[59] 我們也幾乎看不出他們放棄「公德」理想，轉向上述道德中立的西方公民社會觀念的跡象。

不過，人們並不能就此輕率地斷定中國的政治思想是「落伍的」。事實上，它所探索的是任何社會都未解決的難題：在三個自由市場、由技術和文化精英操縱的國家功能、通過教育培養海耶克所謂社會「風氣」之間，尋到恰當平衡。再者，獲得三重平衡的途徑依賴於其文化傳統。因此，源頭上屬於西方的範式或政治理性觀念是否可由中國人用以為解決此問題之鑰匙，遠非顯而易見。[60]

然而與此同時，儘管不少學者認為，思想之趨勢能強有力地影響長程的社會發展，然而，這種思想取向的影響並不必然是決定性的。臺灣的民主化及其伴生的許多社會變革並未明顯受到臺灣知識分子的影響。這些變革中當然有社會學意義上的公民社會之形成，卻未必是人類學意義上的公民社會。[61]

---

[59] 關於「困境感」，參見註53所引有關中華民國的兩篇文章。
[60] 對西方人結合資本主義與民主的努力，從非馬克思主義角度所做的批評，可見Thomas A. Metzger, "Hong Kong's Oswald Spengler: H. K. H. Woo (Hu Kuo-heng) and Chinese Resistance to Convergence with the West," *American Journal of Chinese Studies*, vol. 4, no. 1 (1997), pp. 1-49.
[61] 關於公民社會在臺灣的形成，參見Linda Chao and Ramon H. Myers, *The First Chinese Democracy: Political Life in the Republic of China on Taiwan*.

譯者後記：

差不多二十年前，互聯網學術初興，筆者正學習西方思想，於胡佛研究所網站見此文，以為頗有見地，乃譯出、發布於自辦學術網站。前不久，黃克武先生以微信聯絡，謂欲收錄此文於墨子刻先生中文論集中。此等善事，自當協助。然電腦更換過多次，遍找不見，只得從網路上下載——看來，互聯網確有可能成為最可靠的檔案館。再次閱讀譯文，頗覺生疏：首先，此前譯文多有疏漏，借此訂正譯文，補充譯出註釋。其次，墨子刻先生的觀點，多有不以為然者；幾年前曾作一文，似專為反駁本文而作：姚中秋，〈重新思考公民與公共生活：基於儒家立場和中國歷史經驗〉，《社會》，卷34，期3（上海，2014）。後學唐突，墨子刻先生一笑可也。譯者，丁酉初秋。

二十世紀中國知識分子的自覺問題[*]

> 耗矣哀哉。吾中國人無國家思想也。其下焉者，惟一身一家之榮瘁是問；其上焉者，則高談哲理以乖實用也。（梁啟超，〈新民說〉第六節）

一、誤導的批評[1]

儘可能地擴大自覺或批判意識是每個知識分子乃至每一個人的難題，這個問題也是古代荀子所謂「解蔽」而「知道」的工夫。依知識分子的定義，知識分子正是人類中最能「解蔽」的人，可是因為「人心之危，道心之微」（《荀子‧解蔽篇》），所以古今中外的知識分子常常掉入一個陷阱之內，即是把批判性集中到某些問題，而忽略另外也應該針對的挑戰。結果，他們不但談到當代問題，而且常常自己變成這些問題的一部分（part of the problem, not part of the solution）。因為他們的言論會把一些關鍵性的問題蔽障起來。所以外國人有一個有趣的說法：「醫生先生，假如你沒有辦法把自己的病治好，你怎麼去幫助別人？」（Physician! Heal thyself!）

托爾斯泰認為家庭中不愉快的情況是因家庭而異；自覺問題也一樣，是因文化歷史而異。這裡我這個外國人要拋磚引玉，試談二十世紀中國知識分子的自覺問題。

中國知識分子的批判意識當然很強。從墨子批評孔子，與孟子批評楊朱、

---

* 本文原載於余英時等，《中國歷史轉型時期的知識分子》（臺北：聯經出版公司，1992），頁83-138。

[1] 拙文承友人黃克武先生的改正，特此致謝。然而，因為時間的關係，他不能把大鼻子的中文完全修改。請讀者原諒。

墨子以來，中國知識分子經常蔑視當代的思潮，而二十世紀中國知識分子也不例外，五四運動也好，新儒也好，他們都對所有二十世紀中國知識分子的歷史上的表現，評價不高，覺得近代中國的學問還不能處理這個時代的挑戰。這就是二十世紀中國知識分子對自己的失望感。

相反地，他們對於在中文書籍雜誌中橫行闊步的歐美聖賢如韋伯（Max Weber）、柯羅柏（Alfred Louis Kroeber）、克羅孔（Clyde Kluckhohn）、艾森斯塔（Shmuel N. Eisenstadt）、貝拉（Robert N. Bellah）、哈伯瑪斯（Jürgen Habermas）、傅柯（Michel Foucault）和伽達默（Hans-Georg Gadamer）之流，卻充滿了羨慕之情。尤有甚者，對於許多中國學者而言，那些西方權威非但是主要的學者，更是評價中國文化的最高法官；他們的評估可以決定中國文化的價值以及其生死存亡：「儒學在二十世紀是否有生命力，主要取決於它是否能夠經過紐約、巴黎、東京，最後回到中國。」[2]

然而，這種評估不一定有道理。如果要談高超的道德理想主義與博大的學問，更深入的分析探索差異巨大的文化深層基礎，或要深入地瞭解世界各種互有衝突的方法學與哲學，那麼我們不容易找出一個其表現能夠超過二十世紀中國知識分子的學術界。誰能夠斷言韋伯的頭腦比梁啟超更為靈活敏銳？或以歷史學家而言，誰能夠說湯恩比（Arnold Joseph Toynbee）較錢穆更為博大精深？而海德格爾（Martin Heidegger）在談語言與存在之間的關係時，比唐君毅更深入？杜威（John Dewey）把他的知識從紐約帶到中國，但是，在取決中國文化何處該保留，何處該揚棄時，他比熊十力更能幹嗎？或許有人會說，評價中國文化的最高法官應該是最瞭解西方文化的中國知識分子。但我們能不能說，馮友蘭比熊十力，或者胡適比徐復觀更具有資格？

文化的演變或修改原來是一種取捨之間的選擇過程，而討論取捨之時，外

---

[2] 杜維明，《儒學第三期發展的前景問題——大陸講學，問難，和討論》（臺北：聯經出版公司，1989），頁 24-25、45、47、68。

國人的意見當然值得參考。然而,即使歐美算是先進國家,歐美知識分子的社會理論不一定能解決中國文化演變的問題。何況,這些「取捨」的文化修改問題,原來是規範性的問題,而今天英美思想家愈來愈以為解決這種問題的推理方式不能以一些科學性或普遍性的標準為指南,因為這種規範性的指南,只有在特殊歷史情況中自己遇到這些問題的人才有資格體會。[3] 同時,因為語言障礙的嚴重,所以外國人想要瞭解中國文化時,常常是毫釐之差,千里之謬。

中國知識分子那麼過分地看重紐約的評估能力,正反映了鴉片戰爭以來在「心靈和情感」上所受到的衝擊。[4] 承受這些衝擊以後,不亢不卑地去修改自己的文化這種古今中外視為理所當然的工夫變成一個艱巨的挑戰。「駕於歐美之上」的目標和文人相輕的心態是常常讓中國知識分子在評估自己與外國人之時,過或不及。列文森(Joseph R. Levenson)很久以前注意到這種中國近代思想的特徵。這種心態也跟近代中國知識分子的「殘廢感」有關係,即是覺得西洋文化在歷史上的發展很正常,可是中國文化是人類歷史的「怪胎」。[5]

二、知識分子的批判意識也是批判的對象

中國知識分子仰慕紐約、洛杉磯、東京或莫斯科這種心態的淵源無論是什麼,低估自己而崇拜別人當然不算一種自作主宰的自覺工夫。不錯,自覺的定義不明顯,而且是個很少有人討論的問題。雖然如此,按照很多人的看法,有自覺的人會儘可能把自己意識裡面的觀念或預設挖掘出來,看看合理不合理,

---

[3] 請參考Richard J. Bernstein, *Beyond Objectivism and Relativism: Science, Hermeneutics, and Praxis* (Philadelphia: University of Pennsylvania Press, 1983); John Dunn, *Political Obligation in Its Historical Context: Essays in Political Theory* (Cambridge: Cambridge University Press, 1980), pp. 143-299.

[4] 關於這個衝擊請參考杜維明,《儒學第三期發展的前景問題——大陸講學,問難,和討論》,頁33-34。

[5] 關於「殘廢感」,請看墨子刻,〈中華民國正負兩面評價與知識分子的自覺問題:回應陳其南教授〉,《當代》,期63(臺北,1991.7),頁132-149(收入本書)。

而同時考慮到一個最難處理的問題：合理的標準應該如何定義。這樣一來，一個原來好像只是個理所當然的規範可以變成一個頗有辯論餘地的說法。在這一方面，人類學的角度是不可或缺的：「一些你自以為是天經地義的真理，其實很可能僅僅是某種特殊文化時代的情緒反應。」[6]

連知識分子對自己角色的意象也需要加以分析評估，看看有沒有什麼植於固有文化而不完全合理的「尊賢主義」或捕風捉影的烏托邦主義。古今中外的知識分子都愛互相批評，說某教授的看法沒有道理等等，然而，評估之際，其標準原本不合理，那麼，這種互相評估的活動，會不會加重當代思想混淆的困境？

我個人覺得當代知識分子的自覺特別牽涉到兩個問題。第一是關於知識分子在現代社會中的角色與能力。今天在中國與英美思想界關於這個問題有兩種最流行的看法，一個比較樂觀的，一個比較悲觀的。哪一個對很難說，可是有自覺的知識分子不能武斷地採用一個，而應該考慮到所有關於這兩個看法的理由，而儘可能地用理性來決定哪一個看法比較有道理。

第二，除了瞭解到這種樂觀主義與悲觀主義的區別以外，知識分子還需要考慮到牟宗三教授所謂的「曲通」問題。按照牟氏的看法，完全實行內聖外王的理想是需要「理性之架構表現」，即是實行經濟政治的現代化，而同時把現代化與內聖外王的神聖理想貫通起來。[7] 這個跟章太炎的「始則轉俗成真，終則迴真向俗」與「外能利物，內以遣憂」的想法很像。[8] 其實，章、牟兩位思想家這種看法相當合乎今天中外很多的思想，因為不少的知識分子都同意現代化是一方面環繞著工具理性（即俗）的現實需要，而另一方面則需要一種「道德性語言」（moral language）或「人文主義」作為文化社會的基礎。然而強調「曲通」

---

[6] 杜維明，《儒學第三期發展的前景問題——大陸講學，問難，和討論》，頁21。

[7] 牟宗三，《政道與治道》（臺北：學生書局，1980），頁51-56。

[8] 王汎森，《章太炎的思想（1868–1919）及其對儒學傳統的衝擊》（臺北：時報文化出版事業有限公司，1985），頁15-17。

的牟氏十分瞭解到把工具理性和人文主義相結合這種過程的困難。換言之，任何思想無論是抹殺「俗」的一方面或「真」的一方面，都沒有辦法「迴真向俗」。

「向俗」當然是用自然科學、歷史學等知識來瞭解現代化與民主化的現實需要。最近勞思光教授討論拙作而涉及此一問題時說：「我少年時原重視文化價值與病態問題，並不從現實需要的角度來談中國現代化。」[9] 他這些話既誠實又正確，而且可以代表很多中國知識分子的想法。然而，這個想法有一點莫名其妙：我們怎麼能忽略現實需要而談現代化或中國應有的「路向」呢？假如不談現實需要，又怎麼能「迴真向俗」？更何況，文化這個觀念本身不就是兼顧了真與俗嗎？

這裡的問題在於「俗」的內容。假如「俗」很直接地反映「真」，那麼「向俗」的方法很簡單，只需要實踐的工夫，此即牟氏所謂的「直通」。然而，世界最近四十年的歷史卻證明牟氏「曲通」的看法是很有道理的，即是「俗」不會直接地反映「真」，而且其中一部分不容易配合「真」。這就是下面所提到的三種多元主義或三種市場。所以怎麼把這三種多元主義跟社會最神聖的規範結合起來是中外當代知識分子所面對的一個難題。

至於本人的看法則很簡單：就很多當代中國知識分子而言，自覺問題是因為「向俗」的工夫不夠，同時他們採取武斷的太樂觀態度面對自己的能力以及知識，而且，這兩者有其「內在邏輯」上的很密切關係。

三、樂觀主義與悲觀主義：兩種關於知識分子本質的想法

按照定義，知識分子是人類中最能使用抽象知識的人，即是最能「全面深入的反思者」。然而，除了「比一般人更善於使用象徵形式」[10] 以外，知識分子

---

[9] 勞思光，〈關於臺灣的「正負評價」〉，《當代》，期64（臺北，1991.8），頁149。
[10] 葉啟政，《社會、文化和知識分子》（臺北：東大圖書股份有限公司，1984），頁91-92。

有沒有比別人更具有把握理性道德的能力？換句話說，假如一部分知識分子正是這種把握理性道德的開明分子，那麼人類有沒有一些客觀的標準以確定哪一些知識分子是開明的，哪一些不是？依此把人類分成「先知先覺」者，「後知後覺」者，以及「不知不覺」者這一類的上下秩序？

關於這種問題，英美思想的主流比較悲觀。「善於使用象徵形式」的人不一定能把握理性道德，反而，按照雷蒙・艾弘（Raymond Aron）《知識分子的鴉片》（*The Opium of the Intellectuals*），歐美最敏銳的知識分子很多受馬克思主義所引誘的。John Dunn 則強調他們很多被社會政治科學一些不合理的觀念所引誘。不錯，Dunn 反對過分的平等主義，即不分軒輊的看重賢人與庸人的意見；然而，他跟約翰彌爾（John Stuart Mill）一樣，強調人心有很容易犯錯的毛病（fallibility），而覺得社會的開明分子不容易確認。他說：「有道德性的問題，也有實際性的問題，可是無論是什麼樣的問題，我們沒有客觀的標準來詳細地確定哪一個群體在瞭解哪一個問題上最有資格」。[11]

當代中國知識分子則對上述的問題比較樂觀。上引孫中山關於社會中上下秩序的看法，即是一例，而且也有代表性。大家都知道孫先生要以「真平等」的原則來改造社會，即是以「聖、賢、才、智、平、庸、愚、劣」的社會秩序來建立一個「賢能政府」。最重要的，中國知識分子很少說孫先生這個看法沒有辦法落實，因為人類沒有客觀的標準來確定誰是賢人，誰不是。[12] 中國思想界幾乎沒有以此批評孫先生，這個事實很有意義。沒有這種批評的情況就是證明

---

[11] John Dunn, *Western Political Theory in the Face of the Future* (Cambridge: Cambridge University Press, 1990), p. 133.

[12] 比方說，王爾敏教授討論到孫先生思想這一方面，而沒有批評它不實際的方面，請看王爾敏，〈孫中山理想中的現代中國〉，《國史館館刊》復刊，期10（臺北，1991），頁16。像王氏一樣，很多中國知識分子不批評孫先生這種觀念，是很有意義的。這證明孫先生這些沒有受批評的觀念頗有代表性。朱浤源教授有批評孫先生思想不夠實際的看法，可是按照我所看到的文章，朱氏沒有批評孫先生的「賢能政府」觀念，也沒有批評孫先生的「政權」、「治權」區別的理論。請看朱浤源，《同盟會的革命理論：「民報」個案研究》（臺北：中央研究院近代研究所，1985）。

孫先生此一看法很有代表性。

　　杜維明教授是另一個例子。他很強調中國的將來應該依賴「中國知識分子一脈相承的『群體的批判的自我意識』」。杜教授跟徐復觀一樣是涇渭分明般的區分有道德意識的知識分子與「政治化」的知識分子，[13] 而一旦實際上看到一位知識分子，他有辦法確定哪一個是屬於哪一類。

　　葉啟政教授的看法也很類似的，他是一位社會科學家，同時也是受到新儒的影響。他首先把知識分子與兩種其他的精英分子加以區別，說知識分子的「社會資源」是「知識」，「政權擁有者」的「資源」是「權力」，而經濟性精英分子的「資源」是有「物質利益」的東西。[14] 知識分子的「知識」包括「科技知識」與「文學」或「神聖性知識」，而這兩種知識是「精緻文化」的兩面。[15] 所以知識分子是「創造」和「修飾」「精緻文化」的人。

　　按照葉氏的看法，知識、權力和物質利益這三種「社會資源」「都是人在社會中生存所必需的」。[16] 可是在文化道德理性上，其價值並不平等。在文化方面，除了知識分子以外，社會的文化只有一些「通俗」或「粗俗」的「中級文化」與「低級文化」而已，而只有知識分子才有「精緻」或「優秀文化」。[17] 同時政權擁有者一定會「維護既得權益、權威的尊嚴，和意識型態的完整」。[18] 雖然一部分的知識分子也是「對政權採取妥協，乃至完全屈服的態度」或偏到一種保守的或不關心社會問題的「冷漠性」態度，[19] 知識分子的取向原來是「肯定理性的個人主義」，而知識分子一部分「具有強烈道德勇氣和社會責任意識的

---

[13] 杜維明，〈自序〉，《儒學第三期發展的前景問題——大陸講學，問難，和討論》，頁5、10、91。
[14] 葉啟政，《社會、文化和知識分子》，頁107-109、122、146。
[15] 葉啟政，《社會、文化和知識分子》，頁146-148。
[16] 葉啟政，《社會、文化和知識分子》，頁109。
[17] 葉啟政，《社會、文化和知識分子》，頁146。
[18] 葉啟政，《社會、文化和知識分子》，頁122。
[19] 葉啟政，《社會、文化和知識分子》，頁126、148、162。

可能」。這種知識分子能「忠於理想」而維持「批判性」的態度。[20] 所以按照理性道德以及文化價值的標準,這種知識分子是社會的開明分子。社會工業化之後,這些開明分子與「冷漠性」或妥協性知識分子的比例常有改變,而反映很多新因素,像西洋的民主思想,大眾媒介的興起,經濟成長所需要的功能理性與科層制度等。[21] 然而,無論在工業社會還是農業社會中,有一種比其他人更能把握理性道德的開明分子,而葉教授好像覺得他實際上有客觀的標準以確定哪一些知識分子是開明的,哪一些不是。假如他不能這樣地確定的話,上述對開明與不開明知識分子的分類方法有什麼用?

然而,這種標準到底有沒有?比方說,因為商人與農人都有客觀的特徵,所以我能證明李先生是農人,而王先生是商人。然而,要證明李先生的看法比王先生的看法開明,我們能不能以這種客觀的特徵來確定?關於這個認識論的問題,有樂觀與悲觀性的回答。葉、杜兩位教授跟很多中國知識分子一樣傾向樂觀,似乎覺得道德性的區別跟職業性的區分一樣客觀和明顯,可是英美的思想主流卻傾向悲觀,常常覺得道德性的判斷是有主觀化的危險,而不可能完全超過主體的歷史情況與利害關係。[22] 所謂「不顧一切」藐視金錢或勢力的知識分子,不一定對聲望與地位沒有興趣。荀子在〈解蔽篇〉中說得很對,人有各式各樣的成見。「人心惟危,道心惟微」,而知識分子怎能例外?換言之,按照英美比較悲觀的認識論,連知識分子的道德性判斷也很容易跟成見交織在一起。

---

[20] 葉啟政,《社會、文化和知識分子》,頁124-125、127。楊國樞教授對知識分子角色的看法很類似:「在平常時期,知識分子是社會的良心;在特殊階段,知識分子是社會的砥柱。」請看楊國樞,《開放的多元社會》(臺北:東大圖書股份有限公司,1985),頁150-151。

[21] 葉啟政,《社會、文化和知識分子》,頁155-168。

[22] 關於英美認識論,請參考 Richard J. Bernstein, *Beyond Objectivism and Relativism: Science, Hermeneutics, and Praxis*; John Dunn, *Political Obligation in Its Historical Context: Essays in Political Theory*; Thomas A. Metzger, "Some Ancient Roots of Modern Chinese Thought: This-Worldliness, Epistemological Optimism, Doctrinality, and the Emergence of Reflexivity in the Eastern Chou," *Early China*, vol. 11-12 (1985-1987), pp. 61-117.

四、樂觀主義與悲觀主義：兩種對政治知識的想法

關於人所能得到的政治知識，中國學術界的主流也比英美要樂觀得多，而中國知識分子很少自覺地考慮到悲觀主義的理由。關於政治或規範性的知識，古今中外的知識分子直接或間接地針對四種問題。第一，這種知識是不是包括普遍性而很明顯或詳細的客觀標準以確定一個文化應該發展的路，哪一條路正確，或者這個文化哪一部分正常，哪一部分是病態？第二，談文化問題之時，實行完美的文化是不是合理的目標？跟這個問題有關係的是研究文化的方法，即是，規範性與描寫性的方法，哪一個對研究文化比較有用？第三，有關知識構造的問題。也就是說，跟研究文化很有關係的議題包括各式各樣的關於認識論、自然科學、本體論、歷史、道德、政策問題等等的知識或意見。問題在於我們到某種程度是否能夠把所有這些原來很支離的觀念貫通起來，變成很有系統的體系？第四，無論這種體系是否能為人類所掌握，文化的演變與國家的存亡是否依賴知識分子的工夫？知識分子在歷史上的影響力大不大？即使他們儘可能地出於好意，知識分子應否秉持「毅然以天下為己任」的理想？

就這四個問題而言，英美思想的主流，都比較悲觀，覺得規範性的知識不可能跟科學一樣客觀，評估一個文化的標準很難確定，完美的文化不是很合理的觀念，建立一種完整的體系是不可能的，而知識分子對文化的影響力十分有限。中國知識分子則多半持相反的看法。[23] 哪一個看法正確我們現在暫且不談。然而，所有有自覺的知識分子當然需要好好考慮關於這兩個看法的理由。而中國知識分子有沒這樣的自覺？

---

[23] 請參考 Thomas A. Metzger, "Continuities between Modern and Premodern China," in Paul A. Cohen and Merle Goldman, ed., *Ideas Across Cultures: Essays on Chinese Thought in Honor of Benjamin I. Schwartz* (Cambridge: Council on East Asian Studies, Harvard University, 1990), pp. 263-292；墨子刻，〈從約翰彌爾民主理論看臺灣政治言論：民主是什麼──一個待研究的問題〉，《當代》，期24（臺北，1988.4），頁78-95；墨子刻，〈中華民國正負兩面評價與知識分子的自覺問題：回應陳其南教授〉，頁132-149。

就第一個問題而言,很多中國知識分子覺得文化的演變應該有一個方向才是正確的。而這個唯一的方向可以很詳細地確定。然而假如我們接受這種看法的話,我們找不到一個及格的學說。換句話說,這個對文化演變的看法不一定配合文化演變的事實。比方說,1935 年王新命、何炳松、武堉干、孫寒冰、黃文山、陶希聖、章益、陳高傭、薩孟武、樊仲雲等十教授的〈中國本位文化建設宣言〉所引起的批評,多半來自於內容的不夠詳細,宣言中強調「應該吸收歐美之文化。但須吸收其所當吸收,而不應以全盤承受態度,連渣滓都吸收過來。吸收的標準,當然決定於現代中國的需要」,即是「此時此地之需要」。然而很多人批評,說「此時此地的需要是什麼,並未說明」。

同年,張君勱提到梁漱溟的《東西文化及其哲學》時說:「出版之時,已十餘年矣,國家之形勢愈危岌矣。凡念及吾族之將來者,莫不對於文化之出路問題,為之繞室徬徨,為之深思焦慮」。[24] 而且,到現在為止,中國知識分子還是為文化問題「深思焦慮」。

然而,這樣處在「深思焦慮」之時,中國知識分子尋找什麼?假如尋找的是關於「此時此地的需要」,一種既詳細又完整的定論,他們是不是尋找不可能存在的東西?文化發展這個過程,怎麼有這種預定的藍圖?何況社會各階層的看法不同,而決定「取捨」之時,人人都有某種程度的自由。同時,關於文化演變或社會問題的觀念,有事實性的知識,也有規範或應然性的觀念,而這些知識或觀念不一定都能跟自然科學一樣地客觀或精確。這樣一來,我們怎麼對文化的演變建立一個既客觀又詳細的標準,而十二億人的社會怎麼只有一個文化發展的方向而已。不錯,文化發展還是需要一種一般性的方向,像「繼往開來」這個口號。然而,這種比較籠統的方向,不正是十教授、孫中山、梁啟超(在〈新民說〉)以及不勝枚舉的中國人所孜孜不倦地強調的嗎?總而言之,假如要找到一種既詳細又完整關於文化演變的公式,我們好像在尋找一個不可

---

[24] 胡秋原,《一百三十年來中國思想史綱》(臺北:學術出版社,1980),頁 142-149。

能找到的東西。

勞思光教授對於這些認識論問題也有很樂觀的看法。他很有自信地比較了知識分子關於社會問題的知識與醫生關於病態的知識，最近在談到本人與陳其南教授的辯論之時，勞思光教授反駁本人對臺灣正負兩面應兼顧的說法而說：「陳氏原旨是在檢查臺灣的社會病態：正如一個醫生在診病的時候，他主要的任務是要指出受診病人的器官機能有帶菌不正常的地方需要如何診治，而不必列舉那些正常無病的地方。」而且，在講「中國之路向」之時，勞教授也強調這個醫學的比喻。[25]

我們當然能從很多方面談到這個比喻。例如，醫生是不是只注意到病癥而已，而不考慮到病人整個的體格？即使醫生只注意到病癥，針對社會問題的知識分子應該模仿他嗎？還是應該把社會所有的得失儘可能地用客觀方法加以分析？哪一個評估社會政治的方法最能讓輿論開明化，讓政府改進？

然而最重要的是醫生關於病癥的知識與知識分子關於文化的知識是不同的。醫學到某程度是以自然科學為基礎，可是研究文化的學者沒有那麼客觀的方法學（methodology）。尤其是在醫學方面，知識的對象與知識這兩個東西是分開的。這就是說，很多癌症患者自己缺乏有關癌症的知識，而很多具有癌症知識的醫生，自己沒有癌症。可是中國文化與一位中國知識分子關於中國文化的知識不會那麼分開的，反而常常會糾纏不清。同時外國漢學家的知識常常與一些西洋文化的成見糾纏不清。

勞教授的醫生比喻也牽涉到怎麼研究一個社會或文化的問題，即是規範性與描寫性方法之問題，勞教授和很多中國知識分子一樣完全是用規範性的方法，即是覺得評估中國文化的標準既客觀又明顯，然後直接地確定中國文化這一部

---

[25] 勞思光，〈關於臺灣的「正負評價」〉，頁148，以及勞思光，《中國之路向》（香港：尚智出版社，1981），頁5-6。其實，《中國之路向》的醫生是「瞭解傷者的傷勢和整個健康狀況為依據」，而不只看負面而已。

分是「有價值」，是「好」，是「正常」，是「文化的精華」，是「開放」的；而另一部分是「沒有價值」，是「不好」，是「病態」，是「封建遺毒」，是「封閉的」。

然而，這種規範性的方法與葉啟政的「忠於理想」的知識分子這個範疇一樣地牽涉到客觀特徵的問題。這就是說，「正常」、「病態」等的區分好像很明顯，可是他們一旦要以這種區別去評估事實，就馬上遇到麻煩。例如，祭拜祖先是個沒有理性的封建遺毒，還是個與理性配合而有宗教性意義的行為？

很明顯的，一個文化或社會哪一方面是正確，哪一方面是病態，要看用什麼標準來評估。因此，如果標準不明顯而有辯論餘地的話，就不能馬上知道哪一部分是病態，而如果不知道哪一部分是病態，就不能說「我現在不要談正常方面，只要跟醫生一樣談病態」。

就是因為評估一個文化或社會這個問題那麼需要「全面深入的反思」，所以很多學者，尤其是英美學者，研究一個社會或文化，並不直接地用規範性的方法。無論這個社會是孔夫子的中國或希特勒（Adolf Hitler）的德國，他們會以人類學的角度，盡可能地拋開自己的評估，而很虛心地描寫研究對象所有的特徵。描寫之後，才有辦法考慮到哪一個特徵是正常，哪一個是不可避免的毛病，而哪一個又是非除去不可的病態。何況因為一個社會架構各方面的互相關係那麼複雜，在還沒有澄清那些關係以前，談病態更成問題。

然而，很多中國知識分子卻很自信地用規範的方法來直接地確定一個文化，哪一部分好，哪一部分不好，然後很樂觀地建立一個完美文化的目標。例如，杜維明教授說中國人「要發揚代表中華民族文化認同的優良傳統精神，要徹底揚棄在中國為害甚深的封建遺毒，要引進西方文化中最精彩、深刻的東西，同時也要認清與之俱來的一些浮面現象，清除一些必須清除的『污染』」。[26]

---

[26] 杜維明，《儒學第三期發展的前景問題——大陸講學，問難，和討論》，頁66。

二十世紀中國知識分子的自覺問題　297

　　然而，這種目標除了一種理所當然的善意之外，不一定有價值，因為一方面牽涉到上述的關於規範性方法的問題，而另一方面則有烏托邦主義之嫌。

　　除了這種很樂觀的文化目標以及對政治或規範性知識很樂觀的看法以外，很多中國知識分子對知識的構造有比較樂觀的看法。杜維明教授在談儒家傳統與西方文化的對照之時，已經注意到「在儒家的傳統中，本體論、認識論、道德修養是合而為一的」。而且杜教授很瞭解這種「合而為一」的看法與英美思想主流有衝突。[27] 然而，有自覺的知識分子怎麼處理這個衝突？知識應該有什麼構造？儒家在這方面的看法合理不合理？英美知識分子多半強調分門別類的工夫，像上面所提到的把描寫與評估文化儘可能地分開的那個主張，而常常不要直接地找到知識或思想的「大頭腦處」，或「綱領」以建立一種體系。這種認識論跟中國古今的思想不同嗎？還是殊途同歸？不同的話，哪一個角度合理？而「合理」又有什麼定義？有自覺的知識分子當然需要針對這個問題，而不能只將創造體系之目標視為天經地義的真理。

　　最後，中國知識分子對自己的角色及其已有或應有的影響力，也有十分樂觀的看法。然而，他們這個樂觀主義也是很成問題。例如，葉啟政教授覺得古今中外的知識分子「對此『文化象徵』擔當有『正當化』（legitimization）的任務」，而他們「在指導和實踐整個社會的變遷過程中……往往居著決定性的地位」。[28] 然而，「正當化」的過程不一定如此。正當化是指國民的一些評估制度的觀念或感覺。這些評估因社會階層而異。所以 John Dunn 把這些評估性的思想或「政治理論」分成三種：官方理論（像官方的三民主義）、知識分子的理論（像杜維明、勞思光或葉啟政的思想）以及「老百姓的理論」（像小市民的思想）。[29] 那麼「正當化」的過程很可能就是這三種理論互相影響或比賽的結

---

[27] 杜維明，《儒學第三期發展的前景問題──大陸講學，問難，和討論》，頁120，請看下面「五種中國式的看法和三種多元主義的衝突」關於第二個預設的說法。
[28] 葉啟政，《社會、文化和知識分子》，頁90、92、143。
[29] John Dunn, *Rethinking Modern Political Theory* (Cambridge: Cambridge University Press,

果。我們不能先天地決定知識分子的理論一定最有影響力。何況「往往居著決定性的地位」的知識分子是哪一種？是有「道德勇氣」的知識分子？還是政治化的知識分子？後者的影響力怎麼跟政治核心的影響有清楚的區別？

這就是說，社會變遷的動力是什麼？葉教授是把社會分成三個「群體」，即是知識分子、其他的精英分子（包括「政權擁有者」在內）和「普遍大眾」。[30] 可是按照他的文章，在社會變遷中，除了有「道德勇氣」的知識分子以外，誰都沒有創造性。

其實，東周社會變遷也好，宋代的都市化也好，臺灣的現代化也好，在社會變遷中知識分子以外的創造性動力也重要。可能會有人說：雖然實際上知識分子以外的動力常常很重要，但有「道德勇氣」而「把文化問題全面深入地反思」的知識分子應該「居著決定性的地位」。然而我們怎麼證明這種說法？例如，杜維明一方面強調中國的將來是依賴這種「深入地反思」的知識分子，而另一方面很羨慕「日本『明治維新』以後的發展」。[31] 那麼請問，日本明治時代的成功是知識分子深入反思日本文化的結果嗎？何況，上面已經說過，在一個社會裡面，最能「深入反思」的不一定是最能把握理性道德的；而且替理性道德找定義牽涉到很多認識的問題。馬克思（Karl Marx）很會深入地反思，可是他的烏托邦主義不一定最適合社會的發展。

因為中外的知識分子喜歡強調他們實然的還是應然的影響力，也很喜歡把世界問題知識化，他們常常認為，為瞭解世界最重要的問題，深入的反思是需要的。然而，很多問題好像只是「知易行難」的問題，亦即不一定需要很高明的學問，而只需要下決心去做罷了。例如，美國財政赤字問題的解決需要很高明的理論嗎？還是需要既得利益者的妥協？化解以色列跟阿拉伯國家間的怨恨

1985).
[30] 葉啟政，《社會、文化和知識分子》，頁143。
[31] 杜維明，《儒學第三期發展的前景問題——大陸講學，問難，和討論》，頁67。

變成和諧是否是深入反思的知識分子所能解決的問題？這些了不起的知識分子能不能說服污染環境的企業家，讓他們尊敬大自然？

杜維明教授覺得二十世紀之後，「知識分子群體批判的自我意識，不僅會在學術界出現，而且會在企業界、大眾傳播界、軍隊、政府等各個地方出現」。這是因為那個時候是「服務階層……增加」之時，即是「知識分子」愈來愈「掌握了知識的資料、知識的信息、知識的系統，乃至智慧，也就是說，掌握了社會的神經系統」之時代。[32] 然而，臺灣的「服務階層」已經很大，而杜教授很強調臺灣思想的「政治化」與「庸俗化」，[33] 何況，美國的服務階層更大，可是貝拉等學者們覺得美國社會在道德危機中。[34] 換句話說，按照定義，知識分子當然是人類最能深入反思的，可是他們的學問不一定開明，而即使開明的話，就解決人類一些最根本的問題而言，他們高明的學問不一定很有辦法。

總而言之，當代中國知識分子的自覺問題在於他們常常把一種很有辯論餘地的樂觀性看法看成是天經地義的真理。[35] 他們的樂觀主義有以下的特點：他們多半用規範性方法分析文化或社會，而覺得自己跟醫生一樣能直接地指定一個文化中哪一部分正常，哪一部分是病態。換句話說，他們多半覺得他們能以基於普遍性的道德理性之標準來評估世界上所有的文化。這些標準既客觀又詳細。所以按照這些標準，文化演變的唯一正途很明顯，而演變的目的是個完美的文化，亦即「大同」或「理想中國」。他們也常常覺得應該有辦法把所有關於文化演變的知識貫通起來，即是把所有原來很支離的知識或意見變成一個完整的

---

[32] 杜維明，《儒學第三期發展的前景問題——大陸講學，問難，和討論》，頁178-179。
[33] 杜維明，《儒學第三期發展的前景問題——大陸講學，問難，和討論》，頁14-15、46-47、52、112-113。
[34] Robert N. Bellah et al., *Habits of the Heart: Individualism and Commitment in American Life* (Berkeley: University of California Press, 1981).
[35] 請參考Thomas A. Metzger, "Continuities between Modern and Premodern China," pp. 263-292；墨子刻，〈從約翰彌爾民主理論看臺灣政治言論：民主是什麼——一個待研究的問題〉，頁78- 95；墨子刻，〈中華民國正負兩面評價與知識分子的自覺問題：回應陳其南教授〉，頁132-149。

體系。最重要的是,他們也覺得實際上人類有能力知道哪一些人是把握這種體系的先知先覺者。而且,這些開明分子應該居於一個有「真平等」之社會的最高的地位,決定政策與文化的演變。

這些預設不一定完全不合理。其實,一部分也合乎約翰彌爾的思想。[36] 然而,按照上面所談到的,這種對政治知識以及知識分子本質與能力的樂觀主義還是很成問題。我們知識分子需要很自覺地考慮到關於這些問題中比較悲觀的方面。沒有考慮之前,這種樂觀主義會很容易讓我們掉到「尊賢主義」的陷阱之內。我們知識分子深入反思的能力很重要,可是一旦誇大自己的能力,就變成一種有成見的既得利益者,即是一種不「憂道」而只戚戚然地關心自己不受到社會重視的精英分子。孔子所謂「知之為知之,不知為不知」還是很根本的理想,而在二十世紀學術界忠於這個理想的知識分子當然需要考慮到很多關於自己本質與知識的新問題。

五、以現實方法處理現實問題的困難:三種多元主義

誠如上述,這些新的問題,除了已經討論的樂觀與悲觀主義以外,也有牟宗三教授所謂「曲通」問題,即是怎麼「迴真向俗」,怎麼樣一方面培養社會的人文基礎,另一方面建立一個環繞著工具理性的現代社會,也就是說,怎麼建立一種兼顧「道」與「器」的社會。

鄭觀應(1842-1923)跟很多後來中國知識分子一樣,覺得中國的問題在「器」方面,而歐美是在「道」方面。[37] 這個說法不如說東西文化都還沒有解決「曲通」問題。然而,中國思想在「器」方面的問題特別大,即是不夠注意到

---

[36] 請參考 Thomas A. Metzger, "Did Sun Yat-sen Understand the Idea of Democracy? The Conceptualization of Democracy in the Three Principles of the People and John Stuart Mill's 'On Liberty,'" *The American Asian Review*, vol. 10, no. 1 (1992), pp.1-41.

[37] 鄭觀應,〈道器〉,收入中國社會科學院哲學研究所中國哲學史組編,《中國哲學史資料選輯:近代之部》(北京:中華書局,1959),頁 104-106。

現代化的現實需要。上述勞思光的話完全有代表性：他「並不從現實需要的角度來談中國現代化」。非常可惜的，梁啟超上述的話鞭辟入裡，卻沒有影響很多中國知識分子。

中國知識分子這種態度一個很重要的表現即是低估臺灣在經濟政治上的成就，甚至於覺得這是「虛假」的。本人另一篇文章中提到很多這樣的例子。[38] 依這種看法，臺灣因為在道德或精神方面沒有突破，所以所有在物質或制度上的進步不太重要。假如社會的進步沒有把人類的黑暗方面拔本塞源，這個進步是假的。

1985年我在臺北之時，一位很優秀的學生曾對我說：「這不是一個理想的社會，所以你怎麼說我們的社會有進步呢？」1989年臺北舉辦的一次座談會中，出名的劉賓雁先生說：「臺灣這幾年政治、經濟的發展過程，對大陸很有啟示——但從另一方面來看，臺灣政治經濟成就雖然不錯，但是在人的精神素質的提高方面卻也乏善可陳——目前大陸上不少人認為窮的讓他富，不自由的讓他自由，就可以解決長久的積弊，這種想法忽略了如何使已經殘缺不完全的人成為完美的人。」[39]

從我的角度來看，劉賓雁這個很有代表性的看法非常不合理。雖然中國人總是很客氣地欣賞別人的成就，劉先生這邊所強調的卻是臺灣的缺點，即是跟別的社會一樣，臺灣還沒有找到辦法來完全重建人文精神。那麼低估物質上進步的劉賓雁跟康有為不同。在《孔子改制考・敘》中，康氏強調聖人之道「不過其夏葛冬裘，隨時救民之言而已」。何況，假如沒有物質上的進步，怎麼讓教育制度發達，而這些制度不發達的話，怎麼能重建人文精神？假如沒有物質

---

[38] Thomas A. Metzger, "The Chinese Reconciliation of Moral-Sacred Values with Modern Pluralism," in Ramon H. Myers, ed., *Two Societies in Opposition: The Republic of China and the People's Republic of China after Forty Years* (Stanford: Hoover Institution Press, 1991), pp. 43-51.

[39] 倪元炎，〈迎接九〇年代　探索中國未來　劉賓雁及朝野精英參加本報座談　就文化社經層面提出整合之道〉，《中國時報》，1989年12月19日，第7版。

上的進步,怎麼有都市化以及中產階級的增加?假如老百姓還是靠天吃飯,他們怎麼「由己」地找到生活的價值?最奇怪的是,按照劉先生的看法,雖然大陸還是深陷於政治經濟落後的泥淖中,應該有辦法找到比臺灣更好的生活。這種看法完全依靠一種先天或先驗的信仰以確定進步的可行性,因為按照後驗性而從歷史經驗歸納出來的知識,那麼了不起的進步跟毛澤東的「大躍進」一樣地是不可行的。

要瞭解中國知識分子那麼低估具體的條件或具體的成就之偏向並不容易,學者們大半同意:中國固有的文化就是「入世」的,所以應該很實際的。[40] 上面所引康有為的話正是例子。儒家的「愛民」精神當然會強調為大眾造福利的具體方法,《論語》有「因民之利而利之」的話。「功」字也是指這種「利」,而從《墨子》這本書以後,實行「功」也是很多中國思想家的一個目標(《荀子》是另一個例子)。最早在《易經》中出現的「致用」觀念,也是儒家所沿用不止的。跟佛教的「八正道分」不一樣,《大學》的「八條目」最後的境界是具有入世的與政治性的價值,即是「平天下」,而儒家傳統當然是兼顧「修身」與「經世」。[41] 徐復觀的說法大概成立:按照「孔孟乃至先秦儒家」的看法,「治人的政治上的標準,當然還是承認德性的標準;但這只是居於第二的地位,而必以人民的自然生命的要求居於第一的地位。治人的政治上的價值,首先是安設在人民的自然生命的要求之上;其他價值,必附麗於此一價值而始有其價值」。[42]

難怪清末民初的知識分子那麼熱衷於能夠帶給中國「富強」的西方科技。他們很快就設定了目標,重新調整社會以便發展經濟,這也是把工具理性

---

[40] 強調中國文化的入世觀(this-worldliness)有張灝、余英時、艾森斯塔等。

[41] 在這方面很有名的文章是 Benjamin I. Schwartz, "Some Polarities in Confucian Thought," in David S. Nivison and Arthur F. Wright, eds., *Confucianism in Action* (Stanford: Stanford University Press, 1959), pp. 50-62. 另外很有價值的文章是張灝,〈宋明以來儒家經世思想試釋〉,收入中央研究院近代史研究所編,《近世中國經世思想研討會論文集》(臺北:中央研究院近代史研究所,1984),頁3-19。

[42] 徐復觀,《學術與政治之間》(臺北:學生書局,1980),頁299。

（instrumental rationality）變成社會最重要價值之一。同時，呂實強、王爾敏等學者的研究相當可以證明，對很多清末民初儒家的知識分子而言，肯定民主是很自然的事。[43] 從儒家的觀點來看，民主的理想像平等、容忍及尊敬異己之類，都有正面的價值，「民主」這個詞雖是進口的，民主觀念卻是離儒家思想不遠。即是，儒家不但有「民本」的主張，而且有以老百姓為政府的主人這種暗示。

這種暗示不但在最偉大的儒家思想之內（像黃宗羲的），也在清代道光以前比較普通的文章裡，例如，汪縉認為：在人類最早的時代，「人弱物強，物害乃滋，聖人出，為之驅物衛民，於是群然戴附之以為君師。故君之立，民立之也」。這種「立」或「戴附之」跟選舉精神不無關係。余廷燦也有類似的看法：「君相二者非有異於民也，以民明民也，以民衛民也，非用民而為民用者也，此天地之心也。」[44] 「天地之心」當然是一種自然法，而假如君為民所用的話，他是不是一種以自然法為基礎的「公僕」？[45] 不錯，民主這個觀念跟中國固有的專制制度當然不同。可是這個專制跟儒家很流行的理想也不同。有的人會覺得民主不可能既配合中國文化的一部分，而又不配合另外一部分。他們以傳統中國為一個很貫通性或統一性的系統。然而，今天很多學者同意周代以後的中國是個「軸心文明」（axial civilization），而軸心文明的特點就是理想與實際制度間的衝突或惕對（tension）。西洋文化的民主觀念與中國皇帝制度有衝突，可是跟儒家理想有一些不謀而合之處。

---

[43] 請看呂實強，《儒家傳統與維新(1839-1911)》（臺北：教育部社會教育司，1976）。王爾敏，《中國近代思想史論》（臺北：華世出版社，1977），以及別的有名的著作。另外有黃克武，〈清末民初的民主思想：意義與淵源〉，收入中央研究院近代史研究所編，《中國現代化論文集》（臺北：中央研究院近代史研究所，1991），頁363-398。
[44] 賀長齡輯、魏源編，《皇朝經世文編》（8冊，臺北：世界書局，1964），卷1: 8b、1b。
[45] 王爾敏教授覺得「公僕」觀念跟中國傳統性的政治理念很不同，可是筆者認為有辯論餘地。請看王爾敏，〈中國近代之公僕觀念及主權在民思想〉，收入中華民國建國八十年學術討論集編輯委員會編，《中華民國建國八十年學術討論集》（臺北：近代中國出版社，1991），冊3，頁2-23。

無論如何，中國固有的文化很有入世精神以及一種偏向民主的方向。然而，在合理有效地處理現代政治經濟的實際問題時，中國知識分子這種入世觀是否發揮了作用呢？我們可以把問題集中在三種多元主義上，因為我們愈來愈清楚地看到，要實際上建設一個現代化民主的社會，此三種多元主義是萬不可或缺的。「經濟性的多元主義」指的是自由企業或資本主義（政府可做某種程度的干預）。歷史已證明海耶克（Friedrich August von Hayek）五十多年以前所建立的理論，即是除了自由企業性制度以外，沒有一個能儘可能地增加個人經濟性的刺激（incentives），而儘可能地替出產與貿易活動造出一個不增加成本的環境（reduce transaction costs）之經濟制度。「思想性的多元主義」是思想性的自由市場，如知名的政治學家杜意契（Karl W. Deutsch）所言，是一種思想衝突很紛紜而對世界及歷史中的各種思潮及資訊開放溝通的知識系統。「政治性的多元主義」則是政黨與政客的比賽，亦即所謂的政治市場。在這個市場中任何一個政客、政治黨派和利害關係不同的團體，都可以採用合法的手段，來達到有利於自己的目標。

　　今天，許多政治科學家相信，這種政治市場對民主化是必須的。按照他們的看法，問題在於怎麼找客觀的方法來處理政治上的爭論。他們把道德性的標準與法律或程序上的標準作一比較，而覺得後者比較客觀，比較容易避免見仁見智混亂不清的爭執。比方說，你覺得某候選人是假公濟私的，我覺得他很誠實，可是我們大概能同意他得到的票是多少。換句話說，講是非之時，有辯論餘地之處比講數字之時多得多。這是個西方思想常常注意到而中國思想卻比較忽略的對照。假如我們承認這個對照很重要，那麼我們會同意把我們道德性的爭論放在一邊，而採用票數這種標準或其他的程式性標準來解決哪一個人當選或政策應該怎麼樣制定等問題。[46]

---

[46] J. R. Lucas, "On Processes for Resolving Disputes," in Robert S. Summers, ed., *Essays in Legal Philosophy* (Berkeley: University of California Press, 1972), pp. 167-182.

不錯，在依賴程序的政治市場中，守法但陰謀百出、廉恥喪盡的政客會很多。這樣一來，民主進展到某程度依然不能避免金錢選舉；說得更不好聽，鄉愿不但是德之賊，而且是民主的主流。然而，按照歐美政治思想的主流，專制比鄉愿壞；論民主，還是必須依賴最客觀的標準以分配政治權力，即是依賴程序性的標準以決定一個政黨是否合法。從這個歐美學者們的看法來講，人類沒有能力建立一種完全客觀沒有偏見的政治機制以評估哪一個政黨有私見，哪一個沒有。反而，一定要建立這種機制，馬上就有自己的偏見與利害關係。跟多半中國人的常識迥然不同的是，按照英美看法，孫中山先生要實行沒有「政客」的「良政黨」民主，這種想法雖然多半中國人很欣賞，不過不但沒有辦法落實，而且既天真又奇怪。我們下面談到常識因文化而異的觀念，此之謂也。而且，假如政黨的道德化沒有可能，那麼孫中山先生的「權」、「能」區分也沒有辦法預防民主的流弊（詳下）。換句話說，人心惟危不是制度性的變法所能祛除的，而民主化也不例外。

我們怎麼證明三種多元主義是民主化與經濟現代化中不可或缺的條件呢？這也只有依賴後驗性的、從歷史歸納出來的知識；這種知識不同於另外一種關於歷史而很流行的想法，即是把歷史的構造或法律從一些超過經驗的觀念或信仰導引出來。儒家三代說也好，康有為的三世論也好，五四運動的把理想社會投射到西洋文化也好，馬克思主義從矛盾這個原則引出來的歷史理論也好，這四個關於歷史的想法都是基於超過經驗的證據。

按照這四種想法，人類的歷史性本質是二元性的。也就是說，歷史起碼有兩個迥然不同的階段，即是當代中國是「人心惟危」而小人最多的時代；古代或西方或將來則是人心安仁而君子最多的社會。

是故，依賴經驗的歷史觀也是一種一元性的歷史觀：相信雖然歷史有進步，但進步有限，因為古今中外人類在人格與思考能力的品質上，還是大同小異，而二十世紀中國人或美國人的缺點在二十一世紀多多少少地會存在。這種中國所缺乏的一元性歷史觀是亞里斯多德（Aristotle）所強調的，而也和張灝教授所

提到的「幽暗意識」是分不開的。

　　總而言之，現代化的開展必須依賴上述的三種多元主義這個理論，這是歷史經驗（尤其是臺灣、俄國、東歐以及大陸最近的經驗）所證明的，同時也反映了人類的幽暗一面，即是政客、商人跟其他的國民之自私自利沒有辦法完全清除。政治、經濟的進步能改良個人的環境，但不能轉變人性。要反駁這結論必須依賴歷史以外的證據。

六、中國道德性語言與這三種多元主義的衝突

　　誠如上述，富強、經濟發展、民主平等、容忍異己等價值都是現代化中很受歡迎的方面，而且很容易配合中國固有的入世觀。然而，上述的三種多元主義卻與中國人的價值觀相當互相衝突，一旦此三種多元主義果真是現代化不可或缺的，那麼現代化就不容易配合中國固有的入世觀。換言之，中國知識分子常常覺得中國文化不配合現代和民主化之處，就反映中國文化的缺點。然而，這三種多元主義很可能跟世界所有的道德傳統有衝突，因為所有這些傳統都強調一種克己復禮的精神，害怕破壞道德秩序的任何邪說，所以跟三種市場不得不有某種程度的衝突。是故怎麼處理這個衝突變成現代化中很普遍性的難題，而中國當然不例外。

　　我們先談到經濟性的多元主義跟中國固有道德思想的衝突。不錯，在中國，自由的市場經濟不但由來已久，而且是中國文化很受到「正當化」（legitimization）的一部分。何況鴉片戰爭之後，很多中國人很歡迎資本主義的生活。辛亥革命左右，梁啟超相當肯定資本主義，而最近一些像費景漢教授的學者有從儒家的立場來肯定資本主義的想法。雖然如此，儒家對於「逐利」一直心懷矛盾，很多二十世紀中國知識分子也持這種態度。從這類觀點看法來講，一個強調追逐私利的資本社會是不道德的，因為不但破壞個人的道德修養，也造成了既得利益者、特權者及各種不平等的現象。到現在為止，很多中國人

不願面對這些現象是資本主義不可避免的代價。最近在舊金山一位從大陸來的留學生對我說他肯接受資本主義的好處，可是不要其缺點。1991 年在臺北開會之時，臺北的一位學生對我說，他不能尊敬中華民國的領導，因為他們還沒有實行「均富」的政策。這兩位學生都覺得中國應該有辦法把一些別的國家還沒有能力實行的理想落實，不用說，三民主義有「節制資本」的看法，而沒有完全肯定資本主義，何況大陸的思潮。

關於思想性的多元主義或市場，固有的文化有兩個最根本的看法，一是排斥邪說的主張；另一則取寬容精神，相信有衝突的說法最後可以殊途同歸。所以思想性多元主義比較容易為中國人所接受。雖然如此，「殊途同歸」精神中還是強調「同歸」這個主張，換言之，「人同此心，心同此理」是中國很重要的理想。難怪中共有辦法把他們封閉性的態度與政策制度化；三民主義不能和中共的封閉態度同日而語，可是甚至三民主義到某種程度也有教條化的傾向。最重要的，連反對所有「主義」的中國知識分子也不一定歡迎沒有系統且說法紛紜、良莠不齊的思想比賽。即使強調「多元」和「開放」社會的楊國樞教授還是要一種「人同此心，心同此理」而能團結的臺灣（說詳下）。[47] 同樣的，像唐君毅教授的中國哲學家一定要除去世界思想所有的「衝突」而替古今中外所有的哲學找到「會通」處。

不錯，那麼欣賞人與人的不同（diversity）的思想家約翰彌爾也強調社會需要起碼的共識。然而，誠如上述，每一個思想界對支離的知識與互相不會通的折衷論或者互相反駁的政治說法有自己的看法。英美的思想界多半以這種思想混亂的競爭為正常，可是中國知識分子比較要找到一種能幫助中國人團結的思想體系。這個對照也是反映這兩個思想界在認識論上的不同。[48]

---

[47] 楊國樞，《開放的多元社會》，頁 13-14、16-28。
[48] 請參考 Thomas A. Metzger, "Did Sun Yat-sen Understand the Idea of Democracy? The Conceptualization of Democracy in the Three Principles of the People and John Stuart Mill's 'On Liberty'"； Thomas Metzger, "A Confucian Kind of Modern Thought: Secularization and

無論如何，和中國固有的道德性語言最格格不入的多元主義就是政治性的多元主義；孫中山的看法很有代表性。他覺得民主是需要政黨的比賽，可是誠如上述，他也覺得這個比賽應該是個沒有「私見」政黨的比賽，即是「良政黨」的比賽。王爾敏教授說得很清楚：孫先生要以「先知先覺」的智慧來建立一種「賢能政府」，而覺得「無論何種政黨……必須將人民幸福看作首要，否則就只能爭權營私，是必須戒慎而予以斷絕」。[49] 其實，孫先生所要的是一種無政客的民主，他說：「『政客不死，禍亂不止。』至哉言乎！……惟政客則全為自私自利，陰謀百出；詭詐恆施，廉恥喪盡，道德全無，真無可齒於人類者。」[50]

換句話說，孫先生所不要的就是一種所有我們在歷史上能看到的民主所不可避免的政治市場。臺北也好，東京也好，華盛頓也好，哪一個民主例外呢？何況，孫先生對西方民主這些「流弊」都很明白。然而，他卻很樂觀地覺得中國人有能力建立一種歷史上到現在為止還沒有出現的賢人政府而「駕於歐美之上」。無論如何，孫先生和多至數不清同意他的看法的中國人都不要有政治市場的民主。他們會肯定孫先生對民主的說法，而不會批評他是過度樂觀。[51]

總而言之，雖然很多中國人覺得多元主義是完美的理想，卻很少承認多元主義在歷史上不可避免的一些特徵，尤其是資本主義的唯利是圖心理，造成社會不平等的趨向，政治市場的政客陰謀百出各使手段，以及思想市場的良莠不齊與學說紛紜。很多中國人覺得這種現象只是多元主義的流弊，而不是本質。然而，多元主義不是一種超過歷史的實體，而是個歷史性的過程。其實歷史性的多元主義都跟上述的「流弊」是分不開的。

---

the Concept of the *T'i-hsi*",收入中央研究院近代史研究所編，《中國現代化論文集》，頁 277-330。

[49] 王爾敏，〈孫中山理想中的現代中國〉，《國史館館刊》復刊，期10（臺北，1991），頁 10、20。

[50] 王爾敏，〈中國近代之公僕觀念及主權在民思想〉，頁13。

[51] 例如，見王汎森，《章太炎的思想（1868-1919）及其對儒學傳統的衝擊》；王爾敏，〈中國近代之公僕觀念及主權在民思想〉，頁 2-23。

之所以然，不但因為除了三代之外，君子少，小人多，而且因為政治也好、經濟也好、思想也好，市場性的架構如此強調個人的自由，而不強調一些客觀而超過個人愛惡的規範或權威。換言之，多元社會的動力不但多而且分散，同時沒有一種以道德性為基礎而能領導社會的核心或群體。說得更清楚，一些大公無私的人士，他們一旦形成一個政黨而參加政治比賽，那麼就不能維持這種大公無私，即使能維持，也不能獲得社會的肯定。

不錯，很多人仍然以為多元社會還有一個以道德理性為基礎的範圍。然而，為了避免政治專制與思想的教條化，多元社會的特點就是儘可能地減少這種範圍。

這樣一來，多元社會的道德秩序不太明顯。因為其成員的想法與行為常常互有差異，彼此間更有格格不入的感覺，而找不到「不同而和」的理想。換句話說，多元社會是個徬徨在治與亂之間的社會。

要找一個比喻的話，多元社會可比之於臺北的交通。其實，臺北的交通不等於絕對的混亂，還有不少共有的規矩，以及不少遵守這些規範的人；而且，人人都有不少的自由，你要散散步，開車，或坐公共汽車，都是由你決定。你要從和平東路到民生東路還是要到中山北路去，也是看你。然而，置身於臺北的交通不是很愉快的經驗。空氣不太好，馬路很吵，騎摩托車的人橫行於人行道之上，而開車的司機，有的不錯，有的根本沒有資格開車。

很多中國朋友覺得這些困難就如同臺北交通的流弊，而紐約的交通則沒有上述的流弊，亦即是交通很方便，美國人都守規矩，而空氣很香。其實，紐約也好，洛杉磯也好，上述的流弊多多少少地是所有現代城市所無法避免的。同樣地，歷史性的多元社會不是一個完美的社會，而其本質也與中國植根於傳統的道德理想有格格不入之處。

七、當代中國知識分子排斥三種多元主義的偏向

是故,考慮中國現代化問題的思想家面臨了一個難題。一方面,三種多元主義或市場和中國尊崇的道德理想格格不入;另一方面,歷史愈來愈證明在經濟現代化以及政治民主化的過程中,三種多元主義是不可或缺的。中國知識分子如何處理這個難題?他們是否日漸明瞭此一難題,因而不僅將其注意力集中在自己的道德理想上,並且也集中在現代化的實際需要上,而尋找能結合現代化「道」、「器」兩面的方法,即牟宗三提出的所謂的「曲通」?或者漠視歷史的證據而力求沒有這三種市場的現代化以及民主化?

不幸的是,大多數受尊敬而有影響力的中國知識分子都選擇了後者。上述的例子已經反映出這個事實,可是我們仍然需要進一步探討。以中國最有才華而最令人尊敬的現代知識分子之一的章太炎(1868-1936)為例,章太炎是領導辛亥革命成功之同盟會的領導之一。他1906年到1910年擔任同盟會會刊《民報》的主編。要瞭解此一奇妙的人物,可參閱近年來張灝、王汎森、朱浤源及島田虔次等人很有價值的研究。[52]

章太炎的思想與生活好像處處充滿矛盾。他有反對儒家的說法,也很尊敬孔子;他有激進的社會主義精神,同時又支持國民黨肅清共產黨;他既贊同最具唯心主義的大乘佛教唯識觀,而否定一切現象差異的存在,又強調中國種族系譜性的特點等等。然而,這些外表性矛盾的後面有他一貫性的精神。他要把超越所有形而下的差異這個最高明境界與政治經濟性的行為貫通起來。這就是他所謂的「迴真向俗」的精神,即是中國固有的「極高明而道中庸」精神。這就是說,他要趁現代的機會來實行中國最神聖的理想。所以,雖然他能跟現實

---

[52] Hao Chang, *Chinese Intellectuals in Crisis: Search for Order and Meaning (1890–1911)* (Berkeley: University of California Press, 1987); Kenji Shimada, trans. Joshua A. Fogel, *Pioneer of the Chinese Revolution: Zhang Binglin and Confucianism* (Stanford: Stanford University Press, 1990); 王汎森,《章太炎的思想(1868–1919)及其對儒學傳統的衝擊》;朱浤源,《同盟會的革命理論:「民報」個案研究》。

需要妥協，他不能肯定上述的三種多元主義。

以他的佛教本體論為依據，章太炎要把一個絕對平等（否定傳統的上下秩序）的理想，與一個具備個人自由，消除自私心的理想結合。然後，他把這種完全普遍性的道德觀念跟一個完全特殊性的觀念結合，即是一個從欣賞中華民族在歷史上的成就引出來的愛國主義。因此，對歷史鉅細無遺的博學和佛教萬事萬物皆同的超越精義互相融會了。依章氏的看法，這種嶄新而又難把握的精義應該作為中華民族共有的意識型態，即是他們團結的基礎。所以跟五四時代知識分子一樣，章氏覺得中國的將來是依賴一種新意識的宣傳。是故，雖然章氏批評嚴復所介紹的進化論，[53] 而且他當然不接受康有為的三世論，他的歷史觀卻跟中國二十世紀的主流一樣，即是一種轉變性的進步論。

按照這種進步論，以上述的意識為基礎的中國人不會馬上「拔本塞源」地建立理想中國，而會很謹慎，深知和現實妥協，與習俗和諧相處是有必要的。不用說，一有這個原則，他的思想就馬上兼有保守與激進兩方面。然後，有這種心態的中國人會推翻滿清政府；拒絕西方帝國主義；建立共和國；使所有的政策都由「民意」所決定，可是完全避免建立既得利益所能控制的代議制度，即是建立一種不是代議制度而還能表達民意的系統；用嚴格的法律與虛心的官吏以處理壞人；清除階級的差異以達到社會平等化；這樣形成一種不受地主及資本家壟斷的經濟架構。章氏這個思想當然跟上述的三個市場不配合。

有人說章太炎是一個異數，不能代表典型的現代中國知識分子。然而，不要忘了在海峽兩岸，章太炎都被視為知識分子中的英雄人物。正如朱浤源教授所言，章太炎和孫中山先生看法基本上有相通處。譬如，如前文所說，孫中山雖然相信代議制度和政黨競爭的需要，但是他也希望能消除「自私黨見」以求完成一種大公無私的政治生活。而且，他對所謂的「資本家專制」一事也十分

---

[53] 王汎森，《章太炎的思想（1868–1919）及其對儒學傳統的衝擊》，頁109-115。

戒懼。同時，如王汎森先生談到譚嗣同（1865-1898）影響之時所指出的，毛澤東的共產理念和這種早期道德純淨化，絕對平等，充滿愛國情操而要求民族動員的政治理念有相通之處，[54] 不用說，馬克思主義式的現代化就是一種沒有上述的三個市場的現代化。那麼多中國知識分子那麼欣賞馬克思主義的原因之一，就是因為他們那麼需要找到一種沒有三個市場的現代化方法。

不錯，辛亥革命左右，梁啟超很肯定資本主義，而可能也有容忍其他兩種市場的態度，[55] 可是他的態度一旦轉向後者，中國知識分子就愈來愈拒絕他的影響。五四運動之時，馬克思主義也好，自由主義也好，肯定上述三種多元主義的思想頗為罕見。而且，雖然國民黨實際上在某種程度適應資本主義，在思想方面卻是排斥的，胡秋原先生說：「抗戰回國後，我常主張資本主義，三十年代的朋友都感覺奇異。國民黨人尤其不以為然。」[56] 不錯，臺灣光復後，三種市場愈來愈正當化（legitimized）。然而，即使在臺灣，反對資本主義的聲音還是很強。一個例子就是強調「民生主義的精義，首在發達國家資本，就是產業公營」的陶百川先生。[57] 所以按照費景漢教授的研究，民營企業部門在臺灣慢慢地逃避政治干涉是個很不容易實行的過程。[58]

連當代臺灣的自由主義思想也排斥這三種市場。這是最有意義的事，因為這個思潮是最受到美國多元文化的影響。這些臺灣自由主義者一方面好像很羨慕美國的多元文化，而另一方面完全把他們理論性的多元社會與美國文化歷史性的真相分開。

不錯，建立很完美的社會理想沒有什麼不好。問題在於把理想與歷史必然

---

[54] 王汎森，《古史辨運動的興起》（臺北：允晨文化實業股份有限公司，1987），頁1-19。
[55] 朱浤源，《同盟會的革命理論：「民報」個案研究》，頁188-189、199、332、334。
[56] 胡秋原，《一百三十年來中國思想史綱》，頁221。
[57] 陶百川，《臺灣怎樣能更好？》（臺北：遠景出版社，1980），頁220-221。
[58] John C. H. Fei, "A Historical Perspective on Economic Modernization in the ROC," in Ramon H. Myers, ed., *Two Societies in Opposition: The Republic of China and the People's Republic of China after Forty Years*, pp. 97-110.

的將來混為一談,而不談怎麼處理歷史性多元社會所一定會帶來的流弊。換言之,問題在於相信將來的多元化社會一定會避免過去所有的多元社會所沒有避免的流弊。英美自由主義(像 The Federalist Papers)的焦點就在於怎麼處理這些過去將來都不可避免的流弊,可是臺灣自由主義的焦點在於描寫一種沒有流弊的多元社會,而保證這個理想社會快要實現。然而,臺灣自由主義這個保證是從很抽象的理論引出來的,而在人類歷史性經驗或實證知識中沒有基礎。

最有代表性的例子是臺大國際知名的心理學家楊國樞教授。雖然他關於美國心理學與文化的學問那麼淵博,而關於多元主義的研究那麼有系統,他所講的多元社會卻是個抽象性的理想,而跟歷史性的多元社會不一樣。換言之,他的理論性的多元社會完全沒有上述的三種市場。在這一方面,楊氏的思想跟孫中山的或章太炎的沒有兩樣;他們都有一種二元性的歷史觀,而覺得中國一進入新時代,在人類歷史中到現在為止那麼流行的流弊就會多半淘汰。例如,歷史性的資本主義都有唯利是圖的心理以及社會不平等的趨向,可是楊氏所想像的多元社會卻沒有。在他的多元社會中,所有的競爭是「合理的競爭」。這就是說,這種社會「必須」會「趨向『個人主義』」,可是「這裡所說的個人主義,並不是指自私自利的意思,而是說重視個人的價值、個人的尊嚴」。是故在楊氏所想像的多元社會中沒一個階級「占便宜」,另外一個階級「吃虧」或受剝削,「每個人都能發揮自己的潛能與活力」,而「個人的社會身分與地位,是靠你自己的能力,努力及成就(也就是你個人的工作表現)所得的」。這樣一來,「社會利益的分配比較公開而均等」,而「在經濟上,可防止壟斷」。[59]

歷史性的民主跟當代中華民國一樣都有「私見」的政黨與政客以及陰謀百出的毛病,可是楊氏的多元社會並沒有。在分析多元主義之時,他一點也不提到這些問題。而且他的多元社會,因為「基於社會正義」會「防止權威主義」,而避免「權力的集中」與「濫用權力的情形」,他甚至於以為在多元社會中,

---

[59] 楊國樞,《開放的多元社會》,頁 10-11、28、32、44。

大眾傳播就會「代表社會上各種團體，各種利益，各種觀點的意見」，而不會按照一些既得利益者或時髦思潮的看法來歪曲社會的溝通。[60]

在每一個歷史性多元社會中，知識分子繼續不斷地批評當代思想的良莠不齊與紛紜不已的危機，可是楊氏所想像的多元性的臺灣，就沒有這種危機，而完全有以理性道德為基礎的共識。這個共識有很多層次：「共同的規範」與「社會習俗」，以「公義」為基礎的「法律」與「憲法」，肯定三民主義的精神，以及一種完全有「理性而善意的……學術思想」與政治批評的風格。同時，「中國文化現在還有用的部分，丟也丟不掉，自會保留下來」。這樣一來，最壞的思想像共產主義可以「訂立法律加以限制」，「而如果一種思想是不好的，便自然會受到社會的淘汰」。[61] 所以，思想的差異會「和而不同」，[62] 而社會會避免所有像思想兩極化或分歧化或既得利益者抑制好思想或老百姓妄信壞思想等危險。

這樣一來，連一位特別研究過多元主義的臺灣學者也沒有正視多元主義在歷史上的真相，而仍然覺得中國的現代化和民主化必須且一定會避免上述三種市場的架構。

那麼，我們不得不問：為什麼中國二十世紀思想的主流有這種共有的特點，即是一方面要現代化，而另一方面一定要排斥一些跟歷史性現代化分不開的東西？

八、五種中國式的看法和三種多元主義的衝突

進一步講，楊教授的思想也好，章太炎的思想也好，都反映了中國二十世紀思想的主流。換句話說，假如我們把這個主流分成四個分流（即是中國式的

---

[60] 楊國樞，《開放的多元社會》，頁10、20。
[61] 楊國樞，《開放的多元社會》，頁6-7、13-14、18-19、24-27。
[62] 楊國樞，《開放的多元社會》，頁42。

自由主義、尊敬孔子的人文主義、三民主義，以及馬克思主義），這四個分流共有一些最根本的看法或預設，而像章太炎或楊國樞的思想也不例外。這就是說，雖然中國二十世紀知識分子之間有那麼多辯論，不能忽略的是他們共有的特徵。這些共有的預設等於一種共有的道德性語言或論域（moral language or discourse）。論域是一個比較新的觀念，指的是思想中很重要的一個面向，例如，兩個政黨可能同意大公無私是很重要的理想，雖然不同意哪一個黨忠於這個理想，但是這個理想還是他們共有的規範之一，即是共有的論域的一部分。不錯，假如人類這種共有的規範大同小異的話，描寫中國思想那些共有的規範只是在浪費時間。其實，一個文化共有的規範跟另外一個文化的規範常常不同，如是，則顯示它們的根本常識之不同。

比方說，中國二十世紀思想共有的預設和環繞一元性歷史觀以及三個市場的英美思潮當然不同。這樣一來，因為甲文化共有的預設與乙文化有差距，所以甲文化的成員聽到乙文化的常識或想法之時，常常會有「豈有此理」的感覺（請見上面關於孫中山思想的例子）。換言之，有道理與沒有道理的區別，常常因文化而異，是故不少的西方哲學家以為普遍性的道理或理性似乎沒有。當然，哲學還問：到底哪一個看法最合乎道理。當然，這個問題這邊沒有時間詳談。我們要談的就是近代中國思想的一些共有的特點以及這些特點與上述的三個市場的衝突。就是因為這個衝突的緣故，所以中國二十世紀的思想多半避免承認上述的三個市場。

換言之，中外很多知識分子以為中共也好，國民黨也好，當代中國官方的思想都以不合理的成見為基礎，而當代中國「真正知識分子」的思想多半很合理，即是以普遍性的道德理性為基礎。這個看法不無是處，因為官方思想必須反映很多從政治來的壓力。然而，在一個文化之內，朝野的思想都不能完全超過這個文化最根本的預設而直接地進入一種普遍性真理的境界。這樣一來，當代中國思想的癥結不一定完全出在官方，也需要檢視朝野思想共有的預設。我

們也要指出：這些預設是作為一種思想的構造，而持這種思想者的誠意、不誠意是另外一個問題。

這種思想構造是關於怎麼修改文化，其實，美國也好，日本也好，義大利也好，中國也好，每一個文化一直處在修改過程中；甚至可以說文化就是一種修改過程而已。那麼，修改之時，人人需要一些根本的觀念。即是需要把修改的目標，知識的本質，歷史的方向，能影響歷史的群體，以及當代的情況都觀念化。至於怎麼觀念化則因文化而異，可是常常看到兩個很不同的角度，即一個比較謹慎的、適應性的，以及實際的角度，而另外一個比較大膽的、轉變性的，以及烏托邦式的角度。二十世紀中國思想的主流是屬於後者。

它在目標方面是強調一種完全代表「民意」的理想政治，而這種理想政治會徹底以完整的道德和智慧為基礎；除了正義、道德和理性之外，沒有任何其他的社會等級或不平等之分。中國人民會毫無隔閡地團結一致以完成全國上下一體的目標。除了本國人民的富強康樂之外，還要「駕於歐美之上」。所以，這個目標在國際關係方面不但要免於帝國主義對中國的剝削，而且要使中國變成世界最受到重視的國家之一。所以說中國人的目標只是從一般性的國家主義來的是不太恰當，因為作為「地球上主人翁」（鄒容）並不同於單純地拒絕帝國主義。

不用說，作為「地球上主人翁」那麼高遠的目標，反映了傳統而來的一些看法。而且除了國際關係方面的目標以外，中國二十世紀的國內方面的目標，是既高遠又反映傳統。最能代表國內的目標是孫中山先生的民權思想，因為他自己覺得他的「政權」和「治權」的理論能解決西方人到現在為止還不能解決的問題，即是怎麼把「全民政治」與「萬能政府」這兩個理想同時而很完全地實行（不用說，中國馬克思主義有類似的看法）。按照英美思想的主流，這個看法是烏托邦式的，可是中國知識分子很少認為孫先生這個理論不切實際。反而，很多以為中華民國還沒有實行這個理論就可以證明中華民國的政治活動不

健全。⁶³ 這個看法正證明他們多半肯定孫先生的目標，而不以為這是不切實際；甚而，連認為其不切實際的人士也不敢公開地宣傳比較實際性的目標，即是面對思想、經濟、政治市場而不完美的民主。換句話說，中國二十世紀的思想常常覺得中國不但要趕上西方，而且有能力避免西方歷史無法避免的流弊。更奇怪的是，這種「超人感」常常跟一種「殘廢感」並存（詳下）。

第二個預設是一種非常樂觀的認識論。我這個主張跟林毓生教授所謂的「知識主義」在某種程度上重複。然而，林教授的「知識主義」是特別指一種相信知識分子的理論，無論正確還是不正確，都具有影響歷史的莫大力量。而樂觀性認識論是指一個更基本的預設，即是人性中具有找到正確觀念的能力。按照這種樂觀主義，道德或規範性的問題跟科學性的問題一樣都有客觀的真理，人心有能力完全把握這些真理，而且有能力以這些真理形成一種很完整的體系。因為「理想中國」共有的意識就是這種體系，在這種體系還沒有建立以前，中國沒有辦法找到出路。⁶⁴ 最重要的，是這種體系或思想會解決上面所提到的「文化之出路問題」，即是找到既詳細又客觀的標準以決定中國文化唯一的正路，然後創造一個完美的文化。當然，強調中國人需要建立很完整的體系之預設不能配合一種有思想衝突與紛紜的思想市場或多元主義。同樣的，上述的目標當然與經濟政治市場的不平等方面不能配合。

這種體系包括了關於歷史的知識，可是第三個預設是描寫歷史的本質。按照這個預設，歷史是二元性的。上面已談到這個在中國很流行的看法。無論是指古代的中國人，將來的中國人，或當代的外國人，歷史包括了一種在道德與

---

⁶³ 請看墨子刻，〈中華民國正負兩面評價與知識分子的自覺問題：回應陳其南教授〉，頁132-149。這是針對陳其南教授以盧梭式的思想來評估中華民國的民主化這個說法，按照本人的經驗，陳教授這個看法在臺灣學術界具有代表性。

⁶⁴ 請參考墨子刻，〈中華民國正負兩面評價與知識分子的自覺問題：回應陳其南教授〉，頁132-149、〈從約翰彌爾民主理論看臺灣政治言論：民主是什麼──一個待研究的問題〉，頁78-95。見 Thomas A. Metzger, "Did Sun Yat-sen Understand the Idea of Democracy? The Conceptualization of Democracy in the Three Principles of the People and John Stuart Mill's 'On Liberty'"; Thomas A. Metzger, "Continuities between Modern and Premodern China."

知識上很完美的階段,而這個完美的階段跟當代那麼糟糕的中國完全不一樣。換句話說,當代中國是世界歷史的一種殘廢者或「怪胎」。[65]因為正常的文化比較完美,所以,開發國家之所有的困難或缺點都不正常,原因就是既得利益與不開明的思潮所致的。

不錯,雖然不少的西方學者堅持文化相對主義,而反對所有區別先進落後的價值判斷,但中外很多學者仍然強調歐美在世界歷史上很突出的成就,而覺得中國人需要更採取西方文化的長處以修改自己的文化,[66]所以這種近代思想中的二元主義不無是處。雖然如此,還是有問題值得探究。

很多人會同意,每一個文化有利弊,而需要繼續不斷地修改;而且,修改之時應該考慮到別的文化的特點。然而,這種實際性的修改不同於涇渭分明而一面倒地強調中國與西方文化的對照,甚至於說比起中國文化,西方文化已經完全以理性道德作為基礎,更何況說革命之後,中國人會進入一種更高明的「大同」或「太平」時代。

中國的歷史觀不但偏向這種很過分的二元主義,而且多半覺得當代世界的歷史有個預定的方向或「潮流」,即是會以上述的目標為趨向。同時,抱持正確的體系或思想的開明分子會很清楚地瞭解到歷史的潮流是什麼。是故,按照第二與第三個預設,思想界不是一種從很多方面找真理的思想市場,而是個開明分子與不開明分子的爭執。當然,在這種情況下,二分法的態度很難避免。

按照第四個預設,為了跟著世界潮流而達到上述的目標,把握正確體系的開明分子需要團結而奮鬥以使歷史進步得更快。所以進步是看先知先覺的工夫,即是一種由上而下的過程或革命。國民黨也好,中共也好,知識分子也好,這種由上而下的過程跟三種多元主義不太配合。

---

[65] 林安梧先生的觀念。請參考墨子刻,〈中華民國正負兩面評價與知識分子的自覺問題:回應陳其南教授〉,頁132-149。

[66] 墨子刻,〈中華民國正負兩面評價與知識分子的自覺問題:回應陳其南教授〉,頁132-149。

第五種預設是指一種困境感。按照這個看法，雖然開明分子能依賴歷史的潮流，不過到現在還沒有能掌握這個歷史所給予的機會，因為碰到了阻礙，即是自己的缺點以及既得利益者的力量。誠如上述，當代中國的困難多半不是一些人類或開發國家或現代化國家難以避免的困難，而是一些不正常的流弊，源自於不開明的領導。

這個區別非常重要。假如你的錯誤是正常的話（例如，你忘記帶一本書），我可以原諒，而繼續合作。假如錯誤不正常（例如，我請你替我暫時地抱著我的小孩，而你不小心讓他落到人行道上），我怎麼繼續跟你合作？同樣的，假如開發或現代化國家沒有做到均富，而這個缺點是情有可原的正常現象的話，我能忍受而合作。假如均富是正常的政府所能做到的，我會很忿怒地反對一個沒有均富的政府。所以，一個政府能不能正當化（legitimized）是看國民以為其缺點是否正常。有困境感的國民會覺得他們的政治困難不正常。換句話說，因為正常行為就是配合歷史潮流的行為，而歷史潮流就在把人類推到理想時代去，所以不理想的政府就不正常，而「不值得存在」。

不錯，中國大陸的困境多半正是因為中共的政策不正常，而不可原諒。然而，連臺灣經濟政治突破之後，很多中國知識分子卻以為這種進步是「虛假」的而當然不承認什麼中國式的現代化的模範。所以楊國樞教授在 1980 年左右肯定這個模範的看法，是相當例外的。何況政治科學家把所有東歐、非洲、南美、亞洲中 1970 年代以後開始民主化的國家比較起來之時，他們很少看到像臺灣那麼既穩定又健全的過程。實際上，從比較性研究的看法來看，經濟發展也好，政治發展也好，臺灣的成就很卓異。雖然如此，按照很多中國知識分子的看法來說，臺灣和大陸的不同只是五十步笑百步。[67]

---

[67] 為了找例子，請看何懷碩，〈「政治核心」、「民間社會」與中國知識分子：回應墨子刻的觀點〉，《當代》，期29（臺北，1988.9），頁147-148。關於政治科學家以比較性方法研究1970年代以後的民主化現象，我這邊依據的是Larry Diamond, "The Globalization of Democracy: Trends, Types, Causes, and Prospects," in Robert Slater, Barry Schutz, and Steven

這種困境感跟上述的烏托邦性目標是分不開的。一種像臺灣有資本主義與政治市場的社會當然不配合孫先生「全民政治」這個目標。這就是說，評估當代情況的思考方式不但反映客觀的情況，也反映評估者的標準。

這五種近代中國很流行的預設或看法當然會引起很多的辯論；然而，辯論就反映一種共有的議題或會議事項（agenda）。這樣一來，近代中國思想的發展一方面有學派的衝突，另一方面仍然有共有的預設以及議題。比方說，第四個預設是強調開明分子的角色，可是誰算是開明分子？這就是一個共有的「會議事項」。有的人是指某政黨，而有的是指一種特殊的意識，像杜維明的「中國知識分子一脈相承的『群體的批判的自我意識』」，或胡秋原的「一國各個學問力之總和」。[68] 無論開明分子是誰，他們應該用什麼教育上、經濟上、政治上等方法來奮鬥？他們的體系應該採用什麼思想家的本體論、認識論或歷史觀？這些問題都是另外一些共有的「會議事項」。然而，無論近代中國的各種思潮怎麼處理這個問題，他們共有的五個預設仍然和上述的三個市場格格不入。

這五種預設是淵源於儒家傳統呢？還是從國外輸入的？學者們仍然為此爭論不休。然而，我們很清楚地看到在二十世紀初期從西方輸入中國的政治理論，有的跟這五個預設特別格格不入，有的則跟這五個預設很容易融合。前者是以洛克（John Locke）、《聯邦主義者》（*The Federalist*），以及約翰彌爾為典型代表的自由主義，後者是以盧梭（Jean-Jacques Rousseau）、黑格爾（Georg W. F. Hegel），以及馬克思為典型代表的民主思想（以下簡稱彌爾主義與馬克思主義）。

彌爾主義很有張灝所強調的「幽暗意識」，而肯定上述的三個市場。同時彌爾主義愈來愈跟懷疑主義交織在一起，而覺得人類沒有能力把所有跟人生有

Dorr, eds., *Global Transformation and the Third World* (Boulder: Lynne Rienner Publishers, 1992), pp. 31-69.
[68] 杜維明，〈自序〉，頁5；胡秋原，《一百三十年來中國思想史綱》，頁208。

關係的知識變成一種很完整的體系。馬克思主義則與之相反,尤其是與很多中國知識分子一樣的覺得「全民政治」與「萬能政府」這兩個理想可以同時實行。[69] 難怪中國近代政治思想的主流常常偏到馬克思尤其是盧梭的方向。這樣一來,排斥三種市場的偏向對近代中國的發展有莫大的影響。

九、不現實的入世觀在傳統的根源

這五個預設跟儒家傳統之間的關係是太過複雜,這裡不能詳細地探討。然而,誠如上述,以這五個預設為基礎的思想是烏托邦式的,就是雖然要改造世界,也不要太承認這個世界的實際性問題,即是一種不現實入世觀。

這種不現實入世觀當然有傳統的根源,大概可以上推到佛教輕視形而下的物質生活的看法。佛教這個角度跟宋明理學以及道家的影響經常交織在一起,而清末民初時,這種看法十分流行。上面所引章太炎思想並非孤例;另外孟子輕視功利、蔑視霸政,孟子強調的王道精神很配合中國二十世紀烏托邦主義的偏向。同時,孟子思想與佛教這兩種看法都屬於根本的人生觀,即是對社區社會（*Gemeinschaft*）與結社社會（*Gesellschaft*）的看法。[70] 此地用這兩個詞以指人類思想很流行的一個對照,即是古代社會在都市化而複雜化以後,很多人一方面適應這種問舍求田、道德含糊、思想紛紜、人情淡薄、交通混亂、組織複雜的市民生活（結社社會）,而另一方面回顧理想化的社區社會,即是感情很厚、道德很明顯,而以農業為本的小村生活。不用說,都市化以前,鄉下人的生活大概沒有像後來的人所想像的那麼好。我們所談的只是都市化以後的古代理想化的意識型態,而這個意識裡面就有社區社會與結社社會這種道德性的惕對或緊張（tension）。

---

[69] 請參考 Charles E. Lindblom, *Politics and Markets: The World's Political Economic Systems* (New York: Basic Books, 1977), pp. 247-260; David Held, *Models of Democracy* (Stanford: Stanford University Press, 1987).

[70] 這邊的翻譯是引自葉啟政,《社會、文化和知識分子》,頁2。這兩個範疇是 Ferdinand Tönnies 所最早強調的。

問題在於怎麼處理這個緊張。因為結社社會還是現代化的基礎，是最環繞工具理性的社會部門，問題是怎麼把結社社會正當化，也就是怎麼把結社社會及其三個市場看為正常生活的主流，以及社會進步的動力。換句話說，按照社區社會的理想，市民生活的結社社會沒有道德秩序。這樣一來，把結社社會完全正當化是需要在市民生活中找到一些新的價值，甚至於一種新的道德理想，例如私有財產的保護、法律的尊敬、個人自由的發達、商業的成長，以及知識的增加以作為社會最有價值的活動，而所以到某程度否認上述社區社會的理想。而且，重視市民生活這種精神大概牽涉到一種道德觀念的變通，即是承認公共生活的道德水準比個人或家庭或小村最高的道德理想低一點。這樣一來，結社社會不再為沒有道德秩序，而是變成拯救人類的媒介物。然後，社會能把所有的資源集中在培養結社社會的發達這個目標。

然而，這種人生觀的蛻變不容易。我這邊的意見和勞思光教授的看法很類似的，因為在結社社會正常化上，我也以為西洋文化早於中國文化。中國思想則連現在也還是比較排斥結社社會，而今天的臺灣則就是一種結社社會。難怪那麼多中國知識分子還是以為臺灣經驗不算是中國現代化很正常的例子，臺灣這個結社社會當然不是這種理想中的社區社會。結果，對很多中國知識分子而言，臺灣的進步是「虛假」的。

不錯，西洋文化也有蔑視結社社會的思潮。不用說從盧梭以後，「市民」（bourgeois）或「小市民」（petty bourgeois）常常變成罵人的話。盧梭很看不起「以從俗為善，以貨財為寶，以養生為己至道」（引自《荀子‧儒效篇》）的小市民。上述的盧梭、黑格爾以及馬克思的思潮就是這個樣子。然而，西洋文化在哲學、宗教，以及文學方面也有各種肯定結社社會而視之為進步之動力的世俗化趨向。韋伯關於清教徒以及資本主義的研究就是談這種漸漸地把結社社會看為拯救人類的媒介物之世俗化蛻變。西方文學也很多反映這種轉變。比方說，Bernard Mandeville 的 *The Fable of the Bees*（十八世紀）就是表達一種諷

刺傳統性倫理的精神，而要讀者瞭解固有的道德思想是需要某種程度的變通。[71]其實，亞里斯多德與聖奧古斯丁（St. Augustine）很久以前就強調公共生活的道德水準大概不能配合最高的道德理想。換句話說，從這種西方文化的看法來講，「內聖外王」是個不可行的理想。[72]

中國的思想則缺乏這種世俗化而肯定結社社會的思潮。不錯，中國歷史中商業經濟以及結社社會常常很發達，而其價值取向也受到某種程度的正當化。[73]然而，正當化的程度有限。儒家思想一直強調世界的拯救是看學者的格物致知誠意正心修身齊家治國平天下的工夫，而不是看結社社會的發達。這樣一來，商人的地位與聲望不可能與學者平等，而政治生活不可能集中於使結社社會儘可能發達的目標之上。其實，中國二十世紀知識分子沒有把臺灣的結社社會正當化是中國歷史第四次有這種對結社社會的反應。

第一次是東周時代。這是個封建制度崩潰、商業發達、都市勃興、士人階級出現，而郡縣制度興起的過渡時代。按照許倬雲教授的說法，東周的社會是從家庭性形態變成契約性形態。[74]然而，孔子以及戰國儒家思想家有沒有歡迎這個轉變？

不錯，像儒家「賢者在位、能者在職」的一些理想比較配合新的社會架構。然而，他們仍然有一種「復古」的渴望，即是要重建一種以禮為基礎的社區社會。對他們來說，東周社會架構的變化不是個從封建階段到郡縣階段的前進過程，而是個在制度道德方面衰落的時代。

---

[71] William Anthony Stanton, "Bernard Mandeville's Ambiguity in 'The Fable of the Bees': A Study in the Use of Literary Traditions" (Ph.D. dissertation for the Department of English, The University of North Carolina at Chapel Hill, 1978).

[72] 亞里斯多德與聖奧古斯丁的觀點，請參考 Thomas A. Metzger, "Developmental Criteria and Indigenously Conceptualized Options: A Normative Approach to China's Modernization in Recent Times," *Issues and Studies*, vol. 23, no. 2 (1987), pp. 37-44.

[73] 余英時，〈儒家思想與經濟發展：中國近世宗教倫理與商人精神〉，《知識份子》，期6（香港，1986年冬季號），頁3-45。

[74] Cho-yun Hsu, *Ancient China in Transition* (Stanford: Stanford University Press, 1965), p. 2.

中國結社社會發展第二次是唐宋元時代。像內藤虎次郎等日本漢學家，覺得宋代是現代中國的萌芽時代，而英國漢學家 Mark Elvin 則強調宋代五個突破或「革命」，即是農業、船隻運送、貨幣賒帳、市場架構與都市化，以及科學科技方面的五個突破。而且包括被培根（Francis Bacon）視為能創造新世界三個最了不起的發明，即是印刷、火藥，以及羅盤。然而從宋明理學家的看法來講，這些突破不太重要。對他們來說，這種「外在」的「功利」沒有《四書》、修身那麼重要，而在社會組織方面，他們仍然強調「復古」，即是以井田封建宗法為基礎的社區社會。像陳亮的那種直接地強調功利的說法，並沒有辦法變成正統思想。甚至連印刷術的發明也不一定為宋人所歡迎的。反而，政府關於曆日、刑法、經典、時政、邊機、時文，以及國史的書，常常禁止雕印或出賣。[75]不錯，我們在宋代思想中很少看到像漢代儒家在《鹽鐵論》裡那種「抑商」態度。然而，宋明理學仍然以人的內在生活為焦點，而沒有直接地強調外在功利的價值，何況商業都市化生活的價值。

中國結社社會發展第三次是明清時代。馬克思主義的學者說這個時代有資本主義的萌芽。其實，那個時候的經濟擴大亦很了不起。耕地、耕地的生產力、國內與國外的貿易、都市的數量，以及人口，都急劇增加。到了乾隆時代，中國都市化的人口跟法國整個的人口差不多（兩、三千萬）。經濟多半以私有財產為基礎。政府是強調「通商」政策，而商人對自己的職業開始有自尊精神。貨幣制度、土地占有關係、徵稅制度，以及社會階層制度，都有轉變。扼要地說，這個轉變是愈來愈把經濟活動區別化以避免政權的干涉。而且明清時代的經世思潮，常常有適應這個轉變的態度。最有名的是黃梨洲「工商……蓋皆本」的話。[76] 同時，像黃梨洲的思想家關於政權架構改造的看法，它們在某種程度上

---

[75] 朱傳譽，《宋代新聞史》（臺北：中國學術著作獎勵委員會，1967），頁 180。
[76] 關於明清時代的經濟社會轉變，著作很多。最近有 Ramon H. Myers, "How Did the Modern Chinese Economy Develop?—A Review Article," *The Journal of Asian Studies*, vol. 50, no. 3 (1991), pp. 604-628.

有二十世紀民主的味道。[77]

然而，明清的思潮跟宋代一樣，就是適應這個社會轉變，而沒有以這個轉變為一種前進過程。宋明理學也好，清代考證運動也好，按照明清思想，人的拯救是依賴儒學的發達，而不是這種社會變化所能實現。而且明清之際，復古精神還是很強。連黃梨洲也要回復井田制度，而顧炎武則很羨慕明初比較簡單的社會。何況顧氏要回復唐代的租庸調制度，似乎要把明清農業商業化的趨向取消。顧炎武的理想社會就是一種社區社會，而到現在為止，明清學者中之最受到中國人尊敬的，大概是顧炎武。

總而言之，儒家內聖外王的理想是跟社區社會的理想分不開的，而中國歷史上每一次有結社社會的勃興，儒家知識分子能適應新的社會架構，可是沒有在這些「外在」的變化中發現結社社會的價值。難怪上述二十世紀最流行的五個預設不容易跟結社社會配合，而很多中國知識分子不太重視臺灣經濟政治的突破也是這個樣子。同時，中國知識分子以前很多那麼肯定毛澤東的社區社會理想也不足為奇。這樣一來，中國二十世紀知識分子排斥三種多元主義或市場這個偏向是植根於儒家、佛教及道家的一些很根本的看法。

這些根源更證明中國二十世紀思想與固有文化的連續性。以前很多學者以為鴉片戰爭之後，中國思想愈來愈西洋化而脫離傳統，然而，今天的學者不少已經瞭解到這個說法的不足。清末民初很多中國愛國者要好好地修改他們所繼承的文化，所以他們常常很熱心地強調西化甚至於「全盤西化」。然而，他們所想像的西洋文化這個觀念跟一些固有的理想或預設糾纏不清。這樣一來，研究中國二十世紀思想在傳統的根源不能限於談人文主義的儒家思想的根源，何況什麼「封建遺毒」。

---

[77] 熊秉真，〈十七世紀中國政治思想中非傳統成份的分析〉，《中央研究院近代史研究所集刊》，期15上（臺北，1986），頁1-31。上述拙文「以現實方法處理現實問題的困難：三種多元主義」也談到這個問題。

按照馮友蘭的看法，中國固有的思想都是環繞「極高明而道中庸」這種入世觀的目標。然而，這個目標也有一個馮氏所沒有談到的特點，即是跟社區社會的理想分不開的。換句話說，按照中國傳統思想的主流，市民結社社會的價值（例如私有財產的保護、法律的尊敬、個人的自由、商業的發展，以及知識的增加等）還沒有取代結社社會的病態（例如問舍求田的追利心態以及道德含糊、思想紛紜、人情淡薄的生活）。因為對儒家的主流來說，生活的價值跟社區社會是分不開的，所以不能以結社社會的長處為人類最寶貴的價值。

清末民初之後，這個人生觀沒有根本的改變。一方面「極高明而道中庸」的精神繼續發展，即是章太炎的「始則轉俗成真，終則迴真向俗」，或牟宗三的「曲通」。另外一方面，因為知識分子很多還是不肯定市民結社社會的價值，所以把現代化及民主化跟社區社會的理想交織在一起。因為這個社區社會理想對他們那麼寶貴，所以不能肯定以結社社會為基礎的三個多元主義或市場，何況，他們常常強調快要來的歷史階段就是一個超過三個市場的大同時代。這樣一來，既然世界歷史與臺灣經驗愈來愈證明實際的現代化及民主化必有三個市場的代價，很多中國知識分子談現代化之時，卻是把這種歷史性證據抹殺，而盼望將來的烏托邦。難道這不是一種不現實的入世觀？

十、結論：不現實的入世觀與對知識分子角色的樂觀主義

總而言之，假如要試談中國二十世紀知識分子的自覺問題所在，一方面可以提到這個不現實的入世觀，另一方面可以注意到他們對知識分子角色的樂觀主義，即是覺得所有人生最重要的方面有既客觀又詳細的標準；同時，人心有能力很完整地把握這些標準，而將之變成很完整的體系；而且，人類有辦法很客觀地決定哪一些知識分子是把握正確的體系，哪一些有錯誤的思想。

不錯，這種樂觀主義與所謂不現實入世觀不一定是錯誤的思想。這裡我們

不必馬上判斷哪一個說法有道理，哪一個沒有。我們只強調自覺這個目標，即是知識分子應該考慮到所有關於上述問題的說法，而不要僅僅武斷地採用其中的一個。我個人覺得中國二十世紀的思想很多是缺乏這種自覺。

而且，這兩個自覺問題是分不開的。換句話說，上述的五個預設不但包括這種樂觀主義，而且有跟三個市場不容易配合的不現實入世觀。這就是說，第二個預設是指認識論方面的樂觀主義，而第四個預設是指先知先覺者在歷史中的重要角色。這樣一來，中國知識分子對自己的意象與關於中國的目標、知識的本質、歷史的構造，以及當代的困境等所有這些預設是交織在一起的。假如自覺的話，他們是不是需要把所有這些預設挖掘出來，看看能不能配合現代化及民主化的現實需要（上述的三種多元主義），以及知識分子的現代歷史實際情況之下所能扮演的角色？

然而，假如中國知識分子有自覺問題的話，這不是說中國文化比西洋文化更不容易配合現代化的需要，甚至於是歷史的「怪胎」。其實，歷史上的文化哪一個不是怪胎？到現在為止，哪裡有一個能避免自覺問題而「極高明而道中庸」的文化，即是把三種社會市場跟人類最神聖的價值聯合起來？中國的自覺問題不是比歐美的嚴重，而只是跟歐美的不同而已。換句話說，「不同」可以證明，而「更嚴重」則沒有辦法證明。

按照我個人的看法，中國知識分子最關鍵性的自覺問題在於怎樣評估社會裡面的各種關於政治的看法或聲音。上面已經說過，英國政治理論家 John Dunn 是把這些看法分成三種：官方性的「政治理論」、專家或知識分子的「政治理論」（他是特別指行為科學家，可是我這邊所指的是所有政治核心以外的知識分子），以及老百姓的「政治理論」。這三種理論或意識怎麼評估？評估應該以什麼標準為基礎？有的人會覺得這些標準太明顯，所以不值得討論。其實，古今中外評估性的看法很多相矛盾。比方說，Dunn 自己常常把官方性理論與專家理論都一體蔑視，而比較欣賞「老百姓理論」。中國知識分子則多半一

方面把官方以及老百姓理論都加以蔑視,而另一方面以為自己有一種「站在天下為公一面而代表人民的群體意識」。[78]

　　我這邊所要強調的就是這個中國式的評估角度所牽涉到的問題。蔑視「老百姓理論」這個看法跟民主思想怎麼配合?假如不開明的老百姓控制民主政府的話,民主怎麼開明?同時,假如政府是需要的,那麼從政是有價值的職業。這樣一來,我們怎麼蔑視所有官方性的說法?不錯,官方性的說法一定會反映一些成見。然而,上面已經說過,按照不少學者的說法,連知識分子也沒有辦法進入一種超越成見的境界。難道上述的五個預設超過所有的成見嗎?何況這些預設是以知識分子為救中國救世界的英雄,而這樣使他們的聲望膨脹。這種聲望也算是一種能影響人的利害關係。因此,最重要的是怎麼評估一個工人或老闆或教授或農人或部長的話?他的說法有沒有道理是看這個說法的理由怎樣嗎?還是看他在社會中的角色?假如知識分子的意識也是跟成見交織在一起,二十世紀中國知識分子的主流有哪一些成見?我們評估這些成見之時,我們標準應該怎麼決定?我們的標準應不應該強調現代化以及民主化的現實需要?為了瞭解這些現實需要,我們應該用什麼樣的觀念?後驗性而從歷史歸納出來的知識?還是一種超過歷史性證據的信仰?沒有考慮到這種問題的知識分子,有沒有自覺?沒有自覺的知識分子,能不能「救中國,救世界」?

---

[78] 杜維明,《儒學第三期發展的前景問題——大陸講學,問難,和討論》,頁91。引用杜教授的話之時,為了配合拙文的脈絡,我略為改變他的句子構造。

胡國亨思想的價值：《胡國亨文集》序 *

書名：黃少華編，《胡國亨文集（文化學卷）》
出版資訊：蘭州：蘭州大學出版社，2000 年

今天，在中國思想界與社會界面對歷史的十字街頭之時，胡國亨先生的思想有其特殊的價值與重要性，其理論立場值得所有中國知識分子認真考慮。

按照我個人的理解，對於中國目前所面對的情況，中國知識分子已經有了某種程度的共識。他們以為，在清代歐風美雨還沒有到來之前，中國文化具有很強的整合性，但在清末民初西方入侵中國之後，中國陷於一種空前的危機之中，即一方面固有的秩序解體，文化喪失了整合力，並由此導致中國在國際關係中被邊緣化；另一方面，中國又無法在短時期內達致富強和民主的新目標。為了解決這一危機，中國人漸漸地偏向一種轉化性的路向，即一種強調革命的思想體系。然而，按照現在的共識，這一條轉化性的路向是行不通的。

所以，為了解決上述危機，中國在最近二十年開始偏到一種調適性的路向，即以為學術界現在尚處在一種討論很多不同思路的階段，還沒有找好一種完整的體系。與此同時，政治體制應該開放化，而市場經濟應該發達。

然而，希望用這種調適性的路向去化解上述危機的知識分子所達成的共識，也並不完全一致。第一，偏向自由主義的知識分子以為，西方資本主義與民主相結合的模式幾乎是十分完整的，中國多半應該走西方這條路。第二，新

---

* 本文原名〈墨子刻序〉，載於黃少華編，《胡國亨文集（文化學卷）》（蘭州：蘭州大學出版社，2000），頁1-9。亦以〈胡國亨思想的價值〉為題，載於《寧夏黨校學報》，卷2期6（銀川，2000），頁48-51。

保守主義者也很羨慕這個西方模式,可是他們堅持一種在大陸學術界很流行的對中國文化的比較悲觀的看法,而以為民主化必須延期。第三,新儒家和其他一些強調儒家精神的知識分子,則以為西方自由主義模式與一些很嚴重的病狀交織在一起,因為歐美文化太環繞利己主義與工具理性,所以歐美也有他們的文化危機,而要克服這種現代性危機,只有借助中國固有的精神資源才有希望。第四,新左派和其他馬克思主義者也強調西方自由主義模式的病狀,而不一定忽略固有文化的精神資源,可是,為了克服現代性的危機,他們特別強調西方文化的一種思潮,即像尼采(Friedrich Wilhelm Nietzsche)和馬克思(Karl Marx)等思想家對西方中產階級文化的批判。

　　胡國亨先生的看法,與新儒家十分接近,但是比新儒家大膽得多,而且比新儒家更瞭解西方在政治、經濟、社會等領域所面臨的困境與問題的實質所在。這使他的著作更有辦法避免與改正中國自由主義者對英美自由主義模式的誤會。

　　胡國亨對西方自由主義模式有三個特別犀利的批判。第一個批判完全針對這個模式最有代表性的思想,即海耶克(Friedrich August von Hayek)和卡爾‧波普(Karl Popper)的典範。簡單地說,海耶克和波普都強調以三個市場為基礎的社會結構,即經濟的自由市場、思想或智性的自由市場,以及政治的自由市場。雖然他們都同意三個市場需要一些範圍或界限,即尊敬法律的界限、尊敬科學性知識的界限,以及某種程度倫理性的界限,然而,因為他們特別害怕政治專制、經濟停滯,以及教條主義的擴張,所以他們特別強調擴大個人自由空間的重要性,強調應該讓三個市場的界限變得儘可能地薄。換句話說,雖然他們瞭解民德和民智仍是自由社會所不可或缺的基礎,但是他們找不到一種既能避免上述專制等危險又能培養民德、民智的結構。結果,因為英美三個市場的界限如此之薄,所以如胡國亨所分析的那樣毛病叢生,像物質濫用、家庭危機、青少年早孕、毒品氾濫、對福利政策的過分依賴、犯罪以及教育不景氣、精神疾病、個性喪失、「原子個人」乏味的消費生活,以及城市衰退的趨向。

第二，除了三個市場的界限問題之外，胡國亨還十分犀利地注意到三個市場裡的自由競賽所帶來的困境，即一些與民主不協調的偏向不平等的趨向。在這方面，胡國亨揭露了中國思想界從嚴復以還持續不斷地歌頌科學與民主的知識分子所忽略的問題。

其實，在西方思想界，這個困境並不是什麼秘密。有「幽暗意識」（張灝語）的西方知識分子很久以前就已經意識到，歷史永遠是個「神魔混雜」（唐君毅語）的過程，甚至一個以科學和民主為基礎的社會，也無法避免人類的自私、不誠意、互相隔閡的毛病，既得利益者在經濟界的特權、假公濟私的政客在政治界的重要性，以及生活中所有其他的束縛，都有可能使民主最基本的理想，即「人民自己做自己的主人」無法落實。因此，西方自由主義的主流，只是希望把這些束縛儘可能地減少，而沒有期待完全實行「個體解放」的烏托邦主義思想。

然而，中國近代思想界的主流則與此不同，他們以為「個體解放」可以完全落實，上述的束縛並不是與人類歷史不可分離的；一種正確的文化，完全能夠超越上述束縛。馬克思主義強調，上述的束縛只是資本主義文化的局限而已；新儒家則以為，人類獲得智慧之後，會有能力讓「神魔混雜」的歷史階段變成「太和」的階段；而中國的自由主義者，則完全抹殺英美文化的上述這些束縛。

不錯，胡國亨沒有避免其他中國學派的上述誤會，因為他以為他的「大孔子學說」能作為一種太和的藍圖。換言之，他與新儒家、中國的自由主義者及馬克思主義者一樣，沒有把進步視為一種在「神魔混雜」的世界中實行的、不可能完美但具有可行性的改善過程，而且他同時覺得所有的進步只是幻覺而已。按照我個人的看法，胡國亨這兩個對進步的想法不是過就是不及。

但儘管如此，胡國亨在其討論中所提到的問題非常重要。他很深入地研究了西方學術界對西方文化、經濟、社會等問題最重要的批判學說，從而給中國學術界提供了一種對西方三個市場自由競賽所帶來的毛病最鞭辟入裡的分析。

他不但注意到了財產分配不平等以及精英階層操縱政治等等這些耳熟能詳的問題，他還進一步提出智性的問題，認為由於專門化知識的快速增加，導致把握這種知識的少數人變成一個「外在的實體」，這與人類作為道德主體決定自己的公眾命運完全背道而馳。這意味著，無論民主化具有什麼樣的長處，一種尊敬科學性進步的現代性社會的命運，最終不得不被控制在少數精英階層的股掌之中，而又無法保障這些精英具有足夠的智慧。

如此出發，胡國亨揭露了西方自由主義模式的兩個系統性問題：一方面，由於三個市場的界限那麼薄，所以這種模式缺乏一種能夠培養民德、民智的結構；另一方面，三個市場裡的自由競賽，是由少數精英階層控制社會的經濟、政治以及智性的權力為前提的，而這些精英分子卻不一定有什麼先知先覺的智慧！

換句話說，當人類邁向資訊革命與全球化進程的今天，很多人的社會理想並沒有多大的改變，他們一方面希望權力的分配比較平等，另一方面希望掌握權力的人士有某種程度的智慧。然而胡國亨的分析，很深刻地證明了西方自由主義模式甚至在理論上也沒有提供達到這兩個目標的方法，更何況在實際的制度方面。

我們這樣所碰到的智慧問題，牽涉到胡國亨關於西方自由主義模式的第三個最重要的批評。胡國亨很敏銳地指出了西方自由主義模式在意識型態方面的問題，這個問題是環繞西方很流行的實證主義精神，即一方面以個人的自主與人人在法律上平等的理想以及物質性進步為絕對的價值，而另一方面在人有分歧或衝突之時，視量化性或完全客觀的證據為真理的唯一標準。

不錯，英美文化跟別的文化一樣，並非一種簡單地環繞一個核心觀念或主義的系統，譬方說，美國很複雜的文化也包括基督教理想，以及民間文化各種的趨向。雖然如此，因為實證主義精神已經變成一種很流行的常識，所以在處理三個市場裡的衝突之時，除了這個常識以外，幾乎沒有運用別的標準的實際

可能性。換句話說，立足於人文主義精神的標準常常被視為太籠統或太主觀，而沒有說服力。因為經濟的有效發展即物質進步是配合上述問題的一個絕對的價值，美國的思想界與領導人無法以人文主義的視角把握關於社會福利比經濟效率更高的標準。[1] 在法律境界上，實證主義也有類似的影響。可能有十個人看到李先生無情地把一個無辜者殺了，可是李先生到底有沒有什麼客觀的罪，完全要看對他的審判的結果，而這個審判完全取決於律師怎麼操縱法律與解釋證據。這意味著，因為實證主義的影響，公義的理想已失去了絕對的意義，所有高於具體手續的標準只是一句空話而已。雖然這種審判結構對保護被告的權利有其長處，但因為律師相信絕對的公義是空話，所以有可能講各種不合理的話。在社會境界上，實證主義的影響也很明顯。現在美國有同性戀運動，他們要求結婚的權利，而且從目前的趨勢看，這個運動很可能會成功。然而，美國大多數的國民不是同性戀者，而且他們並不支持這樣的結婚權利，既然如此，為什麼拒絕這個運動還那麼困難？問題就在於很難有客觀的證據證明同性戀結婚是不對的，假如你援引傳統性或宗教性的說法，很多人會覺得你沒有什麼「證據」可言。

這樣，以實證主義為基礎的意識型態是不是等於一種智慧？胡國亨與新儒家以及其他很多中國思想家如金岳霖和馮契等一樣，傾向於反對西方這種實證主義、懷疑主義與不可知論相結合的思想。而按照我個人的看法，中國思想界的這種共識有它的道理。不錯，智慧的定義有辯論的餘地，而上述的中國共識也不一定沒有問題，然而胡國亨的思想可以讓中國讀者瞭解西方自由主義模式與智慧的關係很成問題。胡國亨的批判當然與很多自由主義者的樂觀主義不同，約翰彌爾（John Stuart Mill）很樂觀地以為思想的自由市場應該有辦法找到智慧，而波普也有類似的樂觀主義，而且英美文化這個樂觀主義與自信還很強。

---

[1] 有關這方面的批評，請參看 Edward Luttwak, *Turbo-Capitalism: Winners and Losers in the Global Economy* (New York: Harper Collins Publishers, Inc., 1999).

在當代中國思想界，肯定西方這個樂觀的人士也不少，所以，向這個樂觀主義挑戰的胡國亨既有勇氣又有道理。

不錯，看到西方自由主義模式的弱點，不等於說自由主義不能幫助人去形成比較合理的政治制度。自由主義也好，儒家思想也好，都有需要取捨的方面，問題在於討論取捨之時，我們不要忽略弱點或誇大長處，從而回到以前的一個幻想，即以為人類歷史已經給人類提供了一種很完整的體系這個固有的想法。當代人應以當代的困境與當代的目標為出發點，去考慮古今中外思想所有的得與失。

看到西方自由主義模式的系統性弱點是胡國亨思想的精華，然而我對他的著作也有一些保留，對此我在拙作 "Hong Kong's Oswald Spengler: H. K. H. Woo (Hu Kuo-heng) and Chinese Resistance to Convergence with the West" 中已經提到不少。[2] 現在只簡單地補充幾點。第一，胡國亨說進步是個幻覺，而同時又推薦一個思想（大孔子學說），這是自相矛盾的。假如肯定胡國亨的看法不會改善我們的生活，我們何必去肯定，而改善就是進步。說西方的「進步主義」只是一種幻覺，這在邏輯上當然沒有什麼毛病，但這種說法畢竟把問題簡單化了，在理論上有很大的辯論餘地。第二，我們當然能認同章太炎的看法，即進步與退步是分不開的，每一個事物都是有利有弊。但儘管如此，假如新的醫學能治好原來無法醫治的病，那麼這就是進步，抹殺這樣的進步觀與人情是南轅北轍的。第三，評估西方自由主義模式的得失是很複雜的事情，胡國亨的分析很有價值，可是不能算完整。第四，我個人以為，新儒家與胡國亨肯定孔子的思想這個看法非常有價值，可是鄭家棟教授及其他一些學者也很敏銳地批評了「內聖開出新外王」的看法，即那種以為現代性目標能完全配合孔子的基本原則的

---

[2] Thomas A. Metzger, "Hong Kong's Oswald Spengler: H. K. H. Woo (Hu Kuo-heng) and Chinese Resistance to Convergence with the West," *American Journal of Chinese Studies*, vol. 4, no. 1 (1997), pp. 1-49. 胡國亨先生對我的批評的批評，見同一雜誌vol. 4, no. 2 (1997), pp. 253-263.

看法。為了把一種固有的思想跟現代性目標配合起來，今天的學者需要考慮固有的人生觀哪一方面要取，哪一方面要捨。[3] 同時，承認西方自由主義模式有弱點是一回事，而以為孔子思想能夠解決所有這個模式所遇到的問題是另外一回事。假如孔子精神能救中國、救世界的話，這當然是件幸事，可惜的是救中國、救世界的事更需要當代人的工夫與創造性。第五，我對於胡國亨的方法學也有保留，他關於思想史研究的方法學與很多學者的看法不同，譬方說他立足於樂觀主義認識論，而從「物質世界、生物世界、地球生態、人腦結構、言語結構、知識結構等背後共通的本體組織」引出人類的規範這個方法學很成問題。

總而言之，明智的知識分子應該避免「文人相輕」的惡習，認識到每一個知識分子都會有其學術弱點，從而歡迎和接受從每一個思想家那裡所能得到的收穫，這樣的知識分子會在古今中外的學術界得到無限的收穫，也會瞭解胡國亨思想心得的重要性所在。

2000年5月於史丹佛大學胡佛研究所

---

[3] 參看鄭家棟，《當代新儒學史論》（南寧：廣西教育出版社，1997），頁78-85，以及拙作〈烏托邦主義與孔子思想的精神價值〉（收入本書）。

二十一世紀中國的路向——必然的趨向與自由的範圍[*]

一、一種國際性的討論會

　　一個外國人對中國文化能有多少的瞭解？是旁觀者清還是當局者迷？無論如何，美國文化也好，中國文化也好，都是世界文化的一部分，所以不得不注意到別的文化對自身文化的印象或評估。這樣一來，我們的世界有一點像一場國際性的討論會。每一個參與者都應該不亢不卑地發表自己的意見，並開放地聆聽別人的看法，讓自己可以找到一個更合理的出路。

　　最近一位香港學者胡國亨寫了一本比較中國文化與西洋文化的書，書名為《獨共南山守中國：戳破西方文化優越的神話》。[1] 他很敏銳地批評了美國文化、現代化，甚至民主化等西洋文化中最基本的預設。胡著即是此一國際性討論會的一個例子。我無法（像胡先生那樣）犀利地分析另一個文化，但是我還想拋磚引玉，參加此一國際性的討論會。

二、實然與應然的趨向

　　胡氏對西方的實證主義有很深入的批判。簡單地說，實證主義者認為關於實然性的問題，有可能得到客觀性的知識；但是關於應然性的問題，只有主觀

---

[*] 本文原載於香港中山學會編，《中山會訊》，復刊期4（香港，1996），版6-7；《當代》，期119（臺北，1997.7），頁108-119；以及《科學・經濟・社會》，卷16期4（蘭州，1998），頁7-13。

[1] 胡國亨，《獨共南山守中國：戳破西方文化優越的神話》（香港：中文大學出版社，1995）。

的意見（即公有公的理，婆有婆的理），沒有客觀的定論。這樣一來，實證主義和道德相對主義是分不開的，而我和胡氏相同，都要避免道德相對論。

雖然如此，實然與應然的區別還是很有價值。在我們討論一個社會的未來之時，這一區別十分重要。問題在於當我們討論未來的時候，應該以實然還是以應然為出發點？中國學者多半傾向以應然作為出發點，先談理想，然後再談如何實現此一理想。他們似乎認為，如果人類能建構一個理想，就一定會有辦法實現這個理想。我認為此一想法源於中國古代「三代」的觀念，即是相信一種最高的理想曾在人類歷史上（夏、商、周三代）完全實現。

西洋文化卻完全沒有這種觀念，所以人們常常對一些較高遠的理想有所懷疑，要問：此一理想可否實現？結果，西洋學者在討論未來之時，多半會先考慮到實然的趨向，或大概會出現的趨勢，然後再談在此情況下，目標有何種的可行性。

換言之，可行性是他們的焦點，而將實然與應然嚴格區別，和此一焦點是分不開的。胡氏說得不錯，孔子的美德之一就是不倚靠外在的成功，而強調內在的自主精神。然而此一精神很容易導致的一個缺點，即是忽略外在的實際情況。很多學者指出，中國文化是入世的（this-worldly），可是這個文化的特色其實是偏到一種「忽略可行性的入世精神」。[2]

雖然如此，中國文化也有「致用」或「經世濟民」的精神傳統。用胡國亨的說法，這是一種「外在化」的「入世精神」。胡氏很正確地注意到過分外在化的危險，可是外在化卻是不可或缺的。這樣一來，一方面可以避免烏托邦主義，另一方面可以避免杞人憂天式的焦慮。

按照不少學者的看法，烏托邦主義是指所有缺乏「幽暗意識」（張灝的用語）的思想，即是企圖要消除人類的自私心與思慮方面的弊病，而建立「無政

---

[2] 請參考拙作〈二十世紀中國知識分子的自覺問題〉（收入本書）。

客」的民主和有均富的資本主義，達到具有「人同此心，心同此理」的多元主義，實現「大公無私」的社會，與形成沒有「異化」的文化等。因為在人類的歷史上，沒有一個社會曾實現這些理想，所以任何可行而能促使人類進步的計畫，不能以達成上述的理想為內涵。

同時，不少中國學者擔心中國文化「已面臨衰頹和敗亡的危機」，此一想法與烏托邦主義一樣，是不夠實際的。每一個演變中的文化可以說都處在危機之中，因為發展與理想的衝突會帶來繼續不斷的危機感。

然而，無論是中國文化還是西洋文化都有很強的惰性（inertia），難怪一位十分有名的政治科學家亨廷頓（Samuel P. Huntington）預料二十一世紀的國際衝突可能是以文化的差異為基礎，而不會基於國家主義的理由。其實，我認為文化的不同不一定會引起衝突，可是文化差異與相互之間的隔閡當然不會消失。

三、歷史的必然與自由

那麼，假如我們以實然的趨向為出發點，來討論二十一世紀中國的路向，我這個美國人也有一些與當代中國思想主流不同的意見。歐美十九世紀像黑格爾（Georg W. F. Hegel）、馬克思（Karl Marx）或斯賓塞（Herbert Spencer）等思想家強調歷史發展的規律性，並認為有愈來愈理性化的趨向。從此觀點來看，將來的趨向當然可以預料。二十世紀之時，中國很多的思想家仍強調歷史的規律性，而歐美二十世紀的一些學者如海耶克（Friedrich August von Hayek）也有類似的看法。但是二十世紀歐美學術界的主流，因為受到實證主義、韋伯（Max Weber）、卡爾‧波普（Karl Popper）等人的影響，愈來愈強調歷史的偶然性。這樣一來，預料未來怎麼可能？

雖然如此，歐美的社會科學家還是無法完全放棄歷史具有規律性的想法，最後採取一種與中國思想頗為類似的觀念，即是認為歷史一方面有自由、有偶

然性、有干涉或影響歷史發展的可能；另一方面歷史也有幾乎不可避免的必然趨勢。代表此一看法的很好的例子是亨廷頓的著作。

四、歷史的自由與世界性國際討論會

人類自由意志對歷史的影響當然包括領導的決策與針對各種偶發情況而採取的做法。可是很多學者，尤其是受到實證主義影響的社會科學家，覺得知識分子的思想只是具體的歷史趨向之反映罷了，不可能主動地影響到歷史的發展。

然而即使是不承認思想之效果的學者也常常處於矛盾之中，因為按照他們著作中的看法，解決社會乃至世界問題的方法，正是接受他們所提出的理論，而反駁錯誤的思想。這就是說，他們常常假定思想或一個社會、國家內思想界的會話，正是干涉歷史發展的一種因果過程。

不錯，科學家還沒有辦法證明這個因果過程。然而，不管是海耶克也好、胡國亨也好、李澤厚也好、貝拉（Robert N. Bellah）也好，幾乎每一個發表意見的知識分子，都不得不假定一種思想能干涉歷史的預設。這個預設即是思想界存在的所以然，而自覺地肯定這個預設的學者，像 Leo Strauss 也不少。[3]

不用說，肯定或不知不覺地採用此一預設的中國思想家更多，這就是林毓生所謂「唯智主義的思維模式」。無論是主張放棄傳統文化的五四思想家，或是主張維護傳統的學者，都覺得改造中國人的思想，是積極地影響中國歷史方向的最有效的方法。

其實，知識分子間思想的競賽，常常會醞釀出新的共識。而此一共識很可能會透過教育界、文學界、大眾傳播界而影響社會上的各個階層，此即出名的社會科學家 Reinhard Bendix 所謂「精神上的動員」（intellectual

---

[3] Leo Strauss and Joseph Cropsey, eds., *History of Political Philosophy* (Chicago: University of Chicago Press, 1987), p. 918.

mobilization）。[4] 胡國亨與別的知識分子現在所參加的國際性討論會即是如此。邏輯上，他們不能否認歷史的偶然性與人類的自主作用，因為他們無法預料那一個新思潮最後會脫穎而出。一個人無論如何努力，可能最後無法影響歷史，但是因為人們無法預測將來的情況，所以不得不依賴康德（Immanuel Kant）所界定的自由，而竭盡其力地參加這個國際性的討論會。換言之，我認為知識分子的無力感是沒有道理的。因為歷史上的證據顯示，知識分子不是無法產生影響力，而是其影響力的效果是延遲出現的，而延遲出現的影響力豈不也彌足珍貴？

五、將來的兩個趨向與自由的誤用

無論自由在歷史中扮演著什麼角色，如果知識分子不顧一些不可避免的未來趨向，而自由地追求一些與實際性趨向南轅北轍的目標，這樣豈不是誤用了他們的自由？因此不如先瞭解未來的趨向，然後再依賴這些趨向所提供的機會，具體地改善人民的生活。用胡國亨的說法，這種自由的正用必須要依賴「智性的外在化」，可是也得配合一種不可或缺的經世濟民精神。

那麼二十一世紀中國大概會有哪些比較必然的趨向？按照阿歷克斯‧英克爾斯教授（Alex Inkeles）與楊國樞教授等人的看法，二十一世紀所有現代社會與開發中社會將會有兩種不易避免的趨向：一種是所有的社會（包括歐美、臺灣與大陸）會愈來愈類似，阿歷克斯‧英克爾斯把此一趨向稱為「合流」（convergence）；另一個趨向是文化的「分流」（divergence）。

有趣的是，合流的看法與「大同」的理想有一點類似。美國社會科學界也有他們的「大同」思想。按照阿歷克斯‧英克爾斯曾告訴我的話，他可能會接受余英時的意見，認為「也許全人類將來真會創造出一種融合各文化而成的共

---

[4] Reinhard Bendix, *Kings or People* (Berkeley: University of California Press, 1987).

同價值系統」。[5] 然而，因為各文化的惰性是那麼強，大同的實現會需要很長的時間。而且，阿歷克斯・英克爾斯無法證明合流趨向比分流來得強，或是前者比後者更為重要。所以在可預見的將來，合流與分流都很重要。

合流的動力是什麼？阿歷克斯・英克爾斯的看法是從心理學和社會科學很豐富的資料來的，而他的結論與馬克思主義沒有兩樣，即是強調無論文化有怎麼樣的不同，幾乎所有人類的心理都有一些共同的需要與能力。這些共有的特點多半環繞著物質生活；幾乎每一個人都熱愛健康、財富，並要避免痛苦，而且人們有工具理性，能發明或接受改善物質生活的方法。因為現代化就是（或說很多人視為是）物質生活的改善。所以現代化到某一程度已經變成世界的潮流，此即合流的趨向。

此一說法與馬克思主義一樣，和英國的功利學派也很類似，而不夠針對下述的基本問題：即是如何處理用理性追求自我利益還是社會（或說他人）利益之選擇？以及如何處理用理性追求目前的自我利益與長遠的自我利益之選擇？對於上述的選擇，各種宗教與文化有很不同的想法，而這些根深蒂固的想法不易合流。正是因為如此，文化的分流也是很強的趨向。雖然如此，合流還是不容忽視的趨勢。

六、合流的趨向

按照阿歷克斯・英克爾斯與楊國樞等人的分析，當代世界合流的趨向是環繞著現代化，而現代化的核心是經濟發展與關於生產、交通、商務和資訊等方面新的科技，以及所有這些現象結合的結果，亦即是國民所得的提高。

這些現象也包括社會組織方面的特點。有效的經濟發展，不但需要社會的

---

[5] 余英時，《從價值系統看中國文化的現代意義：中國文化與現代生活總論》（臺北：時報文化出版事業有限公司，1984），頁116。

專門化和區別化，也需要不少的自由。此即海耶克很早以前所強調的理論，也是最近蘇聯、東歐與中國大陸等地歷史經驗所給我們的教訓。

所以自由的價值，不但在理想與道德方面，也在經濟效益與工具理性方面，用胡國亨的說法，經濟效益所需要的自由是一種「外在化」的自由，和精神方面的「內在」自由不同。個人的外在自由即是我所謂的「三個市場」，是由個人決定要買或賣什麼東西（經濟市場）、由個人決定要研究什麼想法或肯定什麼觀念（思想、知識、資訊流通的自由市場）、由個人決定要支持哪一個政治主張或政黨（政治市場）。雖然政治市場不一定會發展為完善的民主、經濟與行政的效率還是需要某種程度在單位與群體之間的比賽與制衡。所以中國大陸也開始有地方性的選舉。我認為二十一世紀，中國大陸一定會愈來愈將三個市場制度化，但是卻不一定會實行像臺灣那樣的資本主義與民主。

除了上述環繞著工具理性與經濟發展的合流趨向以外，二十一世紀中國人的價值取向也在某些方面，會與別的國家愈來愈類似，尤其是重視個人尊嚴、自律、成就感、合作精神，以及強調學校教育與教育內容的科學化等。在娛樂方面，合流也很明顯，比方說 Michael Jackson 是美國娛樂界的一個焦點，而他一、兩年前以及最近在臺北的演出，造成莫大的轟動。

美國好萊塢（Hollywood）的電影也有世界性的影響，這涉及阿歷克斯‧英克爾斯所研究的一個特別重要的趨向。亦即是現代社會不但愈來愈類似，而且愈來愈糾纏不清（interconnected）。在此要特別注意到中國人在海外的發展、英文在國際活動中的盛行以及美國文化對外的一種特別開放的精神。美國的華僑與中國留學生已經很多，而二十一世紀將會更多。這似乎顯示美國文化與中國文化有一種默契，而大陸、臺灣、香港、新加坡的中國人，以及在美國兼有中西文化之長的華人等，在經濟、文化、政治上所扮演的角色會愈來愈重要。今天不少美國人擔心中國將會成為一個強國，可是美國、中國與海外華人之間糾結，正表現出世界文化合流的必然趨勢，而且他們的所做所為會配合各方面

的利害關係。二十一世紀美國與中國的命運會連結在一起，他們之間相互的比賽應該是正面性的，而不至於演變成戰爭。

七、分流的趨向

中國文化中有哪些特點，特別有惰性而不易改變呢？此一課題有很大的辯論餘地。在此我暫時提到以下的六個趨向。

第一是中國人的語言、宗教、藝術、文學以及很多風俗習慣。胡國亨的書中在這方面有不少的心得。例如，他正確地注意到中國文化不像西洋文化那樣，環繞著死亡的經驗以尋找生活的意義。人類與宇宙有兩個本體性的關係，即出生（入口）與死亡（出口），因為西方宗教以死後受到上帝的審判作為生活的本體，所以很容易受到科學的衝擊，而有懷疑主義或道德相對主義，可是中國文化以入口，即生生不已為本體，結果科學在近代中國並沒有引發出科學與宗教或道德之間的衝突（這是唐君毅所特別注意的）。這一點是兩個文化的一個重要對照，而此一對照不會消失。

第二，每一個文化需要在規範方面形成自己人與外人（即自己人以外的人們）之間的平衡。不少學者同意，中國文化偏向自己人，而忽略培養個人與外人的人際關係。這方面楊聯陞、金耀基、楊國樞與黃光國的研究很重要。結果，中國人的家庭制度非常穩固，甚至成為中國人發展的重要動力，可是這也帶來了梁啟超所說國人「公德」不足，與孫中山所說國人是「一盤散沙」的問題。此一趨向在未來不太可能有很大的變動。

第三，固有的美德如勤儉、重視讀書等，即一種「克己」或「禁欲」（asceticism）的精神，也不會改變。按照韋伯的看法，現代歐美文化的興起很依賴禁欲精神。可是二十世紀之時，弗洛伊德主義、道德相對論等思潮，使此一精神在西洋文化，尤其是美國文化中的地位受到動搖。此種禁欲精神的動搖在中國大概不會發生。這與上述第一、第二個特點有密切關係。

第四，另外一個不容易改變的趨向是與西方自由主義不同的政治思想方式。胡國亨說得很對，西方，尤其是美國政治思想與政治哲學的主流，是環繞著個人自由、個人利益、道德相對主義與實證主義，所以美國人比較不容易承認有客觀的道德標準、人人都應該接受的倫理條目，與每人都應該尊敬的先知先覺的智慧等價值。孫中山說自由需要某種程度的「範圍」。但在美國，因為人們那麼強調個人自由，所以除了法律以外，很難建立其他大家可以接受的自由的範圍。換言之，按照上述「三個市場」的觀念，應該讓每一個人自由地決定要買什麼東西、要肯定什麼思想、要支援什麼政黨，可是這三個市場也需要有範圍。中國文化所面臨的問題是怎麼把三個市場制度化，而美國文化的問題則是怎麼把三個市場的範圍制度化。二十一世紀這個政治文化方面的分流不會改。

　　第五，中國文化不但強調道德的客觀性，也偏到烏托邦主義。這個問題是十五年前（1981年9月），我在臺北實踐堂《中國時報》「人間副刊」主辦的「人間文化講座」的演講中所提到的（講題為「烏托邦主義、懷疑主義與政治現代化」），而愈來愈受到研究中國思想的知識分子所關注。[6] 我在上面曾談到許多中國知識分子把應然與實然混為一談的烏托邦主義。以烏托邦主義來討論政治問題往往會陷於不合理的批評，因為這些批評者不承認在實現政治理想上的困難，甚至跟著章炳麟的看法，把作官當成世界上最容易之事，以為只要依照是非而行事即可。結果，一旦發現政府沒有實現均富的理想，或有其他的問題，他們立即發出「小人當道」的譴責。這種二分法式的評估在中國十分流行，所以除了極權體制之外，中國人民不易團結，而中國社會的整合也大概趕不上歐美。這或許對歐美的人來說是一個好消息。

　　現在中國學術界中批評烏托邦主義的看法非常時髦。但是覺得自己已經放棄烏托邦主義的，其實並不一定真正地放棄了烏托邦主義。問題在於可行性的

---

[6] 請參考拙作〈二十世紀中國知識分子的自覺問題〉。

定義。假如我覺得目標可行，那我會認為自己沒有掉入烏托邦主義的陷阱。然而，如果有人卻以為我的目標無法實行，會視我為一個烏托邦主義者。

很多中國知識分子一方面批評烏托邦主義，一方面卻又強調未來的中國文化可以保存中西文化所有的優點，並避免所有其缺點。他們希望以此而「超越西洋文化」，當然也超越臺灣已有的成就，而實現一種人類歷史還不曾實現的「理想社會」，亦即沒有既得利益的政治活動空間，沒有特權、腐敗的經濟制度，沒有思想紛紜的多元主義。換言之，他們覺得有可能實現一個完美而不必付出代價的三個市場。

我頗不以為然。我認為他們的思想仍帶有高度烏托邦主義的色彩。我認為他們尚未瞭解到幽暗意識，尚未以歷史的證據來決定可行性，他們還是堅持「拔本塞源」的理想而不顧老百姓的利益，還是放棄孔子「因民之所利而利之」的智慧。對於那樣的烏托邦主義者，我真的是覺得「愛莫能助」。無疑地，中國烏托邦主義式的政治評估仍是根深蒂固，而在二十一世紀，這一趨向不會改變。更何況即使是像胡國亨、余英時與杜維明等很敏銳的學者，在肯定儒家精神之時，也不自覺地瞭解到這種烏托邦主義原來與儒家一些最基本的觀念，如「內聖外王」、「三代」等想法是分不開，而必須加以批判的。

第六，中國人「駕於歐美之上」的精神不會改變。這樣一來，中國的國家主義和美國會發生衝突，而此一衝突很可能與上述糾結在一起的幾個趨向相互制衡。

八、自由的「正用」與「誤用」

然而中國人在面對上述合流與分流的必然趨向時，他們還有自由，亦即具有干涉歷史發展的能力。尤其是他們能透過前面所說的國際性討論會醞釀出新的共識，而能在某一程度上影響這兩個必然的趨向。

但是上文已討論到，忽略此二趨向不是一個積極影響歷史的方法。所以無論是拒絕現代化或完全放棄固有文化的想法，都不算一種合理的文化修改。而且，文化修改無法跟著像「中學為體，西學為用」（即強調分流，不強調合流），或李澤厚所說的「西學為體，中學為用」（即強調合流，不強調分流）等簡單明瞭的公式或體系，更不能只是依賴歷史因果關係的理論。

最近李澤厚的作品顯示，他還是跟著馬克思主義，引用《馬克思恩格斯選集》中的「物質生活的生產方式制約著整個社會活動，政治活動和精神生活的過程」。[7] 其實按照他的「積澱」理論，人類生活哪一部分會「制約著」另一部分，並不那麼簡單；而他自己最後覺得人類生活有兩個互相影響的「本體」，即「客觀的工具本體」與「主觀的心理本體」。[8]

主觀的心理本體是什麼呢？根據我的瞭解，這就是指人類繼續不斷的、環繞著文化修改的辯論。而這個辯論最基本的題目應該是如何評估上述分流與合流的趨向，而決定其中哪些方面應予修改？現代化與民主化到底有何得失？固有的政治思考方式除了烏托邦主義之外有無價值？

參加這個辯論的人們還無法預料，他們的對話最後會醞釀出何種共識，來回答上述的問題。我個人覺得他們應該特別注意到胡國亨的看法。胡氏的看法並非完美，可是他很敏銳地分析現代化與民主化的一些危險，並進而幫助人們瞭解到如何以中國固有文化的智慧，來建立「三個市場」所需要的範圍。他指出這些範圍不能只限於法律，而需要以社會規範與教育制度為基礎。同時，教育不能只限於科學，科學教育與人文精神的培養要齊頭並進。

可是如何尋找人文精神？在這方面中外思想家有一些不謀而合的基本共識，亦即是一方面要避免宗教與烏托邦主義的迷信，另一方面要在古代哲學中獲取資源以超越現代的西洋文化，尤其是要避免實證主義的謬誤。就此而言，

---

[7] 李澤厚，《批判哲學的批判：康德述評》（臺北：風雲時代出版公司，1990），頁439。
[8] 李澤厚，《我的哲學提綱》（臺北：風雲時代出版公司，1990），頁226。

胡國亨與 Leo Strauss 對實證主義的批評是相互呼應的。[9]

其實，在現代中國思想史上，唐君毅、牟宗三和徐復觀等學者，很早以前就在中國古代哲學中尋找資源以拒絕實證主義，現在他們已經變成當代中國最受尊敬的一些思想家。

然而，我個人覺得，在針對如何避免烏托邦主義，並結合人文精神與「三個市場」的課題上，最重要的貢獻還是梁啟超的思想。根據黃克武的研究，[10] 梁氏最受到中國知識分子批評之處其實即是他的思想的一個很大的優點，他和今日許多西洋知識分子一樣，覺得人類在實然與應然方面所需要的知識不能從一個有系統的哲學體系中引導出來。梁氏思想當然並非全無脈絡，可是他並不企圖建立一個單一而宏大的理論。這樣一來，他遭遇到一個「知識應該有何構造？」的認識論上的難題。很多中國知識分子像胡國亨那樣，對當代西洋思想感到不滿，認為它太「片面渙散」、太支離而不夠系統化，可是不少的西洋思想家卻以為當前時代所需要的複雜的知識，原來就無法像收拾小孩子的玩具那樣，將這些東西整整齊齊地放在一個盒子裡面。

知識應該有何種構造是二十一世紀人類需要進一步討論的問題。然而正是因為梁啟超能避免建立體系的幻想，所以他不但肯定思想的自由市場（與其他的自由市場），而且感覺到當一個有自覺的主體在評估古今中外的各種學說時，其分析能力必然是有限的（fallibility）。所以梁氏的思想一方面有幽暗意識，而避免了烏托邦主義，另一方面他強調個人主體的關鍵角色而拒絕集體主義，再以此一主體來肯定固有文化中生生不已的精神價值。

所以，在肯定人文主義與中國傳統的儒釋道三教的精神價值方面，梁氏和後來的新儒家很類似。但是與新儒家不同之處在於，梁氏避免烏托邦主義與「體

---

[9] Leo Strauss and Joseph Cropsey, eds., *History of Political Philosophy*, pp. 905-910.
[10] 請參考黃克武，《一個被放棄的選擇：梁啟超調適思想之研究》（臺北：中央研究院近代史研究所，1994），以及黃氏其他的著作。我此處關於梁啟超的看法都是以黃先生的研究為基礎。

系主義」，而十分關注中國的實然條件與實際政策的需要。這樣一來，梁氏不但比新儒家更能夠將義理之學與經世之學結合在一起，而且他也超越了西方實證主義者對現代化的思考。他的思想真是跟著「極高明而道中庸」的路。我相信如果人們依照梁氏的思路，正用他們的自由以修改中國文化，他們應該有辦法針對二十一世紀兩個必然的趨向，為三個市場劃下合理的、符合人文精神的範圍。

何況，如果接受上述中國文化有分流之趨向的觀點，此一範圍的形成應該自然地配合中國人的心靈習慣。胡國亨很怕現代化之合流趨向會籠罩中國文化，可是不能忽略中國文化也有分流的趨向，此一趨向使中國人仍保持禁欲的倫理規範，也強調道德的客觀性與自由的範圍。所以將來在中國，無限制的個人主義、沒有範圍的三個市場，以及道德相對論都不容易生根。

的確，同時要保障三個市場的自由與建立自由的範圍，仍是中外思想界要針對的課題。然而我和胡國亨一樣，覺得中國固有的人文主義應該能夠補充、修正現代化的缺失，以此而影響歷史的走向。

這樣一來，二十一世紀中國不會變成一個沒有既得利益者、沒有特權、沒有束縛、沒有隔閡、沒有人際衝突的理想社會，將與其他現代社會一樣，一方面有進步，一方面則要繼續不斷地處理生活的幽暗面所引發的問題。中國知識分子在討論未來時，不是談到中國文化的衰頹、敗亡，就是談到大同世界的出現。如此，未來不是世界末日，就是天堂。我這個外國人以為上述兩種可能都不存在。將來與現在一樣，都是進步與幽暗交織在一起。問題主要是兩者有什麼樣的比例。

無論是中國還是歐美，兩者有何比例，要看人們能不能積極地干涉歷史的發展，此一能力則涉及群體之內的知識分子能否「正用」自由，以合理地討論文化修改的課題。

就此而言，中國知識分子的烏托邦主義還是一個很嚴重的障礙。他們尚未

將源於傳統的「忽略可行性的入世精神」，變成強調可行性的入世精神。很可惜，即使是胡國亨的大作也完全沒有針對這個問題。

後記：

　　拙文承黃克武先生潤飾，特此致謝。本文是拙作 "Thoughts on the Direction of Chinese History and Culture in the Twentieth-first Century" 之提要，此文發表於「中山思想國際學術研討會」、「世華和平建設大會」，以及世華和平建設協會於 1996 年 7 月 26-29 日在美國芝加哥所辦之會議「孫中山思想與當代世界研討會」之上，讀者若需近一步瞭解，可參考該文。但該文有關阿歷克斯・英克爾斯的介紹並不完整，因為此處我參考了他兩本還沒有出版的論文集 *One World Emerging?: Convergence and Divergence in Industrial Societies*、*National Character: A Psycho-Social Perspective*，當然英氏有許多著名的作品，讀者可以很容易地在圖書館找到。

中國文化與全球化所帶來的問題[*]

摘要：

全球化是一個所有社會聯合與合流的趨向。本文從方法學上批評了當代中國思想界在全球化問題上非常流行的二分法典範，闡釋了處理全球化問題的三種辦法，並且特別強調建設以內在精神價值培養為基礎處理全球化問題的中國的意義。文章還梳理與解析了中國思想界在內在精神價值培養問題上的五種誤會。

一、當代中國思想界很流行的一個典範（paradigm）及其問題

在討論全球化之時，很多中國學人認為全球化有三個方面。第一，它是一個以西方「理性主義」為根源，以信息時代科技為基礎，跨文化界限而全面影響每一個社會的優勝劣汰的歷史潮流。第二，它與充滿病態和矛盾的美國資本主義與泡沫文化交織在一起。資本主義世界系統的核心國家以全球化去剝削中國以及其他的核心以外的民族，從而導致全世界陷入道德與文化危機。第三，面對這個危機，中國所能走的路只有兩個極端的可能性。一方面，假如中國不能克服中國文化的危機，環繞西方理性主義與利己主義的全球化趨向會導致中國文化滅亡，而中華民族亦會被西方資本主義所操縱。另一方面，假如中國能克服文化危機，即能結合自己固有的道德與西方的理性主義，中國便可以「救

---

[*] 本文原載於《蘭州大學學報（社會科學版）》，卷29期3（蘭州，2001），頁9-13。

中國,救世界」,即讓充滿病態的全球化趨向變成實行大同的輝煌潮流。

可惜的是,這樣的典範不僅不是解決問題的方法,反而是個本身就有待解決的問題,因為這種想法把歷史與文化現象簡單化了,更何況以二分法的眼鏡看中國與美國文化的不同,並且以烏托邦主義的眼鏡看歷史的方向,在方法學上有其內在局限。歷史原本是個「神魔混雜」、充滿危機和矛盾的過程。在可以預料的將來,神魔混雜的時代不可能變成大同時代,而且視中國文化為人文主義的化身,而視美國文化為利己主義的化身,這樣的二分法,很像視美國為人權的化身而視中國為權威主義的化身這個現在在美國很流行的二分法。東西方的知識分子常常耽溺於二分法,可是二分法與簡單化的思維方式恰恰是進步的敵人。

二、全球化是指各個社會間的聯合與合流趨向

不錯,上述說法亦有其合理之處,它正確地意味著全球化不一定會淘汰各個不同的文化。這就是說,世界各個社會的「互相聯合趨向」(interconnectedness)和「愈來愈類似的或合流的趨向」(convergence),以及「非互相聯合」(disconnectedness)與「分流」(divergence)的趨向並存(這些觀念是從Alex Inkeles的研究來的)。[1] 然而,瞭解上述每一個趨向,都需要分門別類的分析功夫,而哪一個趨向會變成歷史的主流,是個沒辦法事先回答的問題。

範圍有限的聯合與合流的現象包括兩方面。第一是憑藉工業化與信息化以提高經濟效率的科技,像信息高速公路。因為經濟效率的提高必然會促進聯合與合流的趨向。第二是政治問題愈來愈變成需要各個國家一起合作處理的問題這樣一種趨向。

---

[1] Alex Inkeles, *One World Emerging?: Convergence and Divergence in Industrial Societies* (Boulder: Westview Press, 1998).

不錯，很多這種需要一起處理的問題與經濟效率的提高有直接的關係，像自然環境的問題、全球化經濟系統的脆弱性、財產與政治權利分配不平等的國內性與國際性的方面、新科技的普及與美國價值取向的糾纏不清，以及現代性的文化危機，即所謂「惟向外求理」的趨向。

然而，除了經濟效率提高以外，很多國家需要共理的問題也有別的緣故，像武器科技水準的提高、人口的爆炸、移民問題、惡性傳染病問題、犯罪活動的國際化，以及舊式的國家性、民族性和宗教性的衝突。

三、處理全球化問題的三種辦法

針對全球化上述這兩種問題，除了普通外交政策的辦法以外，每一個國家可以考慮如何安排它的經濟結構。雖然偏向市場結構的趨勢是不可避免的，但如何形成市場的結構與界限仍有辯論餘地。最基本的問題即是：一個社會的福利是不是在於把儘可能地提高經濟效率視為人類最高的價值？

按照 Edward Luttwak 著名的著作《渦輪資本主義：全球經濟中的贏家與輸家》（*Turbo-Capitalism: Winners and Losers in the Global Economy*），[2] 把經濟效率視為最高目標的市場結構，是把消費者的方便作為焦點的市場結構，這也是美國現在的主流思想。與此不同，日本的市場結構以全民就業為焦點，而法國的市場結構則特別強調已經就業者的福利。

所有這些市場結構均有利有弊，可是一種消費者的「惟向外求理」的文化會特別引起社會問題，而讓國民誤會自由的意義。

這樣一來，針對全球化之時，問題的關鍵好像在於一方面採用新科技，另一方面找到一種制衡「惟向外求理」的消費文化的方法，即通過思想與教育培

---

[2] Edward Luttwak, *Turbo-Capitalism: Winners and Losers in the Global Economy* (New York: Harper Collins Publishers, Inc., 1999).

養國民的內在生活，從而增加民德與民智。

然而，國民的「內在精神」的培養需要依賴他們自己已有的由歷史積澱過程醞釀出來的傳統，因為這種民間文化不容易從外國文化或某種抽象的學院理論那裡拿來。

所以，中國國民能不能培養他們的內在精神好像要看三個條件：他們的傳統有沒有內在精神的成分？這個傳統會不會繼續存在？他們恢復自己傳統精神價值的方法是不是恰當？

其實，中國固有的文化會遭淘汰的危險是個杞人憂天的幻想，因為除了全球化帶來的聯合與合流的趨向以外，各個社會間還存在很多非聯合與分流的方面。[3] 問題的關鍵在於，中國的傳統有沒有適合培養內在精神的成分？

新儒學的說法，就是要強調儒家的「求諸己」的精神，而在1990年代之後，肯定這些說法有道理的大陸學者愈來愈多。難怪，從鄭觀應和張之洞開始到現在為止，中國近代思想的一個焦點，就在於如何把固有的關於「內」方面的瞭解與關於「外」（西方）方面的瞭解結合起來。

在文化上這種繼往開來的趨向不但是應該的，而且它已經變成很流行的看法。這樣一來，我們所能期待的，就不再是用一種無瑕疵的中國文化去糾正世界文化危機這樣的奇跡，而是一個有能力通過內在價值的培養以處理全球化問題的中國。

四、五種誤會

然而，按照我個人看法，這種內在價值的培養常常遇到五種誤會。

第一種誤會是「內聖開出新外王」的新儒想法，即認為中國固有的智慧與

---

[3] 墨子刻，〈二十一世紀中國的路向──必然的趨向與自由的範圍〉（收入本書）。

西方的民主與工具理性之所以能結合起來,是因為中國固有最基本的價值與當代中國的現代性目標能完全配合。其實,文化的創造性修改的功夫是個取捨的過程。[4]西方也好,中國也好,何必全部「取」古代的價值,而什麼都不「捨」?在這方面,中國知識分子面臨的困境是林毓生所說的「整體主義」,即認為文化是一個不需要全部肯定就需要全部放棄的實體。我認為這個預設與人類經驗南轅北轍。

第二種誤會與第一種很類似,即以為中國固有的關於內在生活的智慧能不能跟西學結合起來,要看哲學家能不能反駁西方的康德主義與實證主義,從而很完整地把價值理性與工具理性貫通起來。這是牟宗三等學者的看法。

然而,這樣的貫通很可能是緣木求魚。雖然人類的精神生活好像常常需要把不同的成分結合起來,但這樣的結合並不等於很完整的貫通。其實,談到古代思想哪一部分也許不配合現代性的想法之時,這個從「貫通」到「會通」到「大同」的思想模式本身就是一個需要批判的對象。新儒的思想也需要以批判意識取捨。假如我們「取」新儒對內在生活的看法,我們也可以「捨」他們對「貫通」的看法,而「取」西方哲學對新儒看法的懷疑。

第三種誤會也跟第一種與第二種誤會有關係,即以為文化修改只是一種很簡單的口號或公式,像什麼「中體西用」或「西體中用」。這個找口號的想法又是一種源於傳統而有待批判的習慣,即宋明理學試圖尋找思想與宇宙的「大頭腦處」觀念這個習慣。毫無疑問,「大頭腦處」觀念與「貫通」的觀念是分不開的。

第四種誤會則跟這個耽溺於口號的習慣有關係。很多依賴譯本的中國知識分子看到西學中的一些時髦口號,像什麼「後現代主義」、「後結構主義」或「解構主義」之後,馬上很主動地把這些多半很膚淺的西方想法視為西學最新

---

[4] 墨子刻,〈烏托邦主義與孔子思想的精神價值〉(收入本書)。

的智慧。最近在中國很時髦的看法就是這樣的,即以為為了恢復中國文化的真正精神,中國知識分子應該排斥西方思想的範疇,因為西方文化的思路不配合中國文化,更何況西方社會科學的範疇只是為西方資本主義的利益關係作辯護。

但這些知識分子忘記了,「文化」正是一個源於西方尤其是德國近兩百年思想經驗的很特殊的範疇,何況為了證明他們的看法,這些知識分子也常常援用很多其他的西方範疇,像馬克思(Karl Marx)、尼采(Friedrich Wilhelm Nietzsche)和「解構主義」的範疇。

而且這些中國知識分子忘記了唐君毅的話,即「第一,我是個人,第二,我是個中國人,第三,我是個二十世紀的中國人」。文化不是一個又固定又封閉的系統,而是個一些固有的文化取向與能考慮到普遍性問題的心力交織在一起的人生活動。試圖經過這種人生活動修改固有文化趨向的人士在考慮古今中外觀念之時,最重要的標準不是一個觀念的來源,而是這個觀念能不能配合真善美的普遍性價值。唐君毅認為他「第一是個人」,所以為了恢復「中國文化的精神價值」,他沒有拘泥於古代的文本,而是用他關於真善美的智慧去證明儒家的「內在超越」精神的價值。

現在批評唐君毅的這個證明方法的學者不少,可是在我看來,他這樣考慮到普遍性問題去評估自己文化的觀念這個方法學應該沒有辯論餘地。以自作主宰精神去取捨文化成分的「二十或二十一世紀的中國人」怎麼能「捨」所有外來的範疇?

第五種誤會則是因為學問不行造成的。最近有一位學者說:「當代西方世界的精神危機,使西方人開始關注東方儒教文明倫理道德在社會良性運行中的作用。」這個說法過分誇大了東方思想在西方的影響。像拙人這樣在儒家思想中尋找精神價值的西方人,並不是西方文化的主流。對於西方思想主流中談西方文化危機的人士,像 Alasdair MacIntyre、Robert N. Bellah 和 Christopher Lasch 等人,儒家的想法只是說明天外有天、人外有人而已。東西方知識分子之

間的這種格格不入，正好反映了上述的非聯合性與分流的現象。中國也好，西方也好，除了少數處身邊緣中的知識分子以外，都不可能在外國文化中找到培育自己內在精神最基本的成分。

五、結論

　　總而言之，全球化這個很時髦的詞所指謂的是擴大各個社會的互相聯合和合流範圍的趨勢。一方面，被信息時代的科技所提高的經濟效率直接地強化這個趨向。另一方面，由於經濟效率的提高及其他的緣故，產生了愈來愈多的需要國際性合作的問題，從而間接地強化這個趨向。

　　針對這個擴大聯合與合流範圍的趨向，一個國家大致有三種辦法，即普通外交政策的辦法、調整市場結構以制衡「惟向外求理」的消費文化，以及以思想與教育去培養一個民族內在生活的價值。

　　除了自己的傳統以外，一個民族幾乎沒有能力培養這種內在生活價值的成分。可是五四運動之後，不少的中國人以為自己的「封建傳統」缺乏這種成分，而只是人生束縛的來源而已。也有人以為中國的傳統無論好還是不好，都沒有辦法和能力繼續存在。但這樣一來，中國國民又能有什麼辦法制衡「惟向外求理」的消費文化？

　　作為一種歷史性過程，一個文化傳統的存在與發展有兩方面，即主體所能研究的比較客觀的現象或對象（像今天有多少中國人尊敬古代美德的統計），以及主體自己的功夫或實踐（像一個人因為他覺得古代思想有道理，所以他以這個道理去創造自己的將來）。

　　新儒學的貢獻就在這個現象與實踐的交叉處。但無論在大陸也好，還是在港臺海外也好，新儒既勇敢又深入的歷史學性與哲學性研究還是受到各種的批判和攻擊。可是正是他們開拓了一條很有希望的思路，即把關於儒家歷史現象

的研究變成當代實踐的機會，從而以思想與教育去培養中國國民的內在生活價值。我個人以為，在中國面對全球化問題之時，這個思路是不可或缺的。

然而，怎麼培養這個思路仍面臨很大的挑戰。這個挑戰牽涉到很多歷史學與哲學的方法學問題，像誇大或簡單化或二分法的說法；把歷史視為不是朝天堂去，就是朝世界末日去的歷史目的論；分析人為的範疇與「所與」或「當下呈現」的關係；挖掘和批判自己傳統的關鍵性範疇（像「貫通」）；以及把歷史發展各方面分門別類，而不把一個民族很複雜的思想化約到一個所謂「價值系統的核心觀念」等問題。澄清這些方法學問題跟國民的教育緊密相關，而國民教育與處理全球化所帶來的問題又緊密相關。

中國近代思想史研究方法上的一些問題：
一個休謨後的看法[*]

所長、主席、各位女士、各位先生，很高興能有寶貴的機會到貴所報告我最近研究中的一些敝見，並請各位指教。

一、目前的研究工作

我想談一談目前我正在進行的研究工作。前幾天國際關係研究中心召開「中美大陸問題研討會」，會議中討論到研究現代化的方法論，我提出了一篇文章，名稱是"Developmental Criteria and Indigenously Conceptualized Options: A Normative Approach to China's Modernization in Recent Times"。[1] 那篇文章主要是談中國當代思潮，希望瞭解：有哪些最重要的思潮？判斷或肯定一個思潮時，我們應如何建立判斷的標準？對於第二個問題，研究當代美國社會的貝拉（Robert N. Bellah）教授也有看法，而他應邀參加討論。其次，鄭竹園教授邀請一些人合作撰寫一本有關孫中山思想的書，我打算將孫中山的思想和中國當代的一些政治思潮作一種比較。我個人認為中國當代的政治思想十分豐富，或許幾年以後研究臺灣 1960 年代、1970 年代以來的政治思想可以寫成好幾本博士論文。在西方學術界，很多人都認為三民主義並不是一種很有意義的思想，我

---

[*] 作者於 1986 年 6 月 14 日以此題在中央研究院近代史研究所發表專題演講，後略為補充撰成本文。黃克武先生整理初稿時曾提供不少改正意見，後又經陸寶千教授大力斧正，作者特向二人表示謝意。本文原載於《近代中國史研究通訊》，期 2（臺北，1986），頁 38-52。

[1] 此文之出版資料如下：Thomas A. Metzger, "Developmental Criteria and Indigenously Conceptualized Options: A Normative Approach to China's Modernization in Recent Times," *Issues and Studies*, vol. 23, no. 2 (1987), pp. 19-81.

最初也接受他們的意見,但是,後來慢慢發現唐君毅、賀麟、牟宗三、徐復觀等當代中國著名思想家都到某種程度肯定孫中山的思想,觀念上才有所改變。何況孫中山的思想如果從學術的角度加以評估,可能會發現一些缺點,但當代既有許多人信仰孫中山思想,因此對一個研究者而言便不應忽視這種思想,因為研究思想不但要研究最有智慧的思想,也應該研究所有的思潮,這是我的第二個研究工作。第三個研究工作是關於古代的思想,研究《論語》、《孟子》、《荀子》、《墨子》等書。最近史華慈(Benjamin Schwartz)教授的大作 *The World of Thought in Ancient China* 出版,[2] 這本書有其貢獻,它代表了外國學者對中國古代思想的正統看法。他提到最重要的問題之一就是自我與群體在儒家思想中有什麼樣的關係?史華慈的看法與孟羅(Donald J. Munro)不完全相同,孟羅認為儒家思想中集體性很強,而不強調自我的價值。史華慈的書中也同意儒家傳統內群體比自我重要的看法,但他的說法比孟羅複雜。同時認為儒家強調自我的學者當然也不少,例如狄百瑞(William Theodore de Bary)、余英時、杜維明等。史華慈的說法十分精妙,但我不能完全同意。因此我寫了一篇比較長的書評討論他的書。[3] 我個人認為關於中國周代思想的研究最深入的著作是唐君毅的《中國哲學原論》,他的觀點與史華慈不同,因此如果一個學生希望瞭解當代學界對中國古代思想的不同看法,最好的方法是同時閱讀史華慈的書和唐君毅的《中國哲學原論》,分析其異同,自然可以瞭解一些問題之所在。

總之,我目前的研究工作主要在當代思潮與周代思想兩方面。這兩方面表面上似乎各自獨立,但實際上有相當密切的關係。而我今天主要是希望談一談我如何建立一種分析架構來討論兩者的關係。不用說,我在這裡所談的主要是為了拋磚引玉。

---

[2] Benjamin I. Schwarz, *The World of Thought in Ancient China* (Cambridge: Belknap Press of Harvard University Press, 1985).
[3] Thomas Metzger, "The Definition of the Self, the Group, the Cosmos, and Knowledge in Chou Thought: Some Comments on Professor Schwartz's Study," *The American Asian Review*, vol. 4, no. 2 (1986), pp. 68-116.

二、研究近代思想與研究近代以前的思想是分不開的

我個人認為研究近代思想史和研究近代以前的思想史是分不開的，這種看法在學術界愈來愈普遍。但是很多的研究工作者卻不注意這一點，以致研究近代思想史是一個學術世界，研究古代思想史是另外一個學術世界，這種態度常常會使我們忽略一些很有意義的問題。貴所一向十分注意近代思想的研究，也注意它和傳統的關係，所以像陸寶千教授研究明末清初的思想，大家認為可以納入近代思想的範圍之內，但是如果有人說周代思想與近代思想有關，那麼多數人可能不以為然。不過，我想如果能請一些研究周代思想的學者來和研究近代思想的學者談一談，將有助於較深入瞭解近代思想的一些問題。

對歷史學者而言，「變遷」是研究工作的重要課題，所謂變遷就是「連續性」與「非連續性」，所以研究近代思想應注意這些思想和傳統思想有何關係？哪些部分有連續性？哪些部分是非連續性的？深入研究之後，可能會發現有許多的連續性，也可能發現沒有什麼連續性，然而無論結果如何，如果不研究傳統，怎麼證明哪一個答案正確？

貝拉教授最近寫了一本書，書名是 *Habits of the Heart*，[4] 討論美國當代的文化，他認為美國現在的價值取向與歐洲古代軸心文明（axial civilization）有密切的關係。軸心文明這個字眼很多人不喜歡，認為此詞含意不清，而瞭解其意義之後又覺得都是老生常談；但現在「軸心文明」是一個很流行的詞語，貝拉、史華慈、艾森斯塔（Shmuel N. Eisenstadt）等人常常談到，我個人覺得這個觀念可以用。軸心文明的意思就是轉捩點，意指在距今三千年前左右，約在孔子、蘇格拉底（Socrates）、釋迦摩尼等人的時代，人類在思想上有一突破，開始瞭解到理想與現實世界的區別，並認為兩者之間有一煬對（tension）關係，而處

---

[4] Robert N. Bellah et al., *Habits of the Heart: Individualism and Commitment in American Life* (Berkeley: University of California Press, 1985).

理這個惕對每一個軸心文明有它的特點，此外也有其他的特點。總之，貝拉認為美國當代文化的根本淵源是西洋文化的軸心時代，亦即希臘人的思想和聖經傳統，而當代文化危機的解決方法就是以創造性的精神回到上述的傳統，他對美國當代文化的看法與余英時對中國當代文化的展望有類似的方面。因此，如果我們說當代美國文化與希臘思想、聖經傳統有關係，但是卻認為當代中國思想和周代思想沒有關係，這是很難想像的事。

三、思想史研究的兩個層面：價值與特點

無論研究古代思想或近代思想，都會涉及兩個中國學者們常常談到的層面，一個是思想的價值，一個是思想的特點。研究思想的特點是描寫的工作，為了把連續性的與非連續性的方面分析好，所以必須將某種思想與其他的思想作一比較，這是一個層次，至於這種思想有沒有價值，是另外一個層次。兩者的區別也可以說是分析與肯定的不同，雖然最後這二者是分不開的，但是從事研究工作時如果將之混為一談卻是十分危險。其實這只是因為研究之時用含義籠統的詞不如用含義比較清楚的詞來得好。

（一）對價值方面的思考

關於價值問題已經有許多人提出他們的看法，而主要有下列三種：第一種看法是 anti-Humean、non-Humean 或 pre-Humean，意指反對英國哲學家休謨（David Hume, 1711–1776）的主張，或還沒有考慮到休謨所提到的問題，這種 non-Humean 看法認為應然（ought）與實然（is）合而為一，依靠理性或直覺，我們可以客觀地決定思想的價值。例如，有些中國學者認為研究思想無可避免地會遇到價值的問題，而價值是客觀的。

譬如，「自作主宰」、「己欲立而立人」、「內聖外王」、「內在超越」等觀念都有客觀與絕對的價值。而用這樣的看法來談現代化往往將現代化理論

和價值的問題合併討論,這樣一來,中國文化固有的精神是一個實然的東西,是歷史學研究的對象,而同時實行這個對象也是應然的事。所以規範性的發展理論(theory of normative development)可以從歷史中引出來。無論是牟宗三、黑格爾(Georg W. F. Hegel),或三民主義,都是這個樣子。這還是中國當代思想的主流。

外國學者多半會批評這個看法,覺得歷史的實然與社會發展的應然是兩回事。這個批評有沒有道理是一個很值得研究的問題。無論如何,這個很流行的批評是一種 Humean 的看法,即第二種看法。除了休謨之外,韋伯(Max Weber)也有這種看法,他認為從「實然」(is)中不能推論出「應然」(ought),「應然」的事情是由個人的意見或文化的取向所決定,沒有什麼客觀的標準可以決定哪一個取向對。目前美國學術界這種看法最為流行,在這種情況下談一個思想有沒有價值幾乎是不可能的。

第三種看法是 post-Humean,如貝拉等人即持此見,他認為 Humean 的看法有矛盾,他們雖然宣稱只談事實不談價值,但實際上他們無法避免作一些價值判斷,而 anti-Humean 的看法也不一定完全沒有道理。所以持 post-Humean 看法的學者認為我們應該談價值的問題,但是必須將分析與肯定二種工作分開,同時在評價時要將評價的標準清楚地說出來。

談價值時,貝拉強調「會話」(conversation)。會話的觀念有兩方面,一方面就是指文化的內容,意思是說文化即是一個會話,因為一個文化不但有共有的傾向,也有共有的觀念所牽涉到的辯論或選擇,所以文化就是一個會話,或英文所謂的 problematique,研究思想的特點就是把這些會話分析一下,會話方面的問題我們下面再談。

可是會話也有另外一方面,上述的事情都是實然的事,譬如說,我們描寫當代中國關於現代化的思想時,我們就碰到三民主義、自由主義等等的辯論或會話,而會話中每一個信徒的看法都是一個實然的東西,可是描寫這個會話之

時，我們不得不參加他們的會話。例如三民主義的信徒會強調某種政策有價值，而描寫那個看法之時，我們不得不肯定或否定那個看法，而且上述信徒的道理跟我們的道理不一定一樣。所以會話所指的不但是歷史人物的會話，也包括研究歷史人物那些學者的看法。貝拉認為研究價值問題不得不牽涉到那樣的會話。

所以研究一個時代的思想就是參加那個時代的會話，而參加這個會話就是提到自己的道理或標準來評估那個時代的選擇。換句話說，用 Humean 的看法，我們只能描寫那時代所出現的看法或選擇，卻沒有比較客觀的方法來評估這些選擇。用 non-Humean 的角度，我們可以用科學或理性很客觀地來評估這些選擇。用 post-Humean 的角度，我們參加會話，尋找一些標準來評估這些選擇，而到某程度能建立一個關於這些標準的共識；我們雖然沒有辦法用理性來證明這個共識是正確的，可是這個共識還是跟任意武斷的看法不一樣。

例如我們要評估一些關於現代化的看法，所以我們必須找一些關於現代化的標準。其實在這方面建立共識不太困難，第一個標準是經濟成長而儘可能地避免經濟成長的毛病，像環境污染、財產分配不均等，這是富強的富。第二個標準是強，即是國家安全。到了第三個標準，才有辯論，這就是合理而公正的政治發展。問題存在兩方面：第一，哪一種政治制度應該作為中國人的模範？第二，假如民主是那個模範，那麼民主有什麼定義？多半的中國知識分子覺得這兩個問題很容易回答，但我不以為然。關於第四個標準，共識還是很容易建立，這就是 Karl W. Deutsch 所強調的溝通，亦即每一個社會應該開放，應接受外在的資訊，應該對有價值的境界有接近的途徑，無論是科學性的境界還是其他的文化性的境界。第五個標準也不太會引起辯論，這就是自我與群體間的一種平衡關係。

現代化的第五個標準許多中外的學者都喜歡用，例如余英時教授談到儒家時認為：「儒家一方面強調『為仁由己』，即個人的價值自覺，另一方面又強

調人倫秩序。」⁵ 他的意思就是儒家原則上是主張自我與群體的平衡關係。然而覺得儒家太強調權威主義的學者也用相同的平衡關係作為標準。此外，研究當代美國社會的貝拉教授也是依靠這個標準來批評美國社會，他強調美國文化中人倫秩序不夠，而無義務感的自我沒有辦法跟道德性的社區發生關係。這個毛病跟權威主義的毛病一樣，都是沒有達到上述的平衡關係。所以無論是肯定儒家、批評儒家，或批評美國文化，很多學者們都注意到這種自我與群體的中庸關係。特別強調這個標準的是 Emile Durkheim，尤其是他關於自殺的研究。⁶

總而言之，我們研究當代中國的思潮時，除了描寫三民主義、自由主義等等思潮以外，不能不談到哪一個選擇比較有價值，而談到價值就是提到標準的工作，而且提到標準是需要講出這些標準的道理。因為我們是講我們的道理來研究歷史人物，所以研究一個思潮就是一種會話。用上述的五個標準來評估當代的思潮就是一個例子。

這樣的 post-Humean 的看法好像很麻煩，可是在西洋學術界不清楚說明這個問題會有更多的麻煩，因為假如我們處理一個思想的價值問題而用 Humean 或 non-Humean 的方法，會很容易受到批評。關於這個方法論方面的問題，貝拉的 *Habits of the Heart* 很值得注意。他特別強調兩方面：第一，我們不能用 Humean 的看法，那樣儘可能地避免講價值，因為「述而不作」是不可能的；第二，我們沒有辦法用科學還是理性來證明像上述那五個標準是正確的，因為規範性的問題到某種程度是在理性範圍之外。所以在這個 post-Humean 系統中「會話」代替「理性」。當然會話這個觀念也有辯論的餘地，可是除非我們更深入這個哲學性的問題，post-Humean 看法比 non-Humean 或 Humean 的看法更能避免困難。

除了價值問題以外，一種思想也有所謂的特點。

---

[5] 余英時，《從價值系統看中國文化的現代意義：中國文化與現代生活總論》（臺北：時報出版公司，1984），頁72。

[6] 請看 Talcott Parsons et al., eds., *Theories of Society* (2 vols., New York: The Free Press of Glencoe, Inc., 1961), 1: 213-218.

（二）對思想特點方面的思考

　　我認為研究思想的特點，最好不要忽略文化的觀念，有些學者不用文化的觀念，譬如說用 "concept of man"（Donald J. Munro），實則仍與文化的觀念大同小異。

　　研究文化的方法很多，有一種看法認為每一個文化有一個根本的核心，而其他的特點都環繞這個核心，如史賓格勒（Oswald Spengler）即持此見。我不能接受這種意見，我和史華慈、貝拉、艾森斯塔等人一樣，認為文化還是上述的會話。史華慈常常提到 problematique 這個字；這個字原來是法文，可是史華慈沒有斜體印刷，所以現在也可以算英文了。意指文化是一個辯論的過程，而在此過程的背後有一些共有的範疇或預設（premises）。例如孔子和墨子都認為古代有聖人，這是他們共有的看法，此即共有的預設。然而此外還有兩人要辯論的事情，有辯論必然有共有的語言或預設，有預設必有辯論。所以在這樣的 problematique 中預設與辯論是交織在一起。換句話說，研究思想史者多半注意辯論的內容，研究文化者偏重共有的觀念，可是強調 problematique 者覺得這兩方面是分不開的。拙作 *Escape from Predicament* 之內，claims 是指引起辯論的宣稱；而 perceptions 是指沒引起辯論，甚至沒引起注意的共有觀念。它們與 problematique 的說法，用字不同，但含義並無二致。

　　所以文化不是一個內容確定的東西，也不是一個界境很固定的對像或系統（determinate or clearly bounded object or system）。史華慈、貝拉，或艾森斯塔都認為文化是一個辯論的過程，而貝拉又強調這個歷史性的過程與研究此一過程的學者的價值觀是分不開的。所以文化是一個到現在還沒有停止的會話，而這個會話一方面有它歷史性的特點，另一方面也牽涉到價值問題。

四、關於中國文化固有的預設

這樣一來，中國文化固有的預設與中國當代的「會話」有什麼關係呢？我個人希望從這個角度來談近代思想史與古代思想史的關係。

按照敝見，古代逐漸形成的各種的預設最後可能有一個「一以貫之」之處，可是無論有沒有這樣的貫通處，我們還是須要用歸納法來看看這些預設到底是什麼？現在筆者試談八個中國古代思想的預設。

第一，關於中國文化所謂的核心，以前馮友蘭教授提到「極高明而道中庸」；牟宗三教授提到「內聖外王」；余英時教授提到「內在超越」。按照這些說法，中國文化（尤其是儒家）強調一種 "this-worldliness"，即是在這個世界實現最高的道德，並以絕對的道德來分配人類所欲的東西，即權力、財富和聲望或尊敬（wealth、power、prestige），這是中國古代思想一個根本的特點。因為按照基督教的看法，這種理想的分配在死後才能實現，而在這個世界是找不到的。

第二，儒家不但以德治為目標，而且覺得實行這個目標是很可能的，也是普通的人可以做到的，何況在歷史上曾經實現過好幾次（三代之時）。第二個預設不能跟第一個混為一談，因為有目標是一回事，而怎麼瞭解政治活動的潛能（potentiality）是另外一回事。儒家對這個潛能的看法跟希臘政治思想相反。儒家有「天下可運於掌」的精神，而希臘哲學家則強調實現理想是非常困難的事。

當然希臘哲學家也強調理想的重要性，而儒家也很瞭解生活的困境，可是焦點不一樣。現在中外學者常常忽略這個對照。儒家有一個希臘人沒有的預設，即假如居於政治核心的人（王、宰相）做得對，他們會產生莫大的影響。按照這個看法，政治核心像一個很有效的槓桿，就等待一個好人來操縱，然後整個的社會乃因之而上軌道。蘇格拉底覺得一個好人沒有辦法參加政治活動而

保存自己的生命，更不用談到什麼立功。[7] 可是孔子說「苟有用我者期月而已可也，三年有成」，又說「其身正，不令而行」（《論語・子路》）。更能代表槓桿觀念的是墨子的思想，他說「君說之，故臣為之也」（《墨子・兼愛中第十五》），他也認為一個君有辦法「禁惡」（《墨子・兼愛上第十四》）。墨子覺得如果一個君主接受他的理論，老百姓的反應會「猶火之就上，水之就下也，不可防止於天下」（《墨子・兼愛下第十六》）。此外代表槓桿觀念的話還有孟子的「君仁則莫不仁」（《孟子・離婁下》）或申不害的「一言正而天下治⋯⋯明君治國，三寸之機運而天下定」。[8] 在周代思想史中這樣的例子太多，而黃克武先生的研究也證明槓桿觀念在清代還是一個很根本的預設。

希臘人當然也希望實現理想，可是上述蘇格拉底的看法很有代表性。更清楚是亞里斯多德（Aristotle）的 *Politics* 那本書，在上述為國際關係研究中心所寫的拙作中，我曾經分析亞里斯多德這本書中的一些資料，這裡只能簡單介紹。亞里斯多德把所有的政治制度分成六種。他覺得第一種與第二種最好，其他的都是「錯誤的」，可是他覺得 "The attainment of the best constitution is likely to be impossible for the general run of states"（談到普遍的國家，他們大概沒有辦法實行最好的憲法）。[9] 然後他這本書的內容多半環繞如何維持或修改根本上有「錯誤」的政治制度。不錯，亞里斯多德覺得第三種憲法雖然有錯誤，但還是比較好（"polity"）。可是他同時又表示因為實際情況的限制，所以人們常常不得已而「必須」維持比 polity 更壞的憲法，即第四與第五種。亞里斯多德之後，在基督教的政治思想與西洋近代史政治思想中，思想家更強調政治活動的困難。這個看法跟「天下可運於掌」的精神截然不同。張灝教授的《幽暗意識與民主

---

[7] Plato, "Apology," in F. J. Church trans., Plato, *Euthyphro, Apology, Crito* (Indianapolis: The Library of Liberal Arts, 1980), p. 39.
[8] H. G. Creel, *Shen Pu-hai: A Chinese Political Philosopher of the Fourth Century B.C.* (Chicago: University of Chicago Press, 1974), pp. 353-354.
[9] E. Barker, trans., Aristotle, *The Politics of Aristotle* (London: Oxford University Press, 1950), p. 181.

傳統》一書也注意到這一方面。西洋政治思想，無論是民主傳統或保守主義，多半以幽暗意識為起發點。

第三，認為政治核心的構造是比較一元性的。多數的外國人覺得儒家將政治活動視為一個權威性的金字塔（pyramid）。可是從孔子開始，儒家認為政治活動有兩方面，一個是君以下的系統，另一個是所謂的道德社區（moral community），即君子的「群而不黨」的活動。所以政治活動雖然不是多元性的，可是還有君的系統與道德社區之間的惕對，此即「位」與「德」之間的惕對，也可以說是「尊君」與「由己」之間的惕對（按照史華慈的看法，這種惕對不在儒家思想的核心中）。

第四，如果君主能公正地分配權力、財富，和地位，讓每一個人得其所，那麼君主的心須要能「大清明」（語出《荀子‧解蔽》），意思是君之心和吾心一樣都有辦法客觀地評估每一個東西。換句話說，每個東西在道德上的價值是客觀性的。這個預設可以稱為「樂觀主義的認識論」，意思是「可知」的範圍很廣，甚至於包括天地萬物的道理。它跟「悲觀主義的認識論」不一樣，悲觀主義認識論最好的例子是西洋文化的懷疑論，這種看法認為人們幾乎沒有辦法找到可靠的知識。懷疑論在希臘思想中有其淵源，而跟休謨很有關係。按照 Alasdair MacIntyre 的名著 *After Virtue*，這樣的悲觀主義認識論是現代生活最根本的特點。他沒有注意到在中國的現代生活中還是以樂觀主義認識論為主流，所以我們可以將樂觀主義認識論視為中國文化的一個很重要的預設。由此顯示：瞭解一個文化不但要瞭解那個文化對自我、群體和宇宙的看法，也應瞭解那個文化對知識的看法。[10]

第五，「極高明而道中庸」，所謂的「槓桿」與「樂觀主義認識論」是

---

[10] 請參考拙作 "Some Ancient Roots of Modern Chinese Thought: This-Worldliness, Epistemological Optimism, Doctrinality, and the Emergence of Reflexivity in the Eastern Chou," *Early China*, vol. 11-12 (1985-1987), pp. 61-117.

互相加強的預設，而它們都與自我沒有「原罪」的觀念有關係。因為人是萬物之靈，沒有原罪，所以能變化氣質，達到「無所不知」的程度，而成為聖人。無論是性善或性惡的理論，都認為人能拔本塞源地消除人欲或克己，而世界的惡不是因為人沒有拔本塞源的能力，而是因為「人心惟危，道心惟微」，在我們的生活中常常找不到「道」。所以儒家的工夫與基督教的工夫不一樣，而為人的做法也不一樣。用余英時教授的話來說，儒家很早以前就瞭解到個人的尊嚴，可是他們所謂的尊嚴和西洋個人主義所強調的尊嚴不完全一樣。

第六，中國文化和西洋文化對個人尊嚴的看法有許多不同之處，而其中一方面是他們對宇宙的看法。儒家認為人要達到極高明，而這個目標跟人生本體是分不開的，那麼他們與西洋文化對人生本體的看法有何不同？有一種回答方式認為：西洋文化把本體放在人之外，而儒家把本體放在人之內。我個人覺得這個說法可能是把二十世紀人文主義的看法投射到周代思想之上。二十世紀思想中宇宙是科學的對象，所以不容易把人生價值和宇宙的本體交織在一塊，這樣一來，二十世紀人文主義必須要替人生價值找尋基礎，最後他們不得不在人生之內找尋到這種基礎。儒家思想與此不同，因為儒家沒受到科學的壓力，儒家的宇宙是天地人的宇宙，是有道心的宇宙，也是生生不已的宇宙，而生生不已是兼內外，人和外在的宇宙是分不開的。同時基督教的上帝也是兼內外，因為上帝與人的良心也有內在的關係。

我個人覺得談內外不如談生死，兩者在這方面的對照比較清楚。無論哪一個文化，人的經驗有兩次會超過形而下的生活而直接地接觸到宇宙最根本的過程，即生與死。生是入口，是從宇宙內進入形而下的生活；死是出口，是從形而下的生活出來，回到宇宙的根本過程。問題是：人在把自己與宇宙核心的關係符號化的時候，可能重視入口，也可能重視出口。生生不已這個觀念當然是環繞著入口，然而西洋思想，尤其是基督教思想卻是環繞著出口，所以這一方面中國文化的特點也很明顯。

第七，跟生生不已這個觀念有關係的是一種關於自然環境的樂觀主義。這種觀念認為天然資源十分充足，而人生問題主要是在於人的行為「應之以治則吉，應之以亂則凶」（《荀子・天論篇》）。從墨子開始，一些思想家喜歡談「賞罰」，覺得政府應該給每一個人他所應該得到的獎賞，然而卻沒有人考慮到授予人的獎賞太多，可能導致經濟資源的匱乏。除了清代的洪亮吉以外，這種環境的樂觀主義是中國思想的主流，對於中國現代化的思想（如康有為等）有重要的影響。

第八，跟「生」這個觀念也有關係的是儒家對於家庭的主張，他們把社會看作一個環繞「禮」的活動。我個人覺得要瞭解固有文化對自我、群體、宇宙以及知識的根本看法，這八個預設都是重要的特點。

五、固有的預設與中國現代思想

關於上述的八個特點或預設，有各種各樣的問題：強調這樣的預設講周代思想這個角度與史華慈或其他的學者們的看法有什麼異同？形成這些預設的過程有什麼樣的辯論（problematique）？共用這些預設的先賢覺得待解決的問題在哪裡？這些預設和周代以後的思潮有什麼關係？除了這樣描寫思想發展以外，我們還要問：這些預設哪一方面有價值？尋找價值的時候，我們應該採用何種標準或道理？譬如說，我們應該不應該肯定樂觀主義的認識論？假如不能肯定樂觀主義認識論，就不容易肯定儒家其他的看法。

可是現在我要提到的問題是關於現代思想。這些預設有沒有影響到中國現代思想？中國現代思想的價值在那裡？這個價值和固有的預設有什麼關係？

我個人覺得如果我們要談傳統與現代思想的關係，非談預設不可。當然假如現代思想是放棄三綱或禮教的話，這就是放棄傳統。可是既然放棄禮教，現代思想有沒有放棄「極高明而道中庸」的目標？有沒有放棄「槓桿觀念」而肯定實現理想政府十分困難的觀念？有沒有放棄政治核心比較一元性的觀念？

樂觀主義的認識論?沒有原罪的自我?生生不已的宇宙?對自然環境的樂觀主義?禮的精神?

現代思想有沒有放棄這些預設是很難說,連五四運動的支持者也不一定能放棄。不錯,中國現代思想的確是強調現代化,而現代化包括下列新的觀念或預設:

(一)世俗化,即人與宇宙的關係科學化。中國的世俗化與西洋不同,西洋的世俗化與懷疑主義有關係,中國則否。

(二)文化地理(cultural geography)的多元化:認為地球上除了中國之外還有其他的文化中心。

(三)國家主義。

(四)科學、經濟發展、政治參與。

因為這四個主張如此重要,有的人覺得二十世紀時像上述的固有預設最多只有一種形式上的意義。可是問題不那麼簡單。貝拉教授等人所著的 *Habits of the Heart* 提醒我們:無論是美國還是中國,上述現代思想的四個特點必然與理想社會的觀念交織在一塊。這指理想社會(good society)的觀念與固有的傳統一定會有關係。換句話說,這個跟現代化交織在一塊的理想難免會跟固有的預設有關係,特別會跟環繞自我、群體、宇宙和知識等題目的預設有關係。按照貝拉的看法,當代美國文化中理想社會之觀念的淵源是歐洲的軸心時代,即希臘文化與聖經傳統所培養的個人主義。難道軸心時代只影響當代美國而沒有影響當代中國?難道在當代西洋文化從軸心時代來的預設很重要,而對於當代中國軸心文化的影響卻只有形式上的意義?

六、中國現代思想的七個選擇

為了現代化而建立理想社會,二十世紀中國知識分子建立各種各樣的

學派或系統，其中較重要的有三民主義、人文主義、自由主義，與馬克思主義。現在不必詳細地敘述這四個思潮的內容，為了談這四個思潮與價值的關係我們可以先試著討論這四個思潮共有的選擇（options）。在前面第三節談到價值問題時，我們曾提到五個關於現代化的標準，因為這些標準普遍地受到肯定（除了合理政治發展那個問題以外），我們可以暫時地說：最符合這些標準的選擇是最有價值的。這七個選擇是：

（一）一個現代化國家的思想應該開放，還是應該封閉？

（二）價值是以傳統為基礎，還是要依靠一些抽象的觀念（如科學）？

（三）應該透過適應的方法尋求逐步的改進，還是要以「拔本塞源」的方法來達成轉變？強調轉變的思想不一定強調激烈的轉變，像唐君毅。

（四）應採和平方式還是暴力方式進行改變？

（五）道德的淵源是個人的良心（self as vehicle of morality），還是國家（state as vehicle of morality）？

（六）政治核心應採取怎樣的構造？是美國式的民主？極權主義？賢人政府？還是萬能政府？

（七）經濟方面應採取社會主義還是民生主義（用現在流行的話來說，民生主義是一種將工業政策〔industrial policy〕和資本主義配合在一起的制度）。

當然這七個選擇的內容與意義還需要解釋，尤其是賢人政府、萬能政府與美國式的民主有哪些區別，關於這個問題在上述為國際關係研究中心所撰寫的拙作曾有討論。我認為問題在民主的定義，中國知識分子多半覺得這個定義十分明顯而不需要解釋，所以研究中國固有文化與民主能否配合的學者都會詳細地分析中國文化，然而卻幾乎不討論民主是什麼東西。可是三民主義、中國自由主義，或中國人文主義所談的民主跟美國人所談的民主並不一樣，譬如說，

美國人的民主思想跟西洋文化的個人主義是分不開的,而又與上述幽暗意識以及悲觀主義認識論有密切的關係。這些價值取向是否重要,要看民主是各文化上、行為上的東西,或只是手續上、法律上的構造。同時中國的民主思想有沒有受到上述預設的影響也算是一個問題。

既然如此,我們能用上述七個選擇來把三民主義、人文主義、自由主義和馬克思主義扼要地比照。這裡我必須把問題簡單化,請讀者參考上述為國際關係研究中心所撰的拙作。

自由主義與人文主義都強調尋求真理這個過程是超過所有以前建立的主義。譬如說唐君毅教授認為會通古今中外各種各樣的思想是尚未完成的工作,而這個工作是一個任重道遠的使命。唐氏雖然尊敬一些先知先覺,但他不會把一個已有的系統看作「集合古今中外各派學術思想精華的結晶品」。所以在這方面無論是自由主義或人文主義到某程度都跟三民主義有衝突,更何況馬克思主義。這個衝突當然是當代中國政治文化的一個特點。思想不開放怎麼會有進步?國家沒有一些固定的原則,怎麼會有團結?很值得注意的是三民主義一方面是固定的,另一方面也是開放的,因為三民主義認為智慧的淵源不是一個學派,而是古今中外所有的學派。

自由主義和人文主義(人文主義中一個代表性的著作是余英時最近出版的《從價值系統看中國文化的現代意義》)不但都主張開放,而且都強調比較適應的做法(後面還有轉變的目標)、和平性的改革、以個人的良心作為道德的基礎(vehicle of morality)、賢人政府。關於經濟架構,自由主義與人文主義的看法都較籠統,所以自由主義與人文主義的最大不同在於它們對傳統的看法。自由主義深受五四運動的影響,而人文主義比較強調「中國人還必須繼續發掘自己已有的精神資源」的主張。

三民主義與人文主義也有重複的方面:它們都強調傳統的價值,適應性的做法與和平的改革。但是三民主義比較封閉,強調政黨在道德方面的角色,有

萬能政府的觀念，而且有民生主義的主張。馬克思主義對七個選擇的看法更不一樣，他們強調封閉性的系統，以科學為價值基礎（即馬克思所謂的「科學」）、轉變、暴力，以國家為道德的基礎（vehicle of morality）、極權主義的政治核心，與社會主義（最近有某種程度的修改）。

這樣扼要地描寫當代四個思潮之後，我們可以提到價值問題：我們應該肯定哪一個思潮？從 Humean 的觀點來看，這是見仁見智，沒有客觀的標準；用 non-Humean 的觀點來看，有客觀性的標準，譬如說，有人覺得中國固有的價值系統或精神（如「內聖外王」的理想）有客觀的價值，有的人則覺得依靠科學可以告訴我們那一個選擇有價值。

然而用 post-Humean 的看法來看，我們可以經過會話找到某程度的共識而提到上述的五個標準，即經濟發展、國家安全、合理而公正的政治發展、開放性的溝通，與自我群體間的平衡。用這五個標準來評估上述的七個選擇的話，今天的學者多數肯定開放的思想界、人文主義對傳統的看法、適應性的改革、和平的做法、以自我的良心為道德的基礎、萬能政府與民生主義的經濟架構。這種看法是一種人文主義與三民主義之間的惕對或合流（creative tension）（按照敝見，美國式的政治核心，是在中國思潮以外）。

我個人覺得這個結論值得注意，因為：第一，這個結論跟當代中外最流行的看法不一樣；它不但和以馬克思主義為新中國正統那種在美國很流行的看法不一樣，而且和三民主義或人文主義信徒的看法也不一樣。第二，這個結論不是任意產生的，如果接受上述五個標準的話，我們很難避免這個結論，然而在當代的學術界不容易否定上述的五個標準。這樣一來談當代中國思潮或 "concept of man" 而忽略三民主義與人文主義是不合理的。這個批評主要是針對 Donald J. Munro 的 *The Concept of Man in Contemporary China*。[11] 我個人覺得當代中國

---

[11] Donald J. Munro, *The Concept of Man in Contemporary China* (Ann Arbor: University of Michigan Press, 1977).

的思潮是個辯論的過程。這個過程的起點就是肯定現代化與一些關於理想社會（the good society）的觀念，而除了起點以外這個會話過程（problematique）主要是環繞上述的七個選擇。當然這裡沒有辦法詳細地談這七個選擇，而政治核心問題更有待解釋，尚祈讀者見諒。

七、結論

　　以上我主要注意到兩個問題，一個是古代思想史與近代思想史的關係，一個是特點與價值的關係。講特點是以歸納法與比較法來描寫思想的工作，尤其是描寫一種思想對自我、群體、宇宙和知識的看法，這些看法包括共有的預設，而一有共有的預設，就有問題與選擇。譬如說，有德治或現代化那樣的共有的目標，就有怎麼實行這些目標的選擇，而一有選擇，就有辯論中的宣稱或表白（claims）。把表白、選擇，與共有的預設全部集合起來即為一個會話或 problematique，而一個文化就是這樣的 problematique。所以艾森斯塔強調軸心文明的價值取向即包括與生俱來的問題（are inherently problematized）。

　　一個 problematique 或 culture 也牽涉到價值的問題，而從 post-Humean 的看法來講，價值還是由「會話」所決定的。

　　我談古代思想時只談了一些共有的預設，而暫時地沒談關於古代思想的選擇或宣稱，更沒有討論關於古代思想的價值問題。而另一方面，我談現代思想時則特別強調關於現代思想的選擇與這些選擇所牽涉到的價值問題；關於現代思想的預設，我只提出一些意見，認為這些預設與中國古代所形成的預設有密切的關係。從這個角度可以看到傳統與現代思想也有連續性的關係。當我們注意到現代思想對理想社會的看法時，這種連續性的關係特別明顯。

　　上述所謂的 post-Humean 的角度到底有沒有用處？我個人覺得有兩個優點。在價值方面，肯定儒家傳統的學者還沒有說服多數的外國學者，而怎麼肯定這個傳統是個很有意義的問題，更何況這個問題跟現代中國之路向有如此密

切的關係。假如肯定儒家傳統的學者不把實然與應然很小心地分開，而就用 non-Humean 的說法，這種看法怎麼會有說服力？在特點方面，描寫共有的預設而瞭解它們對現代思想的影響是一個還沒有完成的工作，然而如果沒有把實然與應然分開，那麼描寫實然的預設幾乎是不可能的。

《一個被放棄的選擇》序[*]

書名：黃克武，《一個被放棄的選擇：梁啟超調適思想之研究》
出版資訊：臺北：中央研究院近代史研究所，1994 年

　　1982 年的秋天，黃克武先生第一次上我在國立臺灣師範大學歷史學系所開的課，從那個時候開始，我們常常有密切的溝通與合作，而他一再地發表了多篇有價值的學術著作，尤其是他的〈理學與經世：清初《切問齋文鈔》學術立場之分析〉、[1] 臺灣師大的碩士論文〈《皇朝經世文編》學術、治體部分思想之分析〉、[2]〈「鏡花緣」之幽默——清中葉中國幽默文學之分析〉、[3]〈清末民初的民主思想：意義與淵源〉、[4] 和〈從申報醫藥廣告看民初上海的醫療文化與社會生活，1912～1926〉，[5] 而最近他又出版這本專刊《一個被放棄的選擇：梁啟超調適思想之研究》。

　　有時看到黃先生這些傑出的作品，我常幻想而覺得自己是一個很不錯的老師。其實學生有兩種，一種沒辦法教，一種不需要教，而黃先生偏到第二

---

[*] 本文原名〈墨子刻序〉，載於黃克武，《一個被放棄的選擇：梁啟超調適思想之研究》（臺北：中央研究院近代史研究所，1994），頁 1-4。
[1] 黃克武，〈理學與經世：清初《切問齋文鈔》學術立場之分析〉，《中研院近代史研究所集刊》，期 16（臺北，1987），頁 37-56。
[2] 黃克武，〈《皇朝經世文編》學術、治體部分思想之分析〉（臺北：國立臺灣師範大學歷史研究所碩士論文，1985）。
[3] 黃克武，〈「鏡花緣」之幽默——清中葉中國幽默文學之分析〉，《漢學研究》，卷 9 期 1（臺北，1991），頁 353-399。
[4] 黃克武，〈清末民初的民主思想：意義與淵源〉，收入中央研究院近代史研究所編，《中國現代化論文集》（臺北：中央研究院近代史研究所，1991），頁 363-398。
[5] 黃克武，〈從申報醫藥廣告看民初上海的醫療文化與社會生活，1912～1926〉，《中研院近代史研究所集刊》，期 17 下（臺北，1988），頁 141-194。

類。所以無論誰是他的老師,他都會找到自己的路。然而,我不否認因為黃先生與我興趣投合,而在學術研究上有相當程度的交流與會通。我認為談歷史至少有三個不能相互化約的角度,即是注意到事件(episode,如第二次世界大戰的情況),重要人物的傳記(biography),與制度或思想上的架構或模式(pattern,像宋明理學的構造或梁啟超思想的脈絡)。最理想的歷史學者,會同時強調這三個方面,但是多數的人往往會偏到其中之一,而黃先生與我一樣,特別喜歡研究上述中的第三項:歷史的模式。

然而如何研究思想模式,也是一個很重要的問題。在研究某種思想時,我們當然要知道它有沒有「價值」,所以我們可以看到像唐君毅教授所撰《中國文化之精神價值》那樣的書,即是一種評估性的研究或哲學性的分析。這類的書雖然也描寫思想的一些特點,但它最重要的目標,是以一種對真理或人生價值的認識,去評估該種思想,看它是否能發揮真理,或對真理有所誤解。

這種評估性的研究當然有其重要性,但是從歷史學的角度來看,即使是一些沒有價值的思想,歷史學家也應該很詳細地加以描寫,而不應忽略。為什麼?

第一,歷史學家和人類學家一樣,希望瞭解所有人類生活之中重要的面向,並把握所有人類生活的構造,而在我們從事思想研究之時,如果某一觀念或某一詞彙常常出現,並在該思想邏輯上有其意義,那麼它就算是重要的。例如宋明理學常常談到「陰陽」,從現代科學的角度來看,這些說法幾乎沒有價值,而在研究歷史時,歷史學家不能抹煞這些說法,而專從「為己之學」的角度,來瞭解宋明理學。

第二,要決定某一觀念有沒有價值,並不是一個很簡單的事。很多學者覺得「理性」與「道德」是很明顯的東西,而用它們來評估歷史性的觀念,也是輕而易舉的,然而「理不易明」,這樣的工作,其實並不容易。比方說,黃先生在這本書中描寫到二十世紀初年兩種很不相同的對中國現代化的看法,即是譚嗣同的轉化性的看法,與梁啟超的調適性的觀點。哪一種思想比較合理?要

討論這個問題需要很多的研究與反省，才能慢慢地找尋到一個比較合理的觀點，在此過程中人們並無法依賴一些很明顯的標準，來從事評估的工作。換言之，我們處於一個中西文化交融的複雜時代，因此需要將「評估標準」的問題挖掘出來，並以最系統的方法，來尋求解答。然而，這種工作必須以一個更根本的功夫為基礎，亦即是將評估與描寫的兩個方面，儘可能地分開來。這樣一來，我們一方面能細緻地描寫歷史人物的思想特徵，另一方面，也能慎重地考慮這些思想特徵到底具有何種價值。

黃先生的這本書並沒有完全避免評估的問題，但是他的貢獻是在描寫方面。梁啟超的思想博大精深、複雜多變，而在近代中國有很大的影響力。難怪在中西學術界，每一個年代的學者都對梁啟超的思想有他們自己的看法。黃先生現在仍然繼續研究梁啟超的思想，他以後將會提出更進一步的完整解釋，然而，我相信他這本書的結論完全可以立足。我不否認我覺得黃先生這個研究十分重要，我也相信我們愈瞭解梁啟超調適思想的特徵，我們就愈可以瞭解到此一思想所具有的價值。

我個人認為近代中國的「啟蒙」，與其說是許多人豔稱的五四新文化運動，還不如說是梁氏的調適思想。梁啟超和不少西洋學者一樣，以為現代化不單純是培養工具性理性（instrumental rationality）的過程，而是一種「極高明而道中庸」的奮鬥，即是把神聖性的價值與物質方面的進步結合在一起。而且他和牟宗三教授一樣，瞭解到此一揉合的過程是一條充滿困難而崎嶇複雜的「曲通」之路，人們不能在一瞬間直接地進入一個「大公無私」的理想境界。現在很多的歷史學家以為在歷史的因果關係中，思想的因素並不重要，我不以為然。其實無論是西洋文化也好，中國文化也好，二十世紀人類悲劇的淵源常常和知識分子在思想上的取捨有密切的關係。

墨子刻
1993.11.6

《自由的所以然》序

書名：黃克武，《自由的所以然：嚴復對約翰彌爾自由思想的認識與批判》
出版資訊：臺北：允晨文化實業股份有限公司，1998 年

因為清末民初之際嚴復將西方政治思想傳入中國有重大的貢獻，所以嚴復歷史角色的研究成為中外史學界關心的一個焦點。然而黃克武先生這一本傑作讓嚴復研究進入一個新的階段。當然因為中西文化的交流是一個錯綜複雜的課題，而黃先生沒有分析嚴復所有的譯作，所以《自由的所以然》不能算是一個定論，何況有些人認為歷史學原來沒有達到定論的可能。雖然如此，我相信黃先生的結論與他所用的方法學完全可以立足，他這本書讓我們對於嚴復的貢獻有一個新的瞭解。《自由的所以然》的出版是黃先生在他的《一個被放棄的選擇：梁啟超調適思想之研究》以及其他很有價值的論文之後，再度攀上一個學術的高峰。我深信此書將會使他贏得學術界的聲望。中央研究院近代史研究所在中國近代思想史方面已經有卓越的貢獻，難怪黃先生在這樣的環境之下能創作出一個學術精品。

黃先生將他細緻的研究與一個很基本的問題聯合在一起。他探討為什麼二十世紀中國危機不斷，並無法建立一個現代性社會？亦即為何中國人無法建立一個能夠將現代性的國家結構、經濟現代化、資本主義，以及約翰彌爾式的民主制度結合起來，而與世界其他地區發生密切關係的社會？

---

[*] 本文原名〈墨子刻序〉，載於黃克武，《自由的所以然：嚴復對約翰彌爾自由思想的認識與批判》（臺北：允晨文化實業股份有限公司，1998），頁 i-ix。

當然臺灣已經是這樣的一個社會。然而就有如 Seymour Martin Lipset 談到美國社會的「例外性」（"exceptionalism"）一樣，臺灣經驗對中國的發展而言不一定有代表性。[1]

引起二十世紀中國危機的原因當然不限於思潮，可是思潮一定很重要。林毓生教授所謂的「理智主義」（intellectualism）是指中國知識分子很特殊的一種看法，即是以為歷史的發展方向是被思想所決定的，可是很多外國學者也有類似的看法。比方說 Isaiah Berlin 即表示「除了歷史唯物主義者之中那些最粗俗的人以外，沒有一個學者會否認思潮在歷史發展中的力量」。[2]

按照黃先生以及不少其他學者們的觀點，在思想方面造成二十世紀中國危機最重要的因素是：一種愈來愈強烈的革命性、激烈性、烏托邦思潮的興起；亦即在歷史的「神魔混雜」（唐君毅語）的過程中，他們不追尋調適性的漸進改革，而企圖拔本塞源地徹底轉化中國社會，以實現大公無私的理想。

為什麼轉化性的思潮會變成二十世紀中國的主流？在回答這個問題之時，當前很流行的「理性選擇理論」（"rational choice theory"）不太有用。不錯，我們現在回顧五四時代會覺得那是一個啟蒙時代，以為五四時代轉化性的烏托邦精神代表了理性。然而理性何必一定要限於轉化精神？難道居於轉化與調適之間的思路不是理性嗎？近年來，上海華東師範大學的哲學家馮契教授與他的學生高瑞泉教授就有這樣的反省。高教授在他的大著中所提到的「唯意志論」與「天命論」，這兩個概念跟上述的「轉化」與「調適」的區別有類似之處，而他們兩位也注意到「唯意志論本身仍然是一種理論偏頗」。[3]

---

[1] Seymour Martin Lipset, *American Exceptionalism: A Double-Edged Sword* (New York: W. W. Norton, 1996).

[2] Isaiah Berlin, *Four Essays on Liberty* (New York: Oxford University Press, 1970), p. 119. 強調思想因素在歷史因果關係上之重要性的學者包括 Max Weber、Reinhard Bendix、Robert N. Bellah、Shmuel N. Eisenstadt、James Q. Wilson、Charles R. Beard、Friedrich August von Hayek、Karl Popper、Alasdair MacIntyre、Christopher Lasch、John Dunn 與 Leo Strauss。

[3] 馮契，〈序〉，收入高瑞泉著，《天命的沒落：中國近代唯意志論思潮研究》（上海：上海

有的學者以為因為中國傳統價值系統的「核心」觀念是一個與自由、民主南轅北轍的「名教」的人生觀,所以要徹底放棄此一觀念是很合理的。然而另外一些學者則以為中國文化的「核心」是一種很配合現代化的「內在超越」的精神。

何況現在很多的學者覺得一個文化其實不是一個有機物,或是一個有核心的實體,而只是一些相互有關而在某種程度之內可以選擇、取捨的一些特點。就是因為文化涉及了這一種取捨與修改的可能,所以思潮在歷史因果關係上是那麼重要。

有意思的是,當嚴復在思索此一取捨問題之時,他沒有用「文化」這個詞,而好像沒有把中國或西方的制度與思想當作一個有機的文化。他的這一觀點,以及他其他的一些看法與現代學術界中的不少的觀念比較配合。

因為依靠理性並無法證明轉化性的反傳統主義是有價值的,所以今天很多學者認為二十世紀中國激烈化的趨向是從一種比較特殊的國家主義來的。我們至少可以舉出兩種這樣的主張。像李澤厚等學者會提到中國政治的危機,認為「救亡」的迫切感讓中國知識分子愈來愈走向激烈化。列文森(Joseph R. Levenson)則以為中國國家主義的特殊性在於它所環繞的問題不是民族滅亡的危險,而是中國的政治與文化在世界上遭到「邊緣化」的命運。即是因為中國的精英分子和別的民族不一樣,他們要「駕於歐美之上」,所以無法忍受中國的邊緣化,也無法耐著性子採取漸進改革的路向。

雖然列文森並不完全瞭解當代中國知識分子對自身傳統的看法,但是他卻非常犀利地看到近代中國的意識型態與國際情況之間一些重要的關聯。所以我個人以為蕭公權教授對列文森與美國漢學界的蔑視並不恰當。[4] 無論是二十世紀

人民出版社,1991),頁3。
[4] 請見蕭公權,〈蕭公權先生序〉,收入張朋園著,《梁啟超與清季革命》(臺北:中央研究院近代史研究所,1969),頁1-4。以及余英時,《猶記風吹水上鱗:錢穆與現代中國學術》(臺北:三民書局,1991),頁186。

中國思想，還是儒家思想，按照中國人的理想，「天下」應該是一個賢人在位的世界，而中國必須成為世界核心的一部分。甚至於像唐君毅那樣的具有純粹哲學精神的思想家也抗議中國的邊緣化，更不用說那些高唱二十一世紀是中國人的世紀的人們。當然每一種國家主義都有其特殊性（美國更是如此），問題在於中國的國家主義與二十世紀中國所出現的激烈烏托邦主義有何種關係。

然而，如果中國國家主義之特殊性讓中國人無法忍受中國的邊緣化，而此一特殊性與中國傳統有關係，那麼二十世紀中國的思潮與中國傳統有沒有一些其他的關聯？換言之，為了瞭解上述轉化思潮的淵源，我們除了考慮到理性選擇理論與中國國家主義的特殊性以外，是否也應該考慮到這個思潮與儒家傳統（以及中國傳統的其他方面）的連續性？

1970年代以前，學術界多半忽略這個課題，接受五四運動的學者與肯定現代化理論的西方學人不謀而合地相信：因為中國人應該放棄他們的傳統，所以思想開明的中國知識分子除了有一些誤會之外，不可能與傳統有連續性。然而此一研究中國近代思想史的角度是把應然與實然的問題混為一談。我們如何評估傳統是一回事，而傳統因子是否持續地存在則是另一回事。

1970年代以後，呂實強教授與王爾敏教授指出儒家理想對清末開明知識分子之思想的影響，而近年來一些大陸學者如李澤厚也注意到這種連續性。現在不少的學者多少同意「中國知識分子拼命想擺脫傳統，擁抱西方，但始終未能跳出傳統的思維模式」。[5]

然而這些固有的思維模式或理想除了造成具有特殊性格的國家主義以外，如何影響到清末民初知識分子對西方觀念的瞭解與取捨呢？

史華慈教授對於這些問題的解答有很大的貢獻。雖然他關於嚴復的名著只從國家主義的立場討論到取捨的問題，但是他強調一個非常重要的區別：亦即

---

[5] 余英時，《錢穆與中國文化》（上海：上海遠東出版社，1994），頁253-254。

我們對於一個西方的觀念或詞彙在西方思想脈絡之中的意義與這一觀念或詞彙從西方搬移到東方之後,它在中國思想脈絡之中的意義,要有所區別。

「自主」、「自由」或「民主」等意義籠統的詞很像一個裡面放了許多不同東西的箱子,西方人在這個箱子裡面放的東西跟中國人在這個箱子裡面所放的東西不一定完全是一樣的。假如我們要知道兩者的異同,非得開箱取物,再將裡面的東西分門別類不可。除了這種「開箱」(unpacking)的功夫以外,我們無法得知嚴復、章炳麟、譚嗣同等人的「自由」或「自主」等觀念是他們所「接受的西方觀念」,還是將固有理想投射到西方觀念之上的結果。

史華慈到某種程度是採取這樣的方法學。他認為約翰彌爾(John Stuart Mill)的自由思想被嚴復搬移到中國之後,最重要的變化是:將個人自由與個人尊嚴視為是終極價值的想法在搬移的過程中喪失了。

黃先生的大作特別強調這一種方法學。他的焦點是嚴復如何翻譯彌爾經典性的 *On Liberty* 一書?他發現嚴復誤會彌爾之處不是彌爾對個人自由與個人尊嚴的看法,而是彌爾關於自由的所以然,亦即彌爾對於進步、自由與知識之推理。按照黃先生很豐富的證據,彌爾和許多歐美知識分子一樣,對於人心能獲取知識的能力採取比較悲觀的態度。他認為人們常常會掉入誤會與幻想的陷阱,所以只有在最自由與最開放的辯論環境之下,能獲取知識與促成進步。然而嚴復對認識論的看法是很樂觀的,所以他不易瞭解,更遑論欣賞彌爾思路之精髓。同時嚴復也不瞭解,或有意避免彌爾偏向「消極自由」(negative freedom)的主張,以及一些相關的理念。而且黃先生發現後來評估嚴譯的中國學者之中幾乎沒有人注意到嚴復這些誤會。換言之,二十世紀中國思想的主流沒有瞭解與肯定彌爾主義中關於自由的一個很基本的想法。

扼要地說,黃先生的大作指出清末民初中國知識分子對西方政治詞彙的一種很特別的取向或反應,他們覺得西方的一些觀念既清楚又合理,而另外一些觀念則不重要或不恰當。前者包括富強的目標、國家主義方面的競存、「浮

士德－普羅米修斯」的動力精神、民主，以及個人的尊嚴與自由。後者則環繞著政治經濟可行性的問題，而包括張灝教授所謂的「幽暗意識」（歷史永遠是聖魔混雜）、經濟政治缺點的不可避免性（尤其是不平等）、以權威主義作為過渡時代之代價、悲觀主義的認識論、己重群輕的看法、強調「消極自由」的角度，以及所謂「三個市場」的自由典範。[6]

清末民初很多知識分子對西方的政治詞彙與理論都有上述的看法，而此一取向與二十世紀中國政治思想的主流交織在一起。這樣一來，中國知識分子不易從西方政治思想中選擇、認識並引介彌爾對個人自由的看法，也不易偏到調適性漸進改革的政治理論。他們反而很容易接受盧梭式的先知在位的民主思想。所以當他們面臨西方政治理論之選擇時，清末民初的知識分子愈來愈選擇了一條百年之後很多學者會放棄的路，而放棄了一條百年之後很多學者會選擇的路。

嚴復與梁啟超很例外，他們在某種程度上選擇了後者。所以黃先生在嚴復思想之中找到了不少當時很多知識分子所拒絕的觀念。難怪傾向轉化的知識分子批判嚴復的思想，並將之貶為隨著年紀增長而走向保守的一個可悲的結局。

如果黃先生的看法是正確的，二十世紀中國政治思想走向激烈化的原因不但在於中國國家主義的特殊性，更不但在於以理性決定要全盤地放棄中國文化的看法，而是環繞著一種特別的、有關政治理論之角度。

然而這個角度與儒家思想有什麼關係呢？二十世紀中國思想的激烈化如何與儒家文化產生連續性？關於這個課題已經有幾種說法。其中一個重要的說法是王汎森教授在《古史辨運動的興起》裡所分析的儒家思想的「內在邏輯」。黃先生則很徹底地剖析了影響嚴復思想的諸多因素，而證明他的思想與本土文化與思潮的連續性。

---

[6] 黃克武，《一個被放棄的選擇：梁啟超調適思想之研究》（臺北：中央研究院近代史研究所，1994），頁17-20。

然而強調這種連續性並不等於說嚴復「未能跳出傳統的思維模式」。黃先生也強調嚴復思想與傳統的非連續性。

更重要的是，根據黃先生的研究，像嚴復與梁啟超那樣的知識分子有很強的批判意識與自覺精神。關於上述中國知識分子所拒絕的西方思想，他們雖然沒有像唐君毅那樣深入的體會與反省，然而他們拒絕西方理念的原因並不單純地出於他們對西方思想的誤會。嚴復反而是和不少後來的中國知識分子一樣，以自己的批判意識儘可能地瞭解與評估古今中外的政治理論，而來界定自由的範圍與現代化的方向，他甚至很自覺地反對西方現代化典範之中的一些特點。

這樣一來，這一本書改變了嚴復的歷史形象。嚴復不是一位學習西方政治理論而功課不太理想的學生。他對西方的反應不是被動的，反而他的政治思想有一個很清楚的脈絡。他企圖建立一種環繞著「積極自由」（positive freedom）的民主觀念。

換言之，按照黃先生的研究，嚴復的貢獻除了翻譯之外，最特別的是他把富強、己群並重的民主等目標與調適性的觀點結合在一起。而且他和彌爾一樣，瞭解到在實現民主理想之前的過渡階段，一個社會或許無法避免採行權威主義。嚴復所不能接受的是彌爾主義中己重群輕，而環繞著「消極自由」的民主觀。在儒家的影響之下，他不但不瞭解，也不肯定此種自由的所以然。結果他沒有將彌爾主義與調適思想成功地結合在一起。

這也顯示，嚴復所企圖結合的是調適思想與具有儒家性格的「積極自由」。他一方面在西方政治理論之中找不到這種哲學體系；另一方面則沒有注意到積極自由有偏向專制的危險。

正當嚴復陷入此一思想困境之時，另外一些也沒有注意到這個危險的知識分子則企圖將積極自由與轉化思想結合在一起，他們在西方政治理論之中找到盧梭式的民主理論，而愈來愈傾向於將它當作一個完整的體系。

這樣一來，嚴復結合中西思想的角度沒有成為當時思想界所形成的共識。

可是在經過二十世紀的危機給予中國知識分子的教訓之後，中國思想界所逐漸形成的新的共識離嚴復的理想不遠。可是這個新的共識也不能算是歷史最後的啟蒙，即福山（Francis Fukuyama）所謂「歷史的終結」。雖然此一新的共識與歐美思想主流不完全一樣，這兩個傳統同樣地面對一些人類社會中長久以來都沒有解決的政治理論的難題。尤其是無論在一個過渡時代或一個成熟的文明社會，自由的界線應如何設定？這就是說：自由的所以然是什麼？

黃先生的大作很深入地探討了上述的情況，這一點跟別的關於嚴復的研究有所不同。在這方面我希望讀者特別注意黃先生書中第四章第三節「嚴復理想社會中的個人自由與個人尊嚴」。在此節中黃先生清晰地將嚴復的自由觀念開箱取物並分門別類，指出其中彌爾主義式與非彌爾主義式的各種成分。同時黃先生也讓我們瞭解為什麼嚴復有關自由民主的理想既寶貴，又難以實行。

墨子刻
1998.3.30

《同盟會的革命理論》序

書名:朱浤源,《同盟會的革命理論:「民報」個案研究》
出版資訊:臺北:中央研究院近代史研究所,1995年再版

我很榮幸有機會為朱浤源先生的傑作撰寫序言。朱先生的大作和中央研究院近代史研究所許多其他的著作一樣,具有一些別的漢學研究中心之出版品所不及的優點,亦即兼具中國學者的博學與歐美方法學的分析角度。難怪像金觀濤與劉青峰那樣傑出的學者愈來愈依賴近代史研究所的出版品從事撰述工作。最近這個研究所中的一些學者開始特別注意到臺灣史,但是針對中國大陸與海外學者對中國歷史的研究而建立自己的闡釋,也是該所非常重要的責任。

本人在六、七年前即曾拜讀朱先生這本大作而獲益良多,後來發表了一篇環繞著此書的論文。[1] 朱著成功的原因之一在於它澄清了中國思想史的一些事實。在中國近代史上辛亥革命是非常重要的一章,就思想層面而言我們當然需要瞭解它的意識型態,亦即在英文中所說的當時「思想的光譜」(intellectual spectrum),而朱著所分析的《民報》資料是這個光譜中很重要的一部分。他的分析既詳細又清晰,我認為超過了所有中外其他學者對此課題的研究。最重要的是他注意到《民報》看法中矛盾的部分,並澄清了孫中山與章炳麟思想的共同點。與許多歐美學者不同的地方是他很瞭解政治思想在歷史過程中的重要角色,也體認到孫中山在近代思想史上的關鍵地位。

---

[*] 本文原名〈墨子刻序〉,載於朱浤源,《同盟會的革命理論:「民報」個案研究》(臺北:中央研究院近代史研究所,1995),頁1-4。

[1] 請參考拙作"A Confucian Kind of Modern Thought: Secularization and the Concept of the T'i-hsi",收入中央研究院近代史研究所編,《中國現代化論文集》(臺北:中央研究院近代史研究所,1991),頁277-330。

如何評估孫氏的思想也是朱著所敏銳地針對的一個課題。如果借用牟宗三先生的觀念把中國革命或現代化視為一個極高明而道中庸的「曲通」過程，孫氏的思想比後來的新儒家與自由主義者更具體地處理政治、經濟方面的問題，而且他的「節制資本」的原則一方面承認資本主義的重要性，另一方面強調資本主義只能是社會的僕人，而不應擅權，變成社會的主宰。

　　然而孫氏的思想（更不用說章炳麟的思想）卻掉進了烏托邦主義的陷阱，因為他以為均富的資本主義、無政客的民主，以及「人同此心，心同此理」的「多元主義」乃是人類所能實行的目標。用張灝教授的話來說，他的「幽暗意識」不夠。關於這個問題朱著很犀利地批評《民報》過於環繞盧梭（Jean-Jacques Rousseau）的民主觀念。

　　近代中國與近代歐美民主思想的一個最大不同點在於兩者怎麼處理盧梭傳統與約翰彌爾傳統上的分歧。[2] 歐美批評盧梭的風氣很強，而中國的主流思想卻十分肯定盧梭的思想。我個人覺得這是中國民主化屢遭挫折的一個緣故。有勇氣批評盧梭的朱教授是站在主流思潮之外的一個異數。

　　朱著也涉及如何區別合理與不合理政治思想的重要課題。政治思想應採取何種「思想的規矩」才算合理呢？

　　朱著與近代中國思想主流一樣，以為這樣的規矩包含一個完美「體系」所應具有的特點。朱教授用「體系」的觀念來評估《民報》的思想。他的「最重要的假設」是「《民報》的革命理論有其體系，但不完整……」（頁 315）。[3] 換言之，他認為《民報》中的理論一方面配合一個完整體系的某些特點，另一方面又不配合此一體系的其他特點。

---

[2] 請參考黃克武，《一個被放棄的選擇：梁啟超調適思想之研究》（臺北：中央研究院近代史研究所，1994）。

[3] 朱浤源，《同盟會的革命理論：「民報」個案研究》，頁315。以後本書的頁數直接標註於引用文句後。

一個完整的體系該有那些特點呢？按照朱教授的看法它有不少的特點，或說思想的規矩。第一，一種政治思想應該有「系統」與「一貫性」，即是有從「最核心主幹」「演繹」的「脈絡」，而無「矛盾」（頁 286、335-336）。第二，應該無「遺漏」，即是要澄清所有關於人生的基本問題（頁 232、260-261）。所以這樣的理論，無論是它的本體論、宇宙論，或是政治經濟上的策略，都屬於一個像黑格爾哲學那樣大規模的系統。第三，這個系統中所有的討論都必須配合學術界最高的標準。政治思想不能為了宣傳的需要而違反或忽略第一流學者所能瞭解的真理。第四，這種體系也必須很容易地被普通老百姓所瞭解與肯定。要不然它會與「人民心理需要的距離較遙遠，產生的力量較微小」（頁 336）。第五，它需要「可行性」（頁 335-336）。第六，除了這些形式的規矩之外，一個體系應該配合道德。朱著並未明言此點，但如果希特勒（Adolf Hitler）的思想有脈絡、無遺漏、配合科學最高的標準、易於被德國人所瞭解，而又有可行性的話，它當然不能算朱教授所謂的體系。最後，朱教授不但覺得一個政治群體的思想能配合上述的標準，他也覺得這種配合是政治成功的一個必要條件（"necessary condition"）。無此條件，這個群體「無法」把他們「所設計的藍圖」「有效推展」（頁 335）。

這樣一來，朱著一方面批評《民報》過度依賴盧梭，另一方面他還是跟著中國二十世紀思想史中很流行的一些思想的規矩。的確，朱著也注意到梁啟超在這方面的看法：梁氏「看到影響社會變動的因素殊多，絕不能以單純的一套理論來作全盤的革命」（頁 199）。然而梁氏這種懷疑主義卻沒有發揮很大的影響力，多數中國知識分子反而覺得梁氏思想的缺點就在於它沒有明顯的體系。在朱著中上述的思想規矩成了不證自明的真理。

然而從近代歐美思想主流的角度來看，這些思想規矩不一定合理。第一，政治上的成功不一定需要完整的體系。比方說，中國知識分子常常羨慕日本在現代化方面的表現，可是日本人依賴一個完整的體系嗎？第二，上述的思想規

矩與笛卡兒（René Descartes）、休謨（David Hume）和康德（Immanuel Kant）的認識論傳統格格不入，此一格格不入涉及所謂的「悲觀主義認識論」與「樂觀主義認識論」的不同，現在不必細論。

這種格格不入是非常有意義的。因為雙方都覺得自己的思想規矩是天經地義的真理，但是這兩套真理又互相矛盾，甚至以為自己的看法合理，別人的看法則是胡說八道。然而胡說八道有什麼定義？理性又有什麼定義？以前不少的人認為歐美的思想是先進的，可是問題並不像他們所想像的那麼簡單。朱著所用的思想規矩是否即相同於《民報》文章自己所依賴的思想規矩還有辯論餘地，而且朱著思想規矩最後的意義與價值也是一個不容忽略的重要課題。

漢學的陰影：美國現代中國研究近況[*]

本文要旨：漢學的陰影：對費正清一派中國史觀之批判

本文原是 Ramon H. Myers 與 Thomas A. Metzger 兩位教授 1979 年 12 月 1 日於美國加州大學柏克萊分校中國研究中心區域討論會（The Regional Seminar, Center for Chinese Studies, University of California, Berkeley）上所提之論文，後刊於由喬治城大學戰略與國際研究中心（The Center for Strategic and International Studies, Georgetown University）發行之《華盛頓季刊》（*The Washington Quarterly, A Review of Strategic and International Issues*, vol. 3, no. 2, Spring 1980）。去年三月初，Metzger 教授將該討論會之修正稿寄交張朋園先生，經其推介而著手翻譯，本文即根據此討論會修正稿譯成，並經 Metzger 教授親自訂正，因此有一二增刪而與英文原稿不盡相同之處。

Ramon H. Myers 現任美國史丹佛大學（Stanford University）胡佛研究所（The Hoover Institution on War, Revolution and Peace）高級研究員。著有 *The Chinese Peasant Economy: Agricultural Development in Hopei and Shantung, 1890–1949*（Cambridge: Harvard University Press, 1970）與 *The Chinese Economy, Past and Present*（Belmont: Wadsworth, 1980）二書，及有關中國經濟史尤其是臺灣經濟史論文多篇，為國際知名之中國經濟史專家。Thomas A. Metzger 現任美國加州大學聖地牙哥（San Diego）分校中國史教授。著有 *The Internal Organization*

---

[*] 本文由馬若孟、墨子刻合著，劉紀曜、溫振華合譯，原載於《食貨》，復刊卷 10 期 10（臺北，1981.1），頁 28-41；卷 10 期 11（臺北，1981.2），頁 37-51。

of *Ch'ing Bureaucracy: Legal, Normative, and Communication Aspects* (Cambridge: Harvard University Press, 1973) 與 *Escape from Predicament: Neo-Confucianism and China's Evolving Political Culture* (New York: Columbia University Press, 1977) 二書，及論文多篇，為國際知名之學者，尤以有關中國政治文化之研究而備受重視。

本文主旨乃在批判美國漢學界有關中國現代史研究的若干偏頗論點。Myers 與 Metzger 兩位教授於文內首即批判費正清一派以中共為歷史正統的「中國偉大的革命」論，而此論實大有助於促使美國政府承認中共。正如二位教授所指出的，此論似乎與某些美國人士認為中共充滿道德活力的烏托邦式的天真偏見有關。關於此兩點，二位教授在文內已指出既矛盾又不符歷史事實。另外，Myers 與 Metzger 兩位教授則一再強調傳統中國與現代中國的歷史關係之複雜性。以此批判隱然支配美國漢學界的「革命」典範與「現代化」典範，同時對中共的「革命」程度與範圍，以及中共「現代化」的困難與局限，提出批判性的重估，從而試圖發展出一新的「中國發展」典範，提供一新的研究與解釋中國現代史之方向。於此，吾人實欣見美國漢學界對中國研究的一種審慎持平態度之出現。

至若文內所論有關帝國主義在中國的功過與西安事變的後果或影響，則因主、客觀立場之不同，吾人儘可從不同的角度提出不同的觀點。要之，客觀而真誠的相互切磋，是學術研究的基本態度，吾人本此態度特將此文刊出，供國內學界參考，亦足為國內學界之借鏡也。

陶希聖

一、導論

雖然中共並不是一個主要的世界性強權，但卻是整個世界的主要問題之一，亦是美國外交政策上的一個主要問題。很顯然的，如果美國政治家對中共現行政策與政治傾向沒有充分理解，將無法與中共周旋，而此種理解則有賴對現代中國歷史與社會的適切瞭解。然而，美國學者對現代中國的歷史與社會是否已有適切的瞭解，則是很可懷疑的，對美國朝野則更少作成可靠的引導。職此之故，卡特（Jimmy Carter）總統決定與中共關係正常化之時，對其所擬付出的代價並未經過明晰的公開討論，而直到今天，美國對尋求中共的友誼與對中華民國安全的保障，究竟該進行至何種程度仍然缺乏清晰的意念。

在 1958 年至 1970 年間，有將近 4,100 萬美元的資金投入高等教育機構中，支持中國研究。此項投資是否產生了高水準的學術與一群可靠的中國問題專家？答案是否定的。在美國出生而從事現代中國研究的學者中，很少有人能充分瞭解中國語文，而達到能說能讀各種不同類型作品的程度。亦很少有人能夠避免因將本身局限在已劃分好的研究範圍之內所引起的誤解。除了少數教科書的概括性敘述之外，許多有關中國共產黨政治或主義的研究，亦少有能夠瞭解中國思想及政治傳統者，縱使他們所研究的中國人物本身對此傳統有很高的自覺性亦然。同時，有些學者雖頗能瞭解傳統的複雜性，可是卻不能提供給關心現代中國問題的學者們一個有意義的解釋，而讓他們瞭解傳統與現代的關係。

更糟的是，所謂科際研究經常只是借自一些不成熟的社會科學方法而削足適履地應用。縱有韋伯（Max Weber）的特例，然而社會科學終究是集中於原始的、發展中的與現代的社會之研究，而不集中於研究複雜的歷史文明。而且，社會科學的研究主要是靠統計學與田野工作，而非書寫的文件。但現代中國完全是從一個複雜的歷史社會演進而來，其有關資料主要是以歷史文件的形式存在。結果，社會科學家只是在中國社會特定的某些方面做了極佳的研究工作，集中於地方社區而忽略了政體的演進。

同時，尚有一個關於歷史典範（paradigms）的問題。當然，吾人需要這些典範做為一種分析架構，以便指出各種研究題目間的相互關係。可是因為這些典範仍被局限在迷思（myth）與有用的概述（generalization）之間徘徊不定，歷史學家必須小心地應用它們，避免將它們具體化，特別要避免此種謬誤（fallacy）：以為一個主要事件是某種單一程序按照決定論的黑格爾式的發展之結果。

　　然而，最近幾年，在許多有關現代中國史的著作中，「革命」典範已掩蓋過「現代化」典範，上述謬誤乃變成必有的現象。按照這個美國漢學的「革命」典範，中共是中國革命的主流。同時「革命」典範的流行，已深深影響到美國有關中國問題的輿論以及政治家的看法。此種「革命」典範將中共視為歷史邏輯的發展結果，而將中華民國視為一個歷史的殘餘物。此種有關現代中國史的意理性觀點，與中共的史學觀點相符合，而阻礙了許多美國知識分子以一種公平而審慎的方式思考中華民國與中共政府的問題。

　　美國學術界此種意理成分的膨脹，部分是由於越戰而產生的思想混亂有以致之，但也是因一些複雜的美國文化趨勢而引起的，這問題已超出本文的論述範圍。然而，吾人似乎應該提到一些美國漢學家的兩難困境（dilemma）。有些漢學家深怕觸怒中共，因為中共握有深具價值的研究機會之鑰。另一些漢學家只是傷於「馬可波羅綜合症」（Marco Polo Syndrome），而這病徵只有親自走在長城上才能紓解。吾人從季辛吉的《白宮回憶錄》（*White House Years*）可知，就是季辛吉要接近毛澤東，也完全像一個美國男孩接近巴貝羅士（Babe Ruth）似的被威服。同時，仍有許多富裕的美國人受苦於「林肯史帝芬綜合症」（Lincoln Steens Syndrome），而想在國外尋求共產烏托邦。而且，在美國知識分子間，反對共產主義仍未在基本上被普遍地認知。縱有索忍尼辛（Aleksandr Solzhenitsyn）的證言與西蒙列斯（Simon Leys）的《中國的陰影》（*Chinese*

Shadows)[1] 以及陳若曦的《尹縣長》等著作,很多美國知識分子仍然覺得反共產主義有麥卡錫主義(McCarthyism)的味道。因為麥卡錫主義對他們而言,是一個可怕的現象,所以他們避免直接地反共產主義。直到最近,在美國對中共的策略已由笨拙地企圖「玩中國牌」轉變為與蘇聯不幸的對抗之情況下,仍然覺得資本主義的病症比極權主義更嚴重的美國漢學家,卻發現他們可以在華盛頓繼續培養奉承性的關係。故無論極權主義的情況怎樣,無論華盛頓方面的策略得失如何,他們仍然熱心地促進美國政府與中共的關係,此種奇異的現象仍有待人類學家與心理學家加以研究。

暫且不論這些漢學知識的社會學問題,本文只能就一些主要的貢獻為例,討論在美國對有關現代中國史論辯特別有影響的一些論點。我們將批判被用於有關1949年前後時期的研究之「革命」典範,並對利用「現代化」典範研究中共的著作做一評估,同時討論在這兩個典範以外的一些社會科學家的主要貢獻,最後簡要地討論最近有些著作所提出的新觀點。可惜的是,本文不得不略過某些重要的論題。

二、革命典範的歷史

美國的歷史學家一向規避黑格爾主義,但他們經常喜歡歷史的勝利者,而以為此勝利必定是基於某種歷史邏輯。所以難怪中國共產黨1949年的勝利,終使許多美國歷史學家確認此勝利是一個革命發展過程的邏輯結果,而他們可以研究此發展過程的「根源」與「階段」。費正清(John King Fairbank)在其深具影響力的《美國與中國》(*The United States and China*)一書第三版中即謂:「假如吾人承認西方是帶給中國現代化的方式,吾人即須肯定二十世紀偉大的中國革命,而這個革命是我們西方人助其發動的」。[2] 在《劍橋中國史》(*The*

---

[1] Simon Leys, *Chinese Shadows* (New York: Penguin Books, 1978).

[2] John K. Fairbank, *The United States and China* (Cambridge: Harvard University Press, 1971), p. 402.

Cambridge History of China）第十卷，費正清在其論文的第一部分題為「歷史與中國革命」之一節內，確定地總結其立場道：「總之，中國現代史記錄了偉大的兩幕：一是藉國際貿易與戰爭而擴展的西方文明與固持性的農業官僚的中國文明之文化對抗；二是由上述對抗而引起的中國之根本轉變，而這轉變是所有革命中最偉大的一個。」換句話說，由於西方的衝擊，傳統中國進入「一個崩解的時期……而且直到二十世紀中期，在毛澤東思想內透過馬克思列寧主義的應用，才能再度建立一個新的歷史正統」。對費正清而言，接著的中國歷史是一個「偉大的中國革命繼續擴展的過程」。[3]

　　此種「革命」典範之所以形成，實乃因某些深具影響力的研究著作所提示的三種基本論點聯合衝擊的結果。在思想方面，這些著作以馬克思（Karl Marx）、毛澤東思想取代漸漸逝去的儒家價值觀與不合時宜的近代自由主義價值觀。在社會政治層面，這些著作認為中國的知識分子與農民對本身的受害受騙感到覺醒，而聯合起來向腐敗而受國外帝國主義支持的紳士階級與商人集團的同盟鬥爭奪權。同時，充滿道德活力的中國共產黨，在革命的歷史潮流中，終於打敗國民黨。在經濟層面，則認為根源於鄉村組織的剝削體系與由帝國主義所加重而不斷重覆的經濟危機，掩蓋過從已漸漸工業化了的近代城市所擴展出來的有利效果。這三方面的論辯合起來，即創造一種印象，以為近代中國史有一直線的、有目的的發展過程，此過程的終點即 1949 年共產黨的勝利，而將國民黨擠入歷史的廢墟之中。但是，此種印象不僅與現實的處境矛盾，且與歷史資料不符。

（一）思想史

　　美國漢學界有關中國近代思想史的研究，尤其是列文森（Joseph R. Levenson）的一些主要著作，均強調一個主題：以為儒家價值觀與現代化是衝突的，而且

---

[3] John K. Fairbank ed., *The Cambridge History of China* (Cambridge: Cambridge University Press, 1978), vol. 10, part 1, pp. 1-2.

在二十世紀的中國也已經崩潰了。列文森在 1953 年出版了一本有關梁啟超的書，接著出版了三卷名為《儒家中國及其現代命運》（*Confucian China and Its Modern Fate*）[4] 之著作。使列文森著迷的問題是：自負的儒家如何在決定實行現代化的時候拒斥其文化傳統，而同時堅持中國在價值上與西方是相等的看法。按照列文森的說法，1903 年前後的梁啟超，雖然在「思想上」拒斥中國文化，但因支持民族主義的關係，在「情緒上」卻仍然依附著中國文化。

列文森認為二十世紀初年中國的改革主義者無法改變中國社會。除非放棄儒家思想，否則他們既無法統合全國力量去追求民族主義的目標，亦無法引導民眾從事現代化的工作。列文森指出，只有馬克思主義能讓中國人同時感到驕傲又反傳統，因馬克思主義能同時否認傳統而又將中國的革命主義者置於歷史秩序的頂點。

列文森的觀點獲得其他某些研究的支持，而他那迂曲閃爍並充滿雋語的文章風格，亦在 1960 年代使許多學者感到驚奇。然而，他把握了中國「思想轉變」的本質嗎？ 1971 年另一個哈佛畢業生張灝，對此轉變提出一個重要的重估。張氏指出，當梁啟超轉向現代化的時候，不僅只在情緒上而且亦在思想上，保持一種對某些儒家價值觀的奉獻。例如，在其 1903 年左右所寫而聞名一時的《新民說》內，梁啟超解釋「許多儒家有關人格修養的箴言」，如何可用於形成一種最有效地實現現代國家的公民道德之人格。[5] 然而張氏仍然同意列文森以下的觀點：由於西方價值觀念的輸入而引發中國人現代化的觀念，終究廢棄了許多儒家的核心價值觀念。同樣的，張氏的老師史華慈（Benjamin Schwartz）亦斷定在西方「浮士德－普羅米修斯式」（Faustian-Promethean）的動態崇拜（cult of dynamism），與中國理學中「使其社會與倫理秩序幾乎絕對化」的「消極而

---

[4] Joseph R. Levenson, *Confucian China and Its Modern Fate* (Berkeley: University of California Press, 1958-1965).

[5] Hao Chang, *Liang Ch'i-ch'ao and Intellectual Transition in China, 1890–1907* (Cambridge: Harvard University Press, 1971), p. 299

禁制性的倫理」（negative, inhibitory ethic）之間，有某種矛盾存在。[6]

然而，此種矛盾論點正漸漸受到許多不同的中、英文著作之挑戰。終究，此種論點本身即是受到特殊的中國意識立場（五四反傳統思想），與經常過度簡化地比較現代性與傳統性之美國現代化理論之影響。從1950年代開始，一群很傑出的中國學者，多數居於香港，如唐君毅、牟宗三、徐復觀等人，出版了一系列有關儒家思想的著作。他們指出，不應將儒家思想的人文主義價值觀，與公認阻抑中國現代化的傳統制度模式混淆在一起。儒家人文主義價值觀，對一個不僅需要現代化且更需要整合的精神生活的社會，是仍有其意義的。

唐君毅等人少見的博學是早已被公認的。但一直到最近，才有美國學者認為他們有傳統取向而被列文森稱為在思想上「即將消逝」的哲學觀點，仍有其存在的意義與價值。[7] 尤有甚者，Don C. Price 亦指出在早期主張現代化者的意識中，不但有尋求富強的民族主義，也有這些正被唐君毅等人研究的人文主義價值。[8] 同樣地，雖然梁漱溟的哲學觀點是從傳統導引出來而反馬克思主義的，但按照艾愷（Guy S. Allito）的研究，梁漱溟與毛澤東有關道德社區的理想並非完全相反，而且他們兩人是多年的朋友。[9]

此種現象不能說是沒有意義的，終究政治理論與政治家的品性行為不是相同的東西。很久以前，唐君毅教授即已指出：「關於共黨之如何在大陸一時之成功之積極原因……我們不能窒礙的看，要超越的看。超越的看，才看出什麼一種中國文化精神……此精神，主要即我們前說之中國人之世界主義天下一家

---

[6] Benjamin I. Schwartz, *In Search of Wealth and Power: Yen Fu and the West* (Cambridge: Harvard University Press, 1964), pp. 105-106, 110, 243.
[7] 見Charlotte Furth, ed., *The Limits of Change: Essays on Conservative Alternatives in Republican China* (Cambridge: Harvard University Press, 1976).
[8] Don C. Price, *Russia and the Roots of the Chinese Revolution, 1896–1911* (Cambridge: Harvard University Press, 1974).
[9] Guy S. Allito, *The Last Confucian: Liang Shu-ming and the Chinese Dilemma of Modernity* (Berkeley: University of California Press, 1979), p. 70.

之精神」。[10] 無論一個像毛澤東或希特勒（Adolf Hitler）的政治領袖是如何利用他們民族傳統的固有價值觀念，這些觀念與他們的思想之關係，也是一個重要的歷史現象。

關於傳統價值取向與近代思想的關係，王爾敏曾闡明其複雜性。在其《晚清政治思想史論》[11]與《中國近代思想史論》[12]二書中，王氏根據1840年至1911年間，將近三百位中國人討論有關西化的作品，認為當這些人企圖理解其所處的新處境時，基本上仍然使用固有的思想方式。王氏問道：為什麼這些早期的現代化主張者經常表示西學乃源出於中國，或由古代中國人所預想的，或由於中國人的智慧才得以完成？王氏認為除了民族主義之驕傲感外，這些早期理論顯示了企圖結合現代化與中國人的最高理想之純真的努力。換句話說，按照這些早期現代化主張者之看法，現代化的目標與淵源於遠古而因歷史的積弊才失去的理想是一致的。而且，與史華慈及張灝相反的，王氏認為這些早期的現代化主張者，將其所處的時代視為改革中國社會的絕佳機會，他們這種觀點的形成，受到中國固有的有關宇宙歷史過程之動態觀點影響之深，與其受1890年代後期由西方引進之進化論之影響是相同的。另外，呂實強也指出，清季的先知先覺者並非放棄所有的傳統價值，而是具有很深的儒家信仰。[13]

在《逃避困境》（*Escape from Predicament*）[14]一書內，墨子刻（Thomas A. Metzger）提出一個類似的論點。認為中國人之所以接受西洋方式，並非因其乃是與儒家傳統相矛盾的東西才接受。他們之所以熱心地採行西洋方式，主要乃因他們將西洋方式視作在達到傳統目標而久受挫折的奮鬥中，能夠預示一種突

---

[10] 唐君毅，《人文精神之重建》（香港：新亞研究所，1955），頁268-269。
[11] 王爾敏，《晚清政治思想史論》（臺北：華世出版社，1976）。
[12] 王爾敏，《中國近代思想史論》（臺北：華世出版社，1977）。
[13] 呂實強，《儒家傳統與維新(1839–1911)》（臺北：教育部社會教育司，1976）。
[14] Thomas A. Metzger, *Escape from Predicament: Neo-Confucianism and China's Evolving Political Culture* (New York: Columbia University Press, 1977).

破的新手段。在早期現代化的主張者之意識中，傳統目標是與技術、西洋政治經濟形式，甚至科學與西方哲學交織在一起的。對當時許多改革者與革命家而言，研究西方的科學與哲學，預示著以一單一的知識體系解決所有道德與物理問題的傳統欲望之滿足。如此，早期現代化主張者雖然採用西洋思想，卻濾除了個人主義與中國固有共同體理想衝突之處，亦濾除了西方哲學上懷疑論與傳統的絕對的道德信仰衝突之處。

既然連1920年代反傳統的馬克思主義也是由這些早期的現代化觀點衍化而來，則主張中國共產主義代表「一種與過去完全而基本的斷絕」之說法，是很難獲得確證的。然而，此種說法仍是學者間很普遍的觀點，例如最近莫里斯‧邁斯納（Maurice Meisner）所著《毛澤東治下的中共》（*Mao's China*）[15]一書，即持此種觀點。邁斯納的分析一開始即受害於一種矛盾說法。當他主張中國共產主義者已與過去整體性而反傳統地斷絕了關係之同時，卻又認為「他們認知中國處境的方式，以及他們如何瞭解馬克思主義並用之以謀中國問題之解決，均受到先此而存在著的思想傾向非常深的影響」。[16] 邁斯納認為，這些思想傾向由毛澤東「對能改變實體（reality）的思想力量超乎尋常的信仰」充分顯示出來。不稱這些傾向為「傳統的」而稱其為「先此存在的」，然而這亦掩蓋不住它們是起源於傳統的事實。邁斯納必須忽略此項事實，以便維持其傳統價值不僅為馬克思主義反傳統論者所拒斥，且在一般意義上亦已失其「合法性」的論點。再者，邁斯納需要此種論點，以便維持其有關國民黨的中心理論：即國民黨為維護其政治利益而虛偽地使用已無真正「合法性」的傳統價值。[17]

此外，邁斯納以一種所有遵從「革命」典範的學者所具有的典型方式，對為何傳統價值既缺乏「合法性」卻同時仍受千百萬中國人——不管受過教育或

---

[15] Maurice Meisner, *Mao's China: A History of the People's Republic* (New York: The Free Press, 1977), p. 4.
[16] Maurice Meisner, *Mao's China: A History of the People's Republic*, p. 4.
[17] Maurice Meisner, *Mao's China: A History of the People's Republic*, pp. 13-14.

未受教育——的信仰這個問題，提出其解答。他的答案是，這些信仰傳統價值的中國人在文化上是落伍的。[18] 他並不討論此種說法在知識論上的驗證，然而其含意卻是清楚的：即中國共產黨並不只是一個中國的革命團體，而是一個凡是研究他們的歷史學家就必須採納他們有關「進步」與「落後」的定義之團體。

同樣的謬誤亦可見諸林毓生《中國意識的危機：五四時期激烈的反傳統主義》[19] 一書。林氏認為在民國 4 年至 16 年間，五四運動反傳統論者所攻擊的傳統價值，業已（在辛亥革命以前）經歷「全面崩潰」過程，以至於「任何傳統的中國思想均已無法再毫無疑義地被接受」。[20]

然而，第一，此種敘述在經驗上是不正確的。第二，林氏有自我矛盾之處，因為林氏亦認為縱使是反傳統論者，亦很自然地採行各種不同的傳統價值與思想模式。[21] 第三，林氏的觀點使反傳統論者的目的不明，因為他們結果就像放火燃燒一間業已燒燬的房子。第四，林氏有關價值「崩潰」與「殘存」的討論，再度規避此過程在個人與群體間有所不同的問題。更確切地說，林氏是認為只有反傳統這一邊才是關係重要的。按其說法，一方面反傳統論的反對者是「為了辯護一個連清楚的界定也沒有的傳統，而提出幾乎是沒道理的說法」。另一方面，反傳統論者又不外是實行一個由歷史所呈現的「有結構性的可能」。[22] 可是除了採取一種激勵某一歷史團體的信仰以外，一個歷史學家怎能宣稱某一種看法比另外一種看法，與歷史的「有結構性的可能」更加符合？如此，與歷史決定論又有何不同？林著亦受損於其他誤解，然而不可解的是，著名的思想史

---

[18] Maurice Meisner, *Mao's China: A History of the People's Republic*, p. 67.

[19] Yü-sheng Lin (林毓生), *The Crisis of Chinese Consciousness: Radical Antitraditionalism in the May Fourth Era* (Madison: University of Wisconsin Press, 1979).

[20] Yü-sheng Lin (林毓生), *The Crisis of Chinese Consciousness: Radical Antitraditionalism in the May Fourth Era*, pp. 11, 17-19.

[21] Yü-sheng Lin (林毓生), *The Crisis of Chinese Consciousness: Radical Antitraditionalism in the May Fourth Era*, pp. 28, 74, 80, 97, 154.

[22] Yü-sheng Lin (林毓生), *The Crisis of Chinese Consciousness: Radical Antitraditionalism in the May Fourth Era*, pp. 17-18.

家史華慈在其為林氏而寫的前言中，卻無保留地贊同林氏觀點

總之，一般認為在二十世紀中國，即將消逝的傳統價值已被由西方輸入而充滿活力的馬克思主義所取代的觀點，是絕對站不住腳的。在很高的程度上，1949 年的失敗者與勝利者雙方，共有許多植根於傳統的取向，而這些取向如何發展的複雜問題，則仍有待研究。

（二）社會政治史

還有其他「革命」典範的支持者，他們不將其黑格爾式的歷史趨勢興衰觀強置於價值的領域，而置於社會階級與政治組織之上。此種觀點所引起的混亂情況，吾人不能輕予略過。一個主要的例子，就是在柏克萊與安那堡兩個漢學中心經過多年研究才完成的一本書，此即周錫瑞（Joseph W. Esherick）的《改良與革命：辛亥革命在兩湖》（*Reform and Revolution in China: The 1911 Revolution in Hunan and Hubei*）。[23]

本書是近年來傾向區域史研究的很好例證，有精密的研究做基礎，是一本頗具洞察力且寫得不錯之書。周錫瑞區分出有關聯的社會階層與組織，敘述了使社會緊張增劇的處境因素與人格形態，並分析了促成推翻滿清的關鍵性地方事件。

依照周錫瑞的觀點，中國逐漸興盛的革命勢力，在辛亥革命時受到了挫折。辛亥革命之所以失敗，乃因為「激進」的「革命分子」不能得到政權。[24] 辛亥革命時，「學生與群眾各自走著完全不同的革命路線」，此兩條革命路線曾於 1906 年時相交過，但此後即分道揚鑣，直至 1920 年代毛澤東進入歷史舞臺後才

---

[23] Joseph W. Esherick, *Reform and Revolution in China: The 1911 Revolution in Hunan and Hubei* (Berkeley: University of California Press, 1976).

[24] Joseph W. Esherick, *Reform and Revolution in China: The 1911 Revolution in Hunan and Hubei*, pp. 178, 217, 258.

再度會合。[25]因此，辛亥革命不能滿足中國完成一個「徹底的社會與民族革命之需要」。[26]

周錫瑞認為阻礙滿足此種激進革命需要的是「城市改革派的精英分子」，他們利用辛亥革命加強本身的權力，而愈來愈與「革命分子」以及「群眾」疏離。[27]此種疏離感之所以產生，不僅是因在鄉村中國與這些漸漸西化的精英分子間差距漸增，同時也因這些精英分子所施行的現代化改革事實上只對他們有利，而對貧民強加更大的稅負。[28]雖然周錫瑞費許多筆墨敘述湖南新軍的激進傾向，事實上他無法指出在辛亥年當時能存在下去的「激進選擇」。[29]相反的，周錫瑞不只承認「城市的改革派精英分子」是辛亥年間「帶動變革的主導力量」，而且亦承認改革主義分子在「政府保護之下」的私人企業計畫，是當時工業化通往成功的必要條件。[30]尤有甚者，雖然周錫瑞比鄧小平對外資抱著更大的懷疑，他仍然認為至少在「自由企業的原則下」，工業化所需的資本還是借自「帝國主義者的資本家」最為划算。[31]因此，吾人很難看出周錫瑞認為辛亥年間中國較需一個激進的革命而不需要有讓城市精英分子實現其計畫的機會之觀點，有任何歷史的根據。盤旋於周錫瑞的立場之背後的，是一種令人疑惑的假設：即社會主義的現代化比資本主義現代化更能實現經濟平等。

---

[25] Joseph W. Esherick, *Reform and Revolution in China: The 1911 Revolution in Hunan and Hubei*, p. 65.
[26] Joseph W. Esherick, *Reform and Revolution in China: The 1911 Revolution in Hunan and Hubei*, p. 258.
[27] Joseph W. Esherick, *Reform and Revolution in China: The 1911 Revolution in Hunan and Hubei*, pp. 177-178, 217, 256-259.
[28] Joseph W. Esherick, *Reform and Revolution in China: The 1911 Revolution in Hunan and Hubei*, pp. 106, 112, 120.
[29] Joseph W. Esherick, *Reform and Revolution in China: The 1911 Revolution in Hunan and Hubei*, pp. 242, 245.
[30] Joseph W. Esherick, *Reform and Revolution in China: The 1911 Revolution in Hunan and Hubei*, pp. 247, 258.
[31] Joseph W. Esherick, *Reform and Revolution in China: The 1911 Revolution in Hunan and Hubei*, p. 91.

除了嘆惜一個事實上不存在而有問題的選擇途徑之逝去，周錫瑞亦無法證實其認為「辛亥年間的農民與城市貧民受苦於因改革活動而加諸其上的稅負」之中心論點。根據最近的研究，1910 年中國田賦的「實際稅負」，其所占全國農業年生產量的百分比，約為 1750 年的三分之一，而相當於當年農業生產量的 2% 至 4%。[32] 然而，當周錫瑞宣稱在清代的最後數年間農民受害於漸增的稅負時，顯然即忽視了王業鍵的研究之發現。

像周錫瑞這樣的歷史學家，可以隨便採用「漸增」這個字眼，而不必檢驗涉及此發展的基線。故不論稅負問題是否促使平民怨恨精英分子，而周錫瑞亦無法指出任何「群眾」與精英分子間因現代化改革而產生的疏離之增長。周錫瑞確曾想藉 1911 年前後的社會緊張，與前此幾世紀之「社會整合與穩定性」作一對比，以顯示社會疏離的增長。[33] 然而，此種描述是與事實不符的。

事實上他可以參考楊慶堃有關清代 1796 年至 1911 年間群眾暴亂（五人以上的團體行動）之論文。[34] 楊氏的研究指出，在此時期 6,643 件暴亂事件中，只有 19% 是發生在清代的最後三十五年之間（即 1876-1911），而有 67% 是發生在前此的三十年（即 1846-1875）。而大多數屬於十九世紀中期有名的叛亂。同樣的，與十七世紀時由貧民領導而反抗紳士精英分子的群眾暴亂比較起來，1876 年至 1911 年間的暴亂層次是非常低的。因此，不管是因晚清的改革或其他因素，吾人均不可能強辯此時期的階級緊張較前惡化。周錫瑞認為：「像中國這樣的一個農業國家，辛亥革命的城市特徵毋寧是特別值得注意的。」[35] 然而上

---

[32] 見王業鍵，*Land Taxation in Imperial China, 1750–1911*（《清代田賦芻論（1750–1911）》）(Cambridge: Harvard University Press, 1973), pp. 113, 128.

[33] Joseph W. Esherick, *Reform and Revolution in China: The 1911 Revolution in Hunan and Hubei*, pp. 67, 258-259.

[34] Frederic E. Wakeman, Jr. and Carolyn Grant, eds., *Conflict and Control in Late Imperial China* (Berkeley: University of California Press, 1975), pp. 177, 187.

[35] Joseph W. Esherick, *Reform and Revolution in China: The 1911 Revolution in Hunan and Hubei*, p. 177.

述 6,643 件暴亂事件中，卻有 61.4% 發生在市鎮或城市，而非農村或鄉村地帶。

周錫瑞將 1909 年至 1912 年間的「群眾」描述成精英分子改革派的反對者。[36] 然而其所謂「群眾」除指像無業游民等較易變的階層之外，是否亦指如小地主與小市民等較固定的低階層而言，則並不十分清晰。事實上周錫瑞沒有多少資料能夠說明關於後者之因襲的偏於保守的看法。

周錫瑞對「群眾」所作的過分自信的概化性描述，是與其對社會階層的馬克思主義觀念有關，馬克思主義者將社會階層視為清晰地界定而具有同質性的「階級」，當與其他階級發生「矛盾衝突」時，則表現了一種超越文化差異而普遍的階級性。[37] 此種馬克思主義的「階級」理論，並不適用於中國，此種理論無法解釋許多中國人特定的矛盾並立性（ambivalence），與他們經常改變效忠對象的流動方式，以及形成黎安友（Andrew J. Nathan）所研究的派系網絡。[38] 例如，就像周錫瑞所注意到的，精英分子有保守者與改革者之分，[39] 然這兩個團體之間並沒有很清楚的界限，且每個團體亦非有其特有的財產基礎或利益。而且就如周錫瑞所認知到的，改革論的精英分子經常會因同情或血緣關係，而與地位較低但受過教育的主要激進分子如學生與新軍等人連結。同樣的，秘密會黨分子亦可與這些激進或保守的團體建立關係。

就因為政治動機常無法以階級利益來解釋——至少在中國是如此——因此歷史學家必須仔細地檢視政治活動者的觀念，以發現其動機。然而，周錫瑞卻拒絕採取此種途徑，而謂其研究的是「清晰明瞭的政策所產生的社會結果」，

---

[36] Joseph W. Esherick, *Reform and Revolution in China: The 1911 Revolution in Hunan and Hubei*, p. 214.

[37] Joseph W. Esherick, *Reform and Revolution in China: The 1911 Revolution in Hunan and Hubei*, pp. 63, 69, 102-105, 143, 178, 214, 258.

[38] Andrew J. Nathan, *Peking Politics, 1918–1923: Factionalism and the Failure of Constitutionalism* (Berkeley: University of California Press, 1976).

[39] Joseph W. Esherick, *Reform and Revolution in China: The 1911 Revolution in Hunan and Hubei*, pp. 69, 112, 177, 258.

而非「價值觀念」。[40]因此，縱然認知到革命行動有賴受過教育的人民心中所興起的「廣泛的共識」（consensus）[41]，卻拒絕仔細檢視這些受過教育的人們之所思所想。結果，他對這些精英分子分為保守與改革兩個陣營之方式，或對在辛亥前後所流行的以革命為萬能藥之極端樂觀的看法，[42]均無任何解釋。毋須說，他更不會對此種想推翻朝廷的極端樂觀看法，是如何在一個習慣於將朝廷視為政治秩序的輪軸之精英分子的心中興起的問題，提出疑問。同樣的，由於不熟悉理學的基本語辭，[43]他對這些精英分子與傳統觀念之複雜關係顯得並不瞭解。可是他卻毫不猶豫地主張他們之中的西化論者「大多已失去對中國人的認同感」。想必周錫瑞是認為界定此種認同感，是對「價值觀念」徒勞無益的研究，何況他可依賴毛澤東的判斷而判定那些人已失去此種認同。[44]如此，當周錫瑞企圖以社會階層之間漸增的緊張來解釋辛亥革命而無法證明他的理論之時，卻忽視了此革命最獨特的一面，即強調改變的新意理（ideologies）之內容，以及由這些新意理所表達出來的社會緊張關係之問題。

像周錫瑞般的學者均承認二十世紀初期「改變中國制度面貌」[45]的現代化政策是改革派精英分子的功績。可是因周錫瑞等人視這些精英分子為阻礙革命的反動力量，以致無法對這些政策作一客觀之研究。而此種較客觀的看法，吾人可於鮑德威（David D. Buck）《中國的城市變遷：1890–1949年山東濟南的政治與發展》（*Urban Change in China: Politics and Development in Tsinan, Shantung,*

---

[40] Joseph W. Esherick, *Reform and Revolution in China: The 1911 Revolution in Hunan and Hubei*, pp. 1-2, 143, 256.
[41] Joseph W. Esherick, *Reform and Revolution in China: The 1911 Revolution in Hunan and Hubei*, pp. 46, 144-149.
[42] Joseph W. Esherick, *Reform and Revolution in China: The 1911 Revolution in Hunan and Hubei*, pp. 26, 169, 252.
[43] 如在頁54即將惟一學堂誤譯了。
[44] Joseph W. Esherick, *Reform and Revolution in China: The 1911 Revolution in Hunan and Hubei*, p. 138.
[45] Joseph W. Esherick, *Reform and Revolution in China: The 1911 Revolution in Hunan and Hubei*, p. 2.

1890–1949）[46] 一書中見之。

此種強調地方性精英分子的反動力量之理論，是與強調在國家層次上由於傳統價值的支配而導致保守政治的失敗之理論相配合的。根據芮瑪麗（Mary C. Wright）《同治中興：中國保守主義的最後抵抗（1862-1874）》（*The Last Stand of Chinese Conservatism: The T'ung-chih Restoration, 1862–1874*）[47] 一書之說法，蔣介石先生企圖恢復「集體負責的保甲制度」，發展一種「軍事領導與策略」的形式，以及恢復儒家思想等方法，都是為了提高士紳的地位。但就像晚清的同治中興（1862-1875），乃因為一個現代國家所需求的條件，正好與儒家秩序所需求的條件完全相反而失敗。同樣的，國民黨「亦遭遇暗淡的失敗，這失敗遠較其刻意模倣的同治中興之失敗更為悽慘」。[48]

類似的觀點亦見於費維愷（Albert Feuerwerker）的經典著作《中國早期的工業化：盛宣懷（1844-1916）和官督商辦企業》（*China's Early Industrialization: Sheng Hsuan-huai (1844–1916) and Mandarin Enterprise*）[49] 一書中，而認為十九世紀末期由清廷開始興辦的企業，無法導致現代工業在中國急速發展，傳統價值觀念對此應負大部分的責任。易勞逸（Lloyd E. Eastman）在《失敗的革命》（*The Abortive Revolution*）[50] 一書中，更進一步引申此種論點，以為國民黨抗戰前十年的統治，即屈從於泛濫中國的「特殊主義」（particularism）。他以為中國人「大部分是在個人關係上而非在一共同的意理信仰（ideological

---

[46] David D. Buck, *Urban Change in China: Politics and Development in Tsinan, Shantung, 1890–1949* (Madison: University of Wisconsin Press, 1978).

[47] Mary C. Wright, *The Last Stand of Chinese Conservatism: The T'ung-chih Restoration, 1862–1874* (Stanford, Calif.: Stanford University Press, 1957).

[48] Mary C. Wright, *The Last Stand of Chinese Conservatism*, p. 312.

[49] Albert Feuerwerker, *China's Early Industrialization: Sheng Hsuan-huai (1844–1916) and Mandarin Enterprise* (Cambridge: Harvard University Press, 1958).

[50] Lloyd E. Eastman, *The Abortive Revolution: China under Nationalist Rule, 1927–1937* (Cambridge: Harvard University Press, 1974).

commitment）上團結起來」。[51] 因此不易為現代化之目的而動員。

然而，假如國民黨的價值觀與現代化是無法並存的，則1949年以後國民黨在臺灣的現代化努力卻如此成功，何況國民黨初抵臺灣時又面對著巨大的阻礙，這成功是如何來的？終究，特殊主義在臺灣仍然盛行。例如家博（Bruce Jacobs）即曾分析仍然支配中國政治與組織——不管臺灣或大陸——的各種特殊主義連結（particularistic connections）。[52]

基於價值觀而譴責國民黨的失敗之研究，不僅受害於以一種粗疏的方法分析政治文化，且受害於一種忽視領導階層與戰略性決策等重要問題之傾向。例如蔣介石先生憂慮江蘇與浙江建立其基礎之後的政策，在民國17年至18年間，他有許多決策的選擇機會。他本可以將政策集中於農業、防衛與幾個模範省的建設發展上，然而他卻選擇依賴通貨膨脹的方式與徵稅，以便支持其軍事行動，控制更多的省分。民國27年，國民黨本可以選擇一個其他省分以重新配置其勢力，然而卻選擇了與中國大部分地方隔絕的四川省。同樣的，民國34年末，國民黨本可以集中力量首先從事東北之復員工作，而卻選擇首先復員沿海各省以鞏固其權力。不同的戰略性決策，事實上可導致不同的結果。

當學者們將不適當的價值觀指為國民黨失敗之理由的同時，共產黨的勝利亦被認為是由於共產主義價值觀之優越性使然。因此，馬克·塞爾登（Mark Selden）在其所撰《革命中國的延安方式》（*The Yenan Way in Revolutionary China*）[53] 一書中，即讚美所謂「延安精神」。塞爾登相信，中國西北的「農民群眾已打破被動性與卑屈性的束縛，新的社區形式已掃除因戰爭而破碎的立基

---

[51] Lloyd E. Eastman, *The Abortive Revolution: China under Nationalist Rule, 1927–1937*, p. 295.

[52] Bruce Jacobs, "A Preliminary Model of Particularistic Ties in Chinese Political Alliances: *Kan-ch'ing* and *Kuan-hsi* in a Rural Taiwanese Township," *The China Quarterly*, no. 78 (1979), pp. 237-273.

[53] Mark Selden, *The Yenan Way in Revolutionary China* (Cambridge: Harvard University Press, 1971).

於地主支配之社會殘餘」。[54]

然而,西北地區是否原是地主支配的社會,是值得懷疑的。縱使是,而 Roy Hofheinz 的研究卻指出,租佃制與 1930、1940 年代中國共產黨地盤的擴大並無相關性。[55] 而且,塞爾登低估了共產黨對因日本人的殘暴之刺激而產生的「農民民族主義」之依賴程度。[56] 最基本的問題是塞爾登描述共產黨的觀念與策略之時,並沒有提供任何有關農村對此的反應之詳細敘述。奇怪的是塞爾登完全沒有透露此種反應的豐富資料,即那些狂熱地投奔延安而後幻滅地逃跑的青年學生所寫的報告。[57] 結果,吾人有關此時期的延安之觀點,仍是來自那些喜談斯巴達式的延安風格與不知節制的國民黨治區之對比的美國觀察家之敘述。當此延安真相仍然十分不明之時,歷史學家斷不可率爾認定共產黨的成功乃由於其革命思潮之成分較大,而非由於國民黨的戰略錯誤。

(三) 經濟史

戰前的著作,如伊羅生(Harold R. Isaacs)的《中國革命的悲劇》(*The Tragedy of the Chinese Revolution*),[58] 以及若干具有影響力的論著,如比昂科(Lucien Bianco)的《中國革命的起源》(*Origins of the Chinese Revolution, 1915–1949*),[59]

---

[54] Mark Selden, *The Yenan Way in Revolutionary China*, pp. 277-278.
[55] Roy Hofheinz, "The Ecology of Chinese Communist Success: Rural Influence Patterns, 1923-45," in A. Doak Barnett, ed., *Chinese Communist Politics in Action* (Seattle: University of Washington Press, 1969), pp. 3-77.
[56] Chalmers A. Johnson, *Peasant Nationalism and Communist Power* (Stanford: Stanford University Press, 1962).
[57] 有關這些中文資料的敘述,可參閱 Ramon H. Myers 對 Peter Schran《游擊經濟:陝、甘、寧邊區的發展,1937–45》(*Guerrilla Economy: The Development of the Shensi-Kansu-Ninghsia Border Region, 1937–45* [Albany: State University of New York Press, 1975]) 一書之書評,刊《經濟發展與文化變遷》學誌:*Economic Development and Cultural Change*, vol. 26, no. 4 (1978), pp. 813–817.
[58] Harold R. Isaacs, *The Tragedy of the Chinese Revolution* (Stanford: Stanford University Press, 1961), chapter 2.
[59] Lucien Bianco, *Origins of the Chinese Revolution, 1915–1949* (Stanford: Stanford University Press, 1971).

皆以古典的觀點，描述中國處在經濟危機與經濟剝削的困境中。地主與商人所得的地租、利息，以及利潤，遠超過競爭市場的條件下所允許的。加上稅收，這些收入給精英分子預備豐富的經濟剩餘，遠超過其「基本消費需要」。Victor Lippet 與哈卡爾·里斯金（Carl Riskin），最近以量化分析，試著估計民國時期的經濟剩餘，他們研究的結果顯示，除掉沒有利用的人口與田地，經濟剩餘還有國內生產淨額（net domestic product）的四分之一。[60] 然而，1930 年代，只有約 5% 的國內生產淨額用於投資。大部分的經濟剩餘，用在奢侈品的消費，或被政府官吏耗費於戰爭以及內外債的償付。直到 1949 年以後，中國才產生「投資與剩餘的密切配合」。[61]

關於中國經濟的困境，除了國內的剝削與資源誤用（misallocation of resources）的因素外，像費正清等學者又「強調中國是帝國主義下的犧牲者」。[62] 對於帝國主義所造成的影響，有下列各種不同的看法：有的認為帝國主義加劇了地主主義（landlordism），並且破壞了地方手工業；有的認為阻礙了中國工業的成長；有的認為加深了中國對外國市場的依賴；有的認為賠款與外債帶壞政府支出的方式，而常常支助像袁世凱那樣的反動領袖。

只是對國內外的剝削者加以指責，很難充分說明 1949 年以前中國經濟的困境。技術的落後、人口的壓力，以及環境的因素（如戰爭、水災等等），可能比制度上的負擔（地租、稅收、利息，以及貿易的規定），要對農民的痛苦負更大的責任，並且農民的祭祀費用也相當可觀。[63] 在研究了條約口岸影響所及的

---

[60] 參閱 Carl Riskin, "Surplus and Stagnation in Modern China," (〈近代中國經濟剩餘與停滯〉) in Dwight H. Perkins, ed., *China's Modern Economy in Historical Perspective* (Stanford: Stanford University Press, 1975), pp. 49-84. 或 Dwight H. Perkins, ed., *China's Modern Economy in Historical Perspective* (《近代中國經濟之歷史透視》), pp. 74-75.

[61] Carl Riskin, "Surplus and Stagnation in Modern China," p. 84.

[62] John K. Fairbank, ed., *The Cambridge History of China*, vol. 10, part 1, p. 5.

[63] Ramon H. Myers, *The Chinses Peasant Economy: Agricultural Development in Hopei and Shantung, 1890–1949* (Cambridge: Harvard University Press, 1970).

多種農村後，吾人可以說：口岸商業並未加強其腹地的地主主義，也沒有降低農民的收入。[64]

雖然有些鄉村工業受到外國進口貨的打擊，可是，農民也常因外國市場而獲利，皮革、醬油、雞蛋、以及豆餅的輸出，即為明證。[65] 如果，1930 年代以前的中國消費者，他們比較喜歡使用美孚的煤油，而不願意用本地的菜油來點燈，這是不是也表示他們「被犧牲」了？

就貿易與外國投資（不考慮賠款與外國貸款）而言，帝國主義對中國的經濟刺激常是有利的，最重要的是衝擊很小。雖然只造成很小的「向後」與「向前」的「連鎖」（"backward" and "forward linkages"），在鄰接的經濟部門中，產生些微的有效需求，可是，它刺激中國商人階級的興起，造成工業急速發展。[66] 而且墨菲（Rhoads Murphey）在《門外人》（The Outsiders）[67] 一書中認為，大部份的商業、工業、金融以及交通，皆掌握在中國人手中。

要衡量帝國主義對中國的影響，當然很難。一個世紀長的鴉片貿易（1917 年結束）說明了外人的貪婪，但是這種交易跟今天在美國販賣禁藥一樣，是依賴本國商人的銷售。賠款與外債，在經濟成長的過程中，有顯著的不良影響。由於日本的侵略，使得經濟成長因而中斷。國民黨不能挽救商業的不景氣，並且不能善用可以從事生產投資的剩餘，對經濟的成長，負有不少的責任。

---

[64] Ramon H. Myers, "Farm Production and Marketing in a Rural Economy of Surplus Land: Northeast China during the Republican Period"，收入中央研究院經濟研究所編，《中國近代經濟史會議》(Conference on Modern Chinese Economic History)（臺北：中央研究院經濟研究所，1977），頁 255-284；Jack M. Potter, *Capitalism and the Chinese Peasant: Social and Economic Change in a Hong Kong Village* (Berkeley: University of California Press, 1968); David Faure, "The Rural Economy of Kiangsu Province 1870–1911," *Journal of the Institute of Chinese Studies*, vol. 9, no. 2 (Hong Kong, 1978), pp. 365-469.

[65] Jack M. Potter, *Capitalism and the Chinese Peasant: Social and Economic Change in a Hong Kong Village*, pp. 174-187.

[66] John K. Chang, *Industrial Development in Pre-Communist China: A Quantitative Analysis* (Chicago: Aldine Publishing, 1969).

[67] Rhoads Murphey, *The Outsiders: The Western Experience in India and China* (Ann Arbor: University of Michigan Press, 1977).

可是在政治分裂與日本侵略的時期,要從事這些改革是很困難的。此外,有些學者太輕率地下結論,認為經濟剩餘只有在社會主義之下,始能合理的運用。這種看法大概是反映了著名經濟學家 Alexander Gerschenkron 的觀點:即是經濟愈落後,經濟成長愈需依賴巨大的政府干預。[68] 今天,比較了大陸與臺灣的經濟發展,似乎要對 Gerschenkron 的觀點產生懷疑。

最後,在西方人請求中國統治者原諒之前,他們應該記住,帝國主義既沒有造成而且大概也沒加重中國的經濟困境。除日本侵略的因素外,這個困境之所以形成大部分是由於長期的經濟與人口演變的歷史結果。這一點在伊懋可（Mark Elvin）的名著有很詳細的敘述。[69] 而且,如果要提到帝國主義之心理衝擊,我們應該記得清季知識分子,不一定以帝國主義為「自古未嘗有」的大禍,反而有的時候,他們更悲嘆「黃帝子孫屈服於他族者三百餘年」的大禍（梁啟超語）。何況,西方人僅在滿洲異族無情征服下的中國沿海,贏得一席地位。同樣的,如果我們要談到在帝國主義時期引起死難的因素,大多數應歸諸本國的暴亂與天災,而不是帝國主義（包括日本侵略的踐躪在內）。其實,除了日本的侵略外,帝國主義的暴行沒有造成對中國人口有影響的大禍。[70]

因此,有些中美歷史學者,對於 1925 年 5 月 30 日,十一個中國人在上海被英國警察槍殺的事件,其震驚的程度,遠超過 1950 年至 1952 年間三百萬人被共黨清算,或是太平天國（1850–1864）的悲劇造成兩千萬至五千萬人死亡,這實在令人困惑。這些歷史學者為「被犧牲」的人哀傷,是真的可憐犧牲者的慘況,或是他們的近代史史觀使然?此外,像費正清這類歷史學者,當他們強調

---

[68] Alexander Gerschenkron, *Economy Backwardness in Historical Perspective* (Cambridge: University Press, 1962), p. 44.

[69] Mark Elvin, *The Pattern of the Chinese Past* (Stanford : Stanford University Press, 1973). 關於這本書的貢獻與問題,讀者可以參考 Chi-ming Hou and Tzong-shian Yu, eds., *Modern Chinese Economic History: Proceedings of the Conference on Modern Chinese Economic History* (Taipei: Institute of Economics, Academia Sinica, 1979).

[70] John S. Aird, "Population Growth," in Alexander Eckstein, Walter Galenson, and Ta-chung Liu, eds., *Economic Trends in Communist China* (Chicago: Aldine Publishing, 1968), p. 265.

美國人在中國的「醜事」與「惡行」時，他們對美國幫助中國反對日本侵略的事，卻避而不談。費正清把這個重要的歷史事實擱置一旁，只是慫恿我們去「承認中國共產黨長久以來所說的，西方的列強在東亞只是一群侵略者，彼此爭爭吵吵，但是，一遇侵略立即聯合起來……」。[71] 費正清在 1958 年版的《美國與中國》（The United States and China）一書中，有另外而也許比較合適的說法，即是「我們對華政策有著理想主義與現實主義之互相矛盾的因素」。[72]

西方的帝國主義並沒有把人類的惡性帶進中國歷史，如果他們「犧牲」任何人，將不會把任何新事物介紹進來。他們所介紹的是，經濟成長與各種進步的可能性。關於造成這個可能性，中國近代各種思想，無論是自由思想、共產思想、或是傳統取向的思想，都承認是西方的貢獻。就是因為他們發現此種可能性，所以中國知識分子在帝國主義極盛之時，仍然懷抱著王爾敏所陳述的特別樂觀的世界觀。

三、1949 年後之中國

（一）社會主義下的中國：「革命」典範

以 1949 年之後的中國革命為研究主題的學者，大多將注意力集中於毛澤東思想、毛澤東政策所引起的派系衝突以及各派系爭論下的政策選擇之正功能與負功能的影響。

經常有人如此主張：毛澤東的思想觀念，有助於激發千百萬中國人熱心地參與其企圖藉以轉化中國社會的群眾運動。然而，吾人很難將毛澤東的觀念置於中國思想複雜的前後關係（context）中，以瞭解其所以有使人鼓舞或

---

[71] John K. Fairbank, "'American China Policy' to 1898: A Misconception," *Pacific Historical Review*, vol. 39, no. 4 (1970), pp. 414-415, 419.

[72] John K. Fairbank, *The United States and China*, pp. 249-252.

使人嘔吐之作用。對此種思想前後關係，魏斐德（Frederic E. Wakeman, Jr.）在其《歷史與意志：毛澤東思想的哲學透視》（*History and Will: Philosophical Perspectives of Mao Tse-tung's Thought*）[73]一書中曾略加討論。而一般學者處理毛澤東思想則不外是混合毛著的引文與一些語意不明的陳辭套語，如「民族主義」、「反帝國主義」、「反傳統主義」、「自由」、「社會主義」、「民主集權主義」、「強調群眾自然革命的觀點」（populism）、「群眾路線」、「鬥爭論」、「永久革命論」、「意志論」與「對道德轉化的信仰」等。他們強調毛澤東思想與歐洲馬克思主義學說的關係，而不將其視為中國發展中的意理處境之一面。

研究毛派轉化性政策（transformative policies）及其對中國社會之深遠影響的著作，多將注意力集中於土地改革、1957年至1958年蘇維埃組織結構的打破、隨著文化大革命而產生的工業組織之變遷以及教育變革。據維克多・劉皮特（Victor D. Lippit）《中共的土地改革與經濟發展》（*Land Reform and Economic Development in China*）[74]一書之研究，土地改革完成一項重要的鄉村所得之再分配，其中一部分為政府徵收以促進經濟發展，其餘的則留作增加鄉村之消費與投資之用。赫伯特・舒爾曼（Herbert Franz Schurmann）《共產中國的意理與組織》（*Ideology and Organization in Communist China*）[75]一書，則敘述1956、1957兩年間，中國共產黨的領導人物如何以黨的委員會控制生產單位且將權力由省轉移至黨所管理的生產單位等方式，而達成更分權的組織形式。[76]此種方式打破了原有的蘇維埃式的黨團組織與國家行政體系。Stephen Andors《中

---

[73] Frederic E. Wakeman, Jr., *History and Will: Philosophical Perspectives of Mao Tse-tung's Thought* (Berkeley: University of California Press, 1973).

[74] Victor D. Lippit, *Land Reform and Economic Development in China: A Study of Institutional Change and Development Finance* (White Plains: International Arts and Sciences Press, 1974).

[75] Herbert Franz Schurmann, *Ideology and Organization in Communist China* (Berkeley: University of California Press, 1966).

[76] Herbert Franz Schurmann, *Ideology and Organization in Communist China*, p. 206.

共的工業革命》（*China's Industrial Revolution*）[77] 一書，則研究了 1960 年代中共工廠的組織變遷，其時，中共在工廠設立工人管理委員會，基於政治需要而制定新的管理規則，操縱工廠的生產。孟羅（Donald J. Munro）則認為當 1957 年至 1958 年間，毛澤東說服共產黨建立工讀學校之時，是在追其「一律平等（egalitarian）的理想」，此種工讀學校是「鼓勵學校與生產組織聯絡」的一種途徑，藉此「減低學院式的書面材料之學習量，以便增加學習生產技術的時間」。[78]

上述這些研究，不一定注意到毛澤東政策的負功能結果。一個很好的例子即是他們所聲稱的土地改革所產生的所得再分配對 1950 年代早期經濟成長的影響。事實上，1953 以前農業生產之增加，是因和平與秩序之恢復以及軍事復員，而使農村男性勞力增加之結果。在有些地區，土地改革是有害的，徒然造成紛擾，且在農民之間引起恐懼與不安的感覺。[79] 在前述 Lindbeck 所編的書中，奧森博格（Michel C. Oksenberg）亦曾討論到一個相關的問題。奧森博格的結論是，毛澤東為貧民重新分配資源的政策，使其政治夥伴感到挫敗，因為他們無法獲得從事工作所需的資源。[80] 換句話說，嚴重的資源缺乏，影響到黨的政治過程，而經常倒轉早期制定的轉化政策。亞歷山大‧埃克斯坦（Alexander Eckstein）在其《中共的經濟革命》（*China's Economic Revolution*）[81] 一書中，亦獲類似的結論。他指出，中共的領導人物追求一種高投資，亦即快速成長的發展政策。

---

[77] Stephen Andors, *China's Industrial Revolution: Politics, Planning, and Management, 1949 to the Present* (New York: Pantheon Books, 1977).

[78] Donald J. Munro, "Egalitarian Ideal and Education Fact in Communist China," in John M. H. Lindbeck, ed., *China: Management of a Revolutionary Society* (Seattle: University of Washington Press, 1971), p. 287.

[79] 參閱 C. K. Yang, *A Chinese Village in Early Communist Transition* (Cambridge: The Technology Press, 1959), chapter 11.

[80] Michel C. Oksenberg, "Policy Making Under Mao, 1949–1968: An Overview," in John M. H. Lindbeck, ed., *China: Management of a Revolutionary Society*, p. 114.

[81] Alexander Eckstein, *China's Economic Revolution* (New York: Cambridge University Press, 1977).

接著此種政策而產生的是通貨膨脹的壓力,結果不僅需要很嚴格的經濟節制,而且需要將此種政策定時地鬆弛一番以便動員資源。假使毛澤東的政策是可倒轉的,然而吾人對反毛派如何且在何時認知到資源的缺乏,以及此種認知併同其他考慮是如何轉變為反毛的政治立場,所知仍是很有限的。

不管毛澤東的轉化政策之結果是正功能的或是負功能的,吾人對其政策效力範圍之研究可謂剛剛開始。就如威廉・巴里許(William L. Parish)與馬丁・懷特(Martin King Whyte)兩人在《當代中國的農村與家庭》(*Village and Family in Contemporary China*)[82]一書中所指出的,毛澤東轉化政策所及之範圍是很有限的。他們曾訪問香港的中國難民而得如下的結論:目前仍然繼續存在且顯而易見的傳統模式,「如女人從事家庭工作、對兒童的體罰、對本家祖先的崇拜、家庭節慶與傳統喪禮的保存,全部反映了在鄉村生活中全體家庭持續存在的重要性,以及給予每一家庭自理其內部事務的相對的自主性」。[83]

當黨內對其轉化性政策有所爭論時,毛澤東不是常常直接採取激進的立場。有時他會讓其最接近的政治夥伴採取激進路線,而當他覺得他們是利用其政策尋求本身之政治利益時,毛澤東即出來攻擊他們。包瑞嘉(Richard Baum)在其《革命之序幕》(*Prelude to Revolution*)[84]一書中指出,是毛澤東自己發動 1962 年的社會主義教育運動,企圖肅清地方幹部的貪污,並減少社會主義組織內私人契約性的活動。然後鄧小平與劉少奇派遣工作隊下鄉,而這些工作隊亦發現幹部的貪污,而展開肅清行動。不久,毛澤東即攻擊劉、鄧,並批評他們在 1964 年與 1966 年所犯的所謂「偏差」。[85]此種攻擊的惡毒性已超越意識型態之不同,並摧毀了最高領導階層內原有的會團性(collegiality)。毛澤

---

[82] William L. Parish and Martin King Whyte, *Village and Family in Contemporary China* (Chicago: University of Chicago Press, 1978).

[83] William L. Parish and Martin King Whyte, *Village and Family in Contemporary China*, p. 323.

[84] Richard Baum, *Prelude to Revolution: Mao, the Party, and the Peasant Question, 1962–66* (New York: Columbia University Press, 1975).

[85] Richard Baum, *Prelude to Revolution: Mao, the Party, and the Peasant Question, 1962–66*, p. 169.

東鼓勵黨員民眾對其失勢的同志展開猛烈的公開批評。而就如一位學者所說的：「在中國大陸，一個人一旦遭受攻擊，則此批判過程具有一種內在的動力，而將此人推進毀滅的地步。」[86] 從稍後中共對林彪與「四人幫」等領導人物的公開指責，更證明中共是如何將失勢的領導人物視為貪婪、腐敗、濫權等所有罪惡的表徵，而不論這些人以前對共產黨作了多少的犧牲或貢獻。

莫里斯・邁斯納（Maurice Meisner）《毛澤東治下的中共》[87] 一書，即輕忽了這些比較微妙的政治方面。其書主要集中討論毛澤東不顧黨內與國內政治夥伴的反對，而企圖在中國建立起社會主義社會的曲折決策過程。此書明白地敘述毛澤東如何用其思想而制成無法植根於中國社會的政策。邁斯納對毛澤東遺業的曖昧性是很敏感的，而認為此遺業「因其進步的社會經濟成就與倒退的政治形貌之間的不協調而受損」。[88] 然而，邁斯納似乎相信「革命」不僅可以避免所有的負功能而達到現代化，而且可以建立一個「生產者自治」，[89] 而「無階級無政府的社會」。[90] 何況，「官僚國家是植根於馬克思所謂的社會生活之『非社會本質』之上」。[91] 以故，抱著這些崇高而烏托邦式的理想之邁斯納，對毛澤東感到非常失望，而嘆惜「中國革命的官僚制度化」。[92]

然而，吾人究竟應以什麼標準評判毛澤東？是以烏托邦式的標準，或是以毛澤東為自己設定而被邁斯納過分簡化地認同為馬克思思想中最精純的部分之複雜標準，抑或是以比較現實性亦即現代化的、開放性的與人情化的社會之標準？尤有甚者，不管標準如何，現在的學者已愈來愈懷疑毛澤東「進步的社會

---

[86] Lowell Dittmer, *Liu Shao-Ch'i and the Chinese Cultural Revolution* (Berkeley: University of California Press, 1974), p. 353.
[87] Maurice Meisner, *Mao's China: A History of the People's Republic* (New York: Free Press, 1977).
[88] Maurice Meisner, *Mao's China: A History of the People's Republic*, p. 387.
[89] Maurice Meisner, *Mao's China: A History of the People's Republic*, p. 357.
[90] Maurice Meisner, *Mao's China: A History of the People's Republic*, p. 388.
[91] Maurice Meisner, *Mao's China: A History of the People's Republic*, p. 258.
[92] Maurice Meisner, *Mao's China: A History of the People's Republic*, p. 258, 389.

經濟成就」,足可為其政權「倒退的政治形貌」辯護。[93]

(二) 社會主義下的中國:「現代化」典範

　　1950、1960年代的美國社會科學家曾為以下幾個問題所迷:即近代西方國家的演化因素為何?日本與蘇俄又是如何克服其落後而達成現代性?而開發中國家又需如何才能達此地步?為解決這些問題,美國學術界變得更科際性與理論性。許多有關共產中國的著作,即是在此種學術氛圍下產生的,因此亦強調「現代化」典範。

　　從此立足點所作的研究,並不強調中國共產黨的理想與派系衝突,而是強調政策的結果,尤其是負功能面的結果。當然,採取「革命」觀點的學者也討論這些政策結果。然而,採取「現代化」觀點的學者,是對政策如何影響現代化過程以及在落後國家中政策如何創造現代化的必要條件(prerequisites)等問題感到興趣。因此,他們不以毛澤東的理想來評判其政策得失,而是以諸如國民平均所得與都市化程度等社會經濟指標來評判。採取「革命」觀點的學者,也許會指責毛澤東不能在現代化的同時避免創立一官僚制度,而採取「現代化」觀點的學者,則可能指責毛澤東沒有創立一個有效的科僚組織,作為現代化之不可或缺的工具。由於特別關心政治穩定性與經濟成長的問題,採取「現代化」觀點的學者均將注意力集中於建立動員經濟資源所需的政治組織之問題上。因此他們經常討論有關權威的心理學,及其與開發中國家典型的政治危機之關係。

　　一個居於領導地位的政治科學家認為,在過去一個世紀中一直折磨著中國的關鍵性問題是:「中國人無法在傳統文明的顯著成就與中國社會必須根本改造的要求間取得調和。」[94] 白魯恂(Lucian W. Pye)極力主張中國長久以來一直

---

[93] 參閱 Donald S. Zagoria, "China by Daylight," *Quadrant*, vol. 22, no. 11 (November 1978), pp. 6-13.

[94] Lucian W. Pye, *The Spirit of Chinese Politics: A Psychocultural Study of the Authority Crisis in Political Development* (Cambridge: M.I.T. Press, 1968), p. 41.

受害於「權威危機」,以致中央的領導權在二十世紀中從未被合法化。甚且,中國的政治文化只有加強導致各種形式的社會政治依賴性的內化價值。

白魯恂的此種觀點,由其學生索羅門(Richard H. Solomon)作了些許變更,索羅門曾在香港與臺灣訪問了許多中國人,同時對他們做了「語幹類化測驗」(Thematic Apperception Tests, TAT)。索羅門亦贊同對中國人而言社會關係的最基本取向是「依賴性」。[95] 就如白魯恂,索羅門亦主張中國人在年輕時很早即發展出對中央權威的確實期望,而當這期望無法實現時,則易於形成憤恨之情緒甚至產生攻擊性。

然而,索羅門卻認為毛澤東於1966年夏放任紅衛兵的舉動,是打破社會依賴綜合症(the syndrome of social dependency)真實的一步。以此觀之,毛澤東是在尋求更大的個人動機,以實現領導人物所設定的目標。依據索羅門的說法,毛澤東強調不斷的「階級鬥爭」,即表示中共的領導階層認知到他們所面對的「如何在農業社會促進社會變遷的動機問題是非常大的」。[96] 照索羅門的解釋,毛澤東永久革命論的要求,對「修正那些為變遷而奮鬥的人們之行為」而言是很重要的。[97] 如此,索羅門指出毛澤東的轉化性政策與廣泛傳布的動機模式之間的衝突。不管吾人是否同意索羅門的心理學架構,他對毛澤東所建立的政治秩序之脆弱性的強調,與1970年代初期許多美國觀察家對中共的陶醉感是衝突的,然而事實已證明他具有先見之明。

James R. Townsend在其所著《中共的政治》(Politics in China)[98] 一書中,亦有類似的觀點。認為中共「激進極權主義」的策略,並未促進形成一個「使

---

[95] Richard H. Solomon, "Mao's Effort to Reintegrate the Chinese Polity: Problems of Authority and Conflict in Chinese Social Processes," in A. Doak Barnett, ed., *Chinese Communist Politics in Action* (Seattle: University of Washington Press, 1969), p. 280.

[96] Richard H. Solomon, *Mao's Revolution and the Chinese Political Culture* (Berkeley: University of California Press, 1971), p. 523.

[97] Richard H. Solomon, *Mao's Revolution and the Chinese Political Culture*, p. 523.

[98] James R. Townsend, *Politics in China* (Boston: Little, Brown, 1974).

人在政治行動上更具理性、分析性與經驗性的過程」。[99] 因此，中共的政治體系，雖然還不致崩潰，但卻是相當「變動而不穩定的」。

而且，從現代化典範的立場觀之，財富的再分配與集體化，就國家建設而言，似乎是很有問題的方法。當這些策略證明無法成功時，中共轉而使用軍事力量，欲迫使民眾就範，就如傅高義（Ezra Vogel）《共產主義下的廣州：一個省會的規劃與政治（1949-1968）》（*Canton under Communism: Programs and Politics in a Provincial Capital, 1949–1968*）[100] 一書第三章所描述的。中共最後終於認知到，這些努力疏離了大部分的民眾。甚且，中共為選擇推動地方組織之適當幹部之爭鬥，逐漸集聚了一些不受信任且感到幻滅的幹部，而降低了民眾對中共的信心。在推行轉化政策之時，為了恢復民眾之信心並完成意理的順從，中共命各地組成學習小組。然而，此種思想改革的辦法，只不過剛好證明在「民眾態度變遷的步伐上，中共還是繼續受到挫折」。[101] 每一種動員民眾的努力，都產生出新的控制網，而結果經常是造成不滿。

資本形成是近代經濟成長一個很重要的必要條件。對中共在達成高儲蓄率、增加資本儲存與有效地利用資本等方面，美國經濟學家的評估並不一致。他們多半同意中共在儲蓄與產生資本的能力方面頗值得注意，然而並非所有的經濟學家都認為中共的資本已作有效的利用，並已適當地促進科技與科學研究。拉爾迪（Nicholas R. Lardy）《中共的經濟成長與分配》（*Economic Growth and Distribution in China*）[102] 一書的結論是：中共將稅收從較進步的省分轉移至較落後的省分，也許已成功地促進了更快速的經濟成長。而且從 1960 年代中期以來，

---

[99] James R. Townsend, *Politics in China*, p. 24.
[100] Ezra F. Vogel, *Canton under Communism: Programs and Politics in a Provincial Capital, 1949–1968* (New York: Harper & Row, 1971).
[101] Martin King Whyte, *Small Groups and Political Rituals in China* (Berkeley: University of California Press, 1974), p. 232.
[102] Nicholas R. Lardy, *Economic Growth and Distribution in China* (Cambridge: Cambridge University Press, 1978).

中共曾以限制「工業部門薪資的長期增長率」，加速資本的累積。此種政策連同其他政策的施行，結果「提高農業部門的實際收入」。[103]

另一方面，柏金斯（Dwight Perkins）卻認為除非有更多的資本與技術導入農業，否則吾人無法期望中共的農業生產能快速地增加。在既定的條件下，中國大陸的生產力已達其上限。[104] 然而，吾人須再加一點，即中國大陸私有土地特別高的生產力，顯示了生產力的後退並不只是因為缺乏更多的資本與技術，亦是因為集體農場的工作組織有以致之。

關於中共的鄉村小規模工業，美國小規模工業代表團指出，中共的公社起初不能有效地利用資本，經過一段從實踐中學習的時期，才變得較有效。[105] 但是，有的研究指出，生產力對農業生產的成長，並非重要的。同時亦顯示，假如估量中共所有的農業投資（input）並與生產（output）的增長作個比較，則投資比生產增長得更快。此即表示總計的生產力是繼續不斷地衰落。[106] 這是一個最重要而有意義的發現，因為農業經濟學家已發現在歐美與日本等國家，農業成長的現代化過程，大都是依賴投資的總計生產力之提高。

一般而言，關於這些基於現代化典範的研究，吾人可提出幾個問題。假如現代化需要一些「必要條件」，然則要界定它們，亦即判定某一特殊文化是具有或不具有這些必要條件，並不容易，且亦不易確定創造這些必要條件的最佳途徑為何。比如，毛澤東覺得某些傳統的動機模式妨礙了現代化。但是，這些傳統的動機模式只是妨礙其轉化性的特有的現代化，或是妨礙了一般的現代

---

[103] Nicholas R. Lardy, *Economic Growth and Distribution in China,* pp. 175-176.

[104] Dwight H. Perkins, "Constraints Influencing China's Agricultural Performance," in Joint Economic Committee, ed., *China: A Reassessment of the Economy* (Washington: U.S. Government Printing Office, 1975), pp. 350-365.

[105] American Rural Small-Scale Industry Delegation, *Rural Small-Scale Industry in the People's Republic of China* (Berkeley: University of California Press, 1977).

[106] 參閱 Kang Chao, *Agricultural Production in Communist China, 1949–1965* (Madison: University of Wisconsin Press, 1970), chapter 9.

化?白魯恂與索羅門認為「依賴性」這個傳統中國人的動機模式,妨礙到整個現代化。然而,其他的研究則指出中國傳統不只是養成中國人的依賴性,而是養成一種依賴性、「自主」感與獨斷性的複雜混合體。[107] 從此觀點看來,中國的傳統本身有助於建立一種現代化倫理的責任感所需的動機。

固有的組織資源之本質是一回事,而它們對中國現代化之貢獻又是一回事。如勞斯基(Thomas G. Rawski)即指出,中共 1950 年代在機械器具與技術工業的發展,多有賴於 1920、1930 年代的工業遺產之賜。[108] 在同書內,馬若孟則指出:「強固的家庭農場的合作傳統,與農村中利用家族組織以提高年獲量並動員勞力的歷史慣例,顯示出農村合作傳統可以加強或擴展以達各種不同的目標,只要國家能夠加緊對農村的控制,並影響農村領導人物的決策。」[109]

然而中共是否好好利用此組織傳統,則是另一個問題。事實上,中共本身最近亦承認在過去十年中經濟發展緩慢,新的發展方向到得太遲,就等於承認沒有好好地有效地利用這傳統。依據馬若孟對 1952 年至 1972 年間小麥產量之研究,中共的小麥產量與世界上其他小麥主要產地比較起來,所以不見其成功,就是因為中共不能好好利用中國在 1930 與 1950 年代發展出來的技術。[110]

此外,當現代化的理論家們急著想發現政治不穩定的來源或經濟無效能的模式之時,很少批判性地考慮到這個問題:即為了創造出現代化的必要條件,是否需要建立一個如中共般巨大的政治組織。在此,吾人可看出格申克龍(Alexander Gerschenkron)之影響,因為他認為經濟愈落後的國家,其經濟成

---

[107] 參閱 Thomas A. Metzger, *Escape from Predicament: Neo-Confucianism and China's Evolving Political Culture* (New York: Columbia University Press, 1977), chapter 1-2.

[108] Thomas G. Rawski, "The Growth of Producer Industries, 1900–1971," in Dwight H. Perkins, ed., *China's Modern Economy in Historical Perspective* (Stanford: Stanford University Press, 1975), pp. 203-234.

[109] Thomas G. Rawski, "The Growth of Producer Industries, 1900–1971," p. 277.

[110] Ramon H. Myers, "Wheat in China: Past, Present and Future," *The China Quarterly*, vol. 74 (1978), pp. 297-333.

長愈需依賴國家的強大干涉。[111] 其實，中共的例子顯示出，如此泛文化的概述是很難建立的，因為一個國家的組織條件，乃視其特殊文化模式而定。也許，中國大陸適度的經濟成長，有賴於轉移目前的巨大結構，而重定基於私有部分的發展策略。

四、其他社會科學的研究

我們已討論了學會中文的問題、漢學教育的狹隘、削足適履地應用社會政治科學的方法，以及過分地將注意集中於兩個不完全適當的典範（paradigms）（即「革命」與「現代化」）等諸問題。為求得一個對中國社會發展比較適當的觀點，吾人也許可以從日本研究的近況得到啟示。

1950至1960年代初期，有許多論著探討日本現代化成功的因素。然而，那些論著有一種矛盾或衝突感。一方面，學者認為日本的現代化，有賴於政府之利用傳統價值與組織技巧；另一方面，他們還是用馬克思主義或現代化理論等削足適履的架構來瞭解這種現象。如此，則學者無法觀察出日本的發展，部分是基於日本固有而非歐美經驗範圍內之文化模式。今天，吾人確已瞭解，雖然日本擁有淵源於其他現代化國家的許多特性，然而，其文化與社會組織迥異於西方國家與發展中的國家。

在研究中國現代化問題之時，類似的看法也許有用。「現代化」與「革命」這兩個典範不但誇大了西方衝擊以前中國的落後，而且誇大了現代化所發生的與傳統的斷絕。現在需要的是，對中國傳統的組織能力，及其在現代化過程中所發生的影響有比較持衡的看法。這方面的研究，目前已邁出重要的一步，史丹佛大學出版社出版了一系列有關中國社會研究的叢書，計有武雅士（Arthur P. Wolf）編，《中國社會的宗教與儀式》（*Religion and Ritual in*

---

[111] Alexander Gerschenkron, *Economic Backwardness in Historical Perspective: A Book of Essays* (Cambridge: Belknap Press of Harvard University Press, 1962 [1979 printing]).

Chinese Society）；[112] 斐利民（Maurice Freedam）編，《中國社會的家族與親屬》（*Family and Kinship in Chinese Society*）；[113]Margery Wolf 與 Roxane Witke 合編《中國社會的婦女》（*Women in Chinese Society*）；[114] 施堅雅（G. William Skinner）編，《中國帝國晚期的城市》（*The City in Late Imperial China*）；[115] 伊懋可（Mark Elvin）與施堅雅合編，《兩個世界中的中國城市》（*The Chinese City between Two Worlds*）；[116] 劉易斯（John W. Lewis）編，《共產中國的城市》（*The City in Communist China*）；[117] 威爾莫特（William E. Willmott）編，《中國社會的經濟組織》（*Economic Organization in Chinese Society*）。[118]

　　上列諸書的文章，大都屬上乘之作。但是作者們的研究局限於地方社區的類型、社會空間的安排，以及職業結構，他們忽略階層構造、官僚體系、精英分子的價值觀與政治行為，也沒注意地方社區與較大的區域之間組織的連結，以及中國與其他社會的關係。最後一點反映了社會學理論的一個問題，即是：因為所謂社會並無明確的分界，所以一個社會結構並非純粹僅由本國活動所形成，同時也包括與其他社會的複雜關係。換句話說，這些關係與本國的活動並不是外在與內在之事，而是融合成一整個社會結構的。雖然如此，社會學之研究多半是假定一個內外間之明確分界，而上述史丹佛大學出版社的叢書也是受這個假定的影響。然而更重要的，著名的人類學家施堅雅，在《中國帝國晚期

---

[112] Arthur P. Wolf, ed., *Religion and Ritual in Chinese Society* (Stanford: Stanford University Press, 1974).

[113] Maurice Freedam, ed., *Family and Kinship in Chinese Society* (Stanford: Stanford University Press, 1970).

[114] Margery Wolf and Roxane Witke, eds., *Women in Chinese Society* (Stanford: Stanford University Press, 1975).

[115] G. William Skinner, ed., *The City in Late Imperial China* (Stanford: Stanford University Press, 1977).

[116] Mark Elvin and G. William Skinner, eds., *The Chinese City between Two Worlds* (Stanford: Stanford University Press, 1974).

[117] John W. Lewis, ed., *The City in Communist China* (Stanford: Stanford University Press, 1971).

[118] William E. Willmott, ed., *Economic Organization in Chinese Society* (Stanford: Stanford University Press, 1972).

的城市》一書中，提出一個不充分的架構，分析中國的社會。其影響甚鉅，在此吾人試圖加以批判。

施堅雅很清晰地闡述了鄉村與「中心地」（central places）（即城、鎮，以及至少兩千人的聚落）的關係；說明了城市與腹地間的關係；而提出一個完美的「中心地」類型理論；並統計出與中心地有關的數字（1893 年約有三千五百萬人住在三萬九千個中心地內）。[119] 此外，施堅雅與牟復禮（F. W. Mote）等人，不僅闡明中國都市史的時期分劃，同時把中國都市與西方比較。[120] 更有進者，施堅雅把中國劃成九個「大自然地理區」（physiographic macroregions）是很有用處的。[121]

然而，施堅雅過分堅持中心地間的重要關係都是屬於一個「核心」與「外圍」的關係。他極力想把中心地間如何從「核心」與「外圍」的「階層性」架構（a "hierarchical" scheme of "core" and "periphery"），導致「區域都市體系的整合」（"the integration of regional urban systems"）[122] 的所有主要關係都理出來，但是他並沒做到。雖然，他知道有相反的事實，[123] 卻很奇特地維持原有的看法，認為每一個「大自然地理區」是非常整合，而與其他的「大自然地理區」只有「微弱地聯繫」，且差不多沒有任何「低價格的粗大貨品」之貿易。[124]

---

[119] G. William Skinner, ed., *The City in Late Imperial China*, p. 224. 根據這個數字計算，都市化的程度約 6–8%。在 Mark Elvin and G. William Skinner, eds., *The Chinese City between Two Worlds*, p. 3, 伊懋可指出 1930 年代達 25%，這教人難以置信（他對都市化在量化上的定義，甚至比施堅雅嚴格一點）。在頁 8，他也認為 1840 年至 1950 年間，都市化人口增加的百分比，是缺乏證據的。然而，Leo A. Orleans 的《第五個孩子：中國的人口》（*Every Fifth Child: The Population of China* [Stanford: Stanford University Press, 1972], p. 60），指出 1953 年都市化的程度為 13.26%，所以也許有一點都市化增加的證據。然而，Orleans 用的都市定義，可能包括施堅雅不算是都市的地方。

[120] 牟復禮之論文，參見 G. William Skinner, ed., *The City in Late Imperial China*, pp. 101-153. 該文是吾人所見討論有關中國都市史諸多論文中最好的一篇。

[121] G. William Skinner, ed., *The City in Late Imperial China*, pp. 213-215.

[122] G. William Skinner, ed., *The City in Late Imperial China*, p. 272.

[123] G. William Skinner, ed., *The City in Late Imperial China*, pp. 234, 713.

[124] G. William Skinner, ed., *The City in Late Imperial China*, pp. 211-217.

這樣的看法,不但忽視遍布中國的官僚體系,也與區域間的大市場彼此有大量交易的情形不符。就大規模的鹽的販賣而言,施堅雅所區分的「長江中部」的大自然地理區,在十八世紀時,幾乎全部經合法或非法途徑,由周圍的五大自然地理區供給。著名的徽州商人,約在 1600 年,確實因從事這些地區間的貿易而崛起的。甚至當時的國際貿易,造成銀元的大量流入,對各「大自然地理區」的官僚財政改革,扮演著一個不可缺少的角色。[125] 且,當時精英分子的來往,大部分是溝通「長江下游」與「華北」兩個大自然地理區,而如此形成一個「啞鈴形」的區域(a dumbbell shaped area)。[126]

除如此地將所有重要的交通局限在這些有分界有階層的「體系」內之外,施堅雅是誇張了他的研究之目的,即希望解釋中國用以「管理整個社會的方法」。[127] 他以為城市是「體系中的關節,或『指揮站』,而有將人民在時空的活動加以連結與整合的作用」。[128] 如此,他認為建立在自然地理與經濟因素的基礎上之中心地階層,「似乎決定了中國的政治與社會結構,以及經濟活動」。[129]

雖然人類的活動是受每一個地方特有的地理與經濟的影響,然而超越地方性因素的文化價值也有同樣重要的影響,例如牟復禮指出中國都市與西方都市顯著不同的特色,乃是源自中國文化模式,但他也沒低估地理與經濟的因素。[130] 誠如韋伯(Afred Weber)提出的,學者不能只是顧及在「時空」上的事物,也應注意「心智的活動與事實」(mental current and facts)。

---

[125] W. S. Atwell, "Notes on Silver, Foreign Trade, and the Late Ming Economy," *Ching-shih Wen-t'i*, vol. 3, no. 8 (1977), pp. 1-33.

[126] Nelson J. Wu, "Tung Ch'i-ch'ang (1555–1636): Apathy in Government and Fervor in Art," in A. F. Wright and D. Twitchett, eds., *Confucian Personalities* (Stanford: Stanford University Press, 1962), p. 262.

[127] G. William Skinner, ed., *The City in Late Imperial China*, p. 26.

[128] G. William Skinner, ed., *The City in Late Imperial China*, p. 216.

[129] G. William Skinner, ed., *The City in Late Imperial China*, pp. 253, 276, 336.

[130] G. William Skinner, ed., *The City in Late Imperial China*, p. 110.

並且，吾人很難看出中心地階層是如何配合財產結構、社會階層體系，以及影響力與權力的結構等方面。在這些方面，明末清初的中國社會有基本結構性的變遷。[131] 然而，照施堅雅的看法，這個時期的都市發展，不外是把前期已有的過程繼續強化。[132] 那麼，後者的情形如何解釋前者的變遷？

又，牟復禮與施堅雅皆同意「在傳統的農業社會中，中國最具特色的是，精英分子多半不住城市裡」。[133] 因此，很難看出分散各地的精英分子，他們這種開放式的網狀（open-ended networks）活動，如何配合中心地的階層？是不是一個比較沒有影響力的學者，他居住地所屬的階層，必低於一個影響力較大的學者？這個中心地的階層又如何配合官僚之複雜而非正式的關係，比如有兩人同在一京城機關內任職，當其中一人轉任另一人家鄉的知縣時，他們的關係又如何變化發展？[134] 這個中心地階層體系又如何配合在二十世紀暢銷全國的上海出版界的影響？何況在精英分子的心目中，政治活動的範圍是全國性的。

最後，施堅雅對600-1900年間政治體制的發展，提出一個不太充分的理論。他注意到該時期縣的數目沒有跟著土地、人口，以及商業的發展而增加，此種現象產生什麼後果？施堅雅認為其結果是純商業市鎮的增加，以及「政府對商業事務干預之普遍減少」。[135] 對這個看法，我們無需爭辯。但是，問題來了。他覺得在700-1300年期間，政府「對貿易管理的退卻」是「在本質上不能倒轉的」。[136] 而且同時產生「基層行政的主要功能不斷減少」與「政府效率的長期

---

[131] 有關中國歷史學家對此變遷的研究貢獻，可參考Thomas A. Metzger, "On the Historical Roots of Economic Modernization in China: The Increasing Differentiation of the Economy from the Polity during Late Ming and Early Ch'ing Times," in Chi-ming Hou and Tzong-shian Yu, eds., *Modern Chinese Economic History: Proceedings of the Conference on Modern Chinese Economic History* (Taipei: Institute of Economics, Academia Sinica, 1979), pp. 3-14.

[132] G. William Skinner, ed., *The City in Late Imperial China*, p. 27.

[133] G. William Skinner, ed., *The City in Late Imperial China*, p. 267.

[134] 參考張德昌，《清季一個京官的生活》（香港：香港中文大學，1970）。

[135] G. William Skinner, ed., *The City in Late Imperial China*, pp. 24-26.

[136] G. William Skinner, ed., *The City in Late Imperial China*, p. 26.

衰微」。[137]

施堅雅沒有把國家專賣與國家對私人貿易的限制，加以區別。專賣的範圍，在 1000 年左右，開始急速擴大，到了 1300 年左右開始縮減。此外，他對官僚逐漸喪失功能這一流行的看法，是根據中日漢學的傳統，即是以人文的而非以社會學的觀點來研究明清的行政制度（比如知名的學者錢穆），而且政府的效率是否衰微是很難認定的，因為前期的資料太少，而後期的資料尚未徹底的研究。

而且，政治與其功能的界定必須嚴謹。它們是否隨著社會發展，端賴吾人是否考慮到所有的政治角色，而不僅僅是「官吏」。除了高級與正式身分（官吏）的政治角色之外，猶須考慮高級與非正式的身分（幕僚等）、低級與正式身分（軍人、胥吏等）、低級與非正式（佣人、長隨等）之各種政治角色，以及官僚體系以外的相關團體（即鹽商與紳士等）。

這個政治複合體（political complex），不論直接或是透過私人團體的調和，在後期扮演著一個重要角色。最好的例子，是 Harry J. Lamley 所描述的，他指出政府的重要角色，促使士紳們共同努力，建造了十八至十九世紀的臺灣城市。[138]

又，原由「官吏」擔任的功能，轉移到這個政治複合體或私人部門時，其「效能」沒有必要衰微。我們為什麼要相信儒家的偏見，認為唐初政府控制的土地分配制度，比十八世紀私有的商業化的土地交易，更能使社會獲利？有沒有任何證據能說明，十三世紀時，在政府監督下的紙幣制度，比 1500-1900 年間的銀元自由市場制度，更能發揮功能？伊懋可指出，1400-1800 年間，上海縣的水利計畫管理，逐漸由官方手中轉移到受官方監督的紳士手中，可是他沒

---

[137] G. William Skinner, ed., *The City in Late Imperial China*, p. 19.
[138] G. William Skinner, ed., *The City in Late Imperial China*, pp. 155-209.

有提到效率衰微。[139] 施堅雅本人提出證據，說明「清代地方的行政，能大大地適應帝國內區域結構的實際情形」。[140] 早期的研究顯示，清代官僚體制雖然遭遇機能惡化，但也有其彈性與效率，尤其是在管理像鹽的專賣這樣龐大的組織時。[141]

施堅雅覺得評估一個官僚體制的「效力」是很「簡單」的，[142] 這是吾人不能同意的。一位專門研究明史的學者覺得明代的行政制度「一般地說似乎運作得很好」，[143] 而另外一位權威學者則描述其財政制度混亂無效率。[144] 要解答這個矛盾之前，有許多問題須先釐清。例如，明代的低稅率對其經濟是有良好或不良的影響（黃仁宇教授覺得是不良）？1531 年開始的財政改革（一條鞭法），是一種亂糟糟的對現狀的妥協，或是一種對民眾意見的彈性反應而對經濟發展有利的政策？

五、發展與固有的組織能力

以故，關於明清時代國家與社會的關係諸問題，必須有更多的研究。同時，在現代化典範的學者強調「落後」而革命典範的學者強調「剝削」時，我們常常忘記鄉村與都市的日常工作情形，老百姓多半是受著極大的動機誘導，從事工作、儲蓄，與累積財富的活動。他們之間彼此在市場上，基於理性的協調，自由地訂立契約。而市場的有效運作，把稀少的物質，運往能高價收購的地方。

---

[139] G. William Skinner, ed., *The City in Late Imperial China*, pp. 449, 462.
[140] G. William Skinner, ed., *The City in Late Imperial China*, p. 345.
[141] Thomas A. Metzger, *The Internal Organization of Ch'ing Bureaucracy: Legal, Normative, and Communication Aspects* (Cambridge: Harvard University Press, 1973).
[142] G. William Skinner, ed., *The City in Late Imperial China*, p. 19.
[143] Charles O. Hucker, *The Ming Dynasty: Its Origins and Evolving Institutions* (Ann Arbor: Center for Chinese Studies, University of Michigan, 1978), p. 92.
[144] Ray Huang（黃仁宇）, *Taxation and Governmental Finance in Sixteenth-Century Ming China* (New York: Cambridge University Press, 1974).

又，中國人極為重視教育，經由私人的努力，顯現出不尋常的能力，發展出一套令人注意的教育制度。這套制度後來的發展，乃用以提供社會正面利益的新知，這個問題，羅友枝（Evelyn S. Rawski）在其《清代中國的教育與識字率》（*Education and Popular Literacy in Ch'ing China*）[145] 一書中已有說明。

除此地方性與官僚性的組織能力之繼承問題以外，吾人必須考慮政府與知識分子的關係，與因此關係而一再出現的領導危機，以及界定這個關係的政治文化。而且吾人可說，這個大部分承襲自傳統的政治文化，有兩種可能的基本政策：即轉化性的與調適性的政策（transformative and accommodative policies）。前者的目的是在最高或極端理想下徹底轉化社會；後者只是寬容而調整社會的私人部門，以逐漸地影響社會。例如，實行一條鞭法的官員是持調適性的看法，而輕視這些官員的黃宗羲與顧炎武則是傾向於轉化性的政策。當然，關於這兩種看法有好幾種混合形態，而純粹的例子很少。尤其是在近代中國革命思想裡，這兩種看法的關係特別複雜。然而，不能否認，這兩種看法都有其傳統的本源，且各有其價值，也各有其弊病。而且這兩種看法也都有重要的社會學基礎。轉化性的看法是近於特勒爾奇（Ernst Troeltsch）所謂的「宗派」（"sect"）這個觀念，而調適性的看法是近於特勒爾奇所謂的「教會」（"church"）這個觀念。[146]

中央政府制定轉化性或調適性政策時，必須與知識階層討論，以獲其支持，而減少反對。意識與政治皆是決定歷史變遷的重要力量。將意識與政治行為當作政治文化，並且瞭解中央政府與知識分子之間的關係，吾人即可觀察領導階層何時且如何發生危機。當危機解除，傳統的政府多半採用調適的政策，

---

[145] Evelyn S. Rawski, *Education and Popular Literacy in Ch'ing China* (Ann Arbor: University of Michigan Press, 1979).
[146] 這個觀念參考 Ernst Troeltsch, "Church and Sect," Talcott Parsons et al., eds., *Theories of Society: Foundations of Modern Sociological Theory* (New York: The Free Press of Glencoe, 1968), pp. 664-670.

以促進官民間的溝通。在 1500 年至 1800 年間，此種溝通之發展可能導致財政經濟組織的根本變遷，而助長人口的成長。但是，社會變遷同時受到「偶發」情況的影響，如領導階層決策的時宜與方向，以及國際環境的詭譎多變。此種強調中國傳統組織習慣的遺產、政治與知識階層間危機傾向的關係，與徬徨於轉化性與調適性之間的政治，以及「偶發」（situational）情況的觀點，似乎對吾人之研究具有啟示性，並且可稱之為「中國發展」的典範（the "Chinese development" paradigm）。此一典範與顧志耐（Simon Kuznets）討論發展中國家經濟高成長的說法有類似之處，即顧志耐不僅強調領導階層的貢獻，並且指出物質上與組織上「承繼自歷史的資源」。[147]

當然，此種典範還需歷史事實加以驗證。按照此一典範，吾人將不強調清季民初傳統價值觀念之瓦解，而是如墨菲（Rhoads Murphey）的《門外人》一書，強調中國抵抗帝國主義經濟勢力與政治勢力擴張的能力。如此看來，清季現代化的失敗，領導階層的因素大於價值的因素。中國知識分子尚未脫離固有文化之分界，就逐漸拒斥「制度上的儒教主義」（"institutional Confucianism"）（包括禮教、皇帝制度、科舉制度、紳士生活等），且致力於現代化，而對調適性與轉化性的現代化功過加以研究辯論。關於此種論辯，梁啟超的思想發展特別有意義。而研究這個問題特別詳細的，則是張朋園所著《梁啟超與清季革命》[148] 以及《梁啟超與民國政治》[149] 二書。

然而，晚清改革派與條約口岸的帝國主義，其調適性的政策無法凝聚現代化的動力。接著，1911 年革命後有一段「軍閥割據」時期，一直持續到 1949 年。[150] 就「中國發展」的典範之觀點而言，此種情況並非革命分子受到壓制，

---

[147] Walter Galenson, ed., *Economic Growth and Structural Change in Taiwan: The Postwar Experience of the Republic of China* (Ithaca: Cornell University Press, 1979), pp. 128-131.
[148] 張朋園，《梁啟超與清季革命》（臺北：中央研究院近代史研究所，1969）。
[149] 張朋園，《梁啟超與民國政治》（臺北：食貨出版社，1978）。
[150] Martin Wilbur, "Military Separation and the Process of Reunification under the Nationalist Regime, 1922–1937," in Ping-ti Ho and Tang Tsou, eds., *China in Crisis: China's Heritage and*

或是因為已喪失所謂「合法性」（"legitimacy"）的傳統價值持續存在所致，而是因精英分子與領袖人物，不能在意識與政治的基礎上，對現代化取得一致的協調而產生的危機。同時韋慕庭（Martin Wilbur）的「軍閥割據」（military separatism）架構，讓吾人得以比較方法來研究這些軍隊的基地（包括共產黨在內），衡量領導者的策略與政策所導致的群眾支持、背棄、現代化的萌芽以及解體的不良情形。這方面的研究，可參閱齊錫生著《中國的軍閥政治，1916-1928》[151]與田弘茂著《中國國民黨政府與政治，1927-1937》[152]二書。

日本的侵略，是改變中國歷史的「偶發」（situational）因素之一。1936年初，國民黨的轄區大大的擴張，且其領導者們，正積極向統一中國的目標邁進。戰爭的發生，可能與1936年12月的西安事變有關，是時蔣介石先生出乎意料的停止對紅軍作戰，接受共產黨「統一戰線」的協議共同對付日本，接著採取新的政策，好像因此觸怒了日本激烈派的軍官，以致日本攻擊中國。由於個人的決定所引起的政治事件，似乎是促成爆發那次戰爭的因素之一。這場戰爭，使得國民黨的人員與物資耗損頗大，而造成其衰弱。

有幾本著作支持這個看法。范力沛（Lyman P. Van Slyke）所著《敵人與友人：中共歷史中的統一戰線》（*Enemies and Friends: The United Front in Chinese Communist History*）[153]一書，描述統一戰線的策略如何幫助共產黨。片岡哲哉也認為蔣介石先生之決定與共產黨合作後來證明是國民黨的致命傷。共產黨以「統一戰線」的策略，削弱國民黨在現代都市的基地，並且給予共產黨從容的

---

the Communist Political System (Chicago: University of Chicago Press, 1968), vol. 1, book 1, pp. 203-263.

[151] His-sheng Chi（齊錫生）, *Warlord Politics in China, 1916–1928* (Stanford: Stanford University Press, 1976).

[152] Hung-mao Tien（田弘茂）, *Government and Politics in Kuomintang China, 1927–1937* (Stanford: Stanford University Press, 1972).

[153] Lyman P. Van Slyke, *Enemies and Friends: The United Front in Chinese Communist History* (Stanford: Stanford University Press, 1967).

時間從事擬定如「新民主」的政策,獲取鄉村與知識分子的支持,因而建立其據點。[154] 同時,一直到 1943 年,為了抵抗日本,「中國的現代化部門是挑起最重的負擔」,而那時,共產黨已逐漸有力量與國民黨相抗衡。[155] Oleg B. Borisov 在其所著《蘇聯與滿洲的革命基地,1945-1949》(*The Soviet Union and the Manchurian Revolutionary Base, 1945-1949*)[156] 一書中則認為,1945 年底至 1947 年初,紅軍在滿洲獲得蘇聯大量的支援,使得共產黨的武力很明顯地超過均衡狀態。同時,國民黨錯誤的財政政策,逐漸失去一般民眾的支持,像陳立夫這樣重要的國民黨領導人物,即曾如此強調過。

1949 年以後,不論在臺灣抑是大陸,中國的領導危機較前解除。接著,大陸實行轉化性的政策,臺灣採取調適性的政策。從「中國發展」的典範之立場看,我們需要更多討論轉化性與調適性思想之論著,將它們的政治觀點放在中國思想發展的前後關係內,以期瞭解過去三十年間,中國知識分子與領導者,如何理解他們自己及其身處的社會,以及精英分子的觀念與一般民眾的想法有怎樣的關係。這些轉化性與調適性的政策,與傳統的組織、社區,以及動機形態有何關係,目前依然不甚清楚。除了這些政策的功能或不良影響之問題以外,吾人仍需追問它們改變或成功的利用傳統到底達到什麼程度?

又,吾人既然無法避免以道德標準估量外國社會,則起碼應該謹慎地界定這些標準,以期限制此估量過程中的主觀性。當然,一個沒有官僚的無產階級社會的標準,是不合實際的。然而,吾人不必將問題局限在政治穩定與經濟成長的課題上。吾人亦可試問:一個社會是否能在經濟成長之同時,限制經濟成長的弊病(即不安定、通貨膨脹、失業、貧富差距加大等);能不能減少權力

---

[154] Tetsuya Kataoka, *Resistance and Revolution in China: The Communists and the Second United Front* (Berkeley: University of California Press, 1974).

[155] Tetsuya Kataoka, *Resistance and Revolution in China*, p. 310.

[156] Oleg B. Borisov, *The Soviet Union and the Manchurian Revolutionary Base, 1945–1949* (Moscow: Progress Publishers, 1977).

分配的不均而擴大異己意見的合法範圍;能不能造成一個有人情有人文的文化,而能包容世界文明的價值,不論東方與西方,或是過去與現在。

連中共在內,有愈來愈多的人承認,按照上述標準,臺灣確實表現得很好。如果中華民國像 A. James Gregor 所說是一個「發展的獨裁政權」(developmental dictatorship),則此獨裁政權不帶「極權氣息」(totalitarian aspirations),反而是堅定的強調民主化,而且公開承認目前還沒有完全達到這個目標。為實行民主而舉行的選舉,其自由化的情形,如果比較 1967 年左右的情況與 1977 年的選舉,則是顯而易見的。關於前者有 Arthur J. Leman《臺灣的政治》(*Taiwan's Politics*)[157] 一書,關於後者則有異議者寫的著作等,可供參考。

就經濟方面而言,雖然臺灣經濟成長的奇蹟為世人所習知,但是其趨向經濟平等的顯著趨勢,則不是那麼有名。顧志耐、劉易士(Arthur Lewis)、各種馬克思主義者,以及強調第三世界的依賴性(dependency)之理論家,皆認為經濟成長一旦發生,國民所得的分配必變得不平等:利息與租金所得提高,富者比貧者獲益更多,逐漸的都市化增加城鄉收入的差距。然而,如顧志耐自己承認的,臺灣似乎是罕有的例外。[158]

中華民國有能力接受非正常化的打擊,反映其政治、社會與經濟的活力。然而,臺灣正處於危急之中。政府受到外交的孤立情況,當然是不利的,且,中華民國對它與大陸政權的權力關係深懷戒懼,除非美國繼續給予強大的軍事支持,否則將衰弱下去。在這些緊張情勢之下,中華民國不容易避免上述有傳統性的領袖危機。另一方面,目前這一危機可能不會發生,並且有些跡象顯示,一個充滿自信且與精英分子及下層民眾有緊密連繫的領導階層將在臺灣出現。

---

[157] Arthur J. Leman, *Taiwan's Politics: The Provincial Assemblyman's World* (Washington: University Press of America, 1978).
[158] Walter Galenson, ed., *Economic Growth and Structural Change in Taiwan: The Postwar Experience of the Republic of China*, pp. 102-113, 127, 498-499; John C. H. Fei, Gustav Ranis, and Shirley W. Y. Kuo, "Growth and the Family Distribution of Income by Factor Components," *The Quarterly Journal of Economics*, vol. 92, no. 1 (1978), pp. 17-53.

前年十二月發生的異議分子與警察的暴力衝突,震憾整個社會,但是民眾支持政府。

然而,在這些情況之下,美國政策本身在臺灣政治的發展中,扮演一個有力的因素,因為美國的外交政策是影響其領袖處境的一個主要因素。可是如前所述,美國外交政策的形成,並非僅是總統權衡戰略與經濟利害的結果,也是總統如何瞭解輿論的結果。而且,美國對華外交政策之輿論,特別受到知識分子的影響,而知識分子則是受到漢學家的影響。雖然如此的推論不一定可靠,但美國對華政策似乎受到美國漢學之影響。至少,像「二十世紀偉大的中國革命」（the great Chinese revolution of the twentieth century）這個近代史典範,是扮演一個重要的政治角色。此典範使很多美國知識分子覺得中共是歷史的正統,而因為中共是所謂的正統,華府最後必須轉向北京以配合歷史的進程,甚至犧牲一個舊盟友,並且不顧美國民眾的輿論。

當有關中國歷史的新典範出現時,美國知識分子對中共的看法會不會改變是很難說的。至少,如果美國知識分子發現,現代化與中國共產主義的價值矛盾,遠大於現代化與中國傳統性的價值矛盾,則他們應該慢慢瞭解中國兩種政治體制的真相。無論如何,美國漢學家現在需要下點自省的功夫,進一步培養中國研究的新一代,而超越他們老師的缺點,以期如荀子所說的:「青,取之於藍,而青於藍」（《荀子・勸學》）。

專有名詞索引

一畫
一心開二門、一心二門..... 163, 167, 176
一條鞭法 270, 275, 430-431

二畫
九個境界 148, 217
二二八.. 38
人文友會 172
人文主義 .... iv,
x, 9, 26, 93, 97, 102, 106, 151, 170-171, 207,
215, 225, 230, 239, 244-245, 278-280, 288-
289, 315, 325, 333, 347-348, 351, 369, 372-
374, 399
人文制約（civilizational constraints）....
.... 214
人民的權威（authority in the name of
the people）.................................... 5
人生論 120
人性 .... viii,
x, 16, 24-25, 81-82, 107, 123, 149, 184, 187,
200, 211, 223, 229, 239, 247-248, 251, 255,
257, 262-264, 306, 317
人類日常生活（Lebenswelt）................xii
人類學本體論 120

人類學家 96-97,
99, 113, 227, 255, 378, 396, 425
人權宣言 67, 85
入世的（this-worldly）、入世觀（this-
worldliness）.. 27,
263, 292, 302, 304, 306, 321, 326-327, 337,
366, 368

三畫
三世論................................305, 311
三代 27,
33, 59, 63, 73, 92, 167, 170, 239, 243, 247,
271-272, 305, 309, 337, 345, 366
三民主義 9-10,
32, 40, 45, 52, 57, 87, 90-91, 93-98, 113, 244,
297, 307, 314-315, 358, 362-364, 372-374
三個世界 122, 148, 183
　　第一個世界............................... 122
　　第二個世界............................... 122
　　第三個世界....................... 122, 148, 184
三個市場（三種多元主義）............iii-iv,
93-94, 96, 101, 103, 111, 123, 169, 246, 249,
259, 262, 264, 280-281, 283, 289, 297, 300,
304-306, 310-312, 314-315, 318, 320, 322,
325-327, 330-332, 342, 344-348, 385

政治市場 96, 101-103, 123, 246, 259, 263, 279, 304-305, 308, 317, 320, 342

經濟市場 123, 246, 259, 263, 278, 317, 342

思想、知識、資訊流通的自由市場 94, 96, 101, 123, 259, 263, 278, 317, 342, 347

三綱 252, 370

三權分立 7, 31

上帝 7, 16, 25, 27, 31, 34, 105, 127-128, 130, 156, 165, 189, 191, 207, 220, 277, 343, 369

　上帝的城市 242

土地改革 43, 415-416

大公無私 .... xiii, 91, 101, 109, 112, 114, 127, 163, 240, 309, 311, 315, 338, 379, 381

大化 128

大孔子學說 216, 331, 334

大同 34, 127-129, 152, 169, 189, 203, 265, 277, 299, 318, 326, 340-341, 348, 351, 354

大清明 243, 368

《大學》 33, 72, 138, 162, 174, 249, 273, 302

大頭腦處 297, 354

大躍進 302

小康社會 x

工具本體 139, 346

工具性理性、工具理性（*Zweckrationalität*, instrumental rationality） 106, 110, 137, 152-153, 163, 166, 176, 200, 202, 244, 246, 248, 259, 282, 288-289, 300, 302, 322, 330, 341-342, 354, 379

己他觀念、己他典範 240, 249

己重群輕 385-386

己群並重 386

四畫

不可知論 121, 132, 142, 148, 152-153, 162, 170, 184, 187, 198, 242, 333

中心地（central places） 426-428

中和 244, 248

中國共產黨（中共） .... ii, 4, 34, 36-39, 41, 43-47, 49, 53, 68, 70, 73, 81, 84, 86-89, 280, 307, 310, 315, 318-319, 393-397, 401-402, 409-410, 414-416, 418-424, 433-436

中國向何處去 157, 185

中國研究 392-394, 436

　中國問題專家 36, 394

中國現代性 xiii

中國通 37, 112

《中國論壇》 40

《中庸》 162

中產階級 5, 302, 330
中華人民共和國 250, 267, 281
中華民國 .... i,
3-6, 10, 12-13, 17, 21, 29-30, 34-40, 42-48,
53, 68, 77, 81, 84-90, 95, 98, 112, 210-211,
283, 287, 293, 299, 303, 307, 313, 316-317,
394-395, 435
中華民族 171, 178, 296, 311, 350
中學為體，西學為用（中體西用）........
.... 69, 346, 354
中壢事件 40
五二〇事件 34
五四反傳統思想 399
五四新文化運動 379
五四運動 54,
69, 110, 151, 208, 224, 252, 286, 305, 312,
356, 371, 373, 383, 402
五行 126,
161, 169-170, 176-177, 207
五無 128
井田封建宗法 324
仁政 29, 33, 63
仁體 154-155, 164
元學 159
內化價值 420
內在自由 148
內在超越 25,
112, 165, 176, 197, 206-207, 355, 361, 366,
382

內在精神 221, 350, 353, 356
內在價值 .... iv, 353
內在邏輯 129,
150, 289, 385
內聖 164,
167-168, 171, 191, 334, 353
　　內聖外王 25,
27, 33, 173, 203, 243, 258, 273, 288, 323,
325, 345, 361, 366, 374
公民 38,
96, 100-102, 105, 112-113, 231, 234, 254,
257-260, 262-267, 269, 272, 275-276, 279-
280, 283-284, 398
　　公民社會 239,
254-257, 262, 265-266, 268-269, 271, 276,
279-283
公共意志 100-101, 103
公共領域 257, 260, 269
公共輿論 vii
《公羊傳》 175
公義 314, 333
公德 170, 265-266, 283, 343
六家 243
分化 120-121, 207, 255, 270
分析哲學（analytical philosophy）... 228
反共 13, 15-16, 37, 45, 88, 396
天人合一 127-128,
136-137, 152, 173, 189, 265
天下 97,

169, 172, 203, 241, 243, 293, 302, 323, 328, 366-367, 383, 399

天地人的宇宙 369
天命論 381
天道 120-122, 127, 129, 136, 138, 195, 200
太平天國 413
太平洋社區 .... vi, xiii
太和 331
孔孟哲學 40
文化大革命 69, 415
文化分流（divergence）............ 340-341, 343-346, 348-349, 351, 353, 356
文化本質 111
文化危機 .... ii, 91-92, 94, 112, 235, 330, 350, 352-353, 355, 361
文化合流（convergence）.................. 283, 334, 340-342, 345-346, 348-351, 353, 356
文化相對主義（cultural relativism）...... .... 108, 227, 230, 318
文化修改 111, 216-217, 276, 287, 346, 348, 354
文化格式塔（mere cultural gestalt）....... 229
文化象徵 297
文化（世界文化）........................... 23, 201, 336, 342, 353

文化（民間文化）.................. 14, 332, 353
文化（中國文化）...................................... ii, iv, 4, 13-14, 23-25, 27-28, 30, 34, 50, 52, 74, 90-91, 93, 98, 109-113, 122, 125, 154, 156, 159, 161, 163, 172, 175, 177, 189, 193, 201, 206, 208, 210-211, 216-217, 240, 243, 246-247, 250, 274, 277, 280, 286-287, 295, 302-303, 306, 314, 317-318, 322, 327, 329, 330, 336-338, 341-345, 348, 350-351, 353, 355, 362, 364, 366, 368-369, 372-373, 378-379, 382-383, 385, 398-399, 427
文化（美國文化）............................. 214, 261, 312-313, 332, 336, 342-344, 351, 360-361, 364, 371, 395
文明社會 17, 23, 229, 246, 387
文藝復興 120-121
王道 51, 62-63, 173, 212, 241-243, 247, 321

五畫

世俗化 322-323, 371
世界原理 152-153, 155-156
世界強權 .... xi, xiii
世界觀 64, 213, 225-226, 274, 414
主位（emic）............................... 255-256
他治（heteronomy）...................... 262-264
代議民主共和制 258
以色列 38, 298
功利主義（功利學派）....... 146, 252, 341

古典民主理論 31, 50
《史記》.................................... 243
四人幫 53, 418
《四書》........................ 138, 239, 324
外在化自由 342
外在超越 25, 165, 197
市民（bourgeois）......................ii,
iv, 265, 321-322
　小市民（petty bourgeois）.............. 5,
　97, 297, 322, 406
市民社會（civil society, 公民社會、民
間社會）............ii, 138, 254, 265, 281, 326
　市民性 ii
市場經濟 306, 329
平等主義 290
本然陳述 130, 138, 155
本體 .... iii,
25, 120-122, 126-128, 131-132, 135, 139-
140, 142, 147-149, 152, 159, 161-165, 170,
172, 175-177, 180-182, 189, 192, 195-196,
198, 200, 202, 204-206, 208, 218, 222, 252,
293, 297, 311, 320, 335, 343, 346, 369, 390
正統 84,
324, 359, 374, 393, 397, 436
正義觀 258
民主 .... i,
ii, iv, vii, ix, 3-7, 9, 11-27, 29-36, 38, 40-42,
44-46, 48-52, 54-56, 58-59, 63-64, 66-67,
75-78, 81-82, 85-86, 88, 93, 95, 97, 100, 103,
105-106, 109-110, 123, 127, 146, 169, 172,
212, 214, 230-231, 235, 239, 241, 244, 251,
258-260, 262, 268, 273, 276-280, 282-283,
292-293, 299, 303-306, 308, 313, 317, 320,
325, 328-329, 331, 338, 342, 354, 363, 367-
368, 372-373, 377, 380, 382, 384-387, 389,
434-435
　民主化 .... i,
　ix-x, 3-5, 13, 17-19, 21, 29-30, 32-35,
　40-42, 44-45, 48-52, 54-56, 60, 68, 75-
　77, 86, 91, 94, 104, 186, 212, 248, 254,
　268, 280, 283, 289, 304-306, 310, 314,
　317, 319, 326-328, 330, 332, 336, 346,
　389, 435
民主集權主義、民主集中制 105, 415
民生主義 18, 312, 372, 374
民族主義 18,
78-79, 258, 398-400, 410, 415
民智 170, 246, 330, 332, 353
民進黨 4, 102
民德 170, 246, 252, 330, 332, 353
民權思想 316
目的理性、價值理性（*Wertrationalität*）
.... 106,
137, 152-153, 166, 200, 246, 259, 282, 354
矛盾並立性（ambivalence）............... 406

六畫

伊朗 39, 45-46

休謨（Humean）..................362-364, 374
　　非休謨（non-Humean）................ 361, 363-364, 374, 376
　　休謨後（post-Humean）................. 11, 20, 27, 358, 362-364, 374-375
先知先覺 ....xii, 123, 151, 278, 283, 290, 300, 308, 318, 327, 332, 344, 373, 400
　　後知後覺 290
　　不知不覺 290
先驗性（a priori）、先驗性信仰 103, 239, 247-248
全民政治 316, 320-321
全民就業 352
全球化 ....iv, 332, 350-353, 356-357
全球倫理（global ethic）..............222, 235
全盤西化 325
共匪 41
共產烏托邦 395
共識 6, 8-10, 12, 14-19, 21-22, 26, 32-33, 91-94, 106, 111, 121, 124, 127, 129, 132-134, 136-137, 139, 152, 178, 186, 188, 197, 201, 234, 251, 258-259, 307, 314, 329, 333, 339, 345-346, 363, 374, 386-387, 407
合情入理的一般見識（conventional wisdom）.. 64
　　風俗與傳統（convention）............. 59

合理合法（legitimized）........................ 21
合理的多元主義（reasonable pluralism）.. 230
同性戀、同性婚姻................ ix, 186, 333
同治中興 408
名教 244, 382
向心的精英分子（centripetal elites）..... 11
因果模式（patterns of historical causation）................................ 73, 223, 227
多元 .... x-xi, 10-11, 23-24, 37, 40, 45, 48, 91, 93, 96-97, 105-106, 157, 281, 307, 312, 314, 368, 371
　　多元主義 .... iv, 93-94, 96, 101-104, 111, 138, 169, 222, 230, 235, 240, 243, 259, 280, 289, 297, 300, 304-308, 310-314, 317-318, 325-327, 338, 345, 389
　　多元開放 90-91, 95-96
　　多元的開放社會.............................9-10, 19, 23, 26-27, 178, 281, 292, 307, 309, 312-314
好萊塢（Hollywood）......................87, 342
如來藏自性清靜心........................163, 176
宇宙 52, 64, 122, 125-129, 131-132, 139, 141, 152-156, 159-161, 163-166, 169-170, 175-177, 180, 187, 189, 195-198, 204-205, 207-208,

218, 223, 252, 265, 271, 343, 354, 368-371, 375, 390, 400

 道心的宇宙 369
 儒家的宇宙 175, 208, 369
 科學的宇宙 177, 369
宇宙論 180, 223, 271, 390
曲通 .... xiii, 4, 30, 51, 101-103, 164, 249, 288-289, 300, 310, 326, 379, 389
有限制的政治核心（inhibited political center） 11-12, 269-271, 273
有執 163-164, 176-177
老百姓理論 327-328
自由 .... i, iv, viii-ix, xi-xii, 3, 7-10, 12-19, 21, 23, 29-35, 41, 43, 52, 54, 67, 75-77, 82, 86-88, 93-98, 100, 104-105, 107, 109, 111-112, 114, 120, 123-124, 127, 129, 137, 141, 147-148, 152, 178, 185-186, 190, 195, 212, 222, 228-229, 231-234, 239, 242, 244-246, 248, 257, 259, 262-264, 268, 270, 273-276, 278-283, 294, 301, 304, 306, 309, 311, 322, 326, 330-333, 336, 338-340, 342, 344-345, 347-348, 352-353, 380, 382, 384-387, 404, 414-415, 429-430, 435

 《論自由》（*On Liberty*） .... viii, 6, 31, 279
自由主義 .... iii, viii-ix, 6, 9, 11, 14-16, 22-23, 26, 31, 67, 78-80, 83, 93, 96-98, 100, 123, 146, 157, 172, 185, 216, 221, 225, 228-231, 234-235, 242, 263-264, 280-281, 312-313, 320, 329-335, 344, 362, 364, 372-373, 389, 397

 古典自由主義 .... ix, xii
 中國自由主義 .... x, 14, 17-19, 83, 278-279, 314-315, 330-331, 372
 英美自由主義 18, 22, 313, 330
 唯自由主義（libertarianism） ix
自作主宰 55, 135, 178, 181, 190, 192, 287, 355, 361
自我 25, 40, 67, 72, 120, 130-131, 142, 144, 147, 160, 164, 190, 193, 206, 226, 232-233, 239-240, 250, 254, 261, 265, 291, 299, 320, 341, 359, 363-364, 368-371, 374-375, 402
自然主義 126, 153, 162, 180, 204
自覺 .... v, 14, 18, 22, 78, 95, 98-100, 105, 107, 109-110, 113-115, 121, 131, 135-136, 141, 147, 149-150, 160, 169, 171, 190, 192, 194, 200, 216, 242, 246, 249, 251, 253, 272, 275, 285, 287-289, 293, 297, 299-300, 317-318, 326-328, 337, 339, 344-345, 347, 363, 386, 394
行動者（agency） 262
西方民主傳統 .... iv, 278

盧梭、黑格爾與馬克思的民主傳統.
....................................iv, 278
彌爾式的民主傳統（彌爾模型）........
............6-9, 11, 13-14, 21-22, 27-29, 278
西方認識論大革命（Great Modern Western Epistemological Revolution, GMWER）.................................ii, viii, xi-xii, 121-122, 134, 140-142, 147-152, 154-155, 159-160, 162, 182-184, 186, 192, 195-196, 200-203, 206, 222, 242
西安事變..393, 433
西體中用..354

七畫

佛教...91-92, 128, 163-164, 175, 240, 302, 310-311, 321, 325
克己..................................163, 306, 343, 369
〈克里圖〉（Crito）.................. 62, 80, 367
判教..166, 168
利己主義.. 123, 252, 268, 282, 330, 350-351
利他主義...223, 226
困境感.............................. 173, 283, 319-320
坎陷............................... 164, 166-167, 176
坐而論道 128, 144, 151, 168, 178
宋明理學 128, 136, 152, 160, 162-163, 167, 174-177, 189, 265, 321, 324-325, 354, 378

希伯來耶教....................................... 91
希臘.......................................viii-ix, 5, 8, 12, 27, 51, 62, 64, 79, 98, 104-105, 164, 241, 245, 257-258, 361, 366-368, 371
形上學..iii, 119-121, 124-130, 132-133, 137, 140-141, 151, 186, 194-198, 201-203, 205, 207
　　形上智慧..iii, 119-121, 124-133, 135-136, 138-140, 155, 186, 194-195, 197-198, 201
形下進路 119-121, 138, 196, 200
戒嚴 .... i-ii, 36-37, 42, 45, 49, 98, 105, 157, 271
批判性、批判意識..................................iii, v, 91, 99, 111, 122, 131, 135-136, 141, 144-145, 147-151, 154, 158, 177-179, 181-183, 190-193, 199-201, 203-204, 209, 233, 245, 252, 285, 287, 292, 354, 386, 393, 423
批判理性主義（critical rationalism）......
.... 229
抗議精神 60-61, 65
求仙運動 73
男女平等 ....viii, 71, 222
私有財產 52, 322, 324, 326
良性政黨 32
見聞之知 161
見德 162, 165, 189, 193
見識（perspicacity）.............259-260, 262

八畫

亞里斯多德式的政治批評................xiii, 33, 77, 241, 367

亞里斯多德、柏克傳統（the Aristotelian-Burkean tradition）...........ii, 52, 59, 62, 66, 78, 82

亞里斯多德式調適思想................. v, xiii

使命感.. 58, 61, 67, 70, 72-75, 177, 188

兩黨政治制度 48

典範（paradigms）................................ 46, 123-124, 131, 171, 196, 218, 240, 249, 330, 350-351, 385, 393, 395-396, 424, 432, 434, 436

  革命典範 393, 395-397, 401, 403, 414, 424, 430

  現代化典範..................................... 386, 393, 395-396, 419, 421-422, 424, 430

受民間社會控制的政治核心（a sub-ordinated political center）..................... 7, 11-12, 14, 31

宗派（sect）... 431

官僚制度 7, 46, 418-419

延安精神 409

所與 131, 148, 153, 156, 161, 180, 190, 193, 204, 217-218, 232, 357

明治維新 298

《易經》（《易傳》）............. 159, 164, 302

易錯性、可錯性（fallibility）...223, 264, 279, 290

河殤 111

治權 32, 171, 290, 316

法家 64, 247

法蘭克福學派 40

波蘭 36-37, 46

直覺 107-108, 120, 129-131, 133-134, 136-137, 142-143, 162-163, 176, 181-182, 189-191, 193, 195, 202-204, 361

知行合一 128, 131, 136, 144, 151, 168, 171, 173, 175, 178, 249

知識分子 .... i-ii, v, vii, ix-x, 3, 5, 9-10, 16-17, 19, 30, 33-34, 37, 39-40, 48, 53-54, 58-61, 64, 66, 68, 70-73, 75-76, 85-86, 88, 91, 94-99, 103, 105, 107, 109-110, 113-114, 123, 149, 158, 171-172, 208, 211, 216, 239-240, 243, 246-247, 249, 254, 260, 262-264, 267, 276, 280-281, 283, 285, 287-293, 295-300, 302-303, 310-311, 314, 317-318, 321, 325-331, 335, 339-340, 348, 351, 355-356, 379, 383, 385-386, 413, 431, 434, 436

  中國知識分子 .... iii-iv, 3, 9, 14, 16, 18, 20-22, 26, 30, 32-33, 40,

53-56, 58-61, 66-67, 69-74, 84-86, 89-90, 95, 98, 102, 107, 109-112, 151, 159, 164, 169-170, 173, 178, 192, 217, 240-244, 246, 248-249, 251-252, 259, 265-266, 272, 274, 276, 279-283, 285-287, 289-302, 304, 306-307, 310-312, 315-316, 319-323, 325-329, 337, 344-345, 347-348, 354-355, 363, 371-372, 381-387, 390, 397, 414, 432, 434

西方知識分子 .... viii-ix, 3, 9-11, 15, 18, 20-22, 26, 32, 37, 54, 58-60, 66, 68, 70, 84-86, 88, 109-110, 112-113, 192, 214, 217, 252, 287, 289-290, 297-298, 315, 331, 347, 351, 355, 384, 395-396, 436

《知識分子的鴉片》(*The Opium of the Intellectuals*) 54, 88, 290

知識主義 175, 317

知識譜系 146, 193, 245

《社約論》(*Du Contrat Social*) 96, 100

社區社會 (*Gemeinschaft*) .... iv, 259, 265, 271, 273-276, 278-279, 283, 321-326

社會主義 43, 50, 54, 58, 66, 88, 110, 123, 229, 282, 310, 372, 374, 404, 413-415, 417-419

《金師子論》 126

九畫

俄國 15, 110, 123, 306

保守 .... i-ii, 10, 13, 15, 21, 29-30, 33-35, 52, 58-59, 61, 64, 66-68, 70, 79, 81-82, 96, 109, 291, 311, 385, 406-408

 保守主義 .... ii, 12-13, 15, 59, 61-62, 64, 66, 75, 78-79, 81-83, 257, 277, 330, 368, 408

保釣運動 73-74

信仰 (faith) 8, 16, 33, 74, 96, 105, 122, 133, 136, 171, 174, 180, 197, 214, 239, 245, 247-249, 302, 305, 328, 359, 400-402, 408, 415

契約精神 100, 102

威權主義 .... x, 53, 266, 282

客位 (etic) 255-256, 270

客觀主義 (objectivism) 26, 107-110, 114, 196, 200, 219, 227, 255, 287, 292

封閉性 90, 307, 374

帝國主義 49, 53, 67, 145, 240, 276, 311, 316, 393, 397, 404, 411-415, 432

幽暗意識 4, 22, 34, 63, 83, 97, 103, 110, 123, 129, 223, 240-244, 306, 320, 331, 337, 345, 347, 367-368, 373, 385, 389

後現代主義 354
後結構主義 354
後驗性（*a posteriori*）................. 103-104, 239, 247, 249, 302, 305, 328
思想的光譜（intellectual spectrum）...... 388
思想的規矩 389-390
思維圖式（schemata of thought）.... 228
政治可行性（political practicability）.... ....ii, 123, 140, 187, 203, 235, 263, 271
政治犯 86
政治批評 .... i, vii, x, xiii, 40, 60, 65-67, 70, 73, 75-76, 314
　烏托邦式的政治評論 .... ii, 66, 73
政治宗教 33-34, 97
政治核心 5-8, 11-12, 14, 18, 22, 28, 243, 247, 258, 269-271, 273, 283, 298, 319, 327, 366, 368, 370, 372, 374-375
政治理論 37, 86, 93, 96, 99, 146, 216, 218, 220, 230, 246, 255, 261-263, 297, 320, 327, 385-387, 399
　官方性 262, 263-264, 297, 327
　專家或知識分子 262, 264, 297, 327
政客 .... vii, 234, 240, 259, 304-306, 308, 313, 331, 389
政權 32, 45-46, 171, 271, 278, 290-291, 298, 316, 324, 403, 419, 435

柏拉圖式政治批評 .... xiii, 33, 62, 272
洛克－聯邦黨人－彌爾傳統.............. iv, 278
界限 154, 222-223, 239, 245-246, 248, 256, 263, 267, 281, 330-332, 350, 352, 406
皇帝制度 303, 432
相對主義 8, 93, 108-109, 137, 142, 146, 151, 162, 185, 194, 199, 204, 219, 227-228, 230, 318, 337, 343-344
科玄之爭 195
科際整合 x
科學主義 153, 159, 162, 194, 197
科舉制度 432
美國 .... i, vi, ix, xi, xiii, 3, 5, 8-12, 15, 19, 30, 34, 36-38, 40-42, 44-49, 53-56, 63, 68, 70, 77, 80, 84-90, 92, 102, 112-114, 123, 135, 156, 186, 188, 210, 213-216, 234-235, 250, 256, 260-261, 267-268, 298-299, 305, 309, 312-313, 316, 332-333, 336, 338, 340, 342-345, 349, 351-352, 358, 360-362, 364, 371-372, 374, 381, 383, 392-396, 399, 410, 412, 414, 419-422, 435-436
　美國式民主 32, 55, 123, 372-373
　美國資本主義 88, 350
　美國漢學界 .... iv, 382, 393, 395-397, 436

美援 43

《美麗島》雜誌 38-39

耶穌基督 63

述而不作 131, 245, 364

風氣（ethos）................................. 5, 26, 258, 262-264, 282-283, 389

十畫

修身 138, 240-241, 249, 302, 323-324

個人自由 .... xii, 123, 239, 248, 262-264, 281, 311, 322, 326, 330, 344, 384-385, 387

個人尊嚴 279, 342, 369, 384, 387

個體解放 178, 331

倫理 .... xii, 15, 20, 48, 51, 56, 58, 63, 71-72, 76-77, 82-83, 93, 100, 127, 163, 176, 222, 234-235, 262, 264, 274, 323, 330, 344, 348, 355, 398-399, 423

兼內外 18, 169, 369

原初狀態（original position）............ 230

原型規範（archetypal norm）............ 275

原罪 28, 64, 241, 272, 369, 371

家本位（familism）............................ 267

浮士德、普羅米修斯式動態崇拜（cult of dynamism）（Faustian-Promethean）.. 398

消極自由（negative freedom）......... 234, 384-386

涓滴（trickle down）........................ v, 260

烏托邦 .... ii-iv, xiii, 22, 33-34, 39, 44, 49-50, 54, 58-61, 63-64, 66, 68-75, 83, 86, 88, 103, 108, 113-114, 123, 129, 138, 175, 203, 212, 223, 225, 228-232, 234, 239-244, 246, 248, 251-252, 254, 265-267, 271-273, 276, 278-283, 288, 297-298, 316, 320-321, 326, 331, 335, 337-338, 344-348, 351, 354, 381, 383, 389, 393, 395, 418

特殊主義（particularism）.......... 408-409

　　特殊主義連結（particularistic connections）...................... 409

真我 128, 131

神魔混雜（聖魔混雜）........................xiii, 123, 146, 203, 223-224, 234, 240-241, 249, 331, 351, 381, 385

記憶共同體...258

追求可能性的藝術（the art of the possible）...................... 51, 63, 212

逆思 162-164, 205

馬可波羅綜合症（Marco Polo Syndrome）................................. 395

馬克思主義、馬克思列寧主義.........91, 93-94, 96, 119-121, 127-129, 136, 138-139, 151-152, 162, 172, 194-196, 231, 244, 263, 265, 278-279, 281-283, 290, 305, 312, 315-316, 320-321, 324, 330-331, 341, 346, 372-

374, 397-399, 401, 403, 406, 415, 424, 435

高雄事件 3, 37, 39, 41-42

十一畫

唯心 163, 176
 唯心主義 120, 139, 154, 159, 176, 310
唯主方式 121, 142, 148, 151, 153-154, 201
唯物主義 120, 138, 153-154, 159, 180, 196, 381
唯智主義 339
唯意志論 381
啟蒙 ....iii, viii-ix, xiii, 8, 90, 95-96, 142, 145-146, 151, 171, 222, 246, 262-264, 379, 381, 387
國民黨 .... ii, x, 3, 6, 10, 34, 40-42, 86-87, 91, 93-94, 96-97, 157-158, 164, 208, 271, 310, 312, 315, 318, 397, 401, 408-410, 412, 433-434
 國民黨員 41-42, 102, 312, 433-434
國家認同（national identity）............ 235
國病 6
基督教 .... viii-ix, 9, 63-64, 128, 137-138, 156, 174, 178, 240-241, 245-246, 251, 332, 366-367, 369
張力、惕對（tension）.................83, 233, 282, 303, 321, 360-361, 368, 374
 創造性張力（creative tension）..........

.... 59, 64-65, 75, 83
御用文人 ....i, 34, 59, 65-66, 112
救亡 178, 382
教會 145, 431
教養（paideia）............................. 234-235
清華學派 119, 121, 129, 194
現代化 .... iv, vii, xii, 4, 7, 12, 25-26, 31-32, 34, 44-46, 53, 58-59, 62, 68, 78-79, 85, 87, 90-91, 94-96, 101-104, 110, 127, 169-172, 178, 208, 240, 244, 248, 251-252, 257, 267, 276-277, 282, 288-289, 298, 301, 303-306, 308, 310, 312, 314, 319, 322, 326-328, 336, 341, 344, 346, 348, 358, 361-363, 370-372, 375, 377-380, 382-383, 386, 388-390, 393, 395-401, 404-405, 407, 409, 418-419, 421-424, 430, 432-434, 436
 現代化計畫.. x
現代儒家人文主義 .... x, 278, 280
現象 .... xii, 120, 127, 139, 152-156, 161, 164, 175, 177, 187-189, 193, 195-196, 198-199, 201, 204, 213, 222, 226, 250, 310, 356
現實主義 241, 272, 414
理性 .... vii, 7-10, 16, 19-26, 31-32, 48-49, 52, 55, 60, 64, 66-68, 72, 74, 81, 91, 101-102, 105-108, 110, 112-114, 123, 130-131, 133-134, 137,

141-142, 144-145, 147, 151-153, 160, 162-163, 166-169, 176-177, 179-181, 186, 189, 191-193, 200-203, 219-220, 223, 227-232, 234, 240, 242, 244, 246, 248, 255, 257, 259, 279, 281-283, 288-292, 296, 298-300, 302, 309, 314-316, 318, 322, 330, 338, 341-342, 354, 361, 363-364, 378-379, 381-382, 385, 391, 421, 430

 理性選擇（rational choice）.................
....227, 255
 理性主義... 144, 202, 229, 350
 理性選擇理論（rational choice theory）.............................381, 383
理智主義（intellectualism）............... 381
理想主義................................. 212, 286, 414
理想社會、善的社會（good society）...
..iii, 174, 240, 261, 263, 273, 305, 313, 325, 345, 348, 371, 375, 387
理想國...51, 63, 71
異化的文化.. 338
符號學進路（semiotic approach）.... 226
第三場所 266
紳士 429, 432
 紳士階級 397
 紳士精英分子.................................... 405
終極目的之倫理、絕對道德（an ethic of ultimate ends）...................... 51, 63, 212

統一中國 3-5, 47, 96-97, 433
統一戰線 433
貫通 4, 17, 30, 103, 121, 131, 152, 160-161, 163, 171, 175, 189, 265, 288, 293, 299, 303, 310, 354, 357, 366
責任之倫理、政治責任的道德（ethics of political responsibility）................... 51, 56, 63, 212
通商政策 324
陰陽 126, 161, 169-170, 176-177, 207, 378
陸王學派 161
麥卡錫主義（McCarthyism）............. 396

十二畫

富強 18-19, 22, 29, 49, 55, 169, 302, 306, 316, 329, 363, 384, 386, 399
尊德性 166, 174
尊賢主義 288, 300
惡法亦法 81, 259
斯巴達 410
普世價值 221
智心 163
智性的外在化 340
最低綱領 282
最高綱領 282
無限制的政治核心（an uninhibited

political center ）.................................11, 28

無執 128, 163-164, 176-177, 204

發展的獨裁政權（developmental dictatorship）...435

結社社會（Gesellschaft）........................iv, 259, 273-275, 279, 283, 321-326

虛無主義 8, 93, 185

象牙塔 vii

超名言 120, 122, 130, 138, 142, 181, 193, 195-196, 203

超越西方 282

越戰 395

軸心文明（axial civilization）............258, 261, 303, 360-361, 375

　軸心時代 173-174, 361, 371

開放社會 ....viii, xii, 9, 23, 26-27, 73, 188, 192, 246

階級 ....v, 5, 104, 107, 195, 261, 267, 302, 311, 313, 323, 330, 397, 403, 405-406, 412, 418, 434

　階級鬥爭 91, 420

集權 37, 40, 42, 188, 269, 275, 415

集體主義 154, 347

黑格爾主義（黑格爾哲學）............... 193, 233, 390, 396

十三畫

意志論 381, 415

意理信仰（ideological commitment）..... 408

意識型態 ....xi-xii, 6, 31, 40, 45, 91, 94, 96-97, 105, 107, 134, 137-138, 145-146, 192, 259, 265, 278, 291, 311, 321, 332-333, 382, 388, 417

新右派（New Right）.......................8-9, 13

新左派（New Left）................................ x, 8-9, 13, 15, 240, 330

新民主主義 127, 282

新型冠狀病毒肺炎 v

新威權主義 x

新基調 274

新儒 150-158, 168-169, 172-181, 194, 199, 205, 207-208, 286, 291, 353-354, 356

　新儒家 .... iv, 25, 110, 121, 128-129, 136, 138, 166, 171, 173, 207, 210-211, 221, 244, 265, 277, 330-331, 333-334, 347-348, 389

新儒學...... 119, 151-152, 157, 166, 168, 172, 194, 209, 211, 244, 335, 353, 356

會通 ....ii, 16, 18, 106, 127, 131, 135-136, 144, 152-153, 157, 165-167, 174, 179, 189-193, 221-222, 224, 235, 244, 265, 307, 354, 373, 378

會話（conversation）........................... 216, 245, 339, 362-366, 374-375

極權主義（totalitarianism）................ 11, 19, 28, 48, 67, 74, 94, 372, 374, 396, 420

《當代》... i, 3, 90, 92, 95-96, 113, 287, 289, 293, 319, 336

禁欲（asceticism）........................343, 348

經世 .... iv, v, 103, 169, 247, 271, 273, 275-276, 302-303, 324, 337, 340, 348, 377

經學時代 156, 178

《聖經》........................viii, 87, 156, 180, 223

　　聖經傳統 245, 361, 371

萬能政府 316, 321, 372, 374

解構主義 354-355

解蔽 54, 68, 107, 109, 285, 292, 368

解嚴 .... i, v, 97, 105

詮釋論（hermeneutic）....................... 109, 196, 219, 255, 287, 292

話域、話語（discourse）................... 119, 142, 146-147, 181, 187, 191-192, 194, 196, 200-201, 203-204, 216-220, 226-227

　　話域1....................147, 190, 217, 219

　　話域2....................147, 190, 217, 219

資本主義 8, 43, 50, 54, 58, 66, 88, 93-94, 96, 101, 103, 105, 145-146, 259, 283, 304, 306-308, 312-313, 320, 322, 324, 329, 331, 338, 342, 350, 352, 355, 372, 380, 389, 396, 404

路德派偏見（Lutheran bias）.............. 264

遊魂 208

道心 163, 176, 285, 292, 369

道家 64, 128, 130, 247, 321, 325

道問學 166, 174, 252

道統 ....iii, 122, 136, 141, 144, 150, 152, 158, 160, 165-167, 169, 179-180, 188, 191, 208, 242

道德共識危機 15, 17-19, 21-22, 26, 93

道德性語言（moral language）........ 102, 288, 306, 308, 315

道德社區（moral community）................ ....368, 399

道德相對主義、道德相對論 8, 93, 151, 252, 337, 343-344, 348

《道德經》.. 163

道德與文化危機................................... 350

達爾文主義（Darwinism）................ 146

預設（premises）..iii, 10, 16-17, 20, 28, 32-33, 76, 99-100, 109, 113, 130-131, 135-136, 140-141, 145, 147-148, 150, 153, 157, 175, 180-181, 183, 191, 199, 201, 207, 218-219, 226, 233, 239, 246, 252, 258, 266, 279, 281, 287, 297, 300, 315-321, 325, 327-328, 336, 339, 354, 365-371, 373, 375-376

十四畫

實用主義 40

專有名詞索引　　453

實然（is）.. iv,
113, 181, 184, 186, 298, 336-338, 344, 347-
348, 361-362, 376, 383

實踐 .... iii,
30, 120, 122, 127, 131, 135-136, 139-140,
144, 150, 152-153, 156-157, 160, 162, 166-
171, 175, 178, 184-186, 189, 195-196, 198-
199, 201-202, 204-206, 208, 222, 231, 233,
264, 289, 297, 356-357, 422

實證主義 .... iii-iv,
88, 110, 120, 125, 133, 137-138, 141, 146,
159, 162, 196-198, 200, 202, 252, 332-333,
336-339, 344, 346-348, 354

對話 .... iii,
65, 109, 150, 157, 160, 166, 168, 204-205,
346

槓桿 247, 366-368, 370

漢學家 89, 295, 324, 395-396, 436

種族主義 226, 262

精英 .... x,
6, 7 ,11, 31, 50, 103, 254, 257, 261-264,
266, 272-274, 283, 291, 298, 300-301, 332,
382, 404-408, 411, 425, 427-428, 433-435

　　次級精英 x

精神上的動員、思想上的動員
（intellectual mobilization）......... v, 5, 339

精神氣質（ethos）......................... 229, 234

維也納學派 135

認識論 .... ii-iii,
viii, xi-xiii, 52, 106-110, 112-115, 119-123,
131, 134, 140-142, 147-155, 159-160, 162,
170, 182-186, 189, 191-192, 195-196, 199-
206, 216, 218-220, 222, 224-227, 229-230,
235, 242, 245, 255, 264, 292-293, 295, 297,
307, 320, 327, 347, 391

　　悲觀主義的認識論 .... ii-iii,
xi-xii, 106-110, 122-124, 132, 140, 147-
149, 182-184, 187, 189-190, 202-203,
219-220, 222, 224, 242-243, 245, 262-
264, 279, 281, 292, 368, 373, 385, 391

　　樂觀主義的認識論 .... iii, xi-xii, 106-
108, 110, 113-114, 122-124, 132, 147,
149, 151, 153-154, 161, 175, 182-184,
187, 189-190, 202-203, 222, 225, 227-
228, 242, 245, 247-248, 262-263, 279,
292, 317, 335, 368, 370-371, 384, 391

語言哲學 119-120, 196

語言學轉向（linguistic turn）............ 225

《臺獨》月刊... 38

臺獨運動 38

臺灣奇蹟 vii

臺灣關係法 .... i, 47

十五畫

價值自覺 14, 18, 363

價值系統 14,
25, 27-28, 112, 133, 190, 247, 274, 277, 341,

357, 364, 373-374, 382

《墨子》.................. 188, 190, 302, 359, 367

審慎（prudence）........................ii, v, 13, 40, 255, 265-266, 393, 395

廣告 133-134, 142, 191-192, 205, 377

德性之知 161, 198-199

德治 17, 27-28, 33, 50-51, 59, 62, 102, 247, 366, 375

德國人文主義 225

暴力邊緣 39

調適 ....v, xiii, 51, 137-138, 240, 243-244, 265, 269, 279, 283, 329, 347, 377-381, 385-386, 389, 431-432, 434

　　調適性漸進改革..................... 381, 385

《論語》............................ 197, 207, 239, 241, 245-248, 260, 277, 302, 359, 367

十六畫

儒家 ....ii, iv, vi, x, xiii, 24-25, 27-30, 33, 41, 50-51, 56, 59, 62-64, 68-69, 75, 77, 87, 91, 102, 106, 110-112, 121, 128-129, 136-138, 150, 161-162, 165-168, 171-175, 177-179, 199, 207-208, 210-212, 221, 241, 243-245, 247, 249-252, 258, 263, 265-266, 270-272, 274-280, 284, 297, 302-303, 305-306, 310, 320-321, 323-326, 330-331, 333-334, 345, 347-348, 353, 355-356, 359, 363-364, 366, 368-370, 375-376, 383, 385-386, 389, 397-400, 408, 429

學統 166

學術自由 86

憲法 ....ix, 7-8, 31, 33, 40, 63, 314, 367

整全論說、整合性學說（comprehensive doctrine）....ix, 230-231

整體主義 207, 354

機體主義 176, 208

歷史主義 79, 110, 188, 190, 227

獨斷論 133, 178-179

盧梭的民主 279, 386, 389

　　盧梭傳統 389

　　盧梭－黑格爾－馬克思傳統........iv, 6, 31, 278

積極自由 386

積澱 139, 346, 353

錯置的具體性（misplaced concreteness）........................ 139, 155

錯置知識起發點...................... 178, 180

十七畫

彌爾傳統 .... iv, 278, 389

《聯邦主義者》（The Federalist）....104, 320

趨同 255

隱私 19, 52

十八畫

禮教 208, 370, 432
轉化 .... ii,
xiii, 30, 74, 137-138, 168, 273, 329, 378,
381-382, 385-386, 414-417, 420-422, 431-
432, 434
　　轉化思潮 381, 383
轉知成智 251

十九畫

懷疑主義 .... ii-iii,
8-10, 13, 32, 52, 109-110, 122, 320, 333,
343-344, 371, 390
羅馬天主教哲學 222
羅斯福時代 8

二十畫

蘇維埃組織 415
　　蘇維埃式的黨團組織 415
蘇聯共產主義 54
黨外 3, 37

二十一畫

霸道 63, 173, 241

二十二畫

權威主義 12,
138, 208, 231, 233-234, 252, 313, 351, 364,
385-386
權威主義的政府（authoritarian
regime）、威權體制 11, 30

二十三畫

邏輯實證主義、邏輯實證論 .... viii-ix,
xi, 135, 120, 138, 159, 162, 202

人名索引

Bell, Daniel xii
Bellah, Robert N. .... 見貝拉
Bendix, Reinhard .... 見班迪克斯
Berlin, Isaiah .... 見柏林
Borisov, Oleg B. 434
Chao, Linda 267, 271, 283
Cohen, Paul A. 115, 293
Cropsey, Joseph 206, 241, 257, 262, 264, 339, 347
Deutsch, Karl W. .... 見杜意契
Diamond, Larry 319
Dunn, John .... 見鄧恩
Durkheim, Emile 364
Edman, Irwin 241
Edwards, Paul 104, 125
Elvin, Mark .... 見伊懋可
Etzioni, Amitai .... 見艾吉歐尼
Fortin, Ernest L. 241
Friedman, Milton .... 見傅利曼
Furth, Charlotte 62, 78, 79, 399
Gerschenkron, Alexander ..... 見格申克龍
Goodnow, Frank .... 見古德諾
Gregor, A. James .... 見葛瑞格
Held, David .... 見赫爾德

Hofheinz, Roy 410
Inkeles, Alex ..... 見阿歷克斯・英克爾斯
Jackson, Michael 342
Kuhn, Thomas .... 見孔恩
Laitin, David 111
Lamley, Harry J. 429
Lasch, Christopher .... 見拉許
Leman, Arthur J. 435
Lovejoy, Arthur O. .... 見勒佛覺葉
Lin, Yü-sheng .... 見林毓生
Lindbeck, John M. H. 416
Lindblom, Charles E. 14-15, 20-21, 28, 109-110, 123, 321
Lippet, Victor 411
Lipset, Seymour Martin 381
Lucas, John R. 10, 15-16, 304
Luttwak, Edward 333, 352
MacIntyre, Alasdair .... 見麥金泰爾
Mandeville, Bernard 322-323
Metzger, Arnold ii
Myers, Ramon H. .... 見馬若孟
Plotinus 130
Price, Don C. .... 見普萊斯
Rorty, Richard .... 見羅蒂

Skinner, Quentin .... 見斯金納
Spengler, Oswald .... 見史賓格勒
Strauss, Leo .... 見斯特勞斯
Stroud, Barry 8
Summers, Robert S. 10, 15-16, 101, 304
Townsend, James R. 420-421
Troeltsch, Ernst .... 見特勒爾奇
Vogel, Ezra .... 見傅高義
Wakeman, Frederic E., Jr. .... 見魏斐德
Weinberg, Steven xii
Wilson, Amy Auerbacher 3
Witke, Roxane 425
Wolf, Margery 425

二畫

丁邦新 6, 14, 18

四畫

孔子、孔夫子 .... iii,
xi, 28-29, 52, 62-63, 81, 138, 151, 158, 160,
167, 174, 192, 207, 212, 216, 224, 239-241,
244-250, 252-253, 271, 285, 296, 300-301,
310, 315, 323, 331, 334-335, 337, 345, 354,
360, 365, 367-368
孔恩（Thomas Kuhn）............ xii, 218, 227
王安石 224
王汎森 102, 288, 308, 310, 311-312, 385
王作榮 5
王國維 136
王陽明 156, 176

王爾敏 28,
279, 290, 303, 308, 383, 400, 414
巴貝羅士（Babe Ruth）....................... 395
巴勒維（Mohammad Reza Pahlavi）... 46
方東美 211
比昂科（Lucien Bianco）..................... 410
毛澤東 28,
41, 69-70, 120, 137, 158, 261, 276, 282, 302,
312, 325, 395, 399, 400-401, 403, 407, 414,
416-420, 422
　毛澤東思想 57, 70, 281, 397, 414-415
　毛澤東政策 414, 416
　毛澤東激進主義 ix
內藤虎次郎 324

五畫

尼采（Friedrich Wilhelm Nietzsche）
.... 122, 148, 190, 222, 330, 355
弗洛伊德（Sigmund Freud）................ 40,
139, 214, 229, 343
田弘茂 433
包瑞嘉（Richard Baum）..................... 417
包德甫（Fox Butterfield）................ 70, 84
卡特（Jimmy Carter）..................... 67, 394
卡爾・波普（Karl Popper）............... viii,
xii, 122, 139, 147-148, 162, 180, 183-185,
187-188, 190, 192, 196, 217-218, 222-223,
229-230, 246, 255, 263-264, 330, 333, 338,
381

古德諾（Frank Goodnow）..........i, 65, 67

史華慈（Benjamin Schwartz）........78-79, 82, 293, 302, 359-360, 365, 368, 370, 383-384, 398-399, 400, 403

史蒂文遜（Adlai Stevenson）................ 67

史賓格勒（Oswald Spengler）........... 217, 283, 334, 365

司馬光...224, 243

司馬談... 243

白修德（Theodore H. White）............... 86

白魯恂（Lucian W. Pye）......419-420, 423

六畫

列文森（Joseph R. Levenson）........... 287, 382, 397-399

艾吉歐尼（Amitai Etzioni）................... 68

艾耶爾（A. J. Ayer）..............................viii

艾域‧握格例（Eric Voegelin）.......... 148

艾森斯塔（Shmuel N. Eisenstadt）..... 11, 111, 258, 261, 268-269, 286, 302, 360, 365, 375, 381

艾愷（Guy S. Allito）.............................. 399

牟宗三..iii-iv, xi, xiii, 24-25, 51, 91, 101, 103, 119, 122, 128-129, 131, 137-138, 141, 144-145, 149, 151, 153, 156, 158, 160, 165-166, 168, 171, 204-205, 211-212, 243, 249, 277, 288, 300, 310, 326, 347, 354, 359, 362, 366, 379, 389, 399

牟復禮（F. W. Mote）.................... 426-428

伊懋可（Mark Elvin）........................... 269, 324, 413, 425-426, 429

伊羅生（Harold R. Isaacs）.................. 410

休謨（David Hume）..................... 8, 11, 20, 27, 94, 100-101, 108, 122, 134, 148, 181, 183-184, 201, 214, 222-223, 358, 361-362, 368, 391

托爾斯泰.. 285

朱浤源...iv, 104, 278, 290, 310-312, 388-389

朱熹................156, 159, 162, 166, 173, 207

西塞羅（Cicero）.................................... 257

西蒙列斯（Simon Leys）............... 395-396

西蒙娜‧波娃（Simone de Beauvoir）...viii

七畫

李文治.. 270

李亦園.. 5

李強..216, 242

李登輝.....................................5, 42, 260

李愛蓮... 144

李澤厚... 120, 128, 136, 139, 151-152, 157, 195, 206, 244, 282, 339, 346, 382-383

狄百瑞（William Theodore de Bary）....................................267, 270, 277, 359

貝拉（Robert N. Bellah）....................... ii,

8-9, 13, 92-93, 102, 111, 226, 256, 258, 261, 286, 299, 339, 355, 358, 360-365, 371, 381

亨廷頓（Samuel P. Huntington）...... 235, 258, 277, 338-339

余廷燦 273, 303

余英時 14, 25-28, 91-92, 112, 166, 208, 244, 247, 273-274, 276-277, 279-280, 285, 302, 323, 340-341, 345, 359, 361, 363-364, 366, 369, 373, 382-383

伯恩斯坦（Richard J. Bernstein）......107-109, 196, 219, 227, 255-256, 287, 292

伽達默（Hans-Georg Gadamer）...199, 286

何懷碩 .... i, 6, 14, 18, 319

克羅孔（Clyde Kluckhohn）................. 286

利科（Paul Ricoeur）..................... 199

呂實強 303, 383, 400

希特勒（Adolf Hitler）........................... 91, 185, 199, 212, 242, 296, 390, 400

杜亞泉 138, 243-244

杜威（John Dewey）........................... 286

杜意契（Karl W. Deutsch）... 68, 304, 363

杜維明 99-100, 110, 112, 221-222, 263, 277, 286-288, 291, 296-299, 320, 328, 345, 359

阮新邦 .... iii, 199

八畫

孟子 6, 153, 159-160, 242, 247-248, 285, 321, 359, 367

孟德斯鳩（Montesquieu）..................... 12

孟羅（Donald J. Munro）..................... 359, 365, 374, 416

林正杰 40-41

林安梧 110-111, 318

林肯（Abraham Lincoln）..........7, 31, 395

林毓生（筆名康勤）.................................. i, 58, 60-61, 66, 175, 207, 260, 317, 339, 354, 381, 402

叔本華（Arthur Schopenhauer）..223, 226

邱吉爾（Winston Churchill）........55, 212

邵玉銘 ....i-ii, 58, 66

金岳霖 121, 127-130, 137-139, 148, 152-153, 155, 159, 161, 196, 200-201, 206, 244, 333

金耀基 48, 343

亞里斯多德（Aristotle）..............ii, v, xiii, 33, 52, 59, 62, 66, 77-78, 82, 126, 222, 223, 241, 257, 305, 323, 367

亞當‧斯密（Adam Smith）............... 273

亞歷山大‧埃克斯坦（Alexander Eckstein）........................413, 416

周恩來 41

周清玉 42
周錫瑞（Joseph W. Esherick）..... 403-407
季辛吉（Henry Alfred Kissinger）....... vi, xiii, 395
季康子 248
帕森斯（Talcott Parsons）... 255, 364, 431
拉許（Christopher Lasch）...................... ii, 261, 266, 355, 381
拉爾迪（Nicholas R. Lardy）........ 421-422
易勞逸（Lloyd E. Eastman）......... 408-409
武雅士（Arthur P. Wolf）............. 424-425
芬格萊特（Herbert Fingarette）......... 271
芮瑪麗（Mary C. Wright）.................... 408
阿奎那（St. Thomas Aquinas）........... 222
阿歷克斯・英克爾斯（Alex Inkeles）
.... 255, 258, 340-342, 349, 351

九畫

范力沛（Lyman P. Van Slyke）........... 433
胡五峰 206
胡佛 5, 216, 284, 335, 392
胡秋原 4, 24, 97, 294, 312, 320
胡軍 .... iii, viii
胡國亨 .... iv, ix, 216-217, 329-337, 339-340, 342-349
胡塞爾（Edmund Husserl）......... 183, 197
胡適 22-23, 54, 97, 194, 248, 286
南方朔 6
哈卡爾・里斯金（Carl Riskin）........ 411

哈伯瑪斯（Jürgen Habermas）.......... 121, 192, 197, 199, 257, 269, 282, 286
姚中秋 254, 284
姚嘉文 39, 41-42
韋伯（Afred Weber）............................. 427
韋伯（Max Weber）................................. vii, x, 7, 11, 14, 31, 56, 63, 69, 82, 105-106, 110-111, 122, 139, 148, 156, 166, 212, 222-224, 230-232, 234, 242, 244, 274, 277, 282, 286, 322, 338, 343, 362, 394
韋慕庭（Martin Wilbur）............. 432-433
威廉・巴里許（William L. Parish）........
.... 417
威廉・詹姆斯（William James）....... 264
威爾莫特（William E. Willmott）.............
.... 269, 425
威爾遜（James Q. Wilson）.......... 261, 381
施明德 39
施堅雅（G. William Skinner）.... 425-430
施密特（Carl Schmitt）......................... 225
施樂伯（Robert Anthony Scalapino）......
.... 38
柏克（Edmund Burke）............................ ii, 12, 52, 59, 62, 66, 78-79, 82
柏拉圖（Plato）... xiii, 32-33, 62, 71, 80, 87, 224, 241, 272, 367
柏林（Isaiah Berlin）............. 122, 148, 381
柏金斯（Dwight Perkins）... 411, 422-423

柏格森（Henri Bergson）..................... 130

查爾斯王儲（Prince Charles）............ 267

柯林頓（Bill Clinton）.......................... 145

柯羅柏（Alfred Louis Kroeber）......... 286

柳宗元... 224

洛克（John Locke）................................. iv, 93-94, 100-101, 104, 224, 230, 261, 278, 320

科爾伯格（Lawrence Kohlberg）....... 255

約翰彌爾（John Stuart Mill）................ iv, viii-ix, xi-xii, 3, 6-9, 11-14, 16-17, 19, 21-22, 26-29, 31-32, 34, 101-104, 110, 124, 137, 147, 185, 224, 227, 242, 264, 278-279, 281, 290, 293, 299-300, 307, 317, 320, 333, 380, 384-387, 389

耶穌 63, 212, 242

郁振華.. iii, 119-120, 138, 155, 186, 194, 196, 198, 201

十畫

馬丁‧懷特（Martin King Whyte）........ ....417, 421

馬可波羅 87, 395

馬克思（Karl Marx）............................ iv, xi, 6, 28, 31, 34, 48, 91, 93-94, 96, 104, 109-110, 119-121, 127-129, 136, 138-139, 151-152, 162, 172, 194-196, 214, 222, 231, 244, 255, 263, 265, 278-279, 281-283, 290, 298, 305, 312, 315-316, 320-322, 324, 330-331, 338, 341, 346, 355, 372-374, 397-399,

401, 403, 406, 415, 418, 424, 435

馬克‧塞爾登（Mark Selden）.. 409-410

馬若孟（Ramon H. Myers）..................... 3, 47, 267-269, 271, 278, 283, 301, 312, 324, 392-393, 410-412, 423

高力克............. 138, 243-244, 261, 281-282

高瑞泉.................................... iii, 221, 381

荀子... 27, 54, 63, 68, 82, 107, 109, 153, 165, 170, 207, 224, 241, 243, 285, 292, 302, 322, 359, 368, 370, 436

孫中山... 7, 31-32, 34, 40, 57, 96, 104, 244, 170-171, 244, 278, 290, 294, 305, 308, 311, 313, 315-316, 343-344, 349, 358-359, 388

孫末楠（William Graham Sumner）......... 269

修西底德（Thucydides）....................... 224

俾斯麥（Otto Eduard Leopold von Bismarck）.. 79

唐君毅.. iv, 25, 54, 56, 67, 77, 79, 93, 119, 129-131, 135, 137, 148, 150-151, 153-155, 158-159, 161, 163-164, 171-172, 177, 184, 192-193, 197, 206, 210-215, 217, 224, 240-241, 250, 277, 286, 307, 331, 343, 347, 355, 359, 372-373, 378, 381, 383, 386, 399-400

家博（Bruce Jacobs）............................ 409

席爾思（Edward Shils）........................... 11

徐復觀.......................................16-17, 19, 40-41, 50-51, 54-55, 65, 75, 77-78, 97, 158, 164, 172, 178, 211-212, 277, 286, 291, 302, 347, 359, 399

晉榮東... 221

格申克龍（Alexander Gerschenkron）.... .... 413, 423-424

格爾茲（Clifford Geertz）...................... 225

殷海光.. 16, 40, 51, 59, 65-66, 74-75, 172, 211

海耶克（Friedrich August von Hayek） .... ii, viii, 221, 226, 228-229, 234, 246, 248, 256, 258, 261-263, 274, 283, 304, 330, 338-339, 342, 381

海德格爾（Martin Heidegger）........... 185, 197, 199, 224, 286

特勒爾奇（Ernst Troeltsch）................ 431

班迪克斯（Reinhard Bendix）................v, vii-viii, 5, 261, 339-340, 381

索忍尼辛（Aleksandr Solzhenitsyn）....... .... 53, 70, 88, 395

索羅門（Richard H. Solomon）............ 38, 46, 88, 420, 423

袁世凱..67, 411

十一畫

陳三井..254, 259

陳立夫.. 434

陳守山... 42

陳其南...i, 95-96, 287, 293, 295, 299, 317-318

陳亮.. 324

陳若曦.. 396

陳履安.. 268

陳獨秀.. 171

張之洞...................................52, 69, 353

張申府................................... 129, 138, 159

張君勱...172, 294

張岱年................... 120, 129, 135, 138-139

張忠棟..................i-ii, 5, 22-23, 61, 66, 73

張朋園............................... 382, 392, 432

張東蓀...128, 159

張富忠..40-41

張橫渠（張載）... 64

張灝 4, 22, 34, 50, 63, 97, 103, 110, 123, 129, 240-241, 302, 305, 310, 320, 331, 337, 367, 385, 389, 398, 400

莫扎特（Wolfgang Amadeus Mozart）.... 87

莫里斯・邁斯納（Maurice Meisner） 401-402, 418,

勒佛覺葉（Arthur O. Lovejoy）....63, 102

啟良 138

培根（Francis Bacon）........................ 17, 19, 32, 324

康有為.. 34, 128, 224, 301-302, 305, 311, 370
康勤.. 見林毓生
康寧祥.................................... 39-40, 42
康德（Immanuel Kant）...................... 87, 108, 122, 128, 131, 134, 145, 148, 152-153, 156, 159-162, 165, 175, 183, 193, 206-207, 222-223, 231-232, 340, 346, 354, 391
敏洪奎（筆名孤影）........................... 97
梁啟超.. iv, 54, 137, 170, 243-244, 246, 251, 265-266, 277, 279, 285-286, 294, 301, 306, 312, 343, 347, 377-380, 382, 385-386, 389-390, 398, 413, 432
梁漱溟..................................... 172, 294, 399
梅耶斯（Robert J. Myers）.................... 257
盛宣懷.. 408
章太炎（章炳麟）........................... 102, 128, 240, 276, 288, 308, 310-311, 313-315, 321, 326, 334, 344, 384, 388-389
笛卡兒（René Descartes）.................... 108, 122, 148, 222, 391
習近平.. x
郭齊勇... 126, 157
陶百川... 5, 312
陶希聖.............................. 224, 294, 393
陶潛.. 272
陸寶千.. 358, 360

麥卡錫（Joseph McCarthy）.......... 88, 396
麥金泰爾（Alasdair MacIntyre）.......... ii, 9-10, 13, 15, 92-93, 122, 255, 261, 355, 368, 381
麥迪遜（James Madison）...................... 63
麥高文（George McGovern）................. 67

十二畫

斯大林... 123
斯金納（Quentin Skinner）.....7, 226, 258
斯特勞斯（Leo Strauss）...................... 206, 224, 241, 257, 261-262, 264, 339, 347, 381
斯賓塞（Herbert Spencer）................... 338
斯諾（Edgar Snow）.............................. 86
黃仁宇.. 430
黃少華.. 216, 329
黃光國.. 343
黃克武（Max K. W. Huang）................. vi, vii, 124, 137, 144, 147, 242, 247, 265, 271, 275-279, 284-285, 303, 347, 349, 358, 367, 377, 380, 385, 389
黃宗羲（黃梨洲）................................ 224, 303, 324-325, 431
費正清（John King Fairbank）............. 84, 87, 210, 276, 396-397, 411, 413-414
　費正清一派..........................392, 393
費景漢.. 55, 306, 312
費維愷（Albert Feuerwerker）............ 408
傅利曼（Milton Friedman）.................... 43

傅柯（Michel Foucault）....................... 286
傅高義（Ezra Vogel）....................... ix, 421
傅偉勳............................. i, 90, 95, 110
勞思光.. i, 24, 44-45, 73, 110, 289, 295, 297, 301, 322
勞斯基（Thomas G. Rawski）.............. 423
博克（Kenneth Burke）....................... 225
喬治凱南（George F. Kennan）............ 88
斐利民（Maurice Freedam）................ 425
普萊斯（Don C. Price）................279, 399
湯恩比（Arnold Joseph Toynbee）..93, 286
湯馬‧任義德（Thomas Reid）.......... 201
賀長齡................................271, 303
賀麟....................................171, 359
馮友蘭................................. 126, 128-131, 156, 166, 172, 244, 286, 326, 366
馮契..iii, 120, 122, 128-130, 133, 138, 152-153, 172, 182, 194-195, 198, 205-206, 244, 251, 333, 381
黑格爾（Georg W. F. Hegel）................ iv, xi, 6, 28, 31, 103, 110, 120, 141-142, 155-156, 158, 167, 172, 175, 193, 206, 222-223, 233, 265, 278, 320, 322, 338, 362, 390, 395-396, 403

十三畫

愛因斯坦（Albert Einstein）.......127, 155

董仲舒.. 224
賈安娜（Annalee Jacoby）..................... 86
塞拉斯（Wilfrid Sellars）..................... 232
奧森博格（Michel C. Oksenberg）..... 416
楊國榮......................iii, 137, 152, 196-197
楊國樞.. 5, 9-10, 16, 19, 23, 27, 280-282, 292, 307, 313-315, 319, 340-341, 343
楊聯陞... 343
聖奧古斯丁（St. Augustine）、奧古斯丁（Augustine of Hippo）............ 241-242, 257, 323
葉啟政............. 289, 291-292, 296-298, 321
葛瑞格（A. James Gregor）............44, 435
鄒容... 316
雷根（Ronald Reagan）..................... 46, 47
雷蒙‧艾弘（Raymond Aron）........... 54, 88, 290

十四畫

熊十力.....126, 151, 156, 158-159, 186, 286
熊彼得（Joseph Alois Schumpeter）..... 7, 11, 14, 31, 50, 54, 58-59, 66, 88
熊秉真.. 325
福山（Francis Fukuyama）................... 387
廖仁義...i, 66

維克多‧劉皮特（Victor D. Lippit）.. 415

維根斯坦（Ludwig Wittgenstein）....viii, xi-xii, 122, 130, 148, 197, 200, 205, 222, 225

蒯因（Willard Van Orman Quine）.......... 232-233

赫伯特・舒爾曼（Herbert Franz Schurmann）................................. 415

赫爾德（David Held）........................... ix, xi, 6-9, 12, 16-18, 31, 257, 321

赫爾德（Johann Gottfried Herder）....... 225

齊錫生 433

十五畫

墨子 188, 190, 219, 285-286, 302, 359, 365, 367, 370

墨子刻（Thomas A. Metzger）............ i-ii, vii, ix, 30, 36, 61, 69, 96-97, 137, 147, 173, 210-211, 216, 220-221, 254, 256, 259, 261-264, 266, 269-270, 273, 275, 277-278, 282-284, 287, 292-293, 299-301, 307, 317-319, 323, 329, 334, 353-354, 358-359, 377, 379, 387-388, 392-393, 400, 423, 428, 430

墨菲（Rhoads Murphey）............. 412, 432

鄧小平 .... ix, 53, 404, 417

鄧正來 281

鄧恩（John Dunn）.................................. 93, 221, 228, 230-231, 234, 255, 257-258, 261-262, 264-265, 278, 287, 290, 292, 297, 327, 381

劉小楓 137

劉少奇 417

劉易士（Arthur Lewis）...................... 435

劉易斯（John W. Lewis）.................. 425

劉紀曜 .... vii, xiii, 392

劉述先 122

劉桂生 145-146, 171

劉賓雁 301

蔣介石 44, 408-409, 433

蔣經國 44

鄭竹園 358

鄭家棟 .... iii, 122, 128, 131, 138, 141, 144, 149, 151, 157, 165-166, 168, 205, 334-335

鄭觀應 300, 353

黎安友（Andrew J. Nathan）............... 406

十六畫

蕭公權 91, 224, 382

蕭功秦 .... x, xiii

盧梭（Jean-Jacques Rousseau）............. iv, 6, 28, 31, 96, 98-105, 109, 112, 146, 172, 224, 278-279, 317, 320-322, 385-386, 389-390

賴爾（Gilbert Ryle）............................. 232

賴澤涵 52

錢穆 54, 91, 93, 166, 171, 188, 195, 243-244, 262, 286, 382-383, 429

鮑德威（David D. Buck）............. 407-408

十七畫

戴安娜王妃（Princess Diana）............ 267
戴維森（Donald Davidson）........ 225, 277
謝東閔... 38
彌爾敦（John Milton）........................ 16

十八畫

魏京生... 81
魏根深（Endymion Wilkinson）........ 271
魏復古（Karl A. Wittfogel）............... 268
魏斐德（Frederic E. Wakeman, Jr.）..........
.... 257, 269, 405, 415
魏源.............................. 271, 274, 276, 303
魏鏞... 68

十九畫

羅友枝（Evelyn S. Rawski）............... 431
羅威廉（William T. Rowe）............... 269
羅珞珈.................................... 144, 239
羅素（Bertrand Russell）................ 159
羅斯福（Franklin Delano Roosevelt）.. 8, 242
羅蒂（Richard Rorty）........................ xi, 221-222, 225, 228, 231-234
羅爾斯（John Rawls）....................... ix, 221, 228, 230-231, 234
懷特海（Alfred North Whitehead）..........
.... 139, 155, 159
譚嗣同.................... 244, 312, 378, 384

龐德（Nathan Roscoe Pound）............. 44

二十畫

蘇尼爾・基爾納尼（Sunil Khilnani）
.... 254, 258-259
蘇南成... 37
蘇格拉底（Socrates）........................... 20, 28, 62, 65, 75, 79-82, 131, 181-182, 192, 233, 241, 245-246, 360, 366-367
釋迦摩尼... 360
嚴復.. iv, 124, 137, 146-147, 152, 170, 196, 242-243, 246, 278-279, 311, 331, 380, 382-387

二十一畫

顧志耐（Simon Kuznets）..................... 42, 55, 432, 435
顧炎武............................. 275, 325, 431
顧彬（Wolfgang Kubin）............. 137-138

國家圖書館出版品預行編目（CIP）資料

政治批評、哲學與文化：墨子刻先生中文論文集/黃克武編．
-- 初版．-- 新北市：華藝數位股份有限公司學術出版部出
版：華藝數位股份有限公司發行，2021.03
　　面；　　公分
ISBN 978-986-437-189-1（平裝）

1. 言論集

078　　　　　　　　　　　　　　　　　　　110003622

政治批評、哲學與文化──墨子刻先生中文論文集

編　　　者／黃克武
責任編輯／吳若昕
封面設計／張大業
版面編排／許沁寧、莊孟文

發 行 人／常效宇
總　編　輯／張慧銖
業　　　務／吳怡慧

出　　　版　華藝數位股份有限公司　學術出版部（Ainosco Press）
　　　　　　地　　址：234 新北市永和區成功路一段 80 號 18 樓
　　　　　　電　　話：(02)2926-6006　傳真：(02)2923-5151
　　　　　　服務信箱：press@airiti.com

發　　　行　華藝數位股份有限公司
　　　　　　戶名（郵政／銀行）：華藝數位股份有限公司
　　　　　　郵政劃撥帳號：50027465
　　　　　　銀行匯款帳號：0174440019696（玉山商業銀行 埔墘分行）

法律顧問／立暘法律事務所　歐宇倫律師

　　ISBN／978-986-437-189-1
　　DOI／10.978.986437/1891
出版日期／2021 年 3 月
定　　　價／新臺幣 900 元

版權所有・翻印必究　Printed in Taiwan
（如有缺頁或破損，請寄回本社更換，謝謝）